नग्न सत्य सा

नृत्य

नग्न सत्य सा

नृत्य

पैट्रीज़िया सेरोंनी

अनुवाद

स्मिता मिश्रा चतुर्वेदी

वाणी प्रकाशन

सजिल्द प्रथम संस्करण : 2023

वाणी प्रकाशन

4695, 21-ए, दरियागंज, नयी दिल्ली 110 002

फ़ोन : +91 11 23273167 फ़ैक्स : +91 11 23275710

शाखाएँ

अशोक राजपथ, पटना 800 004, बिहार

कॉफ़ी हाउस कैम्पस, महात्मा गांधी मार्ग, इलाहाबाद 211 001, उत्तर प्रदेश

महात्मा गांधी अन्तरराष्ट्रीय हिन्दी विश्वविद्यालय, वर्धा 442 001, महाराष्ट्र

36/ए, शेक्सपीयर सरणी, रानी बिरला गर्ल्स कॉलेज के पास, कोलकाता 700 017, प. बंगाल

www.vaniprakashan.com
marketing@vaniprakashan.in
sales@vaniprakashan.in

Nagna Satya Sa Nritya
by Patrizia Cerroni
Translated by Smita Mishra Chaturvedi

ISBN : 978-81-962190-3-1
Culture/Non-Fiction/Dance

मूल्य : ₹ 499

आर. टेक ऑफ़सेट प्रिंटर्स, दिल्ली-110 032 में मुद्रित

वाणी प्रकाशन का लोगो मक़बूल फ़िदा हुसेन की कूची से

ग्वीडो को समर्पित, मेरा प्यार व दोस्त

अनुक्रम

प्राक्कथन 9

शंसा पत्र 11

अध्याय–1
नृत्य और मैं 13

अध्याय–2
प्यार 30

अध्याय–3
शक्ति को चुनौती और मेरा अट्टहास 61

अध्याय–4
जीवन की पाठशाला 76

अध्याय–5
रचनात्मक प्रक्रिया 99

अध्याय–6
'द बेयरफ़ुट डांसर्स' और डांस टूर्स 113

अध्याय–7
संगीतकारों की दुनिया 151

अध्याय–8
मेरा भारत 177

अध्याय–9
लैंगिकता, कामुकता, आध्यात्मिकता 199

अध्याय–10
मेरा शरीर 214

अध्याय–11
नृत्य से ईएफ़टी तक 231

अध्याय–12
मेरी गुरु 248

आभारोक्ति 269

प्राक्कथन

यह वृत्तान्त पाठकों के लिए एक दुर्लभ दावत है।

ऐसा कम ही हो पाता है कि हम चेतना के विभिन्न स्तरों पर एक कलाकार के बनने की उस प्रक्रिया को जान पायें जिसमें वह स्वयं की प्रतिभा को पहचानने और उसे साकार करने से लेकर शारीरिक प्रशिक्षण एवं मानसिक तैयारी द्वारा अपनी कला में निखार लाता है। यह वृत्तान्त एक आत्म-चिन्तनशील प्रस्तुति है जो पाठक को एक कलाकार के जीवन की तह में खींचती है, एक ऐसा जीवन जो एक ओर खोजपूर्ण था तो दूसरी ओर पूरी तरह से केन्द्रित। हालाँकि कलाकार के जीवन का केन्द्र बिन्दु नृत्य रहा है, लेकिन नृत्य प्रस्तुति करने वाले अपने 'स्व' के विभिन्न आयामों का पता लगाना और उन्हें समृद्ध करना भी कलाकार के लिए उतना ही महत्त्वपूर्ण था। पैट्रीज़िया सेर्रोनी ने बहुत सच्चाई के साथ इस वृत्तान्त को लिखा है और अपनी इस कहानी को सुनाने में वह अपने अस्तित्व के नग्न सत्य को ईमानदारी से उजागर करती हैं।

यह पुस्तक लेखिका के अन्तरंग जीवन का एक कथन है और उनके बाल्यावस्था से लेकर किशोरावस्था व वयस्कता में हुए भावनात्मक अनुभवों को चित्रित करती है। यह पुस्तक उनके कुछ अति महत्त्वपूर्ण पारस्परिक रिश्तों के साथ-साथ उनके रूमानी जीवन को भी उजागर करती है। उनकी यात्राओं से जुड़ी हुई आकर्षक कहानियाँ इसे एक रोचक कथ्य बनाती हैं। नृत्य के प्रति उनका जुनून विशद रूप से कथा में सामने आता है और उनके जीवन की अन्तरंग कहानी में बुना जाता है। यह पुस्तक एक ऐसी महिला, एक ऐसे कलाकार की कहानी कहती है जिसने अपना जीवन नृत्य के निदेशानुसार मुख्यतः रोम, न्यूयार्क एवं भारत में व्यतीत किया है।

यह भी दिलचस्प है कि किस तरह उनके वजूद का आध्यात्मिक आयाम भारत की आध्यात्मिक परम्पराओं से जुड़ता है। भारत एक तरह से इस पुस्तक में उनका एक महत्त्वपूर्ण सहनायक है।

पुस्तक के दूसरे भाग में जब लेखिका अपने लम्बे नृत्य कॅरियर के कामकाजी सम्बन्धों, घटनाओं, प्रसंगों और महत्त्वपूर्ण दौरों के विषय में स्मरण लिखती हैं तब हम नृत्य व संगीत के मर्म में प्रवेश करते हैं। उनकी कहानी उनके 'अस्तित्व' के पाँचों आयामों को आलोकित करती है–अचेतन एवं भावनात्मक, मानसिक एवं शारीरिक और निश्चित रूप से आध्यात्मिक।

इस कथन को पढ़ने पर ऐसा अनुभव होता है कि "नृत्य वह संगीत है जो कि दिखाई देता है और संगीत वह नृत्य है जो कि सुनाई देता है।"

सत्तर के दशक से ले कर वर्तमान तक के अन्तरर्राष्ट्रीय सांस्कृतिक व कलात्मक जगत की झलक और अन्तरर्राष्ट्रीय ख्याति प्राप्त कलाकारों के साथ लेखिका की मुलाक़ातों की कहानियों से पुस्तक का दायरा व्यापक व समृद्ध हो चला है।

पुस्तक का अन्तिम भाग पाठकों को अस्तित्व के कुछ गहन आयामों में ले जाता है। साथ ही इस भाग में समाहित है उन भावनाओं की समझ जो कि व्यक्ति के स्व की गहराइयों में बसती हैं। यहाँ लेखिका चिकित्सकीय एवं आध्यात्मिक उपकरणों के साथ अपने अनुभव को साझा करती हैं, जिनका इस्तेमाल वह अब एक ईएफ़टी चिकित्सक और हीलर के अपने नये अवतार में कर रही हैं।

मुख्यतः यह पुस्तक यह सशक्त सन्देश देती है कि ख़ुद से प्यार करना बेहद ज़रूरी है और यह समझना कि अपने जीवन के लेखक हम स्वयं हैं।

और यही होता है नग्न सत्य सा नृत्य।

–सुकृता पॉल कुमार

शंसा पत्र

क्लाउडियो स्ट्रिनाति (कला इतिहासकार)

मुझे इस आत्मकथात्मक पुस्तक के जन्म और विकास का साक्षी बनने का मौक़ा मिला और मैंने तुरन्त पैट्रीज़िया के विचारों और लेखन के प्रति एक आत्मीयता और स्नेह महसूस किया।

यह पुस्तक जीवन के आनन्द से सराबोर है और पैट्रीज़िया के स्वयं के जीवन के प्रति गर्व को दर्शाती है, जो कि मैं कहूँगा पूर्णतया वैध है क्योंकि उन्होंने खुद को पूरी तरह से कला के प्रति समर्पित किया है, इस हद तक कि कला उनके जीने का कारण बन गयी है। कला, कोई भी कला, मनुष्य के लिए एक चिकित्सीय भूमिका निभा सकती है, ऐसा सभी परम्पराओं और संस्कृतियों में निहित एक बहुत प्राचीन विश्वास है। लेकिन पैट्रीज़िया ने इस विचार को इस हद तक आत्मसात किया है कि उन्होंने इसे अपने अस्तित्व की और दूसरों के साथ अपने सम्बन्धों की धुरी बना लिया है।

पैट्रीज़िया एक बेहतरीन नृत्यांगना, कोरियोग्राफ़र और निर्देशक हैं जिनका अनुभव अत्यन्त प्रभावशाली है, लेकिन साथ ही वह एक शमन भी हैं। वह खुद का सामना करने का हौसला रखती हैं और सत्य की कसौटी पर अपने आप को परखती हैं, इस अडिग विश्वास के साथ कि वह सही राह पर हैं। उस राह पर जो कि जीवन की सुन्दरता को पूजती है, जो कि 'कला' और 'इरॉस' को जीवन के सर्वोच्च क्षण मानती है, जो कि सभी बुराइयों से बचने में हमारी मदद करती है; एक ऐसी रामबाण औषधि जिसका प्रस्ताव पैट्रीज़िया की पुस्तक अटूट संकल्प और ऊर्जा के साथ बार-बार रखती है। इन सबसे जो उत्साह पैदा होता है वह सीधे पाठक तक पहुँचता है, शुद्ध और अक्षुण्ण, और उसमें बौद्धिक

परिपूर्णता और आध्यात्मिक बोध प्राप्त करने की इच्छा व क्षमता पैदा करता है।

डेविड ज़ार्ड (संगीत प्रचारक)

हम दोनों ने कुछ चीज़े एक साथ की हैं।

पैट्रीज़िया आपमें अभूतपूर्व साहस है और आप एक जीनियस हैं, लेकिन हम कह सकते हैं एक ऐसी जीनियस जिसे समझा नहीं गया।

मुझे यकीन है कि जब मैं इस पुस्तक को पढ़ूँगा तो मैं पूरी तरह से मुग्ध हो जाऊँगा और शायद तिहत्तर साल की उम्र में मैं एक बार फिर से एक नये रोमांच में डेब्यू करना चाहूँगा और इस पर आधारित एक फ़िल्म बनाऊँगा।

डोरी ज़ार्ड (कलाकार)

इस 'उपन्यास' में आपने अपने जीवन की कहानी का उपयोग एक बहाने के रूप में किया है, जिसके परिणामस्वरूप यह दो प्रकार के पाठकों के लिए दिलचस्प हो चली है—वे पाठक-दर्शक जिन्हें आप अन्तर्दृष्टि देती हैं और उन्हें अपने स्वयं के जीवन और विचारों के बारे में गहराई से विचार करने में मदद करती हैं, और वे पाठक-कलाकार जो आपके विचारों और कहानियों से तत्त्व ग्रहण करते हैं जो कि उनके लिए कला का सृजन करने और उसे जीने के औज़ार बन जाते हैं।

अध्याय-1

नृत्य और मैं

आज जब मैं ध्यान में बैठी थी तब वह वजह, जिसने मुझे अपने और अपने जीवन के बारे में आपको बताने के लिए प्रेरित किया, साफ़ हो गयी। मैं आपसे अपनी अन्तर्दृष्टि और अहसास साझा करना चाहती हूँ। मैं जानती हूँ कि जैसे वे मेरे लिए अनमोल हैं, वैसे ही वे आपके लिए भी होंगे। मैं आशा करती हूँ कि मेरे बारे में पढ़ना और जो मैंने अपने अन्तर्मन में अनुभव किया है, वह जानना आपके के लिए भी उपयोगी होगा।

मेरा मानना है कि आप भी आत्म-जागरूकता प्राप्त करना चाहते हैं और इसलिए आपको 'अस्तित्व' के पाँचों आयामों अर्थात् आध्यात्मिक, भावनात्मक, अचेतन, मानसिक और शारीरिक आयाम में प्रवेश करने की जिज्ञासा और चाह है। मैं संगीत और नृत्य–वे दो कलाएँ, जिनको मैंने अपना पूरा जीवन समर्पित किया है–में डूब कर इन आयामों को भेदने में सफल हुई।

जब मैं नृत्य करती हूँ तो मैं संगीत के साथ एक हो जाती हूँ, वह संगीत जो मुझे पोषित करता है; और फिर मैं उसे अपने अंग संचालन (बॉडी मूवमेंट) में व्यक्त करती हूँ। वास्तव में नृत्य की प्रक्रिया में और भी कुछ शामिल है। नृत्य और संगीत का संलयन ब्रह्माण्ड की लय और सामंजस्य को व्यक्त करता है। नृत्य को ख़ामोशी में भी व्यक्त किया जा सकता है, क्योंकि नृत्य वस्तुतः संगीत ही है। नृत्य वह संगीत है जो दिखाई दे पर सुनाई न दे, और संगीत वह नृत्य है जो सुनाई दे पर दिखाई न दे।

ध्यान करना, दिल के दायरे में प्रवेश करना और प्रेरणा की आवाज़ को सुन पाने के लिए वहाँ ख़ामोशी में शान्त मन के साथ ठहरना है। यह वह प्राकृतिक अवस्था है जिसमें एक कलाकार रहता है।

मैं दावा करती हूँ कि मैं एक कलाकार हूँ और इस नाते मैं परम रहस्य की विशेषज्ञ हूँ।

***

इस कहानी में अक्सर बिना झूठे विनय के, बल्कि मुँहजोरी और साहस के साथ मैं आपको अपना मूल्य बताऊँगी। मेरे लिए ऐसा करने का अर्थ मेरा घृष्ट या घमण्डी होना नहीं है, बल्कि सिर्फ़ स्वयं को जैसे का तैसा अर्थात् कर्तव्यपरायण और ईमानदार पेश करना है। अति विनम्र कर्म के सहारे ही, हमेशा ख़ुद के साथ गहन चर्चा में तल्लीन, मैंने अपने मूल्य को पहचाना। मैंने अपने ब्रह्माण्ड के भीतर बृहद् कार्य किया है। मैंने अपने अन्दर के 'राक्षसों' का सामना किया और अथक प्रयास से उन पर जीत हासिल की। अब मैं अपने मूल्य को पहचानती हूँ। अपने मूल्य का मेरे पास सबूत है और तथ्य उसको प्रदर्शित करते हैं। मैं झूठी विनम्रता बर्दाश्त नहीं कर सकती और मुझे यकीन है कि स्वयं के मूल्य को पहचान पाना व्यक्ति की सबसे कठिन विजय है। सफल होने के लिए आपके पास जीवन की सबसे कड़ी चुनौतियों यानी अन्दरूनी चुनौतियों को पराजित करने की हिम्मत होनी चाहिए। मुझे हमेशा से केवल अपनी आन्तरिक दुनिया और उससे जुड़ी हर चीज़ में दिलचस्पी रही है। गहरी भावनाओं में मेरी रुचि है। मनुष्यों के बीच में अन्तर उस गहनता में होता है जिसके साथ वे जीना चाहते हैं।

मैं निश्चित तौर पर जानती हूँ कि मैं सुन्दर हूँ, अच्छी हूँ और सबसे ज्यादा बहुत ही सच्ची हूँ। मैं इन मूल्यों को हर किसी में देख सकती हूँ, आप में भी! केवल पागल, वास्तव में पागल जानते हैं कि ऐसा कैसे करना है। तो कहिए फिर यह सब मैं आपको क्यों नहीं बताऊँ?

पूरी ज़िन्दगी मुझसे कहा गया है कि मैं उत्तेजक हूँ!

शुरू में हम ख़ुद को केवल वह समझते हैं जो कि प्रत्यक्ष है, फिर हम ख़ुद को प्रत्यक्ष से परे देख पाते हैं, और अन्त में हम ख़ुद को वैसे देख और समझ पाते हैं जैसे कि हम वास्तव में हैं; और आत्म-ज्ञान की इस प्रक्रिया से समृद्ध होते हैं। क्या यह सच नहीं कि हम दूसरों को सिर्फ़ वही दे पाते हैं, जो हम पहले ख़ुद को देने में सक्षम होते हैं?

स्वर्ग के सन्त (सेंट्स इन पैराडाइस) उनसे प्यार करते हैं, जो किसी भी क़ीमत पर बहादुर और सच्चे होते हैं और उन्हीं को सफलता प्रदान

करते हैं, जो अन्यथा शैतान के साथ सौदा करके बहुत आसानी से प्राप्त की जा सकती है। मैंने हमेशा स्वर्गदूतों के साथ ही सौदा किया है।

मैंने अपनी माँ के जुनून के चलते छह साल की उम्र में नृत्य का अध्ययन शुरू किया। मेरी माँ ब्रूना एक सच्ची मिलानी थीं, जो मिलान में ला स्काला ओपेरा हाउस में बड़ी हुईं, जहाँ उनकी कज़िन रैनो फर्स्ट डांसर थीं और उनके पिता लुइगी मूत्ज़ी (मेरे नाना) टॉस्कनिनी के साथ मास्टर ऑफ़ ट्रोमबोन थे।

मेरे अध्ययन का पहला वर्ष यातनापूर्ण था। हमें नियमित रूप से ज़मीन पर बैठा कर अपने हाथ-पैरों से कुछ बेतुकी भाव-भंगिमाएँ करायी जाती थीं। मुझे समझ में नहीं आता था कि मुझे उन सभी अभ्यासों के लिए बाध्य क्यों किया जा रहा है, क्योंकि मेरे विचार से वे भाव-भंगिमाएं नृत्य के लिए प्रासंगिक नहीं थीं। अतः मैंने नृत्य को वहीं तिलांजलि देने का सोच लिया।

सौभाग्य से साल के अन्त में हुए कॉन्सर्ट (संगीत समारोह) में ऐसा हुआ कि मंच पर हम पचास लड़कियाँ थीं और मुझे अग्रिम पंक्ति में रखा गया था। एक बच्चे की सहजता लिए सब कुछ भूलकर मंच पर मेरा ध्यान पूरी तरह से अपने अंग संचालन पर केन्द्रित था और बिना किसी आलोचना या परिणाम के भय के मैं अपने नृत्य में आनन्द और आत्मसन्तुष्टि महसूस कर रही थी। प्रदर्शन के बाद मेरी सहेलियों की माएँ मंच के पीछे आयीं, मुझे घेर लिया और बताया कि मैं कितनी बेहतरीन और उम्दा नृत्यांगना थी, जो 'प्रतिभा सम्पन्न' थी और 'नृत्य करने के लिए ही पैदा हुई थी।' मैं यह सुनकर चकित रह गयी, छोटी व बेख़बर जो थी और मुझे यह ज्ञात हुआ कि मेरे पास एक प्रतिभा थी! मैं तब तक इस बात से पूरी तरह अनजान थी।

मेरी इस पहली सफलता ने मेरे अन्दर उस राह पर चलते रहने की एक मज़बूत इच्छाशक्ति को जाग्रत किया, जिस पर मुझे स्वीकारा गया, प्रशंसा मिली और ख़ुद को अभिव्यक्त करने की स्वतन्त्रता मिली।

बच्चों को प्रोत्साहित किया जाना बहुत ज़रूरी होता है। वयस्क के रूप में उन्हें निश्चित रूप से उसमें सफलता मिलती है, जिसमें उन्हें प्रोत्साहित किया गया है, पर शायद उसमें नहीं, जिससे उन्हें वंचित किया गया है।

मुझे याद है, कुछ साल पहले मैंने एक प्रसिद्ध फ्रेंच कोरियोग्राफ़र का प्रदर्शन देखा था, जिसमें एक ही कोरियोग्राफ़ी (नृत्यकला) पर पहले बच्चों ने, फिर युवा पेशेवर नर्तकों ने और फिर बुजुर्ग पूर्व पेशेवर नर्तकों ने नृत्य किया था। इन तीनों समूहों ने जिस तरह से प्रदर्शन किया उसमें इतनी भारी विविधता को देखना बहुत ही मार्मिक था। मैं यह देखकर मुग्ध थी कि बच्चे सबसे अधिक एकाग्रचित्त, सतर्क और त्रुटिहीन थे। बुजुर्ग सबसे अधिक सौम्य थे, क्योंकि उन्हें आनन्द आ रहा था; उनके लिए यह एक बड़े ख़ूबसूरत खेल जैसा था, जिसमें वे ख़ुद को पूरी छूट दे सकते थे। युवा लोग बहुत ही उच्च स्तर के पेशेवर दिखते थे, जैसी उम्मीद थी।

मेरे पहले नृत्य प्रदर्शन के बाद मुझे मिली सार्वजनिक प्रशंसा ने मेरे जीवन की दिशा बदल दी। मेरी प्रतिभा ऐसी थी, जो कि क्लासिकल डांस (शास्त्रीय नृत्य) के नियमों को, उसके सौन्दर्यीकरण को और उसके द्वारा स्वतन्त्रता और रचनात्मकता के दमन को बर्दाश्त नहीं कर सकती थी। तब भी मुझे पता था कि नृत्य के माध्यम से मैं कुछ गहरा व्यक्त कर सकती हूँ—अपना काव्य, अपनी पवित्रता और आन्तरिक सुन्दरता, अपनी अन्तरंगता।

मैं अपने तरीक़े से एक बाग़ी यानी नियम तोड़ने वाली बच्ची थी। मैं उस कड़े औपचारिक कोड से बाहर निकल कर अपनी भावनाओं को व्यक्त करना चाहती थी, हालाँकि मैं शर्मीली थी और मौलिक रूप से दूसरों के साथ बातचीत करने से डरती थी। मैं छोटी थी, लेकिन पहले से ही जानती थी कि नृत्य अपने आन्तरिक भाव की शारीरिक अभिव्यक्ति करना था। मैं समझ चुकी थी कि नृत्य, वास्तव में अपनी आन्तरिक 'भावनाओं' के साथ सम्पर्क में आना था, ताकि मैं उनके सार को समझ पाऊँ और उनका उदात्तीकरण कर पाऊँ। मेरी सार्वजनिक प्रशंसा का कारण यही था—उस मंच से मैं अपने स्व को संचारित कर रही थी, जो कि मेरे जीवन की भावना के संचार, अभिव्यक्ति और प्रसारण का हिस्सा बन गया।

गुज़रते वर्षों के साथ मैं उन बेतुके व्यायामों को छोड़ कर (जो मुझसे कराये जाते थे) आगे बढ़ी और अपनी नृत्य प्रस्तुति में 'करना' (डूइंग) और 'होना' (बीइंग) के बीच का अन्तर समझने लगी और यहीं मैंने पहली बार परिपाटियों को तोड़ा। मैंने अपनी अन्तरंग दुनिया की अनुभूतियों को

छह साल की पैट्रीज़िया

अपने अंग संचालन के माध्यम से व्यक्त करना शुरू किया, यहाँ तक कि परम्परागत क्लासिकल डांस में भी। इससे मैं क्लासिकल डांस की सौन्दर्यात्मकता से परे जाकर अपनी काव्यात्मक अनुभूति को व्यक्त कर पायी। हालाँकि नृत्य की उस शैली के साथ ऐसा करना आसान नहीं था, जो कि 1600 के दशकों में सन किंग यानी फ़्रांस के राजा लुई चौदह के दरबार में विकसित हुई थी। वह युग सभी ऐतिहासिक युगों में सबसे विकृत और भ्रष्ट था और यह नृत्य उस समय के व्यभिचार, सत्ता के खेल, दरबारी साज़िशों आदि को प्रतिबिम्बित करता था। इसीलिए यह नृत्य नर्तक का दमन करता है, उसको सीमित करता है, उसको विकृत बनाता है और अन्ततः उसको रुग्ण बनाता है। यह पूर्ण सत्ता की विकृति और भ्रष्टता को दर्शाता है। इस तरह सन किंग के दरबार में पनपा यह नृत्य एक मानवीय विकृति है जो कि नर्तक के शरीर और परिणामस्वरूप उसकी आत्मा को नष्ट कर आनन्दित होता है। बैले के स्टेप्स जैसे कि प्लीए (plié), टान लावे (temps levè), शाहसे (chassè), जेह ते (jeté), ग्लीसाड (glissade), पा द शाह (pas de chat), पा द बास्क (pas de basquee) आदि प्रकृति के विरुद्ध हैं।

फिज़िओथेरेपी और आधुनिक आर्थोपैडिक्स दोनों यह सिद्ध करते हैं कि उस प्रकार की शारीरिक मुद्राएँ और अंगों का संचालन पीठ के साथ-साथ शरीर के जोड़ों में भी ऊर्जा को अवरुद्ध करता है, उन्हें क्षति पहुँचाता है। शास्त्रीय बैले ने पॉइंटेड शूज़ (नुकीले जूते) का आविष्कार किया। हम जानते हैं कि पैर का अँगूठा, जो कि शरीर के सबसे कामोद्दीपक अंगों में से एक है, सीधे मस्तिष्क से जुड़ा हुआ है। इससे हम यह निष्कर्ष निकाल सकते हैं कि पंजों के बल पर नृत्य करना अपने सिर को चोट लगाने जैसा है। मेरा वास्तव में मानना है कि इस प्रकार की अस्वास्थ्यकर नृत्य तकनीक पर प्रतिबन्ध लगाने के लिए एक क़ानून बनाया जाना चाहिए।

इसके विपरीत नृत्य की अन्य सभी विधाएँ सभी स्तरों पर मानसिक अन्तर्सम्बन्धों में तेज़ी लाती हैं और उन्हें बढ़ाती हैं। असली नृत्य इंसान को कुशाग्र बुद्धि बनाता है। यह मस्तिष्क को एक ही पल में कई आदानों को सँभालने में सक्षम बना कर यानी प्रत्येक मूवमेंट में एक साथ कई गतिकी (डायनामिक्स) और ध्वनियों को सिंक्रनाइज़ (समक्रमिक) करने में सक्षम बना कर उसकी क्षमता को सक्रिय करता है।

सभी संस्कृतियों में शरीर के संकुचन और दमन (रिप्रेशन) के तत्त्व मौजूद हैं। मैं क्लासिकल बैले के बारे में जो कहती हूँ–मैं इसे नृत्य तक नहीं कहना चाहती–उसकी तुलना पाश्चात्य संस्कृति पर ईसाई दुनिया के कुप्रभाव से की जा सकती है जिसने ईसा मसीह के मूल सन्देश में हेर-फेर किया। मेरा मानना है कि शरीर में निहित आनन्द की प्राप्ति के माध्यम से स्वतन्त्रता और मूल प्रेम तक पहुँचने का मार्गदर्शक बनने के बजाय मिसोजिनिस्ट (नारीद्वेषी) चर्च ने ईसा के सन्देश को विकृत किया है, लोगों के दमन और उत्पीड़न के लिए इसे कोडित और प्रचारित किया है। चर्च ने वास्तव में अपराध, भय और पाप की भावना को बढ़ावा दिया है, जिसकी सज़ा (उसके अनुसार) स्वर्ग से मिलती है। नतीजन उन कार्डिनल्स (चर्च के प्रमुख) और पादरियों की बहुतायत है, जो कि पीडोफ़ाइल (बालकामुक) बन जाते हैं–यही वह विकृति है, जो कुव्यसन की ओर ले जाती है। कहने का यह मतलब नहीं है कि इंसान विकृत है, पर यह कि उसे शायद ही कभी आभास होता है कि वह सत्ता के दुरुपयोग से पीड़ित है।

बारह वर्ष की आयु में (मुझे यह ऐसे याद है, मानो हाल की बात हो) मुझे यह पूरा अहसास हो गया था कि मैं एक पेशेवर नर्तकी बनूँगी।

मैंने अपनी नृत्य शिक्षिका मारिया रोज़ा फेरारी से अतिरिक्त अध्ययन के लिए समय माँगा। वह अपने निर्देशक पति के साथ थिएटर भी करती थीं। उनकी डांस अकादमी के शिक्षकों जैसा बन्द दिमाग़ नहीं था। अकादमी के शिक्षकों से मैं बाद में मिली और उनको मैंने तुरन्त 'आलू और प्याज़ के छिलके उतारने वालों' की उपाधि दे डाली। वे अपने परिवार और घर के कामों से, जिसके लिए वे वास्तव में बने थे, क़ीमती समय निकाल कर उसे नृत्य सिखाने पर नष्ट करते थे। वे मूवमेंट को शुरू करने के लिए छात्रों में आन्तरिक प्रेरणा का संचार करने में असमर्थ थे। वे शुद्ध जिम्नास्टिक्स के रूप में सतही ज्ञान प्रदान करते रहे। उनके विपरीत मेरी शिक्षिका मारिया थिएटर से प्यार करती थीं, क्योंकि उन्होंने एक अभिनेत्री की तरह व्याख्या करना सीखा था और इसीलिए वह यह सिखाना जानती थीं कि कैसे उन्मुक्त होकर नृत्य करना है, कैसे अपने आपको रचनात्मक क्रिया पर छोड़ देना है।

कई सालों की निजी स्कूली शिक्षा के बाद मेरी माँ ने पहले मुझे सिल्वियो डी'एमिको ड्रामाटिक आर्ट्स अकादमी और नेशनल एकेडमी ऑफ़ डांस दोनों अकादमियों में दाख़िला दिलाने की कोशिश की। यह स्पष्ट था कि मेरे नृत्य करने के तरीक़े में व्याख्यात्मक तत्त्व मज़बूत था, जैसा कि एक अभिनेत्री का होता है। लेकिन दोनों अकादमियों में जाना मेरे लिए वास्तव में बहुत श्रमसाध्य होता। इसके अलावा उनके शेड्यूल (सारिणी) भी ओवरलैप होते थे। अफ़सोस के साथ यह तय किया गया कि मैं केवल रोम की नेशनल एकेडमी ऑफ़ डांस के लिए प्रवेश परीक्षा दूँगी।

जिया रुस्काया, जिन्होंने नेशनल एकेडमी ऑफ़ डांस शुरू की थी, एक महान महिला थीं। वह सतह से परे जाने में सक्षम थीं। वह ज़िन्दादिल महिला थीं और उनका दिल उदार था। वह प्रखर, ऊर्जावान और भावुक थीं। जब वे आपकी तरफ़ देखती थीं, तब ऐसा लगता था कि वे आपको देख और समझ रही हैं। चालीस के दशक में उन्होंने उस समय की सत्तावादी सरकार को अपनी अकादमी के लिए रोम की सबसे ख़ूबसूरत जगह देने के लिए राज़ी किया। यह जगह थी एवेंटाइन पहाड़ी पर एक बड़ी इमारत, जो कि सर्कस मैक्सिमस और पैलेटाइन हिल को ऊपर से देखती है। उनकी इच्छानुरूप वहाँ आयोजित नृत्य कक्षाओं में पुरुषों के लिए प्रवेश

वर्जित था और उन्हें सत्तर के दशक में जाकर डांस अकादमी में दाख़िला मिला। इसलिए अकादमी एक वास्तविक ज़नानख़ाना के रूप में कार्य करती थी, जो कि अन्य चीज़ों के अलावा दुनिया के सर्वश्रेष्ठ डांस मास्टर्स और कोरियोग्राफ़रों की मेजबानी करती थी। यह एक शानदार परियोजना थी, ख़ासकर अगर हम विचार करें कि उस समय इटली कितना संकीर्ण, कट्टर और रूढ़िवादी था।

चौदह वर्ष की आयु में जब मैंने रोम की नेशनल एकेडमी ऑफ़ डांस में प्रवेश लिया तब पहली नज़र में मुझे अन्य छात्र अस्तबल के घोड़ों की तरह लगे, जो मुझे नृत्य करते देख हैरान और भ्रमित होकर पीछे हट गये। अजीब है, है ना? बक्से में बन्द उन कसी हुई लगाम वाले अनम्य घोड़ों ने उस मुक्त घोड़े का, जो कि प्रेयरी (घास के बड़े मैदान) में घूमता था, मज़ाक उड़ाया और उसको ताना मारा!

उनके व्यवहार को इस तथ्य से भी समझाया जा सकता है कि अकादमी ने मुझे मेरे पहले के अध्ययन के सभी वर्षों को पूर्ण मान्यता देते हुए भर्ती किया था। यह अकादमी के लम्बे इतिहास में पहला मामला था, जिसका फ़ैसला जिया रुस्काया ने स्वयं लिया था। मुझे नृत्य करते देखने से पहले उन छात्रों ने मेरी तरफ़ तिरस्कार भरी नज़रों से देखा, क्योंकि उन्हें लगा कि मेरी सिफ़ारिश की गयी है, लेकिन जल्द ही मेरा नृत्य देखने के बाद वे मेरे दोस्त बन गये और हर बार जब मैं उन पर लगातार हो रहे जुल्म के ख़िलाफ़ विद्रोह करती तो वे मेरा अनुसरण करते। मैं स्वयं उस जुल्म का शिकार नहीं थी, क्योंकि उन शिक्षकों में साहस नहीं था, वे बहुत कायर थे। यह मेरा सौभाग्य है कि मुझसे सच बोले बिना नहीं रहा जाता।

जब भी मेरी उपस्थिति में मेरे साथियों का अपमान किया जाता मैं उनका सार्वजनिक रूप से बचाव करती। मैं उनकी रक्षा के लिए वस्तुतः अपने शरीर को ढाल की तरह उनके सामने रख देती। दमित साँपों के उस अड्डे में नृत्य को फ़ासीवादी शैली की कठोरता के साथ संचारित किया जाता था, न कि अनुशासन के साथ, लगभग हमेशा अपमानजनक लहज़े के साथ और अक्सर अपमान के साथ भी। यदि आप लोगों को उनके नाचने के तरीक़े से समझ सकते हैं, जैसा कि माओ ज़ेडॉन्ग ने कहा है, तो वह वास्तव में विकृत था! कैसी पागल दुनिया है!

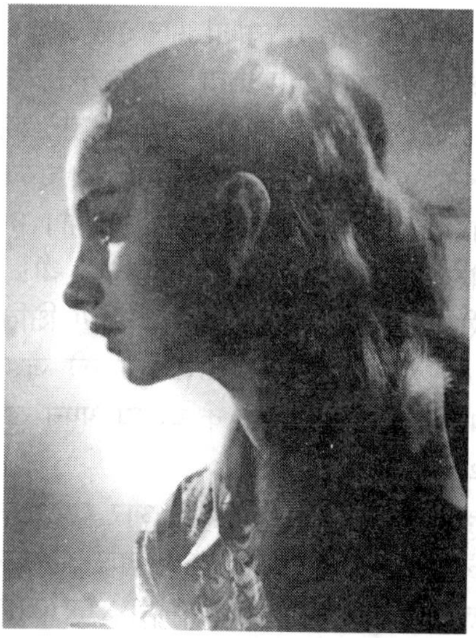

सोलह साल की पैट्रीज़िया

हर रात मैं घर आकर रोती थी और इस तरह से दिन भर के तनाव से मुक्त हो जाती थी। इसके अलावा मेरे पैरों से नुकीले जूतों की वजह से ख़ून बहता था। मेरे पिता को समझ नहीं आता था कि मैं यह सब क्यों कर रही थी। वे बहुत मानवीय थे, लेकिन चूँकि उनकी रुचियाँ मेरी रुचियों से भिन्न थीं, वे मुझे समझ नहीं पाते थे।

मैं उदास और अकेली थी और मुझे लगता था कि लोग मुझे पूरी तरह से ग़लत समझते थे। मेरी माँ हमारे साथ नहीं रहती थीं; क्यों नहीं, यह मैं आपको बाद में बताऊँगी। मैं जो महसूस करती थी, वह मैं किसी के साथ साझा नहीं कर सकती थी। इस वजह से मैं एक बहुत ही दर्दनाक अँधेरे में क़ैद हो गयी थी, जहाँ से मैं केवल नृत्य करते समय बाहर आ पाती थी।

मैं पाठों के दौरान जो कुछ दिलचस्प पाती, उसकी स्मृति और आशुरचना करने की अपनी क्षमता पर बहुत भरोसा करती थी। इसके अलावा शाम को तीन से आठ बजे तक मेरे पास डांस कोर्स और अकादमी में सैद्धान्तिक विषय थे। मैं अँग्रेज़ी भी पढ़ती थी। सुबह की मौखिक परीक्षाओं की तैयारी करने के लिए मेरे पास बहुत कम समय और ऊर्जा बचती थी। मेरे जीवन में दोगुना प्रयास था और मुझे इससे निपटने का एक तरीक़ा चाहिए था। रात में मैं दोस्तों से फ़ोन पर सुनकर होमवर्क कॉपी करती थी।

मैं एवेंटाइन की ख़ूबसूरत हरियाली और इसे आबाद करने वाले लोगों की अनुपयुक्तता के बीच की विपरीतता को महसूस करती थी। किसी भी क़ीमत पर श्रेष्ठ होने की चाहत में ये लोग प्रतिद्वन्द्विता, ईर्ष्या, डाह और आक्रामकता से बनी अपने क्षुद्र दुनिया में सीमित थे। उनकी असंवेदनशीलता मुझे दुखी करती थी और गहरी चोट पहुँचाती थी। मेरी वह दुनिया मेरे परिवार के माहौल से बिल्कुल अलग एक दुनिया थी!

शुक्र है, मेरी माँ का उदार और खुला दिमाग़ क्षितिज-सा विशाल था और हमें (मुझे और मेरी बहन को) उस युग की जड़ और कल्पनाहीन सामाजिक परिपाटी के सामने झुकने के बजाय अपने ख़ुद के नियम बनाने की स्वतन्त्रता थी।

उस सारे दुख के बीच में कार्ला फ्रैची और बेप्पे मेनेगट्टी एक क्रिसमस टीवी शो के लिए दो नर्तकियों का चयन करने अकादमी आये। कार्ला अन्तरराष्ट्रीय स्तर पर एक प्रसिद्ध बैलेरीना थी और उसके पति बेप्पे उसके प्रमोटर थे। सभी छात्रों में से उन्होंने मुझे चुना, हालाँकि वे जानते थे कि मैं नाबालिग थी। मुझे वह अनुभव रास नहीं आया। अप्रासंगिक कोरियोग्राफ़ियों और एक से दूसरे शॉट के बीच अनन्त विराम–जो कि हम जैसे एथलीटों के लिए, जिन्हें नृत्य करने के लिए गर्म मांसपेशियों की आवश्यकता होती है, ख़ासा हानिकारक था–दोनों की वजह से वह अनुभव उबाऊ था। इससे भी बुरा यह था कि रोमन टेलीविज़न स्टूडियोज़ का माहौल सुपर मार्केट्स के माहौल से काफी मिलता-जुलता है, जिनसे मैं घृणा करती हूँ। स्कार्फ़ और हल्के गुलाबी शॉल में लिपटी हुई कार्ला ने सब कुछ नागवार कर दिया। उसके पास उसी रंग के कई सारे जूते थे, जिन्हें वह एक के बाद एक बदलती जाती थी और विनम्रता से कहूँ तो अपनी दीवा की सनक से शूटिंग को लगातार बाधित करती थी। यह मुझ जैसी नर्तकी के लिए कठिन था, जिसे नंगे पैर नृत्य करना पसन्द था। आत्मतुष्टि और चीज़ों की गहराई में प्रवेश किये बिना केवल बाहरी सुन्दरता की चिन्ता करने के उनके रवैये ने मुझमें असन्तोष और शून्यता की भावना उत्पन्न कर दी।

मैं नेशनल एकेडमी ऑफ़ डांस में चौदह से अठारह वर्ष की उम्र तक रही और मैंने पाँचवीं से आठवीं तक के पाठ्यक्रम में भाग लिया। अकादमी में हर महीने नये मास्टर्स आते थे और अपने साथ लाते थे, नृत्य के प्रति

एक अलग दृष्टिकोण और भावनाओं को सम्प्रेषित करने का एक अलग तरीका, जो कि हम छात्रों के लिए वाकई शिक्षाप्रद होता था। मैंने इंग्लिश, फ़्रांसीसी और रूसी बैले विधि के कलाकारों, जैसे कि विटाली ओसिंज़, नाथाली ग्रासॉस्का, डेविड लिचिन, नीना विरुबोवा, जीन सेब्रॉन, जुआन कॉर्ली, ज़ारको प्रीबिल, बोरिस ट्रेलिन आदि के साथ अध्ययन किया। वे सभी सच्चे कलाकार थे, न कि मात्र कारीगर। ज़ारको प्रीबिल और नीना विरुबोवा रूसी बैले विधि के शिक्षक थे। हालाँकि वे सब भी शास्त्रीय नृत्य तकनीक ही सिखा रहे थे, लेकिन वे इसे अकादमी के शिक्षकों की तुलना में कम अस्वास्थ्यकर तरीके से संचारित करते थे।

मेरा मानना है कि आप ''क्या'' करते हैं उससे कहीं अधिक आप उसे ''कैसे'' करते हैं मायने रखता है।

आज भी यह ग़लत धारणा है कि 'क्लासिकल डांस' नृत्य के अध्ययन का मूलभूत आधार है। ऐसा बिल्कुल नहीं है! मेरी राय में अन्य डिसिप्लिन (विषय) जो कि ज़्यादा प्राकृतिक हैं और जिनमें चिकित्सीय गुण निहित है, जैसे कि हठ योग, सम्पूर्ण तैयारी कराते हैं और नृत्य के किसी भी रूप के लिए एथलेटिक रूप से प्रशिक्षित करते हैं और अन्य नृत्य तकनीकों से किये गये नुक़सान को ठीक भी करते हैं।

यह मेरा महान सौभाग्य था कि जब तक मैं अकादमी में थी, तब जीन सेब्रॉन, जिन्हें मैंने पहले क्षण से एक महान मास्टर के रूप में पहचान लिया था, हर साल वहाँ पढ़ाने आते थे। जीन, जो कि मूलरूप से पेरिस के निवासी थे और अन्तरराष्ट्रीय स्तर पर एक प्रसिद्ध नर्तक-कोरियोग्राफ़र थे, वास्तव में दुनिया के नागरिक थे।

मैंने उन्हें पहली बार रोम के टिएट्रो सिस्टिना में कर्ट जॉस और रुडोल्फ लाबान के बैले *द ग्रीन टेबल* में देखा था। उस अवसर पर उन्होंने बड़े कौशल से 'डेथ' (मौत) के चरित्र को प्रस्तुत किया था। जॉस और लाबान जर्मनी के एस्सेन शहर के उस स्कूल के संस्थापक थे, जहाँ जीन पढ़ाते थे और पिना बॉश उनकी कोरियोग्राफ़ियों पर नृत्य करती थीं। इन मास्टर्स ने नृत्य में जर्मन अभिव्यक्तिवाद विकसित किया था। उन्होंने नृत्य को न केवल एक भाषा के रूप में, बल्कि एक कोड और एक तकनीक के रूप में भी लिखने का एक तरीक़ा ईजाद किया। यह एक समकालीन शैली थी जो कि काल-अन्तराल (स्पेस-टाइम) से मुक्त थी और क्लासिकल बैले

के ढाँचे को तोड़ने में सक्षम। यह नृत्य आशुरचना पर आधारित है और इस पहलू में इज़ाडोरा डंकन के नृत्य के समान है, लेकिन इन मास्टर्स ने उन मूवमेंट्स से एक विचार को संरचित किया। यदि आप आशुरचित कोरियोग्राफ़ी को एक निश्चित क्रम में बद्ध कर सकते हैं, तो आप उसे तर्कसंगत बना कर संहिताबद्ध कर पाते हैं। पर मुझे नहीं लगता कि नृत्य लेखन का उपयोग करना सम्भव है, क्योंकि नृत्य करते समय अक्सर शरीर के कई हिस्से एक साथ चलते हैं और इस वजह से नृत्यकला में कई अलग-अलग बारीकियाँ और तीव्रता होती है, जिनका वर्णन करना मुश्किल है। मेरी राय में केवल फ़िल्म और वीडियो फुटेज के माध्यम से ही कोरियोग्राफ़ी को ठीक करना सम्भव है।

मुझे आख़िरकार जीन सेब्रॉन में एक सच्चा मास्टर मिला, मेरे जीवन का पहला। वह बड़ी आन्तरिकता और कम शब्दों के साथ शिक्षा प्रदान करते थे। हम छात्र उनकी निजता का सम्मान करते थे। मैंने ख़ुद को उनमें पूरी तरह से पाया। उनको अपनी कला के प्रति जुनून था। वह एकाग्रचित्त और प्रखर व्यक्ति थे। वह सख़्त थे, लेकिन साथ ही बहुत दयालु और हमेशा अतिरंजित तरीक़े से पीड़ित नज़र आते थे। ऐसा उनको मैं (एक किशोरी) समझती थी। मुझे उनसे प्यार हो गया। मैं उनसे ऐसे प्यार करती थी जैसे कि सिर्फ़ एक अनुचर कर सकता है। मैं भी उनकी तरह बहुत शर्मीली थी और क्लास से बाहर थोड़ा उनके रोब में भी। जैसे वह मेरे रोब में थे, मुझे लगता है।

उनका विदेशी चेहरा, ऊँचे और भरे हुए चीकबोंस, गहरी भेदने वाली हरी आँखें, एक गोल चौड़ा माथा और बड़ा उत्तल मुँह देखकर लगता था कि मानो वे सुदूर पूर्वी देश से आये हों। हम सहस्वभावी आत्माएँ थे। मुझे उनकी कोरियोग्राफ़ियों पर नृत्य करते देख सभी ने कहा कि वह और मैं अंगों का एक समान संचालन करते थे। उनके माध्यम से पहली बार मैंने अपनी स्वाभाविक नृत्य चाल को पाया। अपने नृत्य से जीन ने मुझमें मेरी क्षमता को जगाया। वही थे जिन्होंने मुझ पर अपनी छाप छोड़ी।

जीन मेरे गुरु थे। भारतीय परम्परा में भी गुरु से शिष्य को नृत्य सौंपा जाता है, अर्थात् एक शरीर से दूसरे शरीर को। एक लौ दूसरी लौ को प्रज्ज्वलित करती है। यह एक आध्यात्मिक संचारण होता है।

अपने डांस मास्टर जीन सेब्रॉन के साथ पेट्रीज़िया

मेरा मानना है कि गुरु और शिष्य के आपसी सम्बन्ध में एक सूक्ष्म ऊर्जा होती है। गुरु की ऊर्जा आपको जगाती है और आप अपने आपको परम रहस्य के भीतर पाते हैं। उसी क्षण में अंग संचालन को एक ऐसे साधन के रूप में जिया जाता है, जो कि आपके भीतर छिपे गहन रहस्य की अभिव्यक्ति को सतह पर लाता है।

मास्टर ही नर्तक की आन्तरिकता को सक्रिय करके उसमें मूवमेंट को शुरू करने की प्रेरणा का संचार करता है। एक गहरे, कलात्मक, प्रतीकात्मक और आन्तरिक आवेग द्वारा प्रदान किया गया मूवमेंट शिष्य में उन सभी मूल्यों को सक्रिय करता है, लेकिन तभी अगर वे पहले से ही उसके भीतर मौजूद हों। वे मूल्य ऐसी क्षमता हैं, जिन्हें विकसित किया जाना है। यह दर्शकों के अनुभव के समान है, जिन्हें कला को सीखे बिना वही आवेग प्राप्त होता है। यह सम्भोग करने की तरह है। इसलिए असली नृत्य नग्न है, सत्य की तरह।

कक्षा में हम जीन के साथ उनकी तकनीक का अध्ययन करते थे और रिहर्सल में उनकी कोरियोग्राफ़ी का, जिनका प्रदर्शन साल के अन्त के शो में किया जाता था, जैसे कि 'नुज़े ई फ़त्ते' शो जो कि देब्युसी के संगीत पर और ग्रीक मिथकों से प्रेरित एक बहुत ही विशेष कोरियोग्राफ़ी पर आधारित था, जिसमें थीं ताल-वाद्य की लयात्मक थापें और लम्बी खामोशियाँ। जीन सेब्रॉन से हमने ख़ामोशी में, बिना संगीत के नृत्य करना सीखा। गेस्ट मास्टर्स में से वे अकेले थे, जिन्होंने बाह्य संगीत के बिना अपनी अन्दरूनी लय पर हमसे नृत्य कराया।

मुझे संगीत के बिना ख़ामोशी में नृत्य करना बहुत पसन्द है।

जब मैं उन्नीस साल की थी, तब मैंने रोम में अपनी पढ़ाई पूरी की। उसके बाद मैंने अध्ययन के नये अनुभवों की तलाश में यूरोप का दौरा करना शुरू किया–मैं लंदन, पेरिस और एम्स्टर्डम गयी। मैं मेर्स कनिंघम, मार्था ग्राहम, एल्विन निकोलाइस, एल्विन आइली, पॉल सानज़ार्डो और पर्ल लैंग की तकनीकों का अध्ययन करने के लिए न्यूयॉर्क भी गयी। मेर्स कनिंघम का अद्भुत स्कूल एक विशाल स्टूडियो था, जिसमें दो तरफ़ खिड़कियाँ थीं जो कि वेस्ट साइड की एक गगनचुम्बी इमारत की छतों को ऊपर से देखती थीं।

मैं न्यूयॉर्क ख़ास कर कनिंघम से सीखने गयी थी, क्योंकि जब से मैंने उन्हें पहली बार वेनिस में टिएट्रो ला फ़ेनीची में अपनी कम्पनी के साथ मंच पर देखा था, तब से मैंने उन्हें अब तक के सबसे महान कोरियोग्राफ़रों में से एक माना था और वह अब भी मेरे लिए अमेरिकी मॉडर्न डांस के सबसे बड़े उस्ताद हैं। एक नर्तक के रूप में मेरे विकास के लिए कनिंघम उतने ही महत्त्वपूर्ण थे, जितने कि सेब्रॉन। वह दुबले-पतले और बेचैन मिज़ाज के थे और उनके बाल एक सनकी वैज्ञानिक की तरह घुँघराले थे। उनका आन्तरिक स्व सेब्रॉन के समान था। इटली में कनिंघम पहले से ही एक जानी-मानी शख़्सियत थे, जिनकी प्रतिभा का लोहा हर कोई मानता था। मैंने उन्हें जॉन केज के साथ रोम के सिस्टिन थियेटर में भी देखा था, उन दोनों के नृत्य और संगीत के उम्दा संयोजन में।

मैं कनिंघम के नृत्य को एक अत्यन्त बुद्धिमान नृत्य मानती हूँ, लैटिन के शब्द 'इंटेलीजेरे' के अर्थ में, जिसका मतलब होता है अन्तर्सम्बन्ध को समझना। उनका नृत्य नर्तकों को सिंक्रनाइज़ करता है, एक ही समय में

नर्तक के शरीर के अलग-अलग हिस्सों को गतिमान कर और कोरियोग्राफ़िक रूप से पूरी आज़ादी के साथ अनन्त गतिकी में नर्तकों के बीच की जगह का उपयोग करके।

कनिंघम की शैली अमूर्त कला, रैखिकता और शुद्ध गणित से बनी है। वह एक जीनियस थे, जिन्होंने भावी पीढ़ियों को दिशा प्रदान की। विडम्बना यह है कि उनकी तकनीक को कामुक विरोधी के रूप में परिभाषित किया जा सकता है, लेकिन यह सच नहीं है क्योंकि जब काव्य आयाम विकसित होता है तो उसमें इरोटिसिस्म (कामुकता) अन्तर्निहित होता है। इरोटिसिस्म और सेंसुअलिटी एक ही चीज़ नहीं हैं—भाषा इरोटिक हुए बिना सेंसुअल हो सकती है और इसके विपरीत भी। इरोटिसिस्म और सेंसुअलिटी दो अलग-अलग पहलू हैं। इरोटिसिस्म में एक गहरा आयाम शामिल होता है और यह भावनाओं की जड़ से आता है। इसलिए मेरा मानना है कि कामुकता में तीव्रता और ऊर्जा होती है, जिसे देखा नहीं जा सकता है। सेंसुअलिटी भौतिक आयाम में दिखाई देती है।

उनका नृत्य भावनाशून्य है, चेहरे अभिव्यक्तिहीन, शरीर रैखिक।

मुझे पता था (तब भी जैसे कि अभी) कि गणित कला के हर रूप में मौजूद है, किसी-न-किसी तरीक़े से। मुझे कनिंघम की भाषा बहुत पसन्द आयी, बावजूद इसके कि यह मेरी नृत्य की भाषा के और मेरे अंग संचालन के तरीक़े के विपरीत थी। उनका नृत्य मेरे सबसे अन्तरंग और गहरे तार में गूँजता है। जब कलाकार तकनीक और भाषा से परे हो जाता है, तो विशुद्ध नृत्य का उद्‌भव होता है।

समकालीन नृत्य की प्रत्येक शैली उस कोरियोग्राफ़र से अपना नाम लेती है, जिसने इसे बनाया है; प्रत्येक कोरियोग्राफ़र अपनी ख़ुद की शैली और तकनीक विकसित करता है जो कि अद्वितीय और विशेष होती है। कनिंघम की तकनीक असाधारण है और सभी अन्य तकनीकों से अलग है—यह न्यूनतम, गम्भीर और कठोर है। 'कोरियोग्राफ़ी' शब्द का शाब्दिक अर्थ है 'नृत्य-लेखन' यानी मंच के खुले स्थान में नर्तकों के अंग संचालन को निर्देशित करना। शरीर अपने केवल एक हिस्से को या कई हिस्सों को संचालित कर सकता है—कनिंघम शरीर के भीतर की गतिविधियों को एक अनोखे तरीक़े से सिंक्रनाइज़ कर सकते थे। शुक्रिया मेर्स कनिंघम का,

जिनसे मैंने शरीर के कई हिस्सों के सिंक्रनाइज़ेशन की कला सीखी, भले ही मेरी नृत्य शैली उनके द्वारा प्रस्तावित शैली से अलग है।

मेरी शैली भावनात्मक और प्रतीकात्मक है।

मैं भाग्यशाली थी कि उन्नीस साल की उम्र में मेरी अंग्रेज़ी उतनी अच्छी नहीं थी, जैसी कि आज है। इसलिए जब मैं कनिंघम के स्कूल में दाख़िला लेने के लिए गयी, तो मुझसे जो कहा गया, उसे समझने में मुझसे भूल हुई। अपनी कक्षा समझ कर जब मैं एक अध्ययनकक्ष में घुसी, मैंने स्वयं को कनिंघम के व्याख्यान की अग्रिम पंक्ति में पाया। वे अपनी डांस कम्पनी में लेक्चर देते थे, जिनमें दूसरों को, जो उनके नर्तक नहीं थे, प्रवेश की इज़ाज़त नहीं थी। किसी ने मुझे कुछ नहीं बताया और छह महीने तक मैं उनकी कक्षाओं में जाती रही। कनिंघम ने मुझे अपने साथ अध्ययन करने दिया, जैसे कि मैं उनके नर्तकों में से एक थी। वे मुझमें सुधार करते और मेरे मूवमेंट्स पर ध्यान देते थे। मैं उनकी कक्षा में इस हद तक एकीकृत हो गयी कि किसी ने भी उनके बीच मेरी उपस्थिति के बारे में कुछ नहीं कहा। संयोग से मैं सही लोगों के साथ सही समय पर सही जगह पर मौजूद थी और उससे मुझे मिली....अपार खुशी!

कनिंघम ने मुझ पर एक मज़बूत छाप छोड़ी, जो कि मेरे लिए एक महान संवर्धन था। मैंने उनकी प्रतिभा से बहुत कुछ 'चुराया'। हम वास्तव में सच्चे आकाओं से चुराते हैं। यह एक वरदान था, एक सुन्दर अनुभव।

थैंक यू मेर्स, हाउ आई अडोर यू!

जहाँ जीन ने मुझमें पहले से ही मौजूद मेरी सहज नृत्य शैली को जाग्रत किया, वहीं मेर्स ने मुझे नई तकनीकी, गतिशील और कोरियोग्राफ़िक तत्त्वों के साथ समृद्ध किया। जाग्रत करना समृद्ध करने से अलग होता है। मैंने महसूस किया है कि मेर्स कनिंघम और जीन सेब्रॉन मेरे जीवन में कविता और श्रद्धा के प्रतीक बन गये।

जानते हैं कलाकार कैसे बनते हैं?

कलाकार ऊपर से प्रेरणा प्राप्त करता है, जो कि उसके अचेतन की गहराई में उतर जाती है, जहाँ अन्तर्ज्ञान, इच्छाशक्ति, भावना, वृत्ति एवं अस्तित्व की जड़ें निवास करती हैं।

अपनी प्राकृतिक अखण्डता में शरीर नग्न होता है। नृत्य में आत्मा के एक साधन के रूप में शरीर का उपयोग एक ऐसे संगीत का निर्माण करने

के लिए किया जाता है, जो कि 'दिखाई' देता है। इसलिए सभी कलाओं में नृत्य सबसे पूर्ण कला है। नृत्य में सभी कलाएँ विद्यमान हैं और अपनी समग्रता में संश्लेषित हैं, 'अस्तित्व' के पाँचों आयामों में।

प्रत्येक कलाकार आध्यात्मिक, भावनात्मक, अचेतन और मानसिक आयाम के साथ संलग्न होता है। नर्तक अपनी कला में भौतिक आयाम को भी जोड़ देता है। शरीर ही उसका साधन है।

एक ध्वनि जिसे आप देख सकते हैं, पर सुन नहीं सकते, उससे उच्चतर क्या है?

ख़ामोशी में जीने वाली ध्वनि से उच्चतर क्या है?

ध्वनि के लिए ख़ामोशी और अंग संचालन के लिए स्थिरता से अधिक प्रबल क्या है?

एक नर्तक की गतिहीनता की ऊर्जा, उस ऊर्जा से अधिक होती है जो एक क्षण बाद मुक्त होकर उसके अंग संचालन में सामने आएगी। यह विस्फोट से पहले रचनात्मक ऊर्जा का तनाव है!

रुडोल्फ स्टाइनर ने कहा था कि नृत्य भविष्य की कला है और मानवता अभी तक इसे समझ नहीं पा रही है। ऐसा तभी होगा, जब सुदूर भविष्य में संचार शरीर के माध्यम से और टेलीपैथिक रूप से होगा, इसलिए शब्द की कोई आवश्यकता नहीं रहेगी।

इस रोशनी में देखा जाए तो नृत्य को एक मौलिक, कुल और पूर्ण अनुभव के रूप में प्रस्तुत किया गया है।

मैं इसे इसी तरह जीती हूँ।

अध्याय-2

प्यार

छुटपन में ही अपने अन्तर्ज्ञान से मैं यह समझ गयी थी कि पुरुष स्त्री से प्यार करता है, जबकि स्त्री उसके प्यार से प्यार करती है। वयस्क होने पर अपने जीवन के प्रत्यक्ष अनुभवों से मुझे इस अन्तर के बारे में पूरी तरह से अहसास हुआ।

मेरा पहला प्यार मेरे पिता थे। मुझे याद है कि बचपन में मैं दिन भर उस पल का इन्तज़ार करती थी, जब मैं उनसे मिलूँगी और आख़िरकार उनके साथ होऊँगी। हर रात आठ बजे मेरी छोटी जैक रसेल टेरियर कुत्तिया लिला (जो कि बेचारी अन्धी थी) और मैं दरवाज़े के पास उनका बेसब्री से इन्तज़ार करते थे। जैसे ही लिला उनकी गाड़ी को ग़ैराज में प्रवेश करते सुनती, वह उत्साह से भौंकते हुए और तेज़ी से दुम हिलाते हुए इधर-उधर उछलने-कूदने लगती, जबकि मैं हाथ में उनकी चप्पल लिए दरवाजे के पास साँस रोक कर खड़ी रहती।

जैसे ही वह घर में घुसते, मैं दौड़ कर उनकी बाँहों में चली जाती और उनसे कस कर लिपट जाती। डिनर के बाद सोफे पर उनसे लिपट कर, उनकी छाती से चिपक कर मैं उनके साथ टीवी पर 'करोसेल्ली' देखती और फिर सुला दी जाती। मैं बीच रात में लिला को ओढ़ाने के लिए उठती और मेरी माँ को मुझे ढँकने के लिए उठना पड़ता।

अपने पिता के लिए मेरा प्यार उस स्त्री के प्यार की तरह था जो अपने पुरुष पर पूरा भरोसा करती है। बचपन में मैं सोचती थी कि मैं बड़े होने पर अपने पिता से शादी करूँगी। मेरा मानना था कि वे मेरे जीवन में अकेले पुरुष होंगे—एक सच्चे रोमन, लम्बे, सुन्दर, उदार, मानवीय और बुद्धिमान। अल्फ्रेडो—मेरे पापा।

मेरे पिता में जन्मज़ात उदारता और सज्जनता थी। खरे होने के लिए इन दोनों गुणों का एक साथ होना ज़रूरी है। जीवन इस बात की प्रतियोगिता होनी चाहिए कि कौन अधिक दे सकता है! उनकी उपस्थिति में मैंने कभी किसी और को बिल का भुगतान करते हुए नहीं देखा था। मैंने उनसे इस तरह की मानवता को ग्रहण किया और उसे अपने अस्तित्व की गहराई में रचा-बसा लिया।

मेरे पिता कर सलाहकार के पेशे के अग्रणी थे क्योंकि उस समय ऐसा कोई पेशा नहीं था। एक पक्के जनसम्पर्क (पब्लिक रिलेशंस) आदमी होने के नाते वह मिलनसार और खुले स्वाभाव के थे और उनके क्लायंट वर्ग में कई उद्योगपति और शो बिज़ की मशहूर हस्तियाँ शामिल थीं।

हम दोनों के बीच आपसी समझ, कोमलता और पारस्परिक विश्वास की गहरी भावना थी। बच्चे गहन भावनाओं को महसूस करने में सक्षम होते हैं। अपनी सादग़ी में वे प्रबलता के साथ और प्रत्यक्ष रूप से बिना किसी फिल्टर या बाधाओं के जीते हैं।

मुझे लगता था कि मैं उन्हें उस तरह का प्यार देती हूँ जिसकी उन्हें ज़रूरत है, ठीक वैसा ही प्यार जैसा कि वह मुझे देते हैं। हमारे बीच कुछ अनोखा और ख़ास था।

मेरी माँ के साथ उनके अक्सर झगड़े होते थे। पापा रोम से थे और मम्मा मिलान से। मैं कह सकती हूँ कि मैंने वास्तव में रोम-मिलान के आपसी संघर्ष का अनुभव किया है। शायद इसी वजह से पापा ने एक प्रेमिका ढूँढ़ ली थी।

जब मुझे इस के बारे में पता चला तो सुबह के साढ़े ग्यारह बजे थे और मैं उर्सुलाइनस सिस्टर्स के स्कूल में एक बड़ी खिड़की के सामने खड़ी थी, जहाँ से वाया लिवोर्नो दिखाई देता था। उस समय स्कूल के खेल का समय था। एक सहपाठी मेरे पास आयी और उसने मुझे बताया कि मेरे पिता को एक सुनहरे बालों वाली महिला के साथ देखा था। मेरी पूरी दुनिया उजड़ गयी! तब मैं मात्र सात साल की थी। मुझे लगा जैसे मैं दर्द की खाई में डूब रही हूँ जिससे मुझे पता था कि मैं आसानी से निकल नहीं पाऊँगी।

मैं उनके लिए काफ़ी नहीं थी।

गहरी पीड़ा और मार्मिक एकाकीपन की भावना लिए मैंने दूसरे बच्चों के साथ खेलना बन्द कर के खुद को उनसे अलग-थलग करना शुरू कर दिया। इस भावना से मैं तभी उबर पायी जब मैंने नृत्य की ओर क़दम बढ़ाया।

वास्तव में एक पुरुष के रूप में मेरे पिता को अपने तरीक़े से अपना जीवन जीने का पूरा अधिकार था। ऐसा नहीं था कि वह मेरे साथ विश्वासघात कर रहे थे, लेकिन मैंने ही ऐसी प्रतिक्रिया दी जैसे मानो वह ऐसा कर रहे थे और कोई भी मुझे यह बात समझाने के लिए आगे नहीं आया।

माता-पिता को चाहिए कि वे बच्चे को समझाएँ और उसे आश्वस्त करें।

अपने जीवन में मैंने जो कुछ भी किया उसकी प्रबलता मेरे पिता के लिए मेरे जुनून के समानुपाती थी। लेकिन अब मैं समझती हूँ कि सब कुछ अच्छे के लिए ही होता है। उनके तथाकथित 'विश्वासघात' से हुए उस तीव्र मोहभंग की बदौलत मैं नृत्य की ओर मुड़ी और मैंने अपने लिए एक शानदार जीवन का सृजन किया।

मेरा वास्तव में एक जुनून था... स्वतन्त्रता के लिए जुनून।

मेरा मानना है कि अपने आत्मबोध के लिए व्यक्ति के पास उन्मुक्त होने का जोख़िम उठाने का साहस होना चाहिए। यह आदर्श है। प्रेम को केवल स्वतन्त्रता में ही अनुभव किया जा सकता है और स्वतन्त्रता प्रेमी को हासिल करने की ज़रूरत से परे होती है।

मेरे पिता के साथ हुई इस घटना ने उन रिश्तों पर जो कि मैंने एक वयस्क के रूप में पुरुषों के साथ स्थापित किये एक अपूरणीय निशान छोड़ दिया। बहुत लम्बे समय तक पुरुषों के साथ मेरे रिश्ते का आधार सिर्फ़ सेडक्शन (प्रलोभन) बना रहा। उस दर्द पर प्रतिक्रिया करने का मेरा तरीक़ा सब कुछ दाँव पर लगाना था।

मेरे पिता के लिए मेरा प्यार एकमात्र ऐसा था जो सेडक्शन से रहित था।

युंगियन मनोचिकित्सा में मेरी लम्बी यात्रा, जो कि सप्ताह में तीन सत्रों के साथ दस साल तक चली, का मूल बिन्दु सेडक्शन था और इस विषय पर मैं अब खुद को एक विशेषज्ञ मानती हूँ।

यदि आप किसी को सेड्यूस कर (लुभा) रहे हैं तो आप वास्तव में प्यार गें पड़ने के जोख़िम से बच रहे हैं। सेडक्शन के विकृत खेल में

हम निराशा के डर से प्यार का भ्रम पैदा करते हैं। ये सब प्यार में पीड़ा मिलने के डर से शुरू होता है। यह वह साँप है जो अपनी ही पूँछ को डसता है। हम यह खेल अपनी बाज़ी से आगे बढ़ कर खेलते हैं। यह वध करने का एक अचेत खेल है। यह खेल है स्वयं को और दूसरे को सज़ा देने का। यह प्यार के इर्द-गिर्द सीमाएँ खींचता है और एक ऐसी स्थिति बनाता है जिसमें हम खुद को इतना महत्त्व नहीं देते कि यह मान सकें कि हम अपने और दूसरों के असीमित प्यार के लायक हैं।

यह अद्‌भुत है कि बच्चे कैसे कलाकारों की तरह सहज भावनाओं और अन्तर्ज्ञान के माध्यम से सच्चाई के साथ सम्बन्ध रखते हैं और उसी प्रत्यक्ष, अनावृत्त और अपरिष्कृत तीव्रता के साथ! यही कारण है कि सम्मान और प्यार की उनकी अविरल माँग के लिए उन्हें निरन्तर और पर्याप्त आश्वासन की आवश्यकता होती है। बच्चों को चाहिए कि उनको उनके मूल्य को पहचानते हुए सम्बोधित किया जाये, बिना किसी दोषारोपण, दण्ड व निन्दा के, भले ही माता-पिता इन उपायों का उपयोग उनकी कमज़ोरियों को हटाने के लिए और गुणों को बढ़ाने के लिए करते हों। बच्चों के जन्मज़ात गुणों को प्रोत्साहन देकर ही उनके व्यक्तित्त्व की कमज़ोरियों को हटाया जा सकता है। इसके विपरीत यदि उनके मूल्य को अस्वीकार कर दिया जाये तो ये कमज़ोरियाँ ऐसी खाई बन जाती हैं जिसे ज़िन्दगी भर पाटा नहीं जा सकता। कम से कम तब तक नहीं जब तक उन्हें एक बहुत अच्छा 'हीलर' ना मिले जो उनको व्ययस्क के रूप में अपना आत्म-मूल्य–जो कि खुद के लिए प्यार के अलावा कुछ नहीं है–पहचानने का मार्ग दिखा सके।

प्यार की इस चरम आवश्यकता को केवल स्वयं के भीतर से ही पूरा किया जा सकता है। बाहर से कोई भी दूसरी चीज़ या व्यक्ति इसकी पूर्ति नहीं कर सकता।

हम दुनिया में अपनी निराली प्रकृति के साथ आते हैं और फिर जीवन की घटनाएँ और चुनौतियाँ हमारी परीक्षा लेती हैं। घटनाओं पर हमारी प्रतिक्रियाएँ हमारे भाग्य का निर्माण करती हैं और अक्सर हमारी मूल प्रकृति में विकृति पैदा करती हैं, जिसके परिणामस्वरूप हमारे जीवन में दर्दनाक स्थितियाँ उत्पन्न होती हैं। जब तक हम उनका सामना नहीं करते, उन्हें संसाधित नहीं करते और उनका हल नहीं ढूँढ़ते, तब तक हम कष्ट पाते हैं।

पैट्रीज़िया के मम्मी-पापा – ब्रूना मूत्ज़ी और अल्फ्रेडो सेरोनी

लोगों के जीवन का अवलोकन करके हम उनके वास्तविक स्वरूप और उनके जीवन की परिस्थितियों के बीच की विसंगतियों और अन्तर्विरोधों की पहचान कर सकते हैं। प्रत्येक मनुष्य को शान्ति, विश्वास और सद्भाव की ज़रूरत है। प्रत्येक मनुष्य को शिष्टता, करुणा और संवेदनशीलता की भी ज़रूरत है। यह हमारी भलाई के लिए अति आवश्यक है। पूरी तरह से उन्मुक्त होने के लिए हमें किसी न किसी तरह से अपनी पीड़ा से मुक्ति पानी होगी।

मेरे माँ-पिता अलग हो गये थे।

मेरी माँ को लगा कि मेरे पिता उनके दोषी थे इसलिए मेरे पिता के घर छोड़ने से पहले वह घर छोड़ कर चली गयीं। वह डरती थीं कि मेरे पिता हमारा आर्थिक रूप से भी त्याग कर देंगे, जो कि वे कभी नहीं करते। लेकिन घर छोड़ कर उन्होंने मुझे धोखा दिया था।

समस्या की जड़ यह थी कि मेरी माँ मेरे पिता से आदर्श प्यार करने में असमर्थ थीं। हर स्त्री की यह ज़िम्मेदारी है कि वह अपने पुरुष का मार्गदर्शन करे कि वह कैसे उसे उस तरह का प्यार दे जैसा कि वह चाहती है। मैं अपने सहज-ज्ञान से अपने पिता के साथ ऐसा करने में सक्षम थी, जबकि मेरी माँ अपने भीतर की उलझनों में बहुत व्यस्त थीं। सच में प्यार करने के लिए व्यक्ति को सबसे पहले अपनी आन्तरिक उलझनों को अच्छे से सुलझा लेना चाहिए।

हमारे कार्य (कर्म) जब प्रेम जनित नहीं होते हैं तब वे शक्ति से प्रेरित (उत्पन्न) होते हैं। आपसी रिश्ते में या तो प्यार होता है या प्रभुत्व। घर छोड़ने के अपने कृत्य में मेरी माँ ने शक्ति का इस्तेमाल किया, जो कि प्रेम के ठीक विपरीत है। वे मुझे अपनी शक्ति के हवाले कर गयीं। प्यार मुझे नृत्य में ही मिला।

अपने दृष्टिकोण से मम्मा ने बहुत चालाकी दिखाई थी, चूँकि "आक्रमण ही सबसे अच्छा बचाव है।" पर उनकी हरक़तों ने मेरे अन्दर उनके और नारीय प्रपंचों के प्रति एक गहन अस्वीकृति पैदा कर दी। मैं कभी भी ऐसा नहीं करती जैसा कि उन्होंने किया था। मैं शायद और भी बुरी तरह से, एक पुरुष की तरह प्रत्यक्ष तरीक़े से पेश आती! मैंने उनसे बात करना बन्द कर दिया और तीस साल तक उनसे नहीं बोली। बेचारी ब्रूना, मेरी मम्मा।

मेरी माँ ने आठ साल की उम्र में अपनी माँ को खो दिया था और उन्हें उनके पिता ने, जो कि स्कैला में एक संगीतकार थे, एक बोर्डिंग स्कूल में डाल दिया था क्योंकि उन्हें लगा कि वह उनकी देखभाल करने में असमर्थ थे। बीस वर्ष की उम्र में मेरी माँ ने मिलान से रोम आने का फ़ैसला किया, जो कि उस ज़माने में एक बहुत ही साहसी निर्णय था। द्वितीय विश्वयुद्ध के बाद के रोम में अकेली मेरी माँ ने सेंटर ऑफ़ इटैलियन फ़ैशन में काम ढूँढ़ा और बाद में उस सिलाई फ़र्म की निदेशिका बन गयीं। बहादुर ब्रूना।

जब मैं सात साल की थी तब मम्मा अक्सर मेरे कन्धे पर सिर रख कर रोती थीं और मैं उनके साथ रोती थी क्योंकि उनका दर्द मेरा अपना बन जाता था। यह स्पष्ट था कि इन सब का कारण मेरे पिता थे। एक बार उस सब पागलपन के बीच उन्होंने मुझसे कहा–"अगर तुम्हें पता होता कि तुम्हारे पापा ने क्या किया है!" एक बच्चे के लिए उस वाक्य से भयावह कुछ भी नहीं है जो कि व्याख्या नहीं करता है। मुझे लगा कि मेरे पिता ने किसी की हत्या कर दी है। इस तरह वह मुझे प्रेम के जंजाल से मुक्त रहने और केवल नृत्य करने के लिए ढाल रही थीं। कई सालों बाद मेरी माँ ने मुझे बताया कि उनका इशारा उस तथ्य की ओर था जिसका मुझे पहले से ही पता था कि उनसे मिलने से पहले मेरे पिता शादीशुदा थे। मैंने महसूस किया था कि मेरे स्कूल के साथी मुझे अजीब निगाह से देखते थे क्योंकि मेरे माँ-पिता शादीशुदा नहीं थे। ऐसा उस समय बहुत कम होता था।

कुछ और कारण भी थे। अपनी माँ की मृत्यु के बाद उनकी देखभाल करने की अपने पिता की अक्षमता को मेरी माँ ने अपने पिता द्वारा अपना परित्याग समझा था। उसके बाद से उन्होंने पुरुषों पर कभी विश्वास नहीं किया। वह अक्सर मुझसे कहती थीं कि पुरुषों पर विश्वास नहीं किया जा सकता क्योंकि मुश्क़िल समय में वे आपको छोड़ देते हैं। मेरी माँ की ओर से आते हुए सन्देह और अविश्वास के लगातार इशारों से चिढ़कर शायद मेरे पिता एक प्रेमिका खोजने के लिए मजबूर हो गये थे।

मेरे साथ जो कुछ भी हुआ था उसके बावजूद मुझे विश्वास था कि मैं अपनी पीड़ा को दूर कर सकूँगी और ऐसा करने में दूसरे बच्चों की भी मदद करूँगी। बड़ी होकर मैं एक मनोचिकित्सक बनूँगी।

मैं खिल रही थी—मुझ पर फिसलती पुरुषों की निगाहों ने मुझे ख़ुद के बारे में एक नयी ज़ागरूकता दी।

मैं एक प्रकार से रोम के नाइट क्लबों की मैस्कॉट बन गयी। अक्सर मैं रात में स्काराबोचियो, नंबर वन और पाइपर नाइट क्लब में डांस करने जाती थी। मैं नृत्य कर रही थी, अपने आप को दुनिया पर उजागर कर रही थी और आशुरचना के माध्यम से अपनी असली नृत्य शैली को ढूँढ़ रही थी। अपनी स्वयं की शैली को पाने के लिए ये क्लब मेरे लिए उपयुक्त स्थल थे।

पापा कभी घर पर नहीं होते थे। वह देर रात घर आते और सुबह जल्दी चले जाते। मैं भी देर रात वापस घर आती थी। बावजूद इसके कि स्कूल और डांस अकादमी के बीच मैं दिन में बारह घण्टे व्यस्त रहती थी। मैं जख़्मी थी और हदें पार कर रही थी। मैं अपनी पीड़ा की भावना से बेहद आत्मतुष्ट महसूस करती थी और अपने इस तरह के दुस्साहसी जीवन को मैं 'मस्त' समझती थी! ख़ुद को ठण्डी रातों से बचाने के लिए मैं वेस्पा पर अख़बार का इस्तेमाल करती थी। मेरा एकमात्र व्यसन था सिगरेट पीना, एक दिन में चालीस मार्लबोरो या एचबी के सिगरेट लेकिन मैं एक अच्छी लड़की थी!

एक दिन पापा से मेरा सामना हुआ और उन्होंने मुझे देर रात तक बाहर रहने के लिए फटकार लगायी। उन्हें ऐसा नहीं करना चाहिए था! मेरे सामने ग़लत उदहारण रखने के बाद मुझ पर अधिकार जताने का उन्हें कोई हक़ नहीं था। मैंने बेहद बेरुख़ी से जवाब दिया। हमारा बुरी तरह झगड़ा हुआ और जीवन में पहली और आख़िरी बार उन्होंने मुझे थप्पड़ मारा! फिर वह व्याकुल हो गये और मेरे सामने रो पड़े। मैंने उनसे बोलना बन्द कर दिया। ज़िन्दगी भर के लिए। मैं उनसे केवल न्यूनतम चीज़ें स्वीकार करती क्योंकि चौदह साल की उम्र में मैं आर्थिक रूप से स्वतन्त्र नहीं थी। मुझे उपहार देने की उनकी कोशिशों का कोई फ़ायदा नहीं हुआ। मेरा स्नेह और मेरा आदर बिकाऊ नहीं था।

मुझे याद है कि पापा हमेशा कहते थे कि मैं सच्चाई का मुँह हूँ और इससे मेरे जीवन में बड़ी सारी समस्याएँ पैदा होंगी।

आज प्यारी स्मिता ने, जो कि इस पुस्तक का अंग्रेज़ी से हिन्दी में अनुवाद कर रही हैं, सहानुभूति और दिलचस्पी के साथ मुझे अपने पिता के

बारे में कुछ और बताने के लिए कहा, जैसे जब मैंने उनके साथ बात करना बन्द कर दिया तो फिर आगे क्या हुआ, उनकी कब और कैसे मृत्यु हुई।

तो सुनिए–मेरे पिता एक सामान्य व्यक्ति थे। वे जीवन से और लोगों से भरपूर प्यार करते थे। परिवर्तनों और नयी स्थितियों के अनुकूल अपने आपको ढाल लेने की अपनी क्षमता की बदौलत उन्हें जीवन में अपार सफलता मिली। वह मूलरूप से रोमांटिक थे। उन्हें महिलाएँ बहुत पसन्द थीं! मेरा मानना है कि जब मेरी माँ ने घर छोड़ा उसके बाद से उनके बहुत से सम्बन्ध रहे, लेकिन वह हमेशा हाथ न आनेवाला असली प्यार ढूँढ़ते रहे। वर्ष 1974 में रात में दिल का दौरा पड़ने से जब उनकी मृत्यु हुई, तब भी वे बीस साल की एक युवती के साथ ही थे। बहुत से लोगों का मानना है कि इस तरह की मौत सबसे अच्छी है! लेकिन मैं स्वयं सपने देखते हुए मरना पसन्द करूँगी।

मेरी सबसे अच्छी यादों में से कुछ यादें चिरचिओ में बिताये हुए ग्रीष्मकाल की हैं! हम अपनी छुट्टियाँ वहाँ प्रोमेनेड के केन्द्र में स्थित करीलियन होटल में (जिसका नाम अब होटल चिरचि है) बिताते थे। प्रोमेनेड हम युवाओं के लिए मिलने का एक स्थल था। मैं शे नीना, बूसोला और स्टीवा में सुबह होने तक डांस करती थी, जहाँ अलग-अलग संगीत समूह प्रदर्शन करते थे जिनमें *इक्विप 84* बैंड भी शामिल था। मैं अपने पैरों पर बिछे आशिक़ों को एक के बाद एक अस्वीकार करती जाती थी। दुर्भाग्यवश मेरा यह व्यवहार मेरी उस गहन अस्वस्थता से जन्मा था जिसका मैं पहले ज़िक्र कर चुकी हूँ।

मुझे सौम्य हरी आँखों वाले परिष्कृत और एथलेटिक सिल्वियो से प्यार हो गया। उसका चिरचिओ पर्वत की चट्टानों पर एक विला था। हम दोनों पुंटा रॉसा में मिलते थे और साथ तैरते थे। उसके पास भी मेरी तरह एक पीले रंग के सिरे और 35 कैवली मरक्यूरी इंजन वाली अटैक ब्रांड की डोंगी थी। एक रात नाइट क्लब भ्रमण के बाद वह अपनी जिलेरा मोटरसाइकिल पर मेरे साथ मुझे घर तक छोड़ने आया। मैं बजरीले समुद्र तट पर अपनी वेस्पा पर कलाबाजी करने लगी और आप सोच सकते हैं कि फिर क्या हुआ। मैंने अपने आपको अस्पताल में अपने हाथों और पैरों पर तीसरी डिग्री की चोटों के साथ पाया।

ग्वीडो और पैट्रीज़िया

के साथ हो रही समस्याओं के बारे में भी बात की। यह सुनिश्चित है कि मुद्दों को जब तक जड़ से हल नहीं किया जायेगा, वे नये स्वरूप में बार-बार उभर कर सामने आयेंगे! ये सब सुन कर एक अन्तरर्राष्ट्रीय प्लेबॉय के रूप में उसकी प्रतिभा की मुझे पुष्टि हो गयी। वैसे भी वह हमेशा से बहुत होशियार था। वास्तव में मेरी माँ उसे बहुत पसन्द करती थीं, लेकिन उतना नहीं जितना कि ग्वीडो को। ग्वीडो के बारे में मैं आपको एक और पुरुष के बारे में बताने के बाद बताऊँगी, जिससे मैं ग्वीडो से मिलने से पहले आकस्मिक रूप से मिली।

अब कोर्राडो के बारे में। मैं आपको एक छोटा सा क़िस्सा सुनाती हूँ जिससे आप समझ सकें कि वह किस प्रकार का व्यक्ति था। भारत में अपनी पहली यात्रा के दौरान एक साइकिक (अन्तर्ज्ञानी) ने मुझे बताया कि मुझसे बहुत से लोग इर्ष्या करते हैं और आश्चर्यजनक रूप से ख़ासकर के पुरुष! विशेष रूप से उसे एक लम्बी नाक वाले साँवले पुरुष के बारे में विदित हुआ। कोर्राडो जिसने हाल में वास्तुकला में स्नातक किया था हू-ब-हू वैसा ही था।

इस तरह के परिचय के साथ वह बहुत अधिक ध्यान देने योग्य नहीं है, लेकिन जियोर्जियो की तरह कोर्राडो ने मुझे भारत से जोड़ा (चूँकि वह वहाँ जाने की तैयारी कर रहा था) जो कि बाद में मेरे जीवन का सबसे महत्त्वपूर्ण स्थान साबित हुआ। कोर्राडो केवल काले रंग के कपड़े पहनता था और काले वस्त्रों में सजकर वह श्याम व्यक्ति मेरे जीवन में गहरे आकर्षण के साथ प्रवेश कर गया। एक झूठा गुरु, महान संस्कृतिवान, वह अपनी जानकारी और तथाकथित ज्ञान से दूसरों को आकर्षित करता था। एक मिसोजिनिस्ट होने के नाते उसने मुझे यह समझने के लिए इस्तेमाल किया कि मैं एक स्त्री और नृत्यांगना कैसे हो सकती हूँ और इस तरह उसने मुझसे शरीर के माध्यम से अपनी अन्तरंग भावनाओं को व्यक्त करने की ख़ुशी को छीन लिया चूँकि उसका अपना शरीर घृणा और इर्ष्या की भावनाओं से पूरी तरह से दमित था। दमन नायकों को पैदा करने के बजाय राक्षसों को पैदा करता है।

ऐसा होने के बावजूद कोर्राडो ने मुझे अपनी कला को आगे बढ़ाने के लिए प्रेरित किया। हालाँकि कई वर्षों के बाद उसने मुझे उसे चुनने के बजाय कोरियोग्राफ़र बनना चुनने के लिए कोसा, जैसा कि विकृत मानसिकता वाले करते हैं। मुझे बहुत ख़ुशी है कि मैंने उसके बजाय अपने नृत्य को चुना। मैं इसे अपना सबसे अच्छा और समझदारी भरा निर्णय मानती हूँ। उसके साथ मैंने एक नृत्यांगना और एक स्त्री के रूप में अपने उत्साह, अपने आनन्द और अपनी रचनात्मकता के छिन जाने की त्रासदी के भय को महसूस किया—वे सारे गुण जो मुझे जीवन शक्ति प्रदान करते हैं। जब वह आख़िरकार चला गया तो मैंने ख़ुद को अपने पिता के घर पर पाया। मैं टूट चुकी थी और एक अँधेरे कमरे में महीनों तक अवसाद (डिप्रेशन) की स्थिति में तनहा रही। शायद जीवन के उस मोड़ पर मुझे कुछ सीखने की ज़रूरत थी—कमज़ोर मांसपेशियों को मज़बूत कैसे करना है और नकारात्मक व्यक्तियों से कैसे निपटना है। उस वैम्पायर (पिशाच) ने मेरी सारी ऊर्जा चूस ली थी। मैं कह सकती हूँ कि उसने मेरा इस्तेमाल किया था।

औसत दर्जे के वास्तुकारों को काला रंग पसन्द होता है।

जियोर्जियो और कोर्राडो दोनों ने महसूस किया कि वे मेरे नृत्य से मुक़ाबला नहीं कर सकते, क्योंकि यह सच है कि कुछ भी हो जाये नृत्य

हमेशा मेरा पहला प्यार रहेगा। साधारण पुरुषों के लिए यह सहन करना मुश्किल है।

यह मेरा महान सौभाग्य था कि मैं आख़िरकार एक ख़ास पुरुष, वास्तुकार ग्वीडो पाओलो मेनोच्ची से मिली।

वह सबसे अलग था। उसके अन्दर हमेशा एक आग जलती रहती थी। वह एक बाज की तरह उड़ान भरता था और एक सफ़ेद हंस की तरह ग्लाइड करता था। पानी में हंस की तरह वह विनम्रता के साथ अपना बड़प्पन व्यक्त करता था। वह मुझसे तहे दिल से प्यार करने में सक्षम था और हमेशा मेरे क़रीब रहा।

ग्वीडो को मुझसे और मेरे नृत्य दोनों से तुरन्त प्यार हो गया। उसने अपना जीवन, अपनी प्रतिभाएँ, अपना पूरा अस्तित्व और उससे भी बहुत ज़्यादा मुझे और मेरे नृत्य को समर्पित कर दिया। हम दोनों, मेरा नृत्य और मैं, उसके जीवन का अर्थ बन गये। यह मेरे और मेरी कला के लिए बहुत सम्मान की बात थी।

ग्वीडो मेरे जीवन का सबसे महत्त्वपूर्ण और सबसे प्रिय व्यक्ति था जिसे मैं सबसे ज़्यादा प्यार करती थी और जिसे मैं किसी भी व्यक्ति से अधिक सम्मान देती थी। हमारा एक महान प्रेम था जिसे मैंने उसकी सहभागिता से दोस्ती में बदल दिया, जो कि मानव सम्बन्धों में उच्चतम सम्बन्ध है। मैं दोस्ती के मामले में उसके प्रति हमेशा वफ़ादार रही। यह मेरे जीवन की सबसे सच्ची और अनोखी दोस्ती थी।

ज़ाहिर है कि मेरे प्यार करने का तरीक़ा उसके तरीक़े से अलग था। उसके प्यार करने का तरीक़ा इतना मानवीय था कि उसके आगे मैं अमानवीय प्रतीत होती थी! स्वातन्त्र्य मेरी न्यूनतम आवश्यकता थी और मैं सिर्फ़ बन्धनमुक्त होकर ही प्यार कर सकती थी। बेशक ग्वीडो को इस वजह से तकलीफ़ होती थी मगर उसने सब कुछ सहा मेरे प्यार की क़ीमत मानकर। उसका कहना था–"तुम से विनिमय किसी के लिए भी हमेशा लाभकारी होता है।" मैं नहीं जानती यह कहाँ तक सच है मगर उसका यह कहना मेरे लिए बहुत मायने रखता था।

मेरे पिता की तरह उदार और हिफ़ाज़ती, ग्वीडो भी उनकी तरह कर्क राशि का जातक था। उसने मुझे अहसास दिलाया कि मैं उस पर विश्वास कर सकती हूँ और अपनी आज़ादी बरकरार रखने के लिए उस पर भरोसा

वास्तुकार ग्वीडो पाओलो मेनोच्ची

कर सकती हूँ। यही प्यार है—आप दूसरे व्यक्ति के प्यार से अपना ख़ालीपन नहीं भर सकते। प्यार अपनी 'पूर्णता' को दूसरे से बाँटना है।

नृत्य हमारे प्यार को जोड़ने का ज़रिया बन गया।

ग्वीडो यूरोप में 1968 की छात्रों की क्रान्ति के दौरान रोम में फैकल्टी ऑफ़ आर्किटेक्चर वेल्ले जूलिया में 'द बर्ड्स' (पक्षी) समूह का हिस्सा था। यह अग्र-दल पूर्वस्नातक छात्रों का एक प्रसिद्ध समूह था जो कि ख़ास था और छात्र आन्दोलन में विशिष्ट था क्योंकि सागान्य प्रदर्शनों में भाग लेने

के बजाय यह समूह असाधारण और रचनात्मक आयोजन करता था। यह समूह मुख्य घटनाओं के अग्रदूतों में से एक था। इस समूह के सदस्य उस युग के बुद्धिजीवियों और कलाकारों से मिलने जाते और उनके घरों की दीवारों पर विलक्षण चित्र बनाते जो कि मीडिया में चर्चित होते थे। उनके द्वारा चुना जाना सम्मान की बात थी।

समूह के सदस्यों ने सबसे पहले विएली परियोली में एक साथ रहना शुरू किया। फिर वाया रूबिकॉन में एक सुसंस्कृत दन्त चिकित्सक क्लाउडियो डेल वेचियो के मेहमानों के रूप में, जिन्होंने उन्हें अपना एक अपार्टमेंट रहने के लिए दे दिया। वे नौजवान हम सभी युवाओं के लिए एक प्रकार का प्रकाशस्तम्भ बन गये। यह पीढ़ी 'कल्पना ही शक्ति है!' का नारा देने वाली पीढ़ी थी।

पर अफ़सोस कि समूह की उपलब्धियों का जश्न मनाने के लिए कुछ सदस्यों के द्वारा बनाये गये एक हालिया वीडियो में वे ग्वीडो के नाम का उल्लेख तक करना भूल गये, जो कि 'द बर्ड्स' के मुख्य स्तम्भों में से एक था... इतना आत्ममोह और अहंकारवाद!

मैं ग्वीडो से 1971 में मिली। तब तक वह एक वास्तुकार बन चुका था। वह टेक्नार्क इटालिया का संस्थापक पार्टनर था, जो कि सबसे प्रतिष्ठित वास्तु स्टूडियोज़ में से एक था। टेक्नार्क इटालिया के साथ उसने बहुत सी महत्त्वपूर्ण परियोजनाओं को अंजाम दिया, जिनमें रोम के पूरे-पूरे इलाक़े जैसा कि स्पीनाचेतो और वीनया मुराटा शामिल थे।

जब ग्वीडो ने पहली बार स्ट्राविंस्की के *ल'हिस्टॉयर डु सोलडात* (सोल्जर्स स्टोरी) पर रचित मेरी कोरियोग्राफ़ी *मार्के*! को देखा तो वह बहुत प्रभावित हुआ। उसने मुझे बताया कि वह उसमें इस क़द्र डूब गया था कि उसने ख़ुद को सिगरेट चबाते हुए पाया। अपनी संवेदनशीलता और सौन्दर्यबोध के चलते वह मेरी कोरियोग्राफ़ी से तुरन्त प्रभावित हो गया। मैंने *मार्के*! का सृजन डांस अकादमी में पढ़ते हुए किया था, जिसकी व्याख्या उस अवसर पर मेरी दस वर्षीय छात्रा लोरेडाना ने त्रुटिहीन तकनीक के साथ की थी। वह एथलेटिक, मांसल और इकहरे बदन की थी, उस टुकड़े के लिए एक़दम सही। मैंने इस कोरियोग्राफ़ी को क्लासिकल डांस पर व्यंग्य के तौर पर पंजे के बल नाचते एक पुरुष नर्तक के लिए रचा था, जिसकी व्याख्या बाद में मारियो पियाजा सहित अन्य पुरुष नर्तकों द्वारा की गयी।

इस टुकड़े में अंग संचालन हमेशा कोणीय, अनम्य और खण्डित होता है चूँकि यह शरीर के प्रत्येक हिस्से को विभाजित करके अलग-अलग दिशाओं में सिंक्रनाइज़ करता है। मैं बिना किसी हिचकिचाहट के कह सकती हूँ, 'शानदार अंग संचालन और उस प्रकार के संगीत के लिए उत्तम!'

ग्वीडो व्यक्ति के मूल्य को तुरन्त पहचान लेता था। उसने एक बार मुझसे कहा था, सच्ची संस्कृति संवेदनशीलता में निहित है। मेरे प्रति प्रेम के चलते वह नृत्य का भी विशेषज्ञ बन गया और उसने मेरी मॉडर्न डांस कम्पनी की स्थापना करने में और उसके इतिहास में महत्त्वपूर्ण भूमिका निभायी।

मेरी डांस कम्पनी *पैट्रीज़िया सेरोंनी एंड इ डेंज़ाटोरि स्काल्ज़ी* (पैट्रीज़िया सेरोंनी एंड द बेयरफ़ुट डांसर्स)—जिसकी कल्पना और पैदाइश 1974 में हुई—का मुख्यालय ट्रेवी फाउंटेन (फव्वारा) से कुछ क़दम दूर हमारे स्टूडियो वीकोलो डेल बाबुचिओ में स्थापित हुआ। कम्पनी की स्थापना का निर्णय केवल इसीलिए हो पाया क्योंकि मेरे साथ ग्वीडो जैसा मूल्यवान और दृढ़ व्यक्ति था। अपने आपसे मैं इसे इटली जैसे देश में कभी स्थापित नहीं कर सकती थी।

मुझे याद है कि हमने कम्पनी का नाम कैसे रखा था—मेरे और ग्वीडो के चार हाथों के खेल के जरिये। सोने से पहले बिस्तर पर लेटे हुए हमने सम्भावित नामों को बोलना शुरू किया। हम दोनों में से एक ने, शायद ग्वीडो ने कहा—'द डांसर्स' और फिर विशेषणों की एक लम्बी शृंखला के बाद... वॉयला... मानो जादू से *स्काल्ज़ी* (बेयरफ़ुट) नाम हमारी जादुई टोपी से बाहर आया, जो कि ध्वनि और प्रसंग के हिसाब से उत्तम था और प्रतीकात्मक भी।

हममें से अधिकांश लोग यह जानते हैं कि भारतीय मन्दिरों के प्रवेश द्वार पर अक्सर लिखा होता है—"अपने जूते-चप्पलों के साथ अपने अहंकार को बाहर छोड़ कर आयें।" इसके अलावा ग्वीडो को पता चला था कि चीन में नंगे पैर वाले डॉक्टर मौजूद हैं जो कि ग्रामीण इलाकों में ग़रीबों का इलाज करते हैं!

मेरे जीवन में ग्वीडो की उपस्थिति हर मायने में महत्त्वपूर्ण रही है। अगर मैं अपनी ज़िन्दगी दोबारा जीती तो मैंने उसके साथ जो कुछ भी जिया उसे फिर से दोहराती। जब मुझे न्यूयॉर्क में बसने का अवसर मिला तो मैंने अपने अस्तित्व के 'ख़ज़ाने' ग्वीडो के साथ रोम में रहना चुना।

ग्वीडो एक अच्छा इंसान था। साढ़े छह फीट लम्बाई और चौड़े कन्धे लिए वह विशालकाय और बहुत मज़बूत था। वह जीवन की सब मुश्किलों का सामना करने में सक्षम था। एक बार मैंने उसे अपनी आँखों से एक विशाल रेनैस्संस युग की अलमारी को केवल एक लीवर का उपयोग करते हुए उठाकर एक दीवार से दूसरी दीवार के पास रखते हुए देखा था। वह सिस्टिन चौपल में दर्शायी गयी बाइबिल सरीके की मूर्तियों के जैसा दिखता था। ज़्यादातर महिलाओं को ग्वीडो से प्यार हो जाता था। एक आदर्श पुरुष। जब अलार्मेल वल्ली, एक ख़ूबसूरत और जानी-मानी भारतीय नृत्यांगना, रोम के ओलम्पिक थियेटर में नृत्य करने के लिए गयीं तो उनकी मुलाक़ात ग्वीडो से हुई। मैं तब भारत में थी। अलार्मेल ने बाद में मुझसे कहा–"मैं तुमसे केवल एक वजह से ईर्ष्या करती हूँ–तुम्हारे पास ग्वीडो है।"

ग्वीडो सुन्दर था और सौम्य हरी आंखों के साथ बहुत प्यारा दिखता था। वह कोमल स्वभाव का था पर साथ ही मर्यादापूर्ण और गम्भीर। वह पितृवत एवं मातृवत दोनों था और उसके ये पहलू उससे मिलनेवाले को स्नेह से सराबोर कर देते थे। उसके साथ लोग सहज महसूस करते थे और इसीलिए स्वाभाविक रूप से पेश आते थे। आप उस पर भरोसा कर सकते थे और अपने आपको उसकी देख-रेख में रख सकते थे। उसकी उपस्थिति में लोग संरक्षित महसूस करते थे। एक बुद्धिमान व्यक्ति होने के नाते उसकी सोच स्पष्ट व दृढ़ थी और उसमें न्याय एवं नैतिकता की एक अनोखी व दुर्लभ भावना थी। तकनीकी रूप से उन्नत, वह दूसरों से मानो प्रकाश वर्ष आगे था। वह अपने माइकल एंजेलो सरीके हाथों से कुछ भी कर सकता था, जिसमें कम्प्यूटर बनाना भी शामिल था। मेरे लिए ग्वीडो लियोनार्डो दा विंची के समान था क्योंकि हर क्षेत्र में उसकी क्षमताएँ तीन सौ साठ डिग्री के कोण के समान व्यापक थीं।

हमेशा जिज्ञासु, हमेशा सक्रिय और अत्यधिक रचनात्मक, ग्वीडो को विभिन्न क्षेत्रों के बारे में बहुत अच्छी जानकारी थी। संगीत के बारे में उसकी समझ व ज्ञान सर्वश्रेष्ठ संगीतकारों के ज्ञान के बराबर था। मुझे नहीं लगता कि मैं कभी उससे ज़्यादा जानकार और सुसंस्कृत व्यक्ति से मिली हूँ। वह चित्रकारी, मूर्तिकला, कला इतिहास, वास्तुकला, सिनेमा और साहित्य के बारे में बहुत कुछ जानता था। वह सभी कलाओं से

प्यार करता था और ग्राफ़िक्स एवं डिज़ाइन में वह वास्तव में रचनात्मक था। वह एक असाधारण कार्टूनिस्ट (व्यंग्यचित्रकार) भी था; उसकी शैली ग्वीडो क्रेपैक्स की याद दिलाती थी। हमारे डांस टूर्स के बाद मन्त्रालय के लिए फ़ीडबैक (प्रतिपुष्टि) के तौर पर उसने जो छवियाँ और ग्राफ़िक्स बनाये, वे इतने सुन्दर थे कि सरकारी अधिकारी चकित रह गये। असली कलाकृति! एक प्रशासक के रूप में उसके पास क़ानूनी समस्याओं का समाधान खोजने के लिए बुद्धिमत्ता और ज्ञान दोनों था। एक कलाकार के असाधारण अन्तर्ज्ञान के साथ वह दूसरों की रचनात्मकता को गहरे भाव के साथ पोषित और प्रोत्साहित करता था। यह अत्यन्त दुर्लभ था! यह उल्लेखनीय है कि अपनी सभी प्रतिभाओं और कौशल के बावजूद वह अहंकारी नहीं था और न ही आत्ममोहग्रस्त। दूसरों को उनके जीवन का मूल्यांकन करने में मदद करते समय उसकी अतिसंवेदनशीलता पूरी तरह से निःस्वार्थ होती थी।

ग्वीडो एक बहुत ही उच्च स्तर का वास्तुकार था। उसके सहयोगी कहते थे कि उसका नाम उन सभी के लिए एक अनिवार्य सन्दर्भ बिन्दु था। वे कहते थे कि वे अक्सर उन समस्याओं के समाधान के लिए उसके पास जाते थे जिसे हल करने में वे असमर्थ होते थे। वह दूसरों के जीवन का नायक था, लेकिन एक ऐसा नायक जो किसी के सामने नहीं आना चाहता था। वह पर्दे के पीछे का परामर्शदाता था। मितभाषी और विनम्र, बलवान और आश्वस्त, ग्वीडो जिस भी कार्य को अपना समय देता था उसमें बहुमूल्य योगदान देता था। हमेशा दूसरों को आगे कर के अपनी बेशक़ीमती उपस्थिति के साथ उन्हें समृद्ध करने वाला। दख़लन्दाजी किये बिना हमेशा समर्थन देने के लिए तत्पर। एक अद्वितीय व्यक्तित्त्व!

ग्वीडो बहुत कम बोलता था। वह दूसरों की बात सुनना ज़्यादा पसन्द करता था। उसकी मात्र उपस्थिति से लोग प्रभावित होते थे। वह अधिकतर ख़ामोशी के माध्यम से बातचीत करता था और उचित समय पर कुछ शब्दों में अपनी बात रखता था। वह अपने आनन्द को बड़ी विडम्बना के साथ अभिव्यक्त करता था। हर कोई उसके आत्मविश्वास से प्रभावित होता था।

प्रेम हम मनुष्यों की वास्तविक जन्मज़ात शक्ति है और वास्तव में प्रेम ही हमें इस बात से अवगत कराता है कि हम कितने अनमोल हैं।

उस लिहाज़ से ग्वीडो इस बात का उदाहरण था कि कैसे एक व्यक्ति अपने जीवन को सम्मान और प्रेम के साथ दूसरों के भले के लिए उनकी सेवा में लगा सकता है।

जब लोगों ने मुझे पागल कहा तो ग्वीडो ने मुझे तुरन्त याद दिलाया कि "जो पागल (दिखते) हैं वे सच में पागल नहीं होते।" उसके शब्द मेरे अन्तर्मन को छू गये। मुझे ऐसा लगा मानो वह मुझे कहना चाहता था कि मुझे इसलिए पागल समझा जाता था क्योंकि मैं वास्तविकता से परे जी सकती थी और जो ऐसा करने में सक्षम नहीं थे, वे वास्तव में ख़ुद पागल थे।

हमने एक साथ रहने का फ़ैसला किया और ग्वीडो ने तुरन्त 'बाबुचिओ' नाम का एक अद्‌भुत स्थान ढूँढ़ निकाला जो कि अन्ततः कला और संस्कृति का अड्डा बन गया। *बाबुचिओ* रोमन बुद्धिजीवियों, संगीतकारों, चित्रकारों, मूर्तिकारों, कवियों जैसे कि माइकल एंजेलो एंटोनियोनी, यूजेनियो बैटीस्टी, कार्मेलो बेने, रग्गैरो ऑरलैंडो, मैनफ्रेडो तफुरी, डेविड ज़ार्ड और डोरी ज़ार्ड के लिए एक सभा स्थल बन गया।

ग्वीडो बहुत अच्छा मेहमाननवाज़ था और वह मेरी भी ख़ूब आवाभगत करता जैसे कि दूसरों की। वह एक बढ़िया कुक (रसोइया) भी था और बहुत ख़ुश होता था जब वह कई लोगों को खाना खिलाता था। पॉल स्टीफन, एक प्रसिद्ध अमेरिकी टेलीविज़न कोरियोग्राफ़र व एक क़रीबी दोस्त जो कि पास की गली में रहता था और अक्सर *बाबुचिओ* आता था, ने एक बार कहा था–"ग्वीडो एक आदर्श पति है और पैट्रीज़िया एक आदर्श पत्नी!"

मुझे हमेशा से पता था कि ग्वीडो मेरे लिए सब कुछ था–माता-पिता, पुत्र-पुत्री, भाई-बहन, प्रेमी, पति-पत्नी, प्रबन्धक, प्रायोजक, प्रशासक, नौकरशाह, वकील, सलाहकार, कवि और जीनियस। मैं भी उसके लिए सब कुछ रही हूँ। मैंने उसे वह सब कुछ दिया जो मैं देने में सक्षम थी जैसा कि उसने मेरे साथ किया था। उसने मुझे अपने लाड़-प्यार से सर पर चढ़ाया और सब ज़िम्मेदारियों से दूर रख कर सिर्फ़ सृजन करने की आज़ादी दी। मैं हमेशा दुनिया भर में घूमती रहती थी लेकिन घूम-फिर के उसके पास वापस आ जाती थी; और वह मेरी प्रतीक्षा करता था, पूरी वफ़ा से। वह दूर से भी मेरी रक्षा करता था। मैं उसके लिए सब कुछ त्याग सकती थी लेकिन अपनी आज़ादी नहीं। बेशक ग्वीडो को इस वजह से तकलीफ़ होती थी जिसे उसने अपनी मृत्यु तक सहा।

हर कोई अपने जीवन का लेखक स्वयं होता है। उसने मुझे स्वतन्त्रता के लिए मेरी बुनियादी ज़रूरत के बावजूद चुना। मैं भी उसे स्वतन्त्र होकर ही प्यार कर सकती थी। जीवन की उस अवस्था में मैं किसी और तरह से पेश नहीं आ सकती थी। हमारे आपसी रिश्तों में बार-बार वही पुराने मसले उभरते रहते हैं, जब तक हम उन्हें जड़ से हल नहीं करते हैं। ग्वीडो वास्तव में एक खास व्यक्ति था, लेकिन सिर्फ़ मेरे लिए नहीं!

ग्वीडो के पिता अल्बर्टो मेनोच्ची टस्कनी से थे और एक इंजीनियर थे। उन्हें शहर के पुनर्निर्माण के लिए लीबिया की राजधानी त्रिपोली भेजा गया था, जिसके बाद वे वापस इटली आ गये थे। लम्बे और ग्वीडो की तरह परिष्कृत, वह मेरी तरह भारतीय संस्कृति के प्रेमी थे। उन्होंने हमारी पहली मुलाक़ात में अपनी लाइब्रेरी से मुझे भारत से सम्बन्धित कुछ किताबें दीं।

ग्वीडो की माँ दयालु और काव्यात्मक थीं। उन्होंने अपना जीवन ग्वीडो और उसकी बहन लुइसा को पालने में समर्पित किया था। जब मैं उनसे पहली बार अपने प्रदर्शन के अन्त में मिली तो वह बहुत ख़ुश थीं कि उनका बेटा मेरे साथ था। हर बार जब ग्वीडो मुझे टस्कनी के ग्रामीण इलाके में बिताये अपने वर्षों के बारे में बताता तो उसका चेहरा खिल उठता था।

ग्वीडो युद्ध-काल के समय में त्रिपोली में एक शेल्टर (आश्रय) में पैदा हुआ था जिस पर हमेशा बमबारी का ख़तरा मँडराता रहता था। चूँकि उसने आतंक की थरथराहट में पहली साँस ली और दुनिया की पहली झलक देखी जिसने उसके अस्तित्व को चिह्नित किया, मुझे हमेशा लगा कि शायद वह अपनी माँ के प्रति–जिन्होनें उसे इस तरह की चिन्तापूर्ण और भयावह स्थितियों में जन्म दिया था–अपराध बोध की भावना से ग्रसित था। मुझे लगा कि वह सुरक्षित महसूस करने के लिए उनके गर्भ में वापस समा जाना चाहता था। इस तरह मैं समझी कि क्यों जहाँ वह एक तरफ़ अपने को तकलीफ़ देकर भी दूसरों की मदद करने के लिए सब कुछ करता था, वहीं दूसरी तरफ़ मुझमें (एक माँ-महिला में) शरण लेता था। ठीक उसी तरह जैसे मैं उसमें एक ऐसे पिता को देखती थी जिस पर मैं भरोसा कर सकती थी।

ग्वीडो ने मेरी गहरी भावनात्मक बाधाओं को स्वीकार किया और इस तरह मुझे हमेशा अपने से जोड़े रखा। हम दोनों कलाकार थे जो अपनी

कला में डूब कर खुद से दूर भाग रहे थे। मैंने बतौर स्त्री जीना बन्द कर दिया–मैं सिर्फ़ नृत्य करती थी। ग्वीडो ने मुझसे प्रणय निवेदन करना बन्द कर दिया–बजाय उसके वह मुझे एक कलाकार के रूप में सब कुछ देता था। ऐसा करना हम दोनों की भूल थी पर तब हम युवा थे और हमारा ग़लतियाँ करना लाज़मी था। हमारे रिश्ते को असामान्य या एक पागलपन कहा जा सकता था, लेकिन शुरू से ही हमारा रिश्ता सामाजिक मानदण्डों से परे था, ग्वीडो की वजह से। अन्त में हमारा रिश्ता इन मानदण्डों से काफ़ी परे चला गया, इस बार मेरी वजह से।

मुझे एक भविष्यदर्शी सपना याद है, ग्वीडो के बारे में मेरा पहला सपना। उस समय मैं अट्ठाईस साल की थी और भारत में थी। मैं मन्दिरों और ग्रामीण इलाकों के बीच यात्रा करती हुई उड़ीसा (ओडिशा) जा रही थी। सपने में मैं एक ख़ूबसूरत ओएसिस (मरुस्वर्ग) में थी जहाँ हरे पन्ने जैसे पौधे थे, नीला पानी था और ग्वीडो मुझे उदास होकर देख रहा था। फिर वह अपने घुटनों के बल गिर गया। मैंने खुद को उसके बिस्तर के पास पाया, प्यार और आन्तरिक शक्ति से भरपूर। दुर्भाग्यवश, उसकी बीमारी के अन्तिम चरण से पहले ठीक ऐसा ही हुआ, पहले अस्पताल में और उसके बाद हॉस्पिस में। एक शाम वह सच में अपने घुटनों के बल गिर गया और मैं, जैसा मैंने चालीस साल पहले सपने में किया था, एक पल के लिए भी रुके बिना महीनों तक उसके पास रही, उसी प्यार और आन्तरिक शक्ति के साथ जैसा कि मेरे सपने ने तय किया था। यह आश्चर्यजनक है कि कैसे नींद के दौरान आत्मा काल-अन्तराल से परे यात्रा कर देख सकती है कि दूर भविष्य में क्या होगा।

मैंने 5 अप्रैल, 2014 को स्पललंजानि हॉस्पिस में ग्वीडो से शादी की। मैं अन्तिम समय तक उसके क़रीब रही, इस तरह से जैसे कि पहले कभी नहीं रही... मगर यह पूरी तरह सच नहीं है क्योंकि हमारे सब कुछ साझा करने के चालीस वर्षों में मैं हमेशा उसके क़रीब रही, तब भी जब ऐसा लगता था कि मैं बहुत दूर थी, भारत या न्यूयॉर्क में। आख़िर तक मेरे पति ने शाश्वत बालक सा अपना जिज्ञासु भाव बनाये रखा और अन्तिम समय में वह बहुत दूर कुछ देख रहा था...

21 अप्रैल 2014 को ग्वीडो मुझे सांसारिक जीवन में अकेला छोड़ कर चला गया। मेरे जीवन का प्यार, मेरा एकमात्र सच्चा दोस्त।

सच्चा दोस्त वह होता है, जो आपके लिए अपनी जान देने को तैयार हो। लेकिन इससे भी ज़रूरी यह है कि वह आपके लिए जीने को तैयार हो। कहते हैं कि ख़ुशी बाँटने से दुगुनी होती है और दुःख बाँटने से चार गुना कम होता है।

ग्वीडो के जीवन के अन्तिम दिन गहन और प्रेरणाजन्य थे, शान्ति व हमारे बीच की सूक्ष्म समझ से परिपूर्ण। वह मौत के मुँह में परमानन्द में था और मैं भी। हमारे बीच गहरी व अन्तरंग ख़ुशी की ताक़त थी चूँकि हमारा रिश्ता जीवनोपरान्त का था।

जब मैंने ग्वीडो से शादी की तब उसे पता नहीं था कि वह मरने वाला है। मैंने उसे न बताने का फैसला लिया। मैं उसे कैसे बताती कि किसी भी समय आन्तरिक रक्तस्राव शुरू हो सकता है। मैंने उसे वास्तविक स्थिति के ठीक विपरीत एक तस्वीर पेश की। उस समय सत्य की क्या आवश्यकता थी... हमेशा किसी भी क़ीमत पर सच्चाई का चैम्पियन होने के बावजूद उस वक्त मैंने कल्पना को चुना।

मैं जीवन भर अपने सम्पूर्ण प्रेम के साथ हमेशा उसके क़रीब रही। हमारे प्यार में ख़ामोशी और तीव्रता थी, ठीक वैसी ही जैसी एक साथ बिताये हमारे जीवन के अन्तिम क्षणों में थी।

ग्वीडो अपने प्राकृत छरहरेपन में बहुत सुन्दर दिखता था... पर वह तब और भी सुन्दर दिख रहा था जब अन्तिम साँस उसके चेहरे का रूप बदल रही थी। वह शान्त और निर्मल दिख रहा था, ईसा मसीह की तरह। हालाँकि वह मेरा स्वर्गदूत था लेकिन दिखने में पौराणिक मोसेस की तरह था। उसे जो भी पसन्द था वह मुझे पसन्द था और मुझे जो भी पसन्द था वह उसे पसन्द था... बहुत पसन्द था और यह तथ्य हमारे वजूद के सबसे अन्तरंग तार को छूता था। हमने पूरी जिन्दगी एक-दूसरे को समर्पित की थी, दूरी होने पर भी डायरेक्ट फ़ोन लाइन की सुविधा के साथ। हम एक दूसरे से ज़्यादातर दूर रहे... दूरी प्यार के लिए अच्छी हैं।

ग्वीडो ने मुझे बीमारी के साथ धोखा दिया, जैसे मेरे पिता ने मेरी माँ को उस सुनहरे बालोंवाली के साथ दिया था। मर कर उसने मुझे छोड़ दिया। वह उस भयानक बीमारी से हार गया जिससे लगभग आधी मानवता की मौत हो जाती है।

जीवन जब भारी हो जाता है तो हमें बीमार बना देता है। जीवन की उपलब्धियों में सबसे कठिन उपलब्धि हल्कापन है। जीवन कठिन चुनौतियों

ग्वीडो का आत्म चित्र

से भरी एक यात्रा है जो हमें बेहतर बनने के लिए प्रेरित करती है; और ग्वीडो ने एक अद्‌भुत जीवन जिया।

यह मेरे लिए एक बड़ी अपूरणीय क्षति थी, एक महान, कभी न पाटे जाने वाली क्षति।

मुझे चिरकाल के लिए छोड़ जाने के कुछ महीने बाद मैंने उसे लिखा–

ग्वीडो,
पता नहीं तुम वहाँ उस लोक में
प्रकृति के रहस्यों से जन्मे
अनुपम छटा व अद्‌भुत सौन्दर्य की तरंगों की अनुभूति
हमारी तरह करते हो या नहीं
अब तुम खुद परम रहस्य में जो रहते हो

मगर जीवन का वास्तविक सौन्दर्य तो वह है
जो मैंने अभी-अभी यहाँ पृथ्वी पर महसूस किया है
तुम्हारे वहाँ होने और हमारे यहाँ रहने में यही अन्तर है
हम यहाँ आनन्द व दर्द के मध्य हैं
और तुम वहाँ ऊपर इन दोनों से परे
बेहतर कहाँ है?
या बदतर?
अन्तर क्या है दोनों में?
स्वप्न में आकर ही सही मुझको तुम यह बताओ, ग्वीडो
कहो कि तुम वहाँ कैसे हो?
तुम मुझे यह सब समझाओ
ज़िन्दगी का खेल या तो उसमें पूरी तरह से भाग लेकर खेला जाता है
या केवल ऐसा करने का नाटक करते हुए,
पूर्ण आत्मसमर्पण करने के एक अज्ञात डर के कारण
यही अन्तर है
मुझे इल्म है, ग्वीडो
कि मुझमें आज भी जीवन्त है तुम्हारी उत्कृष्टता
और तुम में मेरी श्रेष्ठता
ऐसा पहले से ही हो रहा है।

उस रात ग्वीडो मेरे सपने में आया। वह मेरे छन्द का जवाब दे रहा था। मैं उसके द्वारा बनायी गयी एक वस्तु एक कुलीन महिला के पास ले जा रही थी जिसने मुझे बताया कि वह टूटी हुई थी। ग्वीडो ने मुस्कुराते हुए शान्त भाव से इसे अपने हाथ में लिया, अपनी मुट्ठी बन्द कर ली और एक आदमी का जूता दिखाया। सुनहरी मीनाकारी एवं जड़े हुए रत्नों वाला वह जूता प्राचीन और अनमोल था। उस स्वप्न की मेरी व्याख्या यह है कि ग्वीडो की प्रतिभा को दुनिया ने नहीं पहचाना और यह बात सपने में कुलीन महिला की ग़लतफ़हमी द्वारा व्यक्त की गयी। वह जूता हमारे प्यार के अनमोल रास्ते का प्रतीक था जो ठोस चीज़ों से निर्मित था ताकि अनन्त और 'आनन्द से जड़ित' बन सके। अब मैं अपने आप में ग्वीडो के मूल्यों को एकीकृत करने में सक्षम हूँ।

मेरा मानना है कि दोस्ती मानवीय रिश्तों में सबसे उच्च है और सभी अन्य रिश्तों में इसकी परोक्ष रूप से एक भूमिका है और यह भी कि सच्ची दोस्ती होने के लिए इसका पारस्परिक होना अनिवार्य है।

क्लाउडियो स्ट्रिनाति ने ग्वीडो पर मेरी कविता मिलने के बाद मुझसे कहा–"मैंने शायद ही कभी इतना सच्चा, ईमानदार और गहन साक्ष्य पढ़ा है लेकिन क्या आपको अहसास है कि आप अपने बारे में बात कर रही हैं?"

मैंने उन्हें उत्तर दिया–"आप सही समझे कि मैं अपने बारे में भी बात कर रही हूँ क्योंकि व्यक्ति केवल तभी कुछ समझ सकता है जब उसने उसका व्यक्तिगत रूप से अनुभव किया हो। मैं ग्वीडो और उसके मूल्यों को समझ पायी क्योंकि मेरे अन्दर भी वही मूल्य है और इस अर्थ में यह सच है कि कविता में मैं अपने बारे में भी बात कर रही हूँ। आप तभी समझ सकते हैं जब आपके द्वारा देखी और अध्ययन की जा रही वस्तु में कुछ ऐसा हो जो आपके एक हिस्से के अनुरूप हो, जिसे आप पहले ही एक निजी विरासत के रूप में जी चुके हों और अनुभव कर चुके हों। हम कला को तभी ठीक से समझ पाते हैं जब हम इसकी गतिशीलता से जुड़ने में सक्षम होते हैं चूँकि हममें यह गुण पहले से ही मौजूद है।" इसीलिए जीनियस लोगों के लिए दूसरों के द्वारा समझा जाना मुश्किल है।

जिस समय मैं शोकाकुल थी, एक मित्र ने मुझसे कहा–"चालीस साल तक एक डांस कम्पनी का निर्देशन करने के बाद, वह भी इटली में, तुम जीवन में कुछ भी कर सकती हो।" मेरे लिए यह बहुत बड़ा प्रोत्साहन था क्योंकि उसने मुझसे यह तब कहा जब मैं शोक मना रही थी और मुझे लग रहा था कि ग्वीडो को खोकर मैंने सब कुछ खो दिया था।

मेरे लिए एक लम्बे अन्तराल के बाद फिर से नृत्य करना एक मछली के पानी में वापस फेंके जाने की तरह है–वह अनायास और तुरन्त तैरने लगती है। इसके विपरीत जब मुझे जीवन के व्यावहारिक पहलुओं का सामना करना पड़ता है तब मुझे ऐसा महसूस होता है जैसे एक मछली को उड़ने के लिए मजबूर किया जा रहा हो या एक पक्षी को तैरने के लिए।

ग्वीडो को खोने के बाद मैंने एक ऐसी परियोजना का बीड़ा उठाया जो कि वास्तव में मेरे जैसे व्यक्ति के लिए एक असम्भव उपलब्धि थी। मेरे पिता मुझसे कहा करते थे–"तुम सोचती एक हो, करती हज़ार हो।" हमेशा से ऐसा ही रहा है। मैं पारा तत्त्व की तरह हूँ जो स्थिर नहीं रह सकता है।

हमेशा कुछ न कुछ करते रहने की मेरी प्रकृति के अनुरूप मैंने 'बाबुचिओ' स्टूडियो को (जिसमें मैं ग्वीडो के साथ रहती थी) एक विशेष माहौल वाले गेस्ट हाउस में बदलना शुरू कर दिया।

जब क्लाउडियो स्ट्रिनाति इसे देखने आये तो उन्होंने मुझसे एक सुन्दर अभिव्यक्ति के साथ दिल से कहा–"हर बार जब मैं आपसे मिलता हूँ तो आप मुझे विस्मित कर देती हैं, हालाँकि मुझे पहले से ही पता होता है कि ऐसा होगा। यह आपके साथ कुछ अपरिहार्य है! आगे उन्होंने यूनानी दार्शनिक हेराक्लिटस का एक उद्धरण जोड़ा–"जो अप्रत्याशित की अपेक्षा नहीं करता है, वह उसे कभी नहीं पायेगा।"

बाबुचिओ का नवीनीकरण वह परियोजना थी जिसकी रूपरेखा पर ग्वीडो ने बहुत समय पहले काम किया था और स्पेस (उपलब्ध रिक्त स्थान) का शानदार उपयोग किया था। दुर्भाग्य से मुझे इसे उसके बिना पूरा करना पड़ा। *बाबुचिओ* ट्रेवी फाउंटेन से थोड़ी दूर पर स्थित है, जो कि दुनिया के सबसे बड़े और सबसे सुन्दर फव्वारे में से एक है। जो बात इसे और भी शानदार बनाती है वह यह है कि जिस वर्ग में यह फव्वारा स्थित है, वह छोटा है, जिसके पीछे घर हैं, जो कि उस विशाल पूल को ही एक प्रकार से वर्ग बनाता है।

अस्सी के दशक में मैंने एक बहुत ही प्रतीकात्मक सपना देखा था–एक विशाल बाज फव्वारे के ऊपर घरों को लगभग छूते हुए चक्कर लगा रहा था। एक मनोविश्लेषणात्मक सत्र में मैंने इसकी व्याख्या की–वह बाज पौरुष-पितृपक्षी का प्रतीक था। ग्वीडो वह शक्तिशाली बाज था जो ऊँची उड़ान भर कर एक वृत्ताकार में सामंजस्यपूर्ण रूप से उड़ रहा था। वृत्त का अर्थ है पूर्णता। ग्वीडो पूर्ण था।

ठीक एक साल के शोक के बाद, जिस दौरान मैं दुःख से सुन्न थी, मैंने ग्वीडो की ही बदौलत फिर से काम करने की ताक़त जुटाई। दुनिया में अकेले होकर भी मैंने 'हमारा' गेस्ट हाउस बनाया। एक वास्तुकार द्वारा सिर पर चढ़ाई गयी एक कलाकार ने–जिसे उस वास्तुकार ने हमेशा सभी समस्याओं से दूर रखा था–इस तरह के उपक्रम में भाग लिया! हर चीज़ से भयभीत, सभी से अभिभूत होने के डर से व्याप्त, मैं *बाबुचिओ* के नवीकरण का काम शुरू करने ही वाली थी, तभी मेरी माँ का निधन हो गया।

वह कहा करती थीं कि एक प्रतिगामी समाज में सम्मान पाने के लिए स्त्री के बग़ल में पुरुष का होना ज़रूरी है, भले ही प्रतीकात्मक रूप से। मैंने उस विचार को दृढ़ता से नकार दिया। स्त्रीत्व की उस अवधारणा के ख़िलाफ़ जाने के लिए–जिसके कारण मैं अब जा के समझ रही हूँ–दोस्तों से मदद माँगने के बजाय मैंने दृढ़ता, कठोरता, दृढ़ संकल्प और आक्रामकता दिखाई। यह एक थका देने वाला और मुश्किल काम था लेकिन मैं सफल रही। बड़ी सन्तुष्टि के साथ मैंने महसूस किया कि मैं अपने दम पर जीवन की किसी भी चुनौती का सामना कर सकती हूँ।

दैनिक जीवन की हर छोटी क्रिया में रचनात्मकता मुझे ग्वीडो से विरासत में मिली। मैं अपने आपमें इस गुण को पाकर ख़ुश हूँ। मेरा मानना है कि ग्वीडो ने परिणाम से बेपरवाह होकर कला पर अपनी सारी ऊर्जा केन्द्रित करने की कलाकार की प्रतिबद्धता और साहस को मुझसे आत्मसात किया। मुझे यक़ीन है कि वहाँ ऊपर वह उन प्राप्त गुणों को विस्तृत कर रहा है ताकि वह पृथ्वी पर वापस आकर अपने पहले किये गये काम से भी अधिक महत्त्वपूर्ण कुछ कर सके। उसने यह तो पहले ही दिखा दिया था कि वह कितना महान इंसान था।

जब ग्वीडो मुझे छोड़कर चला गया तो मैंने सोचा कि मैं डांस कम्पनी जारी नहीं रखूँगी। मेरे लिए उसके प्रति वफ़ादार रहने का यह एक और तरीक़ा था। कम्पनी हमारी थी और उसके बिना मैं इसे जारी नहीं रखना चाहती थी। जीवन में मेरा मुख्य उद्देश्य अपने मानवीय रिश्तों के साथ वैसे ही जुड़ना है, जैसे मैं अपनी कला से जुड़ती हूँ।

पैट्रीज़िया सेर्रोनी एंड इ डेंज़ाटोरि स्काल्ज़ी की चालीसवीं वर्षगाँठ के लिए मेरे सहयोगी ने मुझसे यह पुस्तक लिखने के लिए आग्रह किया। व्यथित होते हुए भी मैंने इसे स्वीकार कर लिया। मेरे भीतर यह प्रबल आकांक्षा थी कि मैं पाठकों को यह बता सकूँ कि मैंने अपने जीवन में क्या कुछ अनुभव किया है और समझा है। यह पुस्तक सभी लोगों के पढ़ने के लिए एक विरासत है, विशेष रूप से उन लोगों के लिए जिन्हें मैंने प्यार किया है, तब भी जब ऐसा प्रतीत नहीं होता था।

पैट्रीज़िया

अध्याय-3

शक्ति को चुनौती और मेरा अट्टहास

कुछ दिनों पहले मैंने छोटी दो जुड़वाँ लड़कियों को देखा जो कि बहुत सुन्दर थीं। दोनों एक फल खा रही थीं। उनमें से एक उस फल को बहुत ही चाव के साथ खा रही थी। मुझे लगा कि वह विशेष रूप से खाने के शारीरिक सुख पर ध्यान दे रही थी। दूसरी के चेहरे पर एक मुस्कान थी, जो उसके चेहरे को रोशन कर रही थी और उसकी अलमस्ती और जीने के आनन्द को व्यक्त कर रही थी। मेरे लिए यह स्पष्ट था कि उसका ध्यान उस आन्तरिक आनन्द पर था, जो कि वह महसूस कर रही थी।

मुझे लगता है कि 'प्यार' और 'शक्ति', 'आनन्द' और 'सतही सुख' के बीच यही अन्तर है।

जो लोग आत्मा के सुख से अधिक शरीर के सुख में जीते हैं, उन्हें ऐसे लोगों के सामीप्य की अनमोलता को पूरा सम्मान देना चाहिए, जो कि अपनी आत्मा के आनन्द को व्यक्त करते हैं और अपनी मात्र उपस्थिति से उनके अस्तित्व में महान मूल्य जोड़ते हैं। उनकी ऊर्जा शक्तिशाली होती है और दूसरों की ऊर्जा को जगाने में सक्षम होती है। मुस्कुराता हर कोई है, लेकिन बहुत कम लोगों की मुस्कान उनके चेहरे को एक अलौकिक रोशनी से प्रदीप्त करती है।

उस पल में मैंने सोचा कि उनकी माँ को यह सुनिश्चित करना चाहिए कि पहली बेटी स्थूलता एवं अपनी बहन की वास्तविकता का सामना करने की क्षमता की सराहना करना सीखे और दूसरी बेटी अपनी जुड़वाँ बहन की रचनात्मक और आध्यात्मिक ऊर्जा को समझना सीखे। उनकी माँ को दोनों को एक-दूसरे की योग्यता व क्षमता को समझने और एक-दूसरे से प्रेरणा लेने के लिए प्रोत्साहित करना चाहिए।

अन्यथा ये विशेषताएँ एक-दूसरे को अपने स्वयं के अनूठे गुणों से लाभान्वित करने के बजाय आपसी प्रतिद्वन्द्विता का कारण बन सकती हैं।

बुनियादी समस्या आध्यात्मिक मूल की है और इसलिए यह इतनी मौलिक है।

आन्तरिक आनन्द क्या है?

मुझे विश्वास है कि आनन्द एक ऐसी आन्तरिक अवस्था है जिसमें व्यक्ति शान्ति और एक सहज आत्मविश्वास का अनुभव करता है, जो कि उसमें साहस पैदा करता है, लेकिन योद्धा सा साहस नहीं। यह साहस अधिक सूक्ष्म होता है, क्योंकि यह आत्मसमर्पण करने का साहस है। नृत्य करते हुए मैं ऐसा ही अनुभव करती हूँ। आनन्द का उद्‌गम ताक़त के उस केंद्र से होता है, जिससे हम हमेशा जुड़े रहते हैं, सिवाय उस समय के जब हम मानते हैं कि हमने इसे खो दिया है, क्योंकि हमारा मन हमें चिन्ताओं, असुरक्षा, बेचैनी और भय अथवा भौतिक सुख में भटकाता है। दरअसल हम उसे खोते नहीं, बस उसे कुछ समय के लिए महसूस नहीं करते हैं, क्योंकि उस समय हम विचलित होते हैं। आनन्द निरन्तर दीप्त रहता है।

इस सम्बन्ध में आपको सुनाने के लिए मेरे पास एक कहानी है, जिसे मैंने बचपन से स्वयं देखा है। यह मेरी सबसे प्यारी दोस्त लुसियाना के बचपन से अपनी बहन के साथ उसके रिश्ते के बारे में है।

छह साल की उम्र से हमने साथ में डांस सीखा। लुसियाना–एक सच्ची कलाकार है।

लुसियाना के जीवन का सबसे मुश्किल रिश्ता उसकी अपनी बड़ी बहन ओलिविया के साथ था, वह बहन जिसने उसके लिए सबसे गहरी मुश्किलें पैदा कीं, जैसा कि असली दुश्मन करना जानते हैं। जिसकी वजह से वह अपनी सीमाओं और अपनी कमज़ोरियों का सामना करने के लिए मजबूर हुई। लुसियाना की माँ ने अपने मंगेतर ओलिवर की याद में–जिससे वह बेहद प्यार करती थीं और जिसे युद्ध के अन्त में पराजित फ़ासीवादियों ने बदले की कार्रवाई में मार डाला था–उसकी बहन का नाम ओलिविया रखा था। उनका मंगेतर पाओलो एक इंजीनियर था और उसकी बहन भी बड़ी होकर एक इंजीनियर बनी। मेरा मानना है कि इस व्यक्तिगत आघात से लुसियाना की माँ के जीवन में जो शून्य पैदा हुआ था, उसे भरने की अपनी अचेत इच्छा को उन्होंने उसकी बहन पर प्रक्षेपित (प्रोजेक्ट) किया।

इमोशनल फ़्रीडम तकनीक या ईएफ़टी (भावनात्मक स्वतन्त्रता तकनीक) का चिकित्सक होने के अपने अनुभव से मैं इस बात की पुष्टि कर पायी कि भाई-बहनों के बीच के रिश्तों को प्रबन्धित करना और उन पर काम करना सबसे मुश्किल होता है। एक आदर्श और एक मार्गदर्शक के रूप में माता-पिता अच्छी तरह से परिभाषित सन्दर्भ बिन्दु होते हैं, लेकिन भाई-बहन पदानुक्रमित सीमांकन रेखा के एक ही तरफ़ होते हैं और साथ-साथ खड़े होते हैं। इस वजह से उनके बीच कोई भी तुलना या तो सद्‌भाव व प्रशंसा के माहौल में होती है या फिर प्रतिद्वन्द्विता व प्रतिस्पर्धा के माहौल में।

कर्म सिद्धान्त यानी कारण और प्रभाव के नियमानुसार हम अपने माता-पिता और जन्म के माहौल को चुनते हैं। हमारे माता-पिता के साथ हमारा सम्बन्ध हमारे अस्तित्व के सार के साथ जुड़ा हुआ होता है। वे हमें अभिन्न प्राणियों के रूप में मज़बूत करने की, हमारी अनपेक्षित क्षमता को सुदृढ़ करने की और हमारी सीमाओं को (जिनके साथ हम इस दुनिया में आते हैं) पार करने की हमारी आवश्यकता के अनुरूप होते हैं।

मैंने एक दृढ़ विश्वास विकसित किया कि भाई-बहनों के आपसी सम्बन्ध एक-दूसरे के कर्मफल के अनुरूप होते हैं और हमें विशेष रूप से इस बात की जड़ तक ले जाते हैं कि उनके दूसरों से कैसे सम्बन्ध होंगे। भाई-बहनों के बीच पारस्परिक सम्बन्धों की सक्रियता में जो प्रतिक्रियाएँ सामने आती हैं, वे उन प्रतिक्रियाओं के अनुरूप होती हैं, जो उनके सभी मानवीय सम्बन्धों में होंगी। स्वयं का सही स्वरूप देखने के लिए हमारे भाई-बहन एक उत्कृष्ट दर्पण हैं, क्योंकि वे हमें हमारी वे कमियाँ दर्शाते हैं जिन्हें यदि सुधारा नहीं गया, तो भविष्य में होने वाले सभी मानवीय सम्बन्धों में उनकी पुनरावृत्ति होती रहेगी। इकलौती सन्तान के अपने अलग मसले होते हैं, जिनका ब्योरा मैं यहाँ नहीं देना चाहती। यह पता लगाने के लिए मैं आप पर छोड़ देती हूँ।

यदि अहं (ईगो) का क़द भय की तीव्रता के समानुपाती है और नाज़ुकता दोनों के समानुपात, तो मैं कह सकती हूँ कि मेरी प्रिय मित्र लुसियाना बड़ी नाज़ुकता और संवेदनशीलता को लिए इस दुनिया में आयी।

जब वह पैदा हुई, तब उसकी बहन ओलिविया डेढ़ साल की थी। लुसियाना यानी उसकी छोटी बहन ने अनजाने में एक ही बार में उससे सारा ध्यान हटा दिया। माता-पिता भी प्रत्यक्ष ग़लतियाँ कर सकते हैं और

उनकी माँ ने दोनों बहनों में एक बहुत ही गहरी समस्या पैदा कर दी, क्योंकि मैं इस बात की साक्षी हूँ कि जिस क्षण मेरी माँ ने मुझे देखा, उन्हें मुझ से प्यार हो गया।

ओलिविया बहुत कठिन प्रसव के बाद (जिसमें लुसियाना की माँ को बहुत तकलीफ़ हुई थी) गर्भनाल से साँस लगभग घुटने के कारण काले-नीले चेहरे के साथ पैदा हुई थी। यह जानते हुए कि उनकी माँ अपनी भावनाओं को छिपा नहीं सकती हैं, मैंने हमेशा कल्पना की और समझ पायी कि ओलिविया को अपनी माँ की सहज अस्वीकृति का सामना करना पड़ा था। मैंने उनकी माँ को उनके आख़िरी दिनों तक इस अचेत प्रतिक्रिया को प्रकट करते हुए देखा–उनके चेहरे का लुसियाना को देखकर खिल उठना और ओलिविया को देखकर बुझ जाना, बावजूद इसके कि वह ओलिविया के मज़बूत व्यक्तित्व, व्यावहारिक स्वभाव, बुद्धिमत्ता और अच्छाई को बहुत पसन्द करती थीं और उसके इन गुणों की सराहना करती थीं। मुझे उनके इस बर्ताव की वजह से हमेशा तकलीफ़ हुई। मैंने महसूस किया कि यह बहुत ग़लत और अनुचित था।

लुसियाना की माँ ने उसे अपना रचनात्मक पक्ष और उसकी बहन को अपना व्यावहारिक पक्ष विरासत में देकर उनके बीच अनजाने में एक दरार डाल दी और आपसी विरोध पैदा कर दिया। अपने व्यक्तित्व के विपरीत हिस्सों का ख़ुद में एकीकरण करने में असमर्थ उनकी माँ ने उन दोनों में से प्रत्येक को ख़ुद का एक-एक हिस्सा दिया। लुसियाना के ज़रिये उन्होंने कलाकार बनने की अपनी आकांक्षाओं को पूरा किया और ओलिविया के ज़रिये अपने जीवन के ठोस, यथार्थवादी पहलुओं को। उन्होंने अपनी दोनों बेटियों के साथ समान व्यवहार करने का हर सम्भव प्रयास किया। उन्हें इस बात का अहसास नहीं था कि वह लुसियाना को प्राथमिकता देती थीं। वह लगातार इस बात पर ज़ोर देतीं कि वह उन दोनों को समान रूप से प्यार करती थीं। यहाँ तक कि वह उन्हें जुड़वाँ बच्चों की तरह एक से कपड़े भी पहनातीं, यह दिखाने के लिए कि वह किसी के साथ पक्षपात नहीं कर रही हैं।

एक बार लुसियाना ने मेरे साथ साझा किया कि छुटपन से उसे यह अहसास था कि वह अपने आन्तरिक विभाजन, संघर्ष और भय को हल करने से पहले माँ नहीं बनना चाहेगी।

एक असली गुरु की तरह एक माँ को अपने बच्चों के केवल उन पहलुओं को प्रोत्साहित करने के बजाय, जो उनमें पहले से ही मज़बूत हैं, उन्हें अपनी कमज़ोरियों पर–जिन्हें मैं अलंकारिक रूप से कमज़ोर मांसपेशियाँ कहना पसन्द करती हूँ–काम करने के लिए मार्गदर्शन करना चाहिए।

उनकी माँ को उनके साथ यही करना चाहिए था–उनको लुसियाना में व्यावहारिक क्षमता विकसित करने में उसकी मदद करनी चाहिए थी और उसकी बहन ओलिविया में यह अहसास पैदा करना चाहिए था कि हर कोई कला में प्रतिभा सम्पन्न पैदा नहीं होता है और वह इस उपहार को दूसरों में पसन्द कर सकती है।

पर किसी के लिए भी यह स्वीकार करना आसान नहीं है। इसे स्वीकार करने का अर्थ है, कर्म के नियम को समझना और स्वीकार करना। साथ ही यह समझना और स्वीकार करना कि हर कोई अपने जीवन का लेखक है, इसके लिए ज़िम्मेदार है और सिर्फ़ वही प्राप्त करता है, जिसका वह हक़दार है।

उस समय स्वभावतः लुसियाना को ओलिविया से सहानुभूति थी, लेकिन वह लुसियाना की क़ब्र खोदने में लगी हुई थी। इस बात का लुसियाना को युंगियन मनोविश्लेषणवादी पथ पर चलने के दौरान बाद में पता चला। उसे पता चला कि वह अपनी बड़ी बहन के अदृश्य उत्पीड़न का शिकार हुई थी, जो कि विकृत था और अच्छी मंशा के रूप में अच्छी तरह से ढका-छुपा था।

चूँकि ओलिविया उसके लिए प्यार महसूस नहीं कर पा रही थी, इसलिए बड़ी होने के नाते उसने उस पर अपनी शक्ति का प्रयोग किया। वह लुसियाना को प्यार कर भी कैसे सकती थी? उनकी माँ ने उसे अपना प्यार नहीं दिया। हम दूसरों को केवल वही दे सकते हैं जो हम अपने आपको देना जानते हैं। ठीक उसी तरह जैसे हवाई जहाज़ पर हमें कहा जाता है कि ज़रूरत पड़ने पर पहले आप स्वयं ऑक्सीजन मास्क लगायें और उसके बाद दूसरों को मॉस्क लगाने में मदद करें।

जब लुसियाना बड़ी हो रही थी तो अपनी बहन की जबरदस्त दबंगई के प्रति उसकी प्रारम्भिक प्रतिक्रिया एक अतिरंजित, अति विद्रोही और उत्तेजक व्यवहार में बदल गयी। आज भी जब मैं भाई-बहनों के रिश्तों में इस प्रकार की गतिशीलता देखती हूँ तो मेरी सहानुभूति उन लोगों के

साथ होती है जो कि ओलिविया का प्रतिनिधित्व करते हैं, न कि लुसियाना का—एक तथाकथित बिगड़ैल माँ की लाड़ली। लुसियाना ने इस तरह की परवरिश के ख़िलाफ़ अन्दर-ही-अन्दर विद्रोह किया, क्योंकि तब उसके पास उस स्थिति से निपटने के साधन नहीं थे। वयस्क होने के बाद लुसियाना ने खुलकर विद्रोह कर दिया। वर्षों के दबे हुए क्रोध के साथ उसने ओलिविया को इस हद तक उकसाया और कोंचा कि वह उसे काटने लगी और जो उसका था, उसे भी उसने लूटने की कोशिश की।

अत्यधिक लालच की अतिरंजित प्रतिक्रिया, मातृ सन्देश का परिणाम था, जिसने ओलिविया को (उसकी बहन के विपरीत) केवल भौतिक वस्तुओं की स्थूलता में अपना व्यक्तिगत मूल्य खोजने तक सीमित कर दिया था। लुसियाना के लिए यह बिल्कुल विपरीत था—उसने अध्यात्म के अनन्य लाभ को अपना लक्ष्य बना करके भौतिक चीज़ों के प्रति कुल उपेक्षा विकसित करके अपनी माँ के सन्देश पर प्रतिक्रिया दी। बहुत बाद में जा कर उसने कमर कस कर भौतिक दुनिया की सभी अभिव्यक्तियों के साथ एक स्वस्थ सम्बन्ध बनाया, जिसमें चार मुख्य अभिव्यक्तियाँ—यौन-क्रिया, धन, स्वास्थ्य और सफलता शामिल हैं। पर ऐसा कर पाने के लिए उसे अथक प्रयास करना पड़ा।

यद्यपि 'सेक्स और पैसे' (यौन क्रिया और मुद्रा) के आयाम विलग हैं, उनकी जड़ एक ही है—दोनों सांसारिक सुख का वादा करते हैं और अपने सार के साथ व्यक्ति के रिश्ते को व्यक्त करते हैं। पैसा विनिमय का एक साधन है जिसके साथ हम चीज़ों के मूल्य का मिलान करते हैं और यह हमारे अचेतन में हमारे अपने मूल्य की मान्यता का प्रतीक बन जाता है।

यदि पैसे के साथ हमारे अनसुलझे सम्बन्ध हैं—यानी अगर हमें पैसे से बहुत अधिक लगाव है या उसके प्रति हम उदासीन हैं, अगर हम पर्याप्त कमाई करने में विफल हैं या हमारे आस-पास पैसे को लेकर किसी भी तरह का तनाव है—तो यह हमारे आत्मसम्मान या इसकी कमी का प्रक्षेपण (प्रोजेक्शन) मात्र है व दर्शाता है कि हम अपने आपको कितना महत्त्व देते हैं। इसके अलावा जब हम ख़ुद से कहते हैं कि पैसा सर्वोच्च प्राथमिकता नहीं है, कि जीवन के अन्य पहलू हैं जो अधिक महत्त्वपूर्ण हैं, या कि पैसा ही सब कुछ नहीं है, तो हम वास्तविकता को ढँकते हैं। सच्चाई यह है कि हम अपने आपको पर्याप्त महत्त्व नहीं देते हैं और हमें लगता है कि हम

पैसे के लायक नहीं हैं। यदि हम दोनों आयामों में से एक आयाम में मुक्त और पूर्ण हैं तो हम समान रूप से दूसरे में भी होंगे। सेक्स और पैसे को एक दर्पण के रूप में इस्तेमाल किया जा सकता है। यह समझने के लिए कि हम स्वयं के साथ अपने सम्बन्ध की किस अवस्था में हैं। मुझे यक़ीन है कि लालची लोगों की लैंगिकता विकृत होती है, जबकि जो लोग पैसे में रुचि नहीं रखते हैं, वे सेक्सुअल (लैंगिक) के बजाय अधिक सेंसुअल (कामुक) होते हैं।

सेक्स और पैसा हमारे अन्दर अपराधबोध का भाव जगाते हैं या नहीं, यह इस बात पर निर्भर करता है कि हम अपना सम्मान करते हैं या तिरस्कार। हमारी प्रत्येक आत्म-विनाशकारी प्रतिक्रिया के मूल में स्वयं के मूल्य को पहचानने में हमारी असमर्थता होती है, क्योंकि हमारी क्षमता समर्पण करने के 'डर' से, अपने भीतर के मूल प्रेम से न जुड़ पाने के 'डर' से दब जाती है। हम कह सकते हैं कि हम इस अर्थ में ईर्ष्या करते हैं कि हम अपने भीतर नहीं देख सकते, इसलिए हम स्वयं का मूल्य नहीं पहचानते हैं।

जब हम अपने बचपन में हुई बाह्य घटनाओं, जिनकी वजह से हमने स्वयं को असमर्थ, नाक़ाबिल, असुरक्षित, सम्मान और प्यार के अयोग्य महसूस किया था, के प्रति अपनी सहज प्रतिक्रियाओं से उत्पन्न अवरोधों को हल करने के लिए सबसे गहरे भावनात्मक आयाम में जाते हैं, तो जैसे कि जादू से सब कुछ बदल जाता है। तब हम अन्य चीज़ों की तरह धन को भी अपनी ओर आकर्षित करना शुरू कर देते हैं। मूलरूप से वह सब कुछ जिस पर अब हम अपनी समस्याओं को प्रक्षेपित नहीं करते हैं।

जो लोग जीवित रहने के लिए भौतिक मूल्यों का चयन करते हैं, वे निश्चित रूप से उनसे एक भौतिक सुख प्राप्त करते हैं, लेकिन आध्यात्मिक आनन्द नहीं जो कि प्रेम और कला से मिलता है। मैं कल्पना नहीं कर सकती कि वे कैसा महसूस करते हैं, भौतिक और मानसिक सुख के उन क्षणों के अलावा जब वे ख़ुद को इस मामले में शक्तिशाली समझते हैं। मुझे नहीं लगता कि वे ख़ुश हैं; वे कुछ भी हों लेकिन ख़ुश कतई नहीं हैं। यह एक बूमरैंग है, जो कि शुरुआती बिन्दु पर लौटता है।

उड़ान भरने के लिए दो पंखों की आवश्यकता होती है। उन दोनों बहनों के केवल एक-एक पंख को प्रोत्साहित करने में उनकी माँ यह नहीं

देख पायीं कि वह दूसरे पंख को काट रही हैं। हर अस्वास्थ्यकर और अन्यायपूर्ण चीज़ के ख़िलाफ़ विद्रोह करने की लुसियाना की मूल प्रवृत्ति की बदौलत वह एक खिन्न व्यक्ति के बजाय एक योद्धा बन गयी। आज वह अच्छी तरह जानती है कि दुष्टों के दर्द के लिए सच्ची करुणा ही कुछ हद तक चीज़ों को बेहतर बना सकती है। बुराई से लड़ने के बजाय स्फूर्ति से अच्छाई की ओर अग्रसर होकर उसे दूर किया जा सकता है। उसने यह सबक अपने व्यक्तिगत अनुभव से सीखा।

ओलिविया अपनी छोटी बहन पर मातृ अस्वीकृति की भावना को, जो उसने अपने जीवन के पहले पल से ही झेली थी, प्रक्षेपित करती रही, जो कि बाद के गहरे दर्द से प्रवर्धित और प्रबल हो गयी। उसने उनकी माँ के प्रति अपने विद्वेष को, जिनका प्यार उसने कभी महसूस नहीं किया, बल्कि जिन्होंने उसे नकारा और धोखा दिया, अपनी छोटी बहन पर उड़ेला, जो उसके सबसे क़रीब थी और सबसे कमज़ोर।

लुसियाना ने एक बार मुझे बताया था कि प्राइमरी स्कूल में अवकाश के दौरान खेलते समय ओलिविया उसे अपनी टीम में शामिल नहीं करती थी, क्योंकि वह कहती थी कि वह उस 'अनाड़ी' की वजह से हार जायेगी। ज़ाहिर है कि वह लुसियाना के बारे में वही सोचना चाहती थी। वह उसे मिटा देना चाहती थी और लुसियाना ने उससे जो कुछ छीन लिया था, उसका बदला ले रही थी। लुसियाना के साथ टकराव में विजयी होने के लिए उसने ख़ुद को यक़ीन दिलाया कि वह श्रेष्ठ है। बड़ी बहन की भूमिका में उसे छोटी बहन की देखभाल करने की ज़िम्मेदारी भी दी गयी थी।

इस प्रकार की गतिशीलता संघर्षों की एक कड़ी को और प्रेम-घृणा के बीच द्विध्रुवीयता को सक्रिय करती है।

ओलिविया नियमित रूप से मौखिक परीक्षाओं से पहले व्यथित होती थी, क्योंकि वह किसी भी क़ीमत पर ख़ुद को सर्वश्रेष्ठ साबित न कर पाने के विचार को सहन नहीं कर सकती थी। दूसरी तरफ़ लुसियाना स्कूल की चुनौतियों का सहजता से सामना करती थी और स्कूल में 'उत्कृष्ट' प्रदर्शन के बनिस्बत 'अच्छा' प्रदर्शन करने पर उसे सन्तोष था, क्योंकि उसे—मेरी ही तरह—वास्तव में जिसमें दिलचस्पी थी, वह था नृत्य।

ओलिविया के लुसियाना को निरन्तर नीचा दिखाने वाले और दबाने वाले छोटे-से-छोटे सन्देशों पर भी लुसियाना ने उसकी अवमानना करके,

ख़ुद में सिमट के, काल-कोठरी में गिर के और इतने दर्द का कारण होने के लिए स्वयं में अपराधबोध पैदाकर अपनी प्रतिक्रिया दी। ओलिविया के रवैये और परिणामी व्यवहार के कारण लुसियाना के भीतर एक गहरा दुख पैदा हो गया और उसमें अपने मूल्य को समझने और स्वीकारने की 'दूसरे' की समर्थता पर अविश्वास पैदा हो गया, क्योंकि वह जैसी थी, उसे सहज रूप से स्वीकारने के बजाय ओलिविया ने उसे असामान्य समझा। 'असामान्य नहीं, बल्कि आदर्श से बाहर,' डॉ. कैरोसी ने–जो कि एक एंथ्रोपोसोफ़िकल डॉक्टर थे–बाद में लुसियाना को उनकी पहली मीटिंग में बताया, उसे यह समझने में मदद करने के लिए कि वह कौन है, उसका वास्तविक स्वभाव और उसका विशेष मूल्य क्या है।

ओलिविया के बाल लम्बे, घने और भूरे थे। हेयरड्रेसर कहते थे कि उन्होंने कभी इतने घने बाल नहीं देखे थे, जो कि तीन सिर के लिए काफ़ी थे। मेरा मानना है कि यह उसकी बुद्धिमत्ता के सन्दर्भ में भी सही है। वह एक वॉटर डिवाइनर है और मैंने हमेशा उसकी गूढ़ प्रकृति की ताक़त को महसूस किया है। लुसियाना की तरह वह लोगों की अचेत सच्चाइयों को समझ पाती है।

लुसियाना ने अपनी माँ की ग़लतियों की सज़ा पायी, जिन्होंने ऐसी बहन की दोस्ती से उसे वंचित कर दिया। कहना पड़ेगा कि लुसियाना के सबसे बड़े दुश्मन के रूप में कम-से-कम ओलिविया ठोस (शक्तिशाली) और उग्र थी, इसलिए यह निरर्थक नहीं था। लुसियाना ऐसे लोगों को अभी भी आकर्षित करती है, जो उसके अन्दर इन प्रतिक्रियाओं को सक्रिय करते हैं, लेकिन उसके लिए ये जानी दुश्मन उसकी बहन की शक्ति की तुलना में बहुत औसत दर्जे के हैं। अपनी बहन के साथ रहकर लुसियाना ने ख़ुद को इस हद तक मज़बूत बनाया कि वे अब उसे खरोंच भी नहीं सकते। इस तरह की प्रकृति के लोग दूसरों की सफलता को बर्दाश्त नहीं कर सकते हैं। वे दूसरों को मिले सम्मान को भी उनकी बदनामी के रूप में पेश करते हैं, जो कि उनके अचेतन आत्म-ह्रास का प्रक्षेपण मात्र है, क्योंकि वे स्वयं कभी वैसा नहीं कर पायेंगे जो कि वे दूसरों को करते देखते हैं, लेकिन उनके अस्वस्थ विचारों और क्रियाओं से बचना हमेशा दुखद होता है।

जिन लोगों को 'शक्ति' चुनने के लिए मजबूर किया गया है और वे उसके आत्म-विनाशकारी भँवर से उभर नहीं सकते हैं, उनके पास स्वयं से प्रश्न करने का साहस नहीं होता है। यही कारण है कि वे ऐसा कर पाने की दृढ़ इच्छा को पुनः जाग्रत नहीं कर पाते हैं। जीवित रहने के लिए उन्हें लुसियाना जैसे लोगों को अमानवीय करार देना और ख़तरे के रूप में प्रस्तुत करना ज़रूरी है, जो कि अपने अलौकिक प्रयास से उस राख से पुनर्जन्म लेने में सफल रहे हैं जिसमें इन तन्त्रों ने उनका दम घोटा था। इस रवैये के पीछे उनकी अपनी सत्ता की सूक्ष्म पुष्टि हमेशा छिपी रहती है।

अपनी बहन की बदौलत लुसियाना ने उन लोगों में शक्ति की सूक्ष्म बारीक़ियों को पहचानना सीखा जो कि अपने रिश्तों में प्यार के बजाय शक्ति का उपयोग करते हैं। अपनी बहन के साथ अपने सम्बन्धों की वजह से लुसियाना ने उत्पीड़न की भावना को झेला, और उसके अन्याय के प्रति अपनी तीखी प्रतिक्रिया का विश्लेषण करने और उसे समझने के लिए उसे कड़ी मेहनत करनी पड़ी।

उसने इस अनुभव के सार को इतनी गहराई से आत्मसात किया कि यह उसकी कला में अभिव्यक्ति का विषय बन गया। आज लुसियाना एक प्रसिद्ध संगीतकार है। उसने अपनी पहले की रचनाओं में इस विषय को बहुत नाटकीय ढंग से पेश किया, लेकिन बाद में उसका संगीत मेरे नृत्य की तरह अधिक आध्यात्मिक और काव्यात्मक हो गया।

लुसियाना और मुझ में बहुत समानता है, विशेष रूप से विडम्बना के उपयोग में। मेरा मानना है कि उसके जीवन में विडम्बना, एक व्यक्ति और एक कलाकार दोनों के रूप, उसकी बहन के साथ उसके अनुभवों की कहानी से उभरी है। आप या तो विडंबना का सहारा लेते हैं या फिर मर जाते हैं। विडम्बना वास्तव में हास्य में निहित होती है।

***

'शक्ति' के साथ अपने सम्बन्ध के बारे में आपको बताने के लिए मेरे पास एक महत्त्वपूर्ण क़िस्सा है, जिसमें शामिल राजनीतिज्ञ के नाम का उल्लेख मैं नहीं करूँगी। मैं ऐसा प्रतिशोध के डर के चलते नहीं कर रही हूँ बल्कि अच्छे शिष्टाचार के कारण।

मैं 'प्रेमियो स्ट्रेगा' में गैलरिस्ट जियानकार्लो इओसिमी के साथ थी, जब वह राजनेता अपने दरबारियों के साथ वहाँ से गुज़रा और हमें हेलो करने के लिए रुक गया। उसने मुझे जानने में दिलचस्पी दिखाई और मुझे अपना बिज़नेस कार्ड दिया। मैंने उससे मिलने के लिए कॉल किया, जैसा कि उसने अनुरोध किया था, चूँकि वह उस समय संस्कृति मन्त्रालय का प्रभारी था, जहाँ से मुझे अपनी आधुनिक डांस कम्पनी *पैट्रीज़िया सेरोंनी एंड इ डेंज़ाटोरि स्काल्ज़ी* की गतिविधि के लिए वर्षों से धन प्राप्त हो रहा था।

वह मुझसे एक कार्यालय में मिला, जिसे मैं एक महल कहूँगी। उस विशाल कमरे में मेरे अलावा उसने इटली के कई जाने-माने लोगों को इकट्ठा किया हुआ था, और लोगों के उस सतत प्रवाह में शामिल थे अधीक्षक, कला निर्देशक और प्रसिद्ध पत्रकार। मेरी पहली धारणा थी कि मैं सन किंग के दरबार में मौजूद थी। वह बहुत बुद्धिमान और मज़ाकिया था, एक अटूट ज्ञान का स्रोत। उसने मुझे अपने पास रानी की तरह बैठने के लिए आमन्त्रित किया और मुझे अपने दरबारियों से मिलवाया, लेकिन मुझे बात करने का मौका बिल्कुल नहीं दिया।

कुछ घण्टो के बाद मैं बेचैन होने लगी और मैंने संकेत दिया कि मैं जाना चाहती हूँ। तुरन्त दो लम्बे, पतले व सजीले बाँके पुरुष–गर्दन पर बो टाई पहने हुए एक फ्रांसीसी जो कि आधुनिक कला गैलरी का निदेशक था और एक अंग्रेज़–मुस्कुराते हुए आये और मुझे एक सौम्य लेकिन अजीब तरीके से बताया कि मैं वहाँ से नहीं जा सकती थी।

मुझे लगा कि यह एक योजना थी, जिसमें मैं बलि का शिकार थी। ''ठीक है'', मैंने ख़ुद से कहा, ''चलो देखते हैं आगे क्या होगा।'' मैंने उन्हें यह आभास दिया कि मैं अपने चित्त को शान्त कर रही थी और मैंने एक आभूषण की सी निष्क्रिय भूमिका को बोर होते हुए स्वीकार किया।

सौभाग्य से मेरे कुछ दोस्त वहाँ पहुँच गये–पत्रकार मार्को डोलसेट्टा, जिन्होंने ट्यूनीशिया में क्रेसी के साथ एक साक्षात्कार किया था जिसने तहलका मचा दिया था, और सुपरिन्टेन्डेंट जियानी बुलियन, जिनके निमन्त्रण पर मैंने अपने शो *अली इन कॉर्पो* (विंग्स इन द बॉडी) का प्रदर्शन ला'किव्ला के महल में किया था।

मैंने सहज महसूस करना शुरू कर दिया। क्विंटिली के विला की निदेशक रीता पेरिस के आगमन पर मैं और भी ज़्यादा सहज हो गयी,

जिन्होंने 'राजा' को अनदेखा करते हुए उत्साह के साथ मुझे गले लगा लिया।

विचलित हुए बिना राजा ने आज्ञा दी–"चलो सब क्विंटिली चलते हैं!" ऐसा ही हुआ।

कारों का एक कारवाँ चल पड़ा, जिसमें थे दर्जनों लोग। गूँगी रानी, यानी मैं राजा के साथ थी और हमारे थे वो दो बाँके पुरुष जो कि मुझे शिकंजे जैसी पकड़ के साथ नियन्त्रित कर रहे थे। हमारे साथ एक प्रसिद्ध पत्रकार भी था, जो चापलूसी भरे अन्दाज़ में बड़े ध्यान से नोट्स ले रहा था।

'छिः! कैसी अजीब स्थिति है! देखती हूँ कि इसका समापन कैसे होगा है।' मैंने सोचा।

हम विला देई क्विंटिली में घूम रहे थे। मेरे बगल में रीता थीं, हँसते और मज़ाक करते हुए, उर्सुलाइन में हमारे बचपन को याद करते हुए। जब वह मेरे शो *मा वोलेते केपीयर क्वालकोसा दी नोइ दोंने??!!* (बट यू वांट टू अंडरस्टैंड समथिंग अबाउट अस वीमेन*??!!*) के बारे में उत्साह से बात करने लगीं, जिसे उन्होंने कुछ महीने पहले रोम में देखा था, तो वहाँ मौजूद हर कोई मेरे कलात्मक मूल्य की पहचान से नाराज़ लग रहा था।

'आज यहाँ मेरी भूमिका कुछ और है'–मैं इसे अच्छी तरह से समझ गयी। उस क्षण से मैं राजा को मूक चुनौती देने लगी।

राजा ने एक और आदेश दिया–''...और अब सब खाने के लिए चलो!''

कारवाँ सेंटर की तरफ़ चल पड़ा और हम चैंबर ऑफ़ डेप्यूटीज़ के पास एक रेस्तराँ में खाने के लिए गये। मुझे फिर से राजा के बग़ल में बैठने के लिए मजबूर किया गया और मेरे दूसरी तरफ़ थी बाल्थस की जापानी विधवा। रेस्तराँ के मालिक ने सभी के लिए डिनर पेश किया।

''... और अब सब मेरे घर चलो!''

अन्तरंग मण्डली छोटी हो चली थी–उसके घर पर हम लगभग तीस लोग थे। मैंने अपना एंटेना खड़ा करना शुरू कर दिया। जिज्ञासु और साहसी होने के नाते मुझे चुनौतियाँ पसन्द हैं और ख़तरा उठाने में मैं माहिर हूँ।

राजा ने मुझे अपना घर दिखाने की पेशकश की, जैसा कि वह शायद हमेशा सुन्दर लड़कियों को अपने जाल में फाँसने के लिए और अपनी 'तितलियों' के संग्रह को बढ़ाने के लिए करता था। मैंने शान्त भाव से हामी भर दी। उसने मेरा हाथ थाम लिया और आगे बढ़ गया।

मैं उन दोनों बाँके पुरुषों की अभिव्यक्ति देखने के लिए नहीं मुड़ी, क्योंकि मैं इसकी कल्पना कर सकती थी।

'ये लोग नहीं जानते कि ये किसके साथ उलझ रहे हैं! मैं एक एथलीट हूँ और घर में तीस लोग मौजूद हैं!' मैंने एक त्वरित गणना की और मुझे यह विश्वास था कि मैं स्थिति को नियन्त्रण में कर सकती हूँ। 'सबसे ख़राब स्थिति में मुझे वक्र पर गाड़ी की गति बढ़ाना आता है!', मैंने सोचा।

हम उसके बेडरूम के सामने पहुँचे और मैं रुक गयी। मेरा अन्दर जाने का कोई इरादा नहीं था। उसने तुरन्त कनखियों से मुझे देखा और मुझे अपनी बाँहों में कस कर जकड़ लिया, एक बर्फ से ठण्डे चिमटे की तरह, जिससे मुझे दर्द होने लगा।

मुझे नहीं पता कैसे पर मैंने अपने आपको उससे छुड़ा लिया। मैं एक बाम मछली (ईल) की तरह उसकी पकड़ से फिसल गयी और दौड़ कर दूसरे लोगों के पास चली गयी। मुझे तब अहसास हुआ कि यौन हिंसा से पीड़ित होने का क्या मतलब होता है। मुझे ऐसा लगा कि जैसे हमलावर में कोई कामुक या यौन आवेग नहीं थे, केवल दूसरे को चोट पहुँचा कर अपने वश में करने की दुर्भावना थी। ऐसे लोगों के लिए सुख पाने का यही एकमात्र तरीक़ा है।

मुझे समय से पहले लौटते देख दोनों बाँके पुरुषों ने मुझे घूर कर देखा और मैंने अपने दिमाग़ में उनकी इस प्रकार कल्पना की–उलाहना देते हुए पतले भींचे हुए होंठ और कूल्हों पर बन्धी मुट्ठियाँ। मुझे यक़ीन था कि उन्होंने भी मेरी अवहेलना के उस हाव-भाव में कल्पना की, जिसे मैंने दर्शाया नहीं था लेकिन जिसकी मैंने पूरी शक्ति से कल्पना की थी। आप जानते हैं वह हाव-भाव, जिसमें छाती पर हाथ बाँध कर दृढ़ता से खड़े होते हैं?

साथ ही साथ मैंने इस सटीक हाव-भाव की भी कल्पना की–एक पौराणिक, अभिव्यंजक और लोकप्रिय इशारे में भागने की तैयारी में दाहिने हाथ पीछे की ओर जा रहा है, बायाँ हाथ ताक़त पाने के लिए ऊपर

की ओर उठा हुआ है, पूरी छाती ऊपर उठती और साँस लेती हुई और सुन्दर उन्मुक्त तरीक़े से उस पल में साँस छोड़ती हुई, जब दोनों हाथ आमने-सामने आते हैं।

मैंने अपनी परियोजनाओं के बारे में एक पल भी बात करने का अवसर मिले बिना एक पूरा दिन बिता दिया था! उस बैठक में जाने का मेरा एकमात्र उद्देश्य!

एक कलाकार को अपने पथ पर कितनी कठिनाइयों, रुकावटों और बाधाओं का सामना करना पड़ता है। उस पर जिन लोगों को कला और संस्कृति का समर्थन करना चाहिए, वे इस तरह अपना पत्ता फेंकते हैं। उनके पास जो शक्ति है, उसका एक प्रयोजन के रूप में अनुभव किया जाना चाहिए, लेकिन इसके बजाय वे अपने कर्तव्यों का इस तरह निर्वहन करते हैं। आगे जानिए कि जिसके पास शक्ति है, वह इसके साथ क्या करता है!

कुछ पन्द्रह मिनट के बाद वह वापस आया और अकेले सोफ़े पर बैठ गया। मैं उसके पास गयी और पलकें झपकाते हुए एक भोली, मीठी और कोमल अदा के साथ उससे कहा–"आपको ऐसा नहीं करना चाहिए था। आपने मुझे डरा दिया!" सोफ़े पर पसरे हुए, अपनी अँगुलियों को अपनी गर्दन के पीछे बन्द किये हुए उसने मुस्करा कर कहा–"देखा, अब तक तुमने केवल नपुंसकों को भोगा है!" क़सम से, ये उसके सटीक शब्द थे। मेरी राय में वह एक अचेतन इकबालिया बयान था–वह अपने बारे में बात कर रहा था।

अगले दिन हम बाल्थस प्रदर्शनी के लिए एक निजी विमान से वेनिस के लिए रवाना होने वाले थे। इस घटना के बाद अगर वह मेरी फ़ंडिंग को सौ गुना भी बढ़ा देता, तो भी मैं वहाँ कदापि नहीं जाती! मैंने उसे आगाह करने के लिए कॉल किया और उसने प्रतिक्रिया दी–"सँभल के, कामुक विस्फोट लम्बे समय तक नहीं रहता है।" बेधड़क मैंने जवाब दिया–"उसमें कामुक कुछ भी नहीं था। वह सिर्फ़ यौन अधिकार जताने का एक आवेग था, आपके द्वारा अपनी शक्ति का दुरुपयोग करने का प्रयास। कृपया पवित्र और अपवित्र के बीच भ्रमित न हों!"

उस दिन की वजह से, जिसका मैंने अन्त तक अनुभव किया, मैं समझ पायी कि दुनिया कैसे चलती है। यह शक्ति की गतिशीलता के मेरे

ज्ञान के लिए एक उपयोगी अनुभव सिद्ध हुआ—जिसका उस अवसर पर मैंने कुछ ही हद तक अनुभव किया, क्योंकि मुझे पीड़िता होने के बजाय प्रतिक्रिया करना आता था।

उस राजनीतिज्ञ के पक्ष में मुझे कहना होगा कि कम-से-कम उसने मुझे पहले से मिल रहे वित्तपोषण को रद्द नहीं किया।

मैं उससे उसके घर पर उस दिन मिली, जिस दिन राय ने उसका साक्षात्कार किया था, उसकी पेरिस की यात्रा के बाद, जिसमें उसने हलचल पैदा की थी। जैसे ही उसने मुझे देखा तुरन्त उसने ध्यान दिया कि मैंने अपने बालों का स्टाइल और रंग बदल दिया था! हमेशा की तरह सचेत और शिष्ट!

असल में उस दिन मैं उससे मिलने इसलिए गयी थी क्योंकि मैंने एक सपना देखा था कि हम एक साथ ऑस्ट्रेलिया की एक ख़ूबसूरत यात्रा पर थे, ख़ुशी से हाथ पकड़े, हर्षित और शान्त। वह सच में अगले दिन ऑस्ट्रेलिया के लिए रवाना हुआ। यह दिलचस्प है, है न कि मेरे सपने मुझे गुप्त तथ्यों से भी अवगत कराते हैं।

मैंने हमेशा शक्ति के प्रति, उसके ब्लैकमेल और उसके दुरुपयोग के प्रति इसी विडम्बना और कटाक्ष की भावना के साथ प्रतिक्रिया व्यक्त की है।

'प्यार' और 'शक्ति' इन दोनों में से अगर हममें किसी एक की कमी है, तो हम दूसरे का पोषण करते हैं। जहाँ प्यार की ताक़त को प्राप्त करना दुर्लभ और कठिन है, वहीं शक्ति के प्यार को विकसित करना आसान है।

मैंने जीवन में शक्ति के हथकण्डों के बजाय प्यार के साधनों का प्रयोग किया। अगर आप सच में प्यार करते हैं, तो कोई भय नहीं होता है। ईश्वर सत्ताधारी लोगों को ऐसे लोगों के उदाहरण से प्रेरणा लेने में मदद करे जो कि दैनिक प्रयास से ख़ुद को प्यार करने में सफल होते हैं, ताकि वे अपनी बुराइयों के मलबे के नीचे दफ़न मूल प्यार के स्रोत से शक्ति प्राप्त कर सकें। ईश्वर उनमें ऐसा करने की इच्छा पुनः जाग्रत करने के उनके प्रयास को सफल बनाये। ईश्वर उन्हें उन लोगों के उदाहरण को स्वीकार करने में मदद करे, जो उनकी दादागीरी को नकारते हैं, उन लोगों का दानवीकरण करने और उनसे ईर्ष्या करने के बजाय, क्योंकि महान आत्माएँ मोक्ष प्राप्त करती हैं, जबकि सामान्य लोग पुनर्जन्म लेते हैं।

अध्याय-4

जीवन की पाठशाला

नेशनल एकेडमी ऑफ़ डांस में पढ़ाई ख़त्म करने के तुरन्त बाद महान फ़्रांसीसी गुरु जीन सेब्रॉन और मेरे बीच गहरी दोस्ती हो गयी। उन्होंने अपनी कोरियोग्राफ़ी *मोबाइल* के साथ, जो कि उन्होंने ख़ामोशी पर बनायी थी, मेरी कम्पनी *इ डेंज़ाटोरि स्काल्ज़ी* के पहले प्रदर्शन में भाग लिया। उस मौके पर इसे बीट्रीस लिबनाती ने प्रस्तुत किया जो कि बाद में जर्मनी के शहर एस्सेन में पिना बॉश की कम्पनी में शामिल हो गयी। रोम में अपने लम्बे प्रवास के दौरान जीन अक्सर शाम को मेरे घर आते थे। हम दोनों को देर रात तक पीना बहुत पसन्द था और चूँकि ग्वीडो एक उत्तम मेज़बान था वह हमें ऐसा करने देता था। एक पेरिसियन होने के नाते जीन अक्सर हमारे लिए बेहतरीन रोस्ट बीफ़ पकाते थे, लेकिन इसमें बहुत ज़्यादा मक्खन होता था और मैं हमेशा डाइट पर होती थी।

ऐसी ही एक रात के तीन बजे सीमा से बहुत अधिक पीने के बाद जीन ने घर जाने का फ़ैसला किया, वह भी एक स्कूटर पर। मैंने उन्हें रात में वहीं रुकने और हमारे घर पर सोने के लिए हर सम्भव तरीक़े से मनाने की कोशिश की। लेकिन वह कुछ भी सुनने के लिए तैयार नहीं थे। मैंने ग़लती की कि उन्हें ज़बर्दस्ती नहीं रोका। मुझे दृढ़ता से ख़ुद को दरवाज़े के सामने अड़ाकर उन्हें बाहर जाने से रोकना चाहिए था। लेकिन मैंने ऐसा नहीं किया। मैं बहुत नासमझ थी। निश्चित रूप से आज मैं किसी को भी उस हालत में नहीं जाने दूँगी और स्कूटर पर तो कदापि नहीं।

उस रात जीन एक दुर्घटना का शिकार हुए और उनके सिर पर गम्भीर चोट आयी। सुबह अस्पताल से मुझे फ़ोन आया। वह कोमा में थे और उनके बचने की उम्मीद कम थी। लेकिन सौभाग्य से वह बच गये!

ग्वीडो और मैंने उन्हें *बाबुचिओ* में कई महीनों तक रखा और उनका इलाज कराया। उस हालत में उन्हें सहायता की बड़ी आवश्यकता थी। वह उस भयानक घटना से पहले से अधिक मज़बूत होकर निकले।

जीन जर्मनी में, जहाँ वे पढ़ाते थे, मेरे सभी शोज़ देखने आये और इस प्रकार अपनी मूल्यवान, रचनात्मक और प्यार भरी टिप्पणियों के साथ मेरे गुरु बने रहे। सौभाग्य से मैं अक्सर दौरे पर जर्मनी जाती थी। जब वह एस्सेन के स्कूल में स्थायी रूप से पढ़ाने के लिए लौट गये तो कुछ समय के लिए हमारा एक-दूसरे से सम्पर्क टूट गया।

जब वह नब्बे वर्ष से अधिक के थे, तब भी वह अक्सर मुझे उत्तरी फ़्रांस से कॉल करते थे, जहाँ वह सेवानिवृत्त होकर बस गये थे। मस्ती और मज़ाक के लिए हमेशा तैयार, एक हँसमुख बच्चे की सी आवाज़ में मेरे साथ इतालवी, फ़्रेंच और अंग्रेज़ी के मिश्रण में बात कर के वह ख़ुश होते थे! यह मिश्रित भाषा लगभग पूरी तरह से समझ के बाहर होती थी, लेकिन हमारे बीच कभी भी शब्दों की अहमियत नहीं रही।

उन्होंने 1 फरवरी, 2019 को हमें छोड़ दिया।

उन्नीस सौ सत्तर के दशक की शुरुआत में मैंने पाँच अमेरिकी और तीन इतालवी कोरियोग्राफ़र्स–बॉब कर्टिस, मार्सिया पेल्विन, होज़े डे वेगा, जोसेफ फोंटानो, जैकलिन पुग्लिसी, निकोलेटा गियावोटो, जियानफ़्रेंको पोलुजी और एल्सा पर्नपर्न–के साथ 'टेट्रोडांज़ा कंटेम्पोरानिया डी रोमा' कम्पनी की स्थापना की। इसे स्थापित करने के पीछे यह विचार था कि हमें अपनी विशिष्ट शैली की कोरियोग्राफ़ी करने का मौक़ा मिलेगा और हम में से हर एक सदस्य दूसरों की कोरियोग्राफ़ी की व्याख्या करेगा। हमने कम्पनी का नाम 'टेट्रोडांज़ा कंटेंपोरानिया डी रोमा' इसलिए रखा क्योंकि उस समय दुनिया के लिए यह स्पष्ट करना ज़रूरी था कि नृत्य थिएटर भी है। याद रखें कि उस समय इटली में जो लोग पेशेवर नृत्य करना चाहते थे, उनका एकमात्र विकल्प ओपेरा घरों में क्लासिकल बैले या टेलीविज़न पर मॉडर्न डांस (आधुनिक नृत्य) करना था। कोई अन्य विकल्प नहीं थे। हम 'अन्य' की पहली अभिव्यक्ति थे, दूसरों से हट के।

एल्सा पिपेरनो और बॉब कर्टिस भी इस पहल के प्रवर्तक थे। उन्होंने हमारे पहले प्रदर्शन का वित्तपोषण किया। हम पियाजा नवोना के पास वाया डैल'ओर्सो में बड़े रोशन कमरों वाले एक डांस स्कूल में रिहर्सल करते थे,

जहाँ बॉब 'प्रिमिटिव' (आदिम) नृत्य सिखाते थे और एल्सा सिखाती थीं ग्राहम की तकनीक।

इससे पहले अकादमी में मैं तीन टुकड़ों की कोरियोग्राफ़ी कर चुकी थी जो मुझे इतालवी नृत्य के असली भविष्य के रूप में प्रस्तुत करते थे, एक ऐसी कोरियोग्राफ़र जिसकी अपनी शैली थी। टेट्रोडांज़ा के साथ मैंने अपनी चौथी कोरियोग्राफ़ी की रचना की। यह एक एकल (सोलो) था जिसे मैंने होज़े डी वेगा के लिए बनाया जो कि जेरोम रॉबिंस के म्यूज़िकल *वेस्ट साइड स्टोरी* में मारिया के भाई की भूमिका निभा रहा था और मुख्य पात्रों में से एक था। मेरे लिए यह एक महत्त्वपूर्ण अनुभव था क्योंकि एकल नृत्य के बाद म्यूज़िकल के दूसरे भाग में मैंने पहली बार एक समूह नृत्य (ग्रुप पीस) *अइको बे* के कोरियोग्राफ़र के रूप में जिंजर बेकर के संगीत पर काम किया। हमने रोम के पारियोली थिएटर में अपनी प्रथम प्रस्तुति दी।

कम्पनी के सदस्यों की तंगदिली, आपसी प्रतिस्पर्धा, सत्ता के खेल और दुर्व्यवहार ने मुझे कम्पनी छोड़ने का फैसला करने के लिए मजबूर कर दिया। वह अन्तिम बूँद जिसकी वजह से मेरे सब्र के फूलदान से पानी बह निकला यह थी–एकेडमी ऑफ़ ड्रामाटिक आर्ट इन रोम में दिन में हुए एक प्रदर्शन के बाद–जिसमें होज़े और मैंने एक पा द डह (pas de deux) नृत्य किया था–जब हम दोनों उत्साहपूर्वक आँगन में जनता का अभिवादन स्वीकार कर रहे थे तो एक फ़िल्म निर्देशक हमारे पास आया। उसने हमें बताया कि वह शो के प्रमोटर से यह पहले ही बोल चुका था कि हम उसकी अगली फ़िल्म में आदम और हव्वा की भूमिका निभाने के लिए उपयुक्त जोड़ी थे। हम उसके साथ इस पर चर्चा करने के लिए तैयार थे हालाँकि हम दोनों को वास्तव में उन किरदारों में रुचि नहीं थी और हमें यह प्रस्ताव काफ़ी घटिया लग रहा था।

अगले दिन कम्पनी की बैठक में प्रमोटर ने, इस बात से अनजान कि निर्देशक ने पहले ही हमसे बात कर ली थी, घोषणा की कि उसे होज़े के साथ एक फ़िल्म के लिए चुना गया था। उसे लगा कि वह होज़े को खुशख़बरी दे रही है! मैंने कभी नहीं सोचा था कि होज़े को इतना गुस्सा आ सकता है। वह उग्र लाल आँखों के साथ उठा और उसने प्रमोटर की कहानी का खण्डन करते हुए सभी को बताया कि वास्तव में क्या हुआ था, कि निर्देशक उसके साथ मुझे लेना चाहता था, प्रमोटर को नहीं।

चूँकि प्रमोटर ने जनता के लिए शो प्रस्तुत किया था इसलिए शायद वह मानती थी कि निर्देशक ने उससे अपनी फ़िल्म में हमें लेने की अनुमति माँगी थी। मुझे लगता है कि उसने सोचा था कि वह निर्देशक से कह देगी कि मेरी अन्य प्रतिबद्धताएँ हैं और निर्देशक को मुझे स्वयं के साथ बदलने के लिए राज़ी कर लेगी। होज़े और मैंने हेर-फेर के इस नीच प्रयास का विरोध किया और हम दोनों उठकर अपने पीछे दरवाज़ा ज़ोर से पटक कर वहाँ से चले गये। मेरे लिए कम्पनी को छोड़ना हिम्मत का काम था, क्योंकि उस समय मेरे कैरियर के क्षितिज पर सिर्फ़ 'रेगिस्तान' दिखायी दे रहा था।

जीवन ईमानदार लोगों की धृष्टता को पुरस्कृत करता है। वास्तव में मैंने जो निर्णय लिया, उसका मुझे अद्‌भुत फल मिला।

कुछ ही समय बाद मार्सिया पेल्विन और बॉब कर्टिस ने भी मेरे साथ जुड़ने के लिए कम्पनी छोड़ दी। हमने एक नयी कम्पनी का गठन किया जिसके साथ हमने ट्रेस्टीवर में स्पाजियो जीरो थिएटर में प्रदर्शन किया, जहाँ आमतौर पर आवाँ गार्द थिएटर के प्रदर्शन किये जाते हैं। नयी कम्पनी में उस तरह के प्रदर्शन के साथ मेरा सम्बन्ध शुरू हुआ और न्यूयॉर्क से लौटने के तुरन्त बाद यहाँ से मेरी कम्पनी *इ डेंज़ाटोरि स्काल्ज़ी* के जन्म का रास्ता खुला।

मुझे 'द बिग एप्पल' के नाम से प्रसिद्ध न्यूयॉर्क शहर बहुत पसन्द है। न्यूयॉर्क एक उत्कृष्ट शहर है, जहाँ वास्तव में दुनिया भर की 'उत्कृष्टता' देखने को मिलती है। ऐसा इसलिए है क्योंकि यह एक ऐसा शहर है जो 'उच्च गुणवत्ता' को अपना प्राथमिक मूल्य मानता है। यहाँ पर सब लोग हर समय काम करते हैं, उसी तीव्रता के साथ जिसके साथ बच्चे खेलते हैं।

क्या आपने कभी ध्यान दिया है कि जब बच्चे खेलते हैं तब वे बहुत केन्द्रित होते हैं और जीतने के लिए अपना सर्वश्रेष्ठ प्रयास करते हैं? अगर ऐसा नहीं होता है, तो उन्हें मज़ा नहीं आता। क्या आपने कभी किसी बच्चे को आलस्य, फूहड़पन या लापरवाही से खेलते हुए देखा है? बेशक नहीं! न्यूयॉर्क के लोगों की रोज़मर्रा की ज़िन्दगी में काफ़ी रचनात्मकता है, ठीक उन्हीं बाशिन्दों की तरह जो जीवन का यह खेल खेल रहे हैं। ज्योतिषीय रूप से न्यूयॉर्क शहर की राशि कर्क है, जो कि ग्वीडो की राशि भी थी। वास्तव में यह शहर मुझे उसके सभी गुणों की याद दिलाता है।

विशाल होने के बावजूद न्यूयॉर्क का माहौल बहुत ही 'घरेलू' है और सभी मेट्रोपोलिस की तरह बुरा भी। भारत में भी–जो कि कर्क राशि के अन्तर्गत आता है और इसलिए पानी तत्त्व के अन्तर्गत है–उन सभी के साथ जिनके साथ मैं सम्बन्धित हूँ एक चीज़ से दूसरी नयी चीज़ का एक हल्के-फुल्के माहौल में जन्म हो जाता है। रचनात्मक प्रवाह बाधाओं को पार करते हुए यात्रा करता है (अन्यथा उपक्रम उबाऊ होगा), लेकिन ये ऐसी समस्याएँ नहीं हैं जिन्हें हल करना असम्भव है और वैसे भी सब कुछ अच्छे के लिए ही होता है।

इन दोनों जगहों में रचनात्मक ऊर्जा विजयी होती है और काम को आगे बढ़ाने वाले मुख्य मूल्य के रूप में खुद को प्रकट करती है। यही कारण है कि मुझे लगता है कि यहाँ पर मुझे अपने सभी उपक्रमों में मदद मिलती है। इटली में–जहाँ कला, संस्कृति, विज्ञान, खेल यानी लगभग सभी क्षेत्रों में बड़ी-बड़ी प्रतिभाओं का जन्म हुआ और दुनिया भर में उनकी सराहना की गयी–लोगों की दैनिक रचनात्मकता मानो भोग विलास तक सीमित है। सुन्दरता और प्रकृति की विविधता में यहाँ कोई कमी नहीं है। समुद्रों और पहाड़ों, झीलों और गरम चश्मा, ऊष्ण स्रोत, खूबसूरत ग्रामीण इलाकों, चटक धूप और आदर्श जलवायु से लेकर दुनिया के बेहतरीन खाने के साथ इटली जीवन की उच्चतम गुणवत्ता प्रदान करता है। इटली दुनिया का नख़लिस्तान हो सकता है जहाँ व्यक्ति सबसे खुशनुमा समय बिता सकता है! लेकिन यहाँ कोई काम कर पाना प्रतिरोध की दीवार को भेदने जैसा है, पानी के बहाव के विपरीत जाने जैसा है। कुछ भी सुचारू रूप से काम नहीं करता है–यहाँ इतनी लापरवाही और ढिलाई है, इतनी सारी अड़चनें और बाधाएँ। इस मामले में रोम कैपुत मुण्डी यानी विश्व की राजधानी है। यहाँ कुछ भी करना मुश्किल है, ख़ासकर नृत्य।

रोम मेरा अपना शहर है। मैं रोमन हूँ और मैं आपको गर्व के साथ बताती हूँ कि यहाँ की सुन्दरता और शक्ति अनूठी है। इस अद्वितीय संयोजन की बदौलत यह दुनिया में किसी भी अन्य शहर की तुलना में अधिक जादुई और गूढ़ है। शानदार! हमेशा सूर्य की किरणों से प्रकाशित, मेरी तरह इस शहर की राशि सिंह है, वह ज्योतिषीय राशि जो दिल का प्रतिनिधित्व करती है। इस राशि का आदर्श वाक्य है–"मैं कर सकता हूँ।" मेरे पिता भी एक रोमन थे और सभी रोमनों की तरह वे मानवीय और बड़े दिल वाले थे।

वह भविष्य में होनेवाली घटनाएँ देख सकते थे, लेकिन एक चुटकी नकारात्मकता और बहुत सारी विडम्बना के साथ। इसी भावना के साथ इस 'इटरनल सिटी' (अविनाशी शहर) ने–यह इतिहास द्वारा दिया गया उपनाम है–दुनिया को जीता और सबसे उन्नत और टिकाऊ इंजीनियरिंग प्रणालियों का आविष्कार किया जो हमें आज भी अपनी कार्यक्षमता और दक्षता से विस्मित करती हैं।

इस महान संस्कृति के मूल्य को पहचानने के बावजूद मैं कभी भी लैटिन भाषा या इसके साहित्य की ओर आकृष्ट नहीं हुई–मुझे यह बहुत ठोस, तर्कसंगत और पौरुषीय लगी। इसके बजाय मुझे यूनानी दुनिया से प्यार था जिसने मुझे सपने दिखाये और पूर्व की ओर यात्रा करने की प्रेरणा दी। यूनानी संस्कृति आत्मविश्लेषी, भावुक और तर्कहीन है–एक शब्द में स्त्रैण। हाई स्कूल में मुझे ग्रीक त्रासदियों का अध्ययन और अनुवाद करना बहुत पसन्द था।

अफ़सोस कि धार्मिक, राजनीतिक और प्रशासनिक तीनों सत्ताओं का केन्द्र होने के कारण रोम एक अहंकारी शहर भी है और भ्रष्टाचार की गन्ध यहाँ की हवा तक में व्याप्त है। यहाँ एक बरिस्ता (कॉफ़ी वाला) भी उसके प्रति आपके व्यवहार के मुताबिक आपके लिए एक अच्छी या बुरी कैपेचीनो कॉफ़ी बना सकता है। मुझे इस रवैये से नफ़रत है और इसीलिए मेरी हर चीज़ और हर किसी के साथ झगड़ा होता है। मैंने रिश्तों को प्रबन्धित करने की क्षमता पर ध्यान केन्द्रित करने के रोमन तरीक़े को, जिसकी बदौलत सब काम हो जाता है, कभी भी बर्दाश्त नहीं किया है क्योंकि इससे गुणवत्ता गौण हो जाती है। इस पर प्रतिक्रियास्वरूप मैंने ख़ुद को अप्रिय बनाने के लिए सब कुछ किया। 'व्यावसायिकता' (प्रोफ़ैशनलिज़्म) की पुष्टि करने का यह मेरा तरीक़ा था, जिसे मेरी मिलानी माँ ने मुझे दृढ़तापूर्वक सिखाया था। वास्तव में इस दृष्टिकोण से मिलान शहर इटली का न्यूयॉर्क है।

न्यूयॉर्क ने इस बात की पुष्टि करते हुए मुझे सही साबित किया है कि व्यक्ति को अपनी गुणवत्ता पर ही सब कुछ दाँव पर लगाना चाहिए। न्यूयॉर्क मॉडर्न डांस का असली घर है, उसका मुख्यालय है, इसलिए मेरा वहाँ जाना स्वाभाविक था। विभिन्न कलाकारों द्वारा उन्मुक्त होकर अपनायी जा रही विभिन्न शैलियों को देख पाना मेरे लिए बहुत रोमांचक था।

मॉडर्न डांस यहाँ फल-फूल रहा था। मर्सिए प्लेविन ने वहाँ रह रहे अपने दोस्तों से मेरा परिचय कराया जिन्होंने ख़ुशी-ख़ुशी मेरी मेहमाननवाज़ी की।

न्यूयॉर्क में छह महीने के अपने प्रवास में मैंने कई बार अपना रहने का स्थान बदला और इससे मुझे बहुत ख़ुशी मिली! इस प्रकार मैं मैनहट्टन और इसके कई इलाक़ों को जान पायी। इनमें से प्रत्येक इलाक़ा मेरे लिए एक नयी दुनिया था। मेरे लिए घर ढूँढ़ना हमेशा से आसान रहा है क्योंकि मैं थोड़े से सन्तुष्ट हो जाती हूँ, भले ही मुझे सात सितारा होटल पसन्द हैं, जहाँ व्यावसायिक यात्राओं पर मेरी अक्सर मेज़बानी की जाती है। ग़ौर कीजिए कि मैं दिल्ली में चार महीने तक अपनी सहेली इरपिन्दर पुरी के साथ डिफेंस कॉलोनी में एक बरसाती में रही। इरपिन्दर उस समय एक अभिनेत्री थीं। मैं बरामदे के फर्श पर एक गद्दे पर सोती थी और बाल्टी से नहाती थी। बाल्टी से नहाना मुझे आज भी पसन्द है। यह बरसाती शीर्ष मंजिल पर थी—एक छोटा सा पेंटहाउस और साथ में एक विशाल छत जहाँ मैं दोपहर के दो बजे 40 डिग्री सेल्सियस की चिलचिलाती धूप में नृत्य का अभ्यास करती थी, क्योंकि मुझे अपने शरीर पर सूरज की गर्माहट बहुत पसन्द थी! सर्दियों में हम आग जला कर दोस्तों को सितारों के नीचे खाने पर आमन्त्रित करते थे। मैं एक वर्कहॉलिक (दिन-रात काम में डूबे रहने वाली) हूँ और मेरा मानना है कि मैंने इस रवैये के साथ सफ़र कर के अपनी हड्डियों को मज़बूत बनाया है, जो कि मुझे एक साहसी महिला बनाता है।

आइए, वापस चलें मैनहट्टन की ओर। उन्नीस साल की उम्र में जब मैं मार्था ग्राहम की डांस कम्पनी में अध्ययन करने के लिए गयी तो वह उम्रदराज़ हो चुकी थीं और उन्होंने पढ़ाना बन्द कर दिया था। चूँकि मेरी उनके कुछ नर्तकों के साथ दोस्ती थी इसलिए उन्होंने एक अपवाद के रूप में वाशिंगटन में अपनी कम्पनी के ऑफ़साइट कार्यक्रम में मुझे भी मुफ़्त में शामिल किया। उन सभी ने मेरा दिल खोल कर स्वागत किया। वहाँ पर मुझे मेरे उत्साह के लिए बहुत पसन्द किया गया और इसलिए भी कि मैंने अपने नृत्य और अपनी अभिव्यक्ति के साथ कुछ अलग योगदान दिया। यह एक अविस्मरणीय अनुभव था जिसकी सुन्दर यादें, जो कि कलात्मक से अधिक मानवीय हैं, मैंने अभी तक सँजोयी हैं। इटली में मुझे अपने विचारों

न्यूयॉर्क में पेट्रीज़िया

और प्रस्तावों के लिए दूसरों के द्वारा स्वीकार किये जाने की आदत नहीं थी। यहाँ मुझे खुलापन और सहयोग मिला, समर्थन और दोस्ती मिली। बहुत सारा मैक्सिकन गाँजा भी मेरे अनुभव का हिस्सा था, सभी समावेशी!

वहाँ पर मेरा एक नर्तक पर दिल आ गया। वह एक क्लासिक सुनहरे बाल वाला, सुन्दर और दयालु अमेरिकी एथलीट था। उसने मुझे झील पर नाव की सवारी के लिए आमन्त्रित किया। मैक्सिकन गाँजे के भ्राँतिकारी प्रभाव में उस समय मेरी भावनाएँ बहुत तीव्र थीं और मुझे प्यार भरी गर्मजोशी के साथ ऐसा महसूस हुआ मानो मेरे अन्दर छिपी कोई चीज़ सतह पर आ गयी और पहली बार प्रकट हुई। मेरे अन्दर प्रेम-वात्सल्य उमड़ रहा था और सामने बैठा प्रियजन कोमल प्रकाश से नहाया हुआ प्रतीत हो रहा था। यह अनुभव बहुत ही काव्यात्मक था और दर्शाता है कि जब मैं प्यार में पड़ जाती हूँ तो मुझे क्या होता है। ठीक वैसा ही मेरे दर्शकों के साथ होता है, लेकिन मादक पदार्थों के बिना। मेरे लिए नृत्य ही काफ़ी है।

सच कहूँ तो मैं मार्था ग्राहम को मिली मान्यता के पक्ष में नहीं हूँ। मैं इस बात से सहमत नहीं हूँ कि उनका योगदान अमूल्य और महत्त्वपूर्ण था क्योंकि मेरा मानना है कि उनका नृत्य सीमित है और बहुत कम तत्त्वों पर आधारित है, जैसे कि कंट्राक्शन और रिलीज़ (संकुचन और विस्तार), स्पाइरल (सर्पिल), जिनमें से मैंने केवल कुछ का ही अपने नृत्य में इस्तेमाल किया लेकिन बिना कोई प्रभाव छोड़े। मुझे लगता है कि मार्था एक शक्तिशाली महिला थीं जो सम्पर्कों को साधने की अपनी क्षमता के ज़रिये प्रसिद्धि हासिल करना जानती थीं, जैसा कि टेट्रोडांज़ा की उस प्रस्तोता-प्रमोटर ने करने की कोशिश की थी। सच्चाई यही है कि सिर्फ़ रोम में ही नहीं बल्कि दुनिया में हर जगह ऐसा होता है।

न्यूयॉर्क के निवासियों के साथ मेरा हमेशा अच्छा आदान-प्रदान हुआ है। तकनीकी उत्कृष्टता और व्यावसायिक अनुशासन के अलावा वे मुझे आगे बढ़ने के लिए एक दृढ़ संकल्प की प्रेरणा देते हैं। वे शक्तिशाली रूप से व्यक्त करते हैं कि सब कुछ सम्भव है। वे समझते हैं कि मैं आवेशपूर्ण हूँ और मेरी सेंसुअलिटी और इरोटिसिज़्म उनकी सेंसुअलिटी और इरोटिसिज़्म से अलग है। इस मामले में वे मुझसे अधिक व्यावहारिक हैं।

अगस्त की गर्मी में सुनसान हुए मैनहट्टन में सौभाग्य से एक आर्टहाउस सिनेमा ने एक विशेष बस्टर कीटन फ़िल्म उत्सव आयोजित किया।

मैंने उनकी एक भी फ़िल्म नहीं छोड़ी। मैंने एक फ़्रांसीसी छात्र से दोस्ती की थी जो फ़िल्म का अध्ययन कर रहा था और वह लगभग हर रात मेरे साथ फ़िल्म देखने आता था। मेरे लिए कीटन अब तक के सबसे महान नर्तकों, अभिनेताओं, निर्देशकों और कवियों में से एक हैं। वह एक नाटकीय हास्य अभिनेता हैं और अपनी कला में इतने माहिर कि वह सचमुच आपको हँसा-हँसा कर मार सकते हैं। मुझे याद है कि जब मैंने ट्रैस्टीवर के एक आर्टहाउस सिनेमा में ग्वीडो के साथ उनकी फ़िल्म *द जनरल* देखी थी तो मुझे अपनी बेकाबू हँसी के चलते अपना पेट पकड़े हुए हॉल से बाहर निकलना पड़ा था। हँस-हँस कर मेरे पेट में बल पड़ गये थे। कीटन जिस किसी भी भावना को अभिव्यक्त करते हैं, वह दुःख की जड़ से आती है, हर उस चीज़ की तरह जो वास्तव में तीव्र है। मेरे दिल में कीटन का रुतबा चार्ल्स मिंगस के बराबर है और मैं सानन्द उन दोनों के बीच में हूँ।

अस्तित्व की गोलाकारता–मिंगस ने इसे बख़ूबी समझा था! वह अब तक के सबसे महान जैज़ संगीतकार थे–कामुक, हताश, सच्चे, विरक्त, शान्त और निष्पक्ष! जब मैं उनके बारे में सोचती हूँ तो ये सारे विशेषण इसी क्रम में मेरे मन में आते हैं! जब मैंने उन्हें पहली बार सुना तो मैंने उन्हें बहुत पसन्द किया और जब मैंने उन्हें मंच पर देखा और उन्होंने मुझे देख कर एक षड्यन्त्रपूर्ण व विडम्बनापूर्ण अन्दाज़ में आँख मारी तो मैंने ख़ुद से कहा–'सही है, हम एक-दूसरे को हमेशा से जानते हैं... हम परम सत्य के एक हिस्से के रूप में हमेशा एक-दूसरे के लिए रहेंगे, जैसे कि अभी हम हैं!'

न्यूयॉर्क में रविवार की सुबह एक अन्य छात्र के साथ मैं होल-ग्रेन ब्रेड के बने सैंडविच, जिन्हें हम पहले ही रात में बना लेते थे, बेच कर कुछ डॉलर कमाने के लिए सेंट्रल पार्क जाती थी। यह मेरा आइडिया था, चूँकि वह मैक्रोबायोटिक्स का युग था। हर रविवार हमारा सारा माल हाथोहाथ बिक जाता था। ऐसा करते हुए हम दोनों ने बहुत मस्ती की। हम बहुत से लोगों से मिले और हमारे कई नये दोस्त बने।

उन्नीस सौ सत्तर के दशक में न्यूयॉर्क बेहद ख़तरनाक शहर था। उस व्यामोह से उबरने के लिए जो भय के सामान्य वातावरण के कारण मुझमें घर कर गया था और ख़ुद को यह साबित करने के लिए कि मैं दुनिया में कहीं भी जा सकती हूँ और मेरे साथ कभी भी बुरा नहीं होगा,

एक रात मैंने अकेले सोहो जाने का फ़ैसला किया। यह इलाका उच्च जोख़िम वाले इलाकों की सीमाओं से परे था। मैंने हमेशा शक्तिशाली दिव्य संरक्षण को महसूस किया है और उस शाम मैं उसे आज़माने के लिए दृढ़ थी। यह वह समय था, जब केन्द्रीय मैनहट्टन में कुछ डॉलर के लिए किसी का कत्ल हो सकता था, वह भी दिनदहाड़े। ऐसा लग रहा था मानो किसी फ़िल्म का दृश्य हो—गहरी रात, परित्यक्त मनुष्यों से भरी हुई सड़कों पर, जहाँ नशेड़ी और शराबी फुटपाथ पर पड़े हुए थे, मैं अकेली। मैं सीधे आगे देखते हुए चल रही थी, मानो सब कुछ सामान्य हो, जबकि मैं यहाँ-वहाँ से आवाज़ें सुन रही थी जो मेरा ध्यान आकर्षित करने की कोशिश कर रही थीं। मैं धड़कते दिल से वापस घर लौट गयी। लेकिन उस दिन के बाद से मैंने कभी भी पीछे मुड़ कर नहीं देखा, चाहे न्यूयॉर्क में या दुनिया में कहीं और।

इस सम्बन्ध में एक और क़िस्सा सुनाती हूँ—दोस्तों के कई दोस्तों में जिन्होंने न्यूयॉर्क में मेरी मेहमाननवाज़ी की थी, एक अजीब महिला थी जो कि शहर के मुख्य भाग में रहती थी। लम्बी, पतली और सुनहरे बालों वाली वह महिला उदासीन, शुष्क और वास्तविकता के सम्पर्क से बाहर थी। वह एक बुद्धिजीवी थी और नस्लीय विषयों की विदुषी, जिस पर उसने कुछ किताबें लिखी थीं। उसका मानना था कि वह अश्वेत नस्ल की संस्कृति के बारे में सब कुछ समझती थी। वह अश्वेतं (नीग्रोइड) जाति के पुरुषों को अपना भाई कहती थी। मैं उसकी पाँच साल की ख़ूबसूरत बच्ची के साथ उसके कमरे में सोती थी। उस बच्ची के साथ मैंने तत्काल सौम्यनस्य स्थापित कर लिया था, जो हमें एक तरह से षड्यन्त्रकारी बनाता था। नीली आँखें, लम्बे सुनहरे बाल और एक गोल, बुद्धिमान चेहरे के साथ वह बच्ची एक छोटी महिला की तरह लगती थी, हालाँकि वह मनोवैज्ञानिक रूप से बहुत असुरक्षित थी। उसे प्यार की बहुत ज़रूरत थी जो उसे ऐसी माँ से नहीं मिल सकता था। वह मुझे एक सुरक्षा लंगर के रूप में देखती थी और मैं उसके लिए यह भूमिका निभा कर बहुत ख़ुश थी।

एक दिन उसकी माँ बाहर आयी और उसने हमसे कहा कि वह हमें हार्लेम ले जायेगी। ''कैसे'' मैंने कहा, "क्या हम श्वेत लोगों के लिए सीमा पार करना ख़तरनाक नहीं है?" वह बोली, "बिल्कुल नहीं! तुम मेरे साथ सुरक्षित हो। मुझे उनमें से एक माना जाता है। मैंने किताबें लिखी हैं,

वे मेरे भाई हैं।" 'अगर वह ऐसा कहती है', मैंने कुछ झिझक के साथ सोचा लेकिन जाने के लिए राज़ी हो गयी, मैं जिज्ञासु जो हूँ। मुझे विश्वास नहीं हो रहा था कि मैं मिथक *हार्लेम* में प्रवेश कर सकती हूँ जहाँ उस समय हम श्वेत लोगों का प्रवेश निषेध था। आज यह इलाक़ा सबसे अधिक माँग में है।

हम वहाँ पहुँचे और चौक में स्थानीय लोगों को किसी तरह की रैली में भाग लेते हुए देखा। सामान्य तनाव के बीच उस महिला ने भीड़ में अपना रास्ता बनाने की कोशिश की। मैं उसकी बेटी के साथ पीछे थी। उस बच्ची ने तुरन्त मेरा हाथ थाम लिया और उसे आश्वस्त करने के लिए मैंने हल्के से उसका हाथ दबाया। एक बड़े ख़तरनाक व्यक्ति ने उसकी माँ से कहा कि हम वहाँ नहीं रुक सकते हैं। हमें अहसास हुआ कि स्थिति बिगड़ रही है। मैं उन दोनों को आपस में बात करते हुए देख रही थी–उसकी माँ को हाथों से इशारा करते हुए और उस पुरुष को और अधिक चिढ़ते हुए। तीन और पुरुष भारी क़दमों के साथ वहाँ आ पहुँचे... वह उनको *"भाइयों... भाइयों"* कह कर मनाने की कोशिश कर रही थी। वह वास्तव में पागल थी! अन्त में उसने पीछे हटने का फ़ैसला किया। बच्ची भयभीत थी और मैं भी। हमने दौड़ना शुरू किया। बच्ची ने और कस कर मेरा हाथ पकड़ लिया। वे ग़ाली देते हुए हमारा पीछा कर रहे थे। हम एक बस में कूद कर चढ़ गये... हुर्रे! साँस में साँस आने के बाद मैं ख़ुद को उससे भिड़ने से रोक नहीं पायी। "सिस्टर! क्या...?... तुम सच में मूर्ख हो... हमें वहाँ ले जाने के लिए और वह भी बच्ची के साथ!"

यह मेरा पहला अमेरिकी प्रवास था जो कि छह महीने तक चला। जैसा कि आप जानते हैं, ग्वीडो के प्यार के लिए मैंने वापस इटली जाने का फ़ैसला किया। मुझे न्यूयॉर्क में बसने का विचार आया लेकिन मैंने तब या बाद में भी ऐसा नहीं किया। मुझे हमेशा कुछ न कुछ रोम वापस ले आता है। रोम आख़िर रोम है। इतालवी भाषा में इसे रोमा कहते हैं... रोमा को अंग्रेज़ी में अगर पीछे की ओर से पढ़ा जाये तो इसका नाम आमोर है यानी स्पेनिश में 'प्रेम'। इस शहर के साथ मैं अपने गर्भनाल को काटने में असमर्थ हूँ। सुन्दर, अति सुन्दर शहर!

क्या आप उन्नीस सौ सत्तर के दशक के थिएटर और आवां गार्द सिनेमा पर मेरे साथ एक नज़र डालना चाहेंगे? उस समय दुनिया में

हर जगह एक असाधारण उफान था जो जीवन के हर पहलू को छू रहा था। कला और संस्कृति का निकटतम सम्बन्ध था—यह अड़सठ की छात्र क्रान्ति के बाद की बात है। मुझे लगता है कि यह इतालवी संस्कृति और कला के लिए सबसे असाधारण क्षणों में से एक था। मेरी राय में केवल अतियथार्थवाद (सर्रियलिज़्म) ही उतना महत्त्वपूर्ण, क्रान्तिकारी और मुक्तिदायक था। आज ऐसा लगता है कि कला और संस्कृति के बीच एक विभाजन है। उस समय जो कुछ भी सांस्कृतिक क्षेत्रों में घटित होता था, वह तुरन्त हम कलाकारों के अनुभव में एकीकृत हो जाता था। नृत्य, सिनेमा, रंगमंच, यानी सभी कलाएँ एक-दूसरे के साथ एक प्रकार से वाद-विवाद में थीं। हम चर्चा, टकराव, असहमति के लिए राज़ी थे और यह जानने के लिए उत्सुक कि दूसरे क्षेत्रों में क्या हो रहा है। आज दुर्भाग्य से सब कुछ छिछला लगता है। ऐसा प्रतीत होता है कि ये आपस में जुड़े हुए नहीं हैं, बल्कि जोड़े गये हैं।

मुझे नृत्य का कार्मेलो बेने माना जाता था; मैं उन्हीं की तरह उत्क्रामक, उत्तेजक और विद्रोही थी। भारत की यात्रा के बाद मैंने अपनी कला के साथ अंधकार से प्रकाश की ओर पदार्पण किया। एक पैट्रीज़िया है भारत की यात्रा से पहले की और दूसरी है बाद की—पहले वह दुस्साहसी थी, बाद में वह आध्यात्मिक हो गयी।

उस समय मैं इतालवी प्रगतिशील रॉक बैंड *बैंको डेल मुटुओ सोकोर्सो* के कॉन्सर्ट *कोमे इन उनउल्टीमा चीना* (एस इन द लास्ट सपर) के लिए कोरियोग्राफ़ी बना रही थी। मैंने अपनी दो नर्तकियों को—लौरा मोरांटे (जो अब एक प्रसिद्ध अभिनेत्री है) और एनरिका पामिएरी (जो वर्तमान में नेशनल डांस अकादमी की निदेशक है)—कार्मेलो बेने को बाबुचिओ स्टूडियो में आमन्त्रित करने के लिए भेजा। मेरा स्टूडियो क्विरिनो थियेटर से कुछ मीटर की दूरी पर था जहाँ कार्मेलो अपने शो के साथ मंच पर थे। उन्होंने मेरे निमन्त्रण को तुरन्त स्वीकार कर लिया और मुझसे मिलने आये, सोचिए किसके साथ? मैं आश्चर्य से दंग रह गयी। उनके साथ माइकलएंजेलो एंटोनियोनी थे, जिन्हें मैंने हमेशा पसन्द किया है और जिन्हें मैं अभी भी समकालीन सिनेमा के सबसे महान कवियों में से एक मानती हूँ। उनके आग्रह पर मैंने उन्हें अपने कोरियोग्राफ़ीज के वीडियो दिखाये जो सुपर आठ और अकाई पर कोरियोग्राफ़ीज को संग्रहीत करने के एकमात्र उद्देश्य से

फिक्स्ड कैमरों से शूट किये गये थे, जो कि उस समय के हाई-टेक उपकरण थे। आप अन्दाज़ा लगा सकते हैं कि अन्तरराष्ट्रीय सिनेमा के दिग्गज को वे शॉट्स दिखाते समय मैं क्या महसूस कर रही थी। माइकलएंजेलो ने मेरे असामान्य नृत्य की बहुत सराहना की और मृदुता से मुझे यह कहते हुए शान्त और तनावमुक्त कर दिया कि मुझे यह चिन्ता करने की ज़रूरत नहीं है कि शूटिंग मेरी कोरियोग्राफ़ी में इज़ाफा नहीं करती क्योंकि यह वैसे भी सम्मोहक है। वह कितने प्रिय और श्रेष्ठ आत्मा थे!

उस मुलाक़ात के बाद माइकलएंजेलो अक्सर मेरे शोज़ देखने आते थे। 1989 के नववर्ष की पूर्व सन्ध्या पर हम दोनों ने ख़ुद को भारत में पाया जहाँ हम एक आध्यात्मिक रिट्रीट में भाग ले रहे थे। हमें एक-दूसरे के बग़ल में बैठाया गया था। अचानक इस तरह मिल कर हम दोनों बहुत ख़ुश थे। उस अवसर पर उन्होंने अपनी सूक्ष्म विडम्बना से मुझे फिर से आश्चर्यचकित कर दिया। दृश्य की कल्पना करें–हम उष्णदेशीय गर्मी में एक पहाड़ के समतल क्षेत्र में तारों के नीचे थे। मैं ज़मीन पर ध्यान में लेटी हुई थी और वह बैठे हुए थे। धीमे स्वर में ताकि केवल मैं ही सुन सकूँ, उन्होंने अपनी आवाज़ को बिगाड़ते हुए, मानो ज़मीन पर रहने के मेरे दृढ़ विश्वास का मज़ाक उड़ाते हुए, कहा–"तुम सब लाशों की तरह लग रहे हो!"

मुझे पैंथियन के पास एक रेस्तराँ में कार्मेलो बेने, रग्गरो ऑरलैंडो और गीगी प्रोएट्टी के साथ एक डिनर याद है। कार्मेलो और रग्गरो के बीच एक मज़ेदार मौखिक द्वन्द्वयुद्ध हो रहा था जिसमें वे इतालवी में ग्रीक मीटर की लय का इस्तेमाल कर रहे थे। उस अवसर पर कार्मेलो ने प्रोएट्टी को एक 'स्टेज एनिमल' के रूप में परिभाषित किया था, यानी जो मंच के लिए पैदा हुआ हो। मेरी राय में कार्मेलो के पास एक अच्छा व्यक्तित्त्व था, संस्कृति और संवेदनशीलता थी लेकिन वह एक मौलिक शैली विकसित नहीं कर पाये थे जो कि काफ़ी अलग स्रोतों से आती है और निश्चित रूप से कविता एवं प्रतिभा के बावजूद अपनी आवाज़ को बिगाड़ने से नहीं।

एक असली अभिनेता कैसे एक भूमिका निभाता है, मेरे लिए इसका एक बड़ा उदाहरण डैनियल डे-लुईस हैं। वह वाकई में किसी चरित्र की भूमिका निभाते समय ख़ुद के व्यक्तित्त्व को मेटना जानते हैं, ख़ुद को भूल जाने की हद तक। उन्हें अपने व्यक्तित्त्व से प्रेरणा लेने की आवश्यकता नहीं होती है

क्योंकि उन्हें सीधे अपने चरित्र से प्रेरणा मिलती है। विभिन्न फ़िल्मों में डैनियल की अदाकारी मेरे लिए किसी भी अन्य अभिनेता की अदाकारी से अधिक उम्दा है। *माई लेफ्ट फुट* में उन्होंने एक सेरेब्रल पाल्सी से पीड़ित एक युवा व्यक्ति की, जो कि व्हीलचेयर बाध्य है, भूमिका निभायी है जो अपनी इच्छा शक्ति से अपनी असाधारण प्रतिभा को अभिव्यक्त करता है और अपने शरीर के उस एकमात्र अंग से जिसे वह नियन्त्रित कर सकता है यानी अपने बाएँ पैर से पेंटिंग करता है। इस फ़िल्म में डैनियल ने शक्ति और गहरी तीव्रता के साथ आत्मा की शक्ति को अभिव्यक्त किया है जो कि सब बाधाओं को पार करना जानती है जब व्यक्ति दिल से 'सृजन' करता है। उनकी अदाकारी ही फ़िल्म को एक उत्कृष्ट कृति बनाती है।

उन वर्षों के आवां गार्द थिएटर ने मेरे काम करने के तरीक़े पर एक छाप छोड़ी क्योंकि इसने मुझे अपनी कोरियोग्राफ़ी में नाटकीय तत्त्वों को एकीकृत करने के लिए प्रेरित किया। मैंने कार्मेलो बेने से सीखा अतिक्रमण का साहस लेकिन स्वयं को नकारने में, गिउलिआनो वसीलिको से शारीरिक अभिव्यक्ति की ताकत, मेमे पर्लिनी से 'होने' का भाव, लेकिन स्व-विडम्बना के बिना और महान दारियो फ़ो से सीखा सत्ता के खिलाफ़ व्यंग्य।

जिन शोज़ ने मुझ पर दूसरों की तुलना में अधिक प्रभाव डाला है वे तेदुस्सज कांतोर और पीटर ब्रुक के थे। मैं पीटर से दिल्ली में एक राजनयिक रात्रिभोज में मिली जब वह महाभारत पर अपने शो की तैयारी कर रहे थे। मुझे उनके साथ लम्बी बातचीत करने का मौक़ा मिला, जिसके दौरान मुझे पता लगा कि हमारे बीच कुछ चीज़ें समान थीं। जैसे कि हम दोनों का नाटकीय निदेशन को समझने का तरीक़ा (शून्यता व परिपूर्णता में, सीमाओं के बिना एक रिक्त स्थान में) और अनन्त की 'भारतीय' अवधारणा। पोलैंड के एक प्रतिभाशाली चित्रकार, सेट डिज़ाइनर और थिएटर निर्देशक कांतोर ने, जो कि जर्मन अभिव्यक्तिवाद में मेरी जड़ों के बहुत क़रीब हैं, मुझे ड्रामा में विडम्बना (आयरनि) और विचित्र (ग्रोटेस्क) की अवधारणा का अनुभव कराया।

उन्हीं वर्षों में मैं रोमन स्कूल के कलाकार और ग्वीडो के दोस्त मारियो शिफ़ानो और फ़्रेंको एंगेली के स्टुडिओज़ में अक्सर जाती थी, हालाँकि मैंने उनमें सहज रूप से मृत्यु की काली ऊर्जा महसूस की थी जो कि मुझे पसन्द नहीं थी। मारियो के साथ मेरी दोस्ती बहुत बाद में हुई,

ओलिंपिक थियेटर, रोम (इटली) में पैट्रीज़िया सेर्रोनी एंड द बेयरफ़ुट डांसर्स के शो *हाइड एंड ईवा* की प्रस्तुति, 1995

1996 में चित्रकार और मूर्तिकार रेडिशा के रोम में एक लम्बे प्रवास के दौरान। रेडिशा चालीस वर्षों से मेरे दोस्त हैं और अक्सर मेरे घर में ठहरते थे; तब वह लॉस एंजिल्स में रहते थे। मैं भारत की अपनी पहली यात्रा पर रेडिशा से मिली। हम दोनों वाराणसी में थे (जिसे बनारस के नाम से भी जाना जाता है) और अन्तरराष्ट्रीय स्तर पर प्रसिद्ध मूर्तिकार बलबीर सिंह के घर में मेहमान थे, जिन्होंने भारत और दुनिया के कई शहरों में अपनी विशाल कलाकृतियों की प्रदर्शनी की थी। आप शायद जानते हैं कि दुर्भाग्य से बलबीर कुछ साल पहले अचानक ग़ायब हो गये थे और उनके नाटकीय रूप से गायब हो जाने पर अन्तरराष्ट्रीय स्तर पर ख़ूब कोलाहल मचा था। हमें कभी पता नहीं चला कि क्या हुआ था। मुझे याद है कि एक शाम को मैं उनके घर आ रही थी और हमेशा की तरह आलीशान पेड़ों के पीछे छिपकर पार्क को पार करने का सही समय ढूँढ़ रही थी ताकि वहाँ मौजूद छोटे-बड़े बन्दरों के हमले से बच सकूँ। मैंने उनकी नौकरानी को, जो कि खाना पकाती थी और घर साफ़ करती थी, कुछ अजीब लोगों के साथ देखा।

उनमें वह अकेली महिला थी। वे सब ज़मीन पर आग के चारों ओर बैठे हुए थे और उनके चेहरों के भाव अस्पष्ट थे। वह महिला युवा, बहुत सुन्दर और परिष्कृत थी और मुझे लगा कि वह बलबीर को लुभाना चाहती थी, जो कि भोले और बच्चे के समान थे जैसे कि हम कलाकार अक्सर होते हैं। मुझे लगा कि वे लोग उन्हें छल सकते हैं।

रेडिशा और मेरे अलावा जापानी मूर्तिकार योशिन भी बलबीर के मेहमान थे। हमने एक महीना साथ बिताया और कलाकारों के रूप में दोस्ती क़ायम की। योशिन के साथ मेरी एक विशेष स्मृति है। एक बार हम दोनों वाराणसी की पहाड़ी पर गये, जहाँ से हम खुले श्मशान घाट में जलते हुए शवों को देख सकते थे। मैंने पहली बार चिताओं को जलते हुए देखा था। इस अनुभव ने हम दोनों को गहराई से प्रभावित किया। जलते हुए हाड़ मांस में जीवन की क्षणभंगुरता को देख और मानव शरीर को राख में बदलते देख कर उस दिन मैंने अपने मृत पिता को दिल झकझोरने वाली भावना के साथ याद किया–उस समय तक मैंने सिर्फ़ उनको ही खोया था। योशिन भी मेरी तरह पूरे दिन चुप रहे।

रेडिशा के रोम में लम्बे प्रवास के दौरान मैंने उनकी स्थानीय कला की दुनिया में जान-पहचान कराने की सोची और उन्हें अपने दोस्तों की कला दीर्घाओं में ले गयी। इनमें से एक की निदेशक ने हमें बताया कि अगले दिन वह ट्रेस्टीवर में वाया डेल्ट मेंटलेट में मारियो शिफ़ानो के स्टूडियो जा रही थी। मारियो इटली के सबसे प्रसिद्ध समकालीन चित्रकारों में से एक थे। मैंने पूछा कि क्या हम उसके साथ चल सकते हैं ताकि रेडिशा मारियो से मिल लें। उसने हमें कई तरीक़ों से समझाया कि मारियो बहुत ही कठिन स्वभाव के थे और नये लोगों से मिलना नहीं चाहते थे। लेकिन मेरे काफ़ी आग्रह करने पर वह मान गयी, बशर्ते हम पूरी तरह से चुप रहें और मुँह न खोलें कि हम कौन थे। उसके अनुसार बेहतर यही था कि हम गुमनाम रहें ताकि मारिओ चिढ़ें नहीं।

हमने स्टूडियो में प्रवेश किया और मारियो ने तुरन्त एक बच्चे की सी जिज्ञासा के साथ पूछा, "लेकिन तुम कौन हो?" अन्य मेहमानों को अनदेखा कर उन्होंने मेरा हाथ पकड़ लिया और मुझे घर के निजी क्षेत्र में खींच कर ले गये। हम दोनों ने घण्टों बातें कीं। वह मेरे नृत्य के बारे में सब कुछ जानने के लिए उत्सुक थे। मैंने उन्हें अपना बिज़नेस

कार्ड दिया जिस पर एक काला व सफ़ेद लोगो था। उन्होंने तुरन्त इसे एक पोस्टर के आकार में बड़ा कर दिया–वे सुपर तकनीकी थे–और उसके चारों ओर शानदार रंगीन रेखाचित्र बना दिये। फिर उन्होंने उस पोस्टर को मुझे भेंट कर दिया, लेकिन जब मैं वहाँ से निकली तब मैं इसे लेना भूल गयी और फिर वह पोस्टर कभी नहीं मिला। जब भी मैं मारियो से मिलने गयी तो उन्होंने मुझे उनके द्वारा खींची गयी तस्वीरें दीं और अपने पोस्टर्स। उन्होंने टेलीविज़न से प्रेरित अपनी प्रसिद्ध शृंखला से मुझे पाँच पेंटिंग भी दीं जिनमें से एक में एंडी वारहोल भी शामिल थे।

मारियो और मेरा रिश्ता मेरे लिए बहुत दर्दनाक था। वह कोमल, मधुर व काव्यात्मक स्वभाव के थे और इस वजह से मुझे उनसे बहुत लगाव हो गया। लेकिन एक पल और अगले पल के बीच वह ठीक विपरीत स्वभाव के हो जाते थे। व्यक्तित्त्व विकार के चलते वह रुग्ण रूप से दो हिस्से में विभाजित थे–अच्छे और बुरे, देवदूत और शैतान। जब मैं उनके साथ थी तो मैंने उनकी एक सच्चे कलाकार की हताशा को आत्मसात कर लिया–जो कि नशीली दवाओं के उनके सेवन से और तीव्र हो गयी थी–और मैं कई दिनों के लिए अवसाद में चली गयी।

एक बार मैं अपनी बाइक पर दिन के समय साबौदिया टिब्बा में एक विला में उनसे मिलने गयी जिसे उन्होंने किराये पर लिया था और जहाँ वह गर्मियाँ बिता रहे थे। साबौदिया के रेत के टीले दुनिया में ऐसा स्थान है, जहाँ प्रकृति की शक्ति एवं करुणा का एक दूसरे में विलय होता है। वे सभी लोग जो उनके दर्शन की सहभागिता कर आनन्दित होते हैं, ये उन्हें उन्मुक्तता और सतत् परिवर्तन के लिए अभिप्रेरित करते हैं। वहाँ समुद्री जल हमेशा निर्मल होता है और हवा इतनी शुद्ध कि मानो शरीर की हर कोशिका में प्राणवायु भर रही हो। उसके समीप ही है हरा-भरा चिरचिओ पर्वत, अपने पूर्ण समर्पण में विनम्र और शान्त, मानो हमें सिखा रहा हो कि यही प्यार करने की एकमात्र सम्भव शर्त है, स्वयं को प्यार पाने की अनुमति देना। वहाँ की प्रकृति में मुझे अपने स्त्रैण पहलू के गुण, शक्ति व करुणा के दर्शन होते हैं और मेरे विचार इससे प्रभावित होते हैं। मैं स्वयं को सन्तुलित एवं अचल पाती हूँ। वहाँ मैं अपनी सीमाओं को पार करने में सक्षम महसूस करती हूँ, जो कि मुझे स्पष्ट दिखाई देती हैं

क्योंकि मैं उन्हें उसी अनासक्ति के साथ देखती हूँ जिस तरह प्रकृति स्वयं अनासक्त रहती है।

उस अवसर पर भी मारियो देर रात तक ख़ुशी-ख़ुशी पेंटिंग करते हुए मुझसे बातचीत करते रहे। फिर अचानक बिना किसी स्पष्ट कारण के उन्होंने गुस्से में मेरी बाइक को अपनी मर्सिडीज़ में पटका और मुझे वापस घर छोड़ कर चले गये।

सौभाग्य से न्यूयॉर्क से आयी मेरी क़रीबी दोस्त जोआन रॉबर्ट्स ने मुझे मारियो से और उनके अवसादशील प्रभावों से बचा लिया। उस समय जोआन सी.एन.एन. के कार्यक्रमों की एक जानी-मानी निर्माता थीं और रोम से गुज़रते वक़्त मेरी मेहमान होती थीं। दोनों तर्जनियों से क्रॉस बना कर अमेरिकी इशारे से–मानो वह "Vade Retro Me, Satana" (गेट बिहाइंड मी, सेटन) कहना चाहती थीं–उन्होंने मुझे मारियो के साथ किसी भी प्रेम सम्बन्ध को शुरू करने से रोक दिया क्योंकि वह जानती थीं कि यह मुझे बर्बाद कर देगा। दूसरी तरफ़ निक, जोआन के तत्कालीन साथी और फ़िल्म संगीतकार, रेडिशा की तरफ़दारी कर रहे थे जो कि ऐसा नहीं सोचते थे। मैंने अपनी महिला बुद्धिमत्ता की बात सुनी। आज भी, इस तथ्य की बदौलत कि मैंने ख़ुद को मारियो शिफ़ानो द्वारा नष्ट नहीं होने दिया, न्यूयॉर्क में जोआन का घर मेरा है और रोम में मेरा घर उनका। रेडिशा, जिनका घर सांता फे में है, के साथ भी ऐसा ही है।

1998 में मारियो की मृत्यु के बाद मैंने एक अख़बार के लेख से एक युवा के रूप में उनकी तस्वीर काटी। मैंने तुरन्त ध्यान नहीं दिया कि पीछे के पृष्ठ पर एक लेख में मारियो की छवि के ठीक पीछे एक तस्वीर थी, जो बेकन के एक राक्षसी मुखौटे का प्रतिनिधित्व करती थी, एक ही आकार की और पूरी तरह से मारियो के अनुरूप। कितना अजीब और अविश्वसनीय संयोग! वे दोनों विपरीत आकृतियाँ कुछ और नहीं बल्कि उनके 'आई' (मैं) का ही विभाजन थीं।

हम कलाकार सरल और न्यूनतमवादी होते हैं। हम बस थोड़ा सा चाहते हैं, बस वह जो कि मायने रखता है। हम तकलीफ़ पाते हैं क्योंकि हम भोले होते हैं और स्नेह से भरे हुए।

मारियो शिफ़ानो की चित्रकारी एक आशुरचित इशारा है जो कि कैनवास पर रंगों में ढल जाता है। उनकी पेंटिंग ने मेरे नृत्य को प्रभावित किया है जिसमें इशारों की उसी शक्ति के तत्त्व समाविष्ट है।

नृत्य एक गतिमान पेंटिंग भी है जिसके रंग व तीव्रता बदलती रहती है। वास्तव में, अंग संचालन और ध्वनि में भी रंग होते हैं।

उन वर्षों में मारियो को मेरे नये प्रोडक्शन *हाइड एण्ड ईवा* के दृश्य को डिज़ाइन करना चाहिए था। पहली बार मुझे मंच पर एक ऐसे दृश्य की ज़रूरत महसूस हुई जो कि शो की थीम, अच्छाई और बुराई के बीच संघर्ष के अनुकूल हो। तब तक मेरी कोरियोग्राफ़ियों का एकमात्र दर्शनीय तत्त्व 'प्रकाश' था। कोरियोग्राफ़र एक निर्देशक भी होता है क्योंकि वह अपनी रचना में–कलाकारों को निर्देशित करने के अलावा–उसके नाटकीय तत्त्वों (वेशभूषा, रोशनी, संगीत, मंच की सज्जा) का पूर्वानुमान लगाता है और उनकी देखरेख करता है। *हाइड एंड ईवा* के साथ पहली बार निर्देशन ने कोरियोग्राफ़ी की कमान को सँभाला और मूवमेंट्स की रचना की देखरेख भी की। इस शो के साथ मेरे काम करने के तरीक़े में एक महत्त्वपूर्ण नव परिवर्तन आया जो आज भी ज़ारी है।

दुर्भाग्य से मारियो की अस्थिरता के चलते मेरा उनके साथ पेशेवर रूप से जुड़ना भी असम्भव था। उन्होंने मुझे सिर खपाऊ 'हाँ-ना' के चक्कर में डाल दिया। एक दिन उन्होंने उत्साहपूर्वक मेरे प्रोजेक्ट के लिए अपनी प्रतिबद्धता की पुष्टि की और फिर वह मेरे फ़ोन का जवाब दिये बिना कई दिनों के लिए ग़ायब हो गये। रोम में टेट्रो ओलम्पिको में डेब्यू (प्रथम प्रस्तुति) के लिए कुछ ही महीने बचे थे और मुझे समझ नहीं आ रहा था कि मैं इसे कैसे करूँगी क्योंकि वह इस दृश्य को बनाने के लिए अपना मन नहीं बना पा रहे थे। मैंने इसके बारे में अपनी प्रिय सहेली सीमोनेट्टा लक्स से बात की जो कि समकालीन कला की प्रसिद्ध इतिहासकार और रोम के सर्पेंजा विश्वविद्यालय में शिक्षिका थीं। उन्हें मुझे इतालवी आवां गार्द की विशाल हस्ती फ़ाबियो मौरी से मिलवाने का ख़याल आया जिनसे मैं पियाजा नवोना में उनके घर पर मिली। फ़ाबियो मौरी का व्यक्तित्त्व दृढ़, गहन और केरिज़्मैटिक था। उनके व्यवहार से शिष्टता, सम्मान, संस्कृति, सज्जनता और आत्मा का बड़प्पन उजागर होता था।

मैंने अपने शो के बारे में फ़ाबियो को बताया, जिसे उन्होंने बहुत ध्यान से सुना। उन्होंने अपने स्वयं के प्रदर्शन को छोड़ बाहर वालों के लिए कभी भी दृश्य नहीं बनाया था। इसलिए हालाँकि उन्होंने शो के लिए मेरे विचार

की प्रशंसा की और उसे सम्मोहक और दिलचस्प करार दिया, उन्होंने मेरे शो का हिस्सा बनने से शिष्टतापूर्वक इन्कार कर दिया।

लेकिन अगली सुबह तड़के ही टेलीफ़ोन बज उठा। फ़ाबियो ने कहा–"पैट्रीज़िया, अगर तुम आज रात को एक चुनौती स्वीकार करने को तैयार हो तो मैंने तुम्हारे शो के दृश्य के लिए एक स्केच बनाया है।" "फ़ाबियो, मैं चुनौती को स्वीकार करती हूँ चाहे वह कुछ भी हो।" मैंने जवाब दिया। ऐसा ही हुआ। मेरा मानना है कि कोई भी कोरियोग्राफ़र उस चुनौती को स्वीकार नहीं करता।

फ़ाबियो ने दृश्य को ख़ाली, खुरदुरे पैकिंग के डिब्बों के साथ इस क़द्र भर दिया था कि हमारे पास मंच पर नृत्य करने के लिए जगह नहीं बची थी। अब हमें आवश्यकतानुसार उन्हें इधर-उधर करना था और दृश्य का पल-पल में पुनर्निर्माण करना था। इस प्रकार दृश्य को विभिन्न रूपों में प्रदर्शित किया जाना था। कुछ डिब्बों को प्रबलित किया गया, ताकि हम उन पर चढ़ कर नृत्य कर सकें। दृश्य में एक झूला, एक सीढ़ी, एक रेलिंग और कुछ अन्य तत्त्व भी शामिल थे। मैंने डिब्बों का उपयोग निम्न को दर्शाने के लिए किया–तोड़े जाने वाली दीवारें, दूर की जाने वाली बाधाएँ, नृत्य करने के लिए पेडस्टल (मूर्तितल), शरण पाने के लिए गुफाएँ, गाँव और सड़कें। एक ऐसे शो के लिए जिसका विषय अच्छाई और बुराई था, यह विचार अति उत्तम था! जब मैंने फ़ाबियो को अपना प्रोजेक्ट पेश किया था, तब तक मैं अचेतन में बुराई के संचय का प्रतिनिधित्व करने की आवश्यक़ता से अनभिज्ञ थी। शून्य की पवित्रता में हल्कापन और आध्यात्मिकता निहित होती है। पर फ़ाबियो इसे सहज रूप से समझते थे। यह दृश्य वास्तविक और काल्पनिक दोनों ही था और अति शानदार था।

प्रोजेक्ट की शुरुआत में मारियो शिफ़ानो के साथ सब कुछ साझा करने से मुझे सन्तुष्टि मिलती थी, परन्तु एक दिन उन्होंने धीमी आवाज़ में टिप्पणी की–"सँभल के, क्योंकि वह (फ़ाबियो) तुम्हारे लिए सार्कोफैगस (पत्थर के ताबूत) बनायेगा।" दो कलाकारों के बीच की प्रतिद्वन्द्विता? "हाँ सार्कोफैगस,'' मैंने उनसे कहा, "लेकिन एक शानदार दृश्य, एक सच्ची कृति।"

इस तरह फ़ाबियो और मेरे बीच एक अनमोल सहयोग का जन्म हुआ। वह हर दिन रिहर्सल देखने आते थे, जो कि ज़रूरी नहीं था।

उन्हें काम की रचनात्मक प्रक्रिया के हर चरण का अनुभव करने के लिए मौक़े पर मौजूद होना पसन्द था और उनकी उपस्थिति मुझे ताक़त व प्रेरणा देती थी।

अपनी रचनाओं के लिए मैंने कभी अपने सपनों का इस्तेमाल नहीं किया है, जैसा कि फ़ेडेरिको फ़ेलिनी करते थे। अपने सपनों को कला के रूप में मंच पर प्रस्तुत करना उनकी एक भद्दी नक़ल होती। वास्तविकता के धरातल पर उन्हें उतार कर पुनः कला के रूप में उनकी प्रस्तुति मेरी स्वप्न यात्रा की चोरी ही होती। कलात्मक प्रक्रिया स्वप्न की प्रक्रिया से भिन्न होती है। मैंने हमेशा इन दोनों आयामों को अलग रखना पसन्द किया है, क्योंकि किसी भी रचना को वास्तविक जीवन में मूर्त रूप देते हुए मैं खुली आँखों से अपने सपनों को जी चुकी होती हूँ। जब आप स्वप्न देखते हैं तो आपकी चेतना सक्रिय होती है, ठीक वैसे ही जब आप सृजन करते हैं। यही कारण है कि हमें सपने याद रहते हैं और साथ ही कल्पनाओं में जन्मी बातें। स्वप्न में अनुभव प्रत्यक्ष, शुद्ध एवं तीव्र होते हैं क्योंकि अचैतन्य अवस्था में हमारी आत्मा हमारे मन और शरीर से परे जाकर हमारे अचेतन के सार को अधिगृहित कर लेती है। स्वप्न अपने आप में एक अन्त है।

स्वप्न की तरह अन्तर्ज्ञान भी अचेतन से सम्बन्धित है, लेकिन कला को मूर्त रूप देते समय जब मन व शरीर दोनों ही हृदय पर केन्द्रित होकर अपना कार्य निष्पादित करते हैं तो उनके उपकरणों के माध्यम से चेतना भी उस प्रक्रिया का हिस्सा होती है। चूँकि स्वप्न में (कला की) यह प्रक्रिया नहीं हो सकती है, इसलिए यह कला नहीं कुछ और ही है।

जिन लोगों का सपनों के जीवन के साथ एक निरन्तर सम्बन्ध है, वे दूसरों में भी सपनों को सक्रिय कर सकते हैं, जैसा कि मेरे और फ़ाबियो मौरी के बीच हुआ था। एक दिन फ़ाबियो रिहर्सल में आये और उन्होंने पिछली रात के अपने सपने का वर्णन किया–"मैं शक्ति और दृढ़ता के साथ दृश्य में दाख़िल हुआ। मैंने एक व्यक्ति को उसके गुप्तांग से पकड़ा और उसे कलाबाज़ी पर कलाबाज़ी करायी।" मैंने तुरन्त बिल्कुल उसी तरह की एक कोरियोग्राफ़ी बना डाली... लेकिन चिन्ता न करें! मंच पर नर्तकी यानि मैं एक हार्नेस में थी ताकि एक रस्सी वहाँ (गुप्तांग) से निकले और मैंने छोटा काला विग व काले, सैन्य शैली के कपड़े पहने हुए इस रस्सी को पकड़ लिया और इसे अपनी मर्जी से कलाबाज़ी करायी।

मैंने खूबसूरत एवं मंजे हुए कलाकार मासिमिलियानो मर्तोरिटी को अपने डांस पार्टनर के रूप में चुना था जो कि टीवी पर प्राइम-टाइम कार्यक्रमों में एक प्रसिद्ध नर्तक थे। हम दोनों को नृत्य के दौरान दर्शकों के सामने उन्मुक्त होकर अतिरंजित सैडोमेसोकिस्टिक इशारों को करने में बड़ा मज़ा आया जिन्होनें हैरान दर्शकों को हिलाकर रख दिया। हमारे नृत्य ने उन्हें सस्पेंस में रखा हुआ था मानो मैंने उनमें से प्रत्येक के जीवन की डोर अपने हाथों में पकड़ी हुए थी।

हाइड एण्ड ईवा शो को बड़ी सफलता हासिल हुई।

अध्याय-5

रचनात्मक प्रक्रिया

हर चीज़ की तरह कला की उत्पत्ति भी कोलाहल और अव्यवस्था से ही होती है।

नृत्य करते समय मेरा मनोभाव गहन भक्ति का, पूर्ण समर्पण का होता है, मानो मेरी प्रस्तुति एक चढ़ावा है, एक अनुपम भेंट है सम्पूर्ण ब्रम्हाण्ड को और ईश्वर को। उस समय मेरे माध्यम से अभिव्यक्त किये जा रहे मूवमेंट्स के साथ मैं एक होती हूँ। मैं उनके प्रवाह के लिए संचार माध्यम बन जाती हूँ। मैं स्वयं को इसमें खोकर दोबारा पा लेती हूँ। मैं इसके उद्गम स्थान की सी गहराई और तेज के साथ इसका संचार साधन बन जाती हूँ। मैं नृत्य, अपने और दर्शकों के बीच इस जादुई संश्लेषण की शक्ति को महसूस करती हूँ और दर्शक भी इससे अछूते नहीं रहते हैं चाहे उन्हें इसका आभास हो या न हो। जल में जो प्रवेश करता है, वह गीला होकर ही निकलता है। कितनी ही बार ऐसा होता है कि मनुष्य अनजाने ही जीवन में कहीं किसी चीज़ में शामिल हो जाता है, फिर भी कुछ बहुमूल्य फल पा ही जाता है जिसका उसे अहसास भी नहीं होता है।

आज भी नृत्य करते समय मैं उसी आनन्द की स्थिति में होती हूँ जिसमें मुझे शान्ति एवं भारशून्यता के बोध के साथ-साथ अपनी मौज में होने की सन्तुष्टि महसूस होती है, और बाह्य रूप से मैं अंग संचालन की सुन्दरता का अनुभव करती हूँ जिसमें मेरा शरीर बहुत हल्का महसूस करता है। जब भी मैं नृत्य करती हूँ तो अनायास मेरी आँखें शाम्भवी मुद्रा में होती हैं, खुली लेकिन अन्दर की ओर देखती हुई चूँकि उस समय मैं एक साक्षी की भूमिका में भी होती हूँ। इस ख़ुशी को बार-बार पाने की

चाह मुझे किसी भी तरह की कठिनाइयों और बाधाओं को पार करके आगे बढ़ने की अनवरत शक्ति प्रदान करती है।

अठारह साल की उम्र में मैंने कोरियोग्राफ़ी करना शुरू किया। मैंने कोरियोग्राफ़ी का कोर्स किया और बिना संगीत के एक टुकड़ा बनाया जिसमें मैंने शेक्सपियर के नाटक *हैमलेट* से *ला पाज़िया दी ओफ़ीलिया* (द मैडनेस ऑफ़ ओफ़ीलिया) यानी ओफ़ीलिया का पागलपन दर्शाया। यह एक अभिव्यंजक एकल था जो कुछ मूवमेंट्स से बना था जिसमें शरीर ख़ुद को शून्य में छोड़ देता है, जैसा कि पागलपन में होता है, जहाँ परित्याग की भावना दुःख से उत्पन्न होती है। मैं अपनी पीड़ा का केवल नृत्य में ही उदात्तीकरण कर सकती थी। मैंने पागलपन की उस अवस्था को सफलतापूर्वक अभिव्यक्त किया जिसमें व्यक्ति पूरी तरह से अपना दिमाग़ी सन्तुलन खो देता है, यहाँ तक कि अपनी चेतना भी। एक तरफ़ व्यक्ति एक गहरा डर और पीड़ा महसूस करता है, जैसे एक दुःस्वप्न में जब आप तूफ़ान के सामने किसी भी सुरक्षा के बिना पूरी तरह से नग्न और अकेले होते हैं। दूसरी ओर उसे उस अवस्था के विशेषाधिकार का अहसास भी होता है जिसमें वह बिना किसी प्रतिबन्ध के (जो कि चेतना से आता है) कविता एवं जीवन की सुन्दरता के आगे समर्पण कर सकता है।

इसके तुरन्त बाद मैंने इगोर स्ट्राविंस्की के *ल'हिस्टॉयर डु सोलडात* (सोल्जर्स स्टोरी) के एक टुकड़े को कोरियोग्राफ़ किया। *मार्के!* में सफ़ेद टाइट्स पहने हुए नर्तक (अधिमानतः युक्तियों पर एक पुरुष) जिसके सफ़ेद चेहरे पर बड़ी काली आँखें हैं, तालबद्ध रूप से शरीर के सभी अंगों का इस्तेमाल करते हुए रेखाओं और कोणों को बनाते हुए चलता है। अन्ततः वह कठपुतली की तरह पीछे की ओर ज़मीन पर गिर जाता है और दो परिचारक उसके अकड़े हुए शरीर को उठाकर ले जाते हैं। अंग संचालन के अनोखेपन और शैली की मौलिकता के चलते मेरे प्रोफ़ेसर बेहद आश्चर्यचकित हुए। यह वास्तव में पहली बार था कि कोई कोरियोग्राफ़र शरीर के प्रत्येक खण्ड में कोणों का निर्माण कर एक विडम्बना-युक्त कठोरता का प्रदर्शन करने में कामयाब हुआ था, जिसे टुकड़े की प्रचुर गतिकी के साथ सिंक्रनाइज़ किया गया था।

उस समय मैंने फ़्रैंज़ काफ़्का की कहानी *द मेटामॉर्फोसिस* से प्रेरित एक टुकड़ा भी बनाया जो कि मानव शरीर के विघटन को दर्शाता है।

मेरे द्वारा संचालित इस एकल प्रदर्शन में नर्तकी पैट्रीज़िया मैकाग्नो ने अपने अंग संचालन से दर्शकों को एक जानवर की हरक़त की अनुभूति करवायी। कोरियोग्राफ़ी की शुरूआत में नर्तकी का शरीर फर्श पर लुढ़का हुआ है–उसकी दोनों टांगें सिर के ऊपर हैं, कन्धों पर सारा वजन है और वह केवल एक हाथ को संकुचित तरीक़े से हिला सकती है। इसके बाद नर्तकी एक तरफ़ लुढ़क जाती है और उसके लिए ऊपर उठना या खड़े होना या क़दम आगे बढ़ाना बहुत मुश्किल है।

उन शुरुआती अनुभवों के साथ मेरी नृत्य शैली की मौलिक विशेषताएं उभर कर आयीं–प्रबल, व्याख्यात्मक, अभिव्यंजक, परिवर्तनशील एवं धाराप्रवाह–अंग संचालन की गतिविधि जो कि सिंक्रनाइज़ करती है और शरीर के समस्त अंगों को, यहाँ तक कि केश को भी बेधड़क रूप से गतिमान करती है।

मुझे पता है कि मैं ज्वालामुखी की तरह हूँ और जब मेरे विचार प्रस्फुटित होते हैं तो मुझे बाहर निकलने वाले रचनात्मक लावा के प्रवाह के लिए तुरन्त एक चैनल बनाना पड़ता है, अन्यथा यह बेकाबू और विनाशकारी हो जाता है।

अगर आप मुझसे पूछें कि मुझे कैसे नृत्य करना पसन्द है तो मेरा जवाब होगा–ख़ामोशी में, सत्य की तरह नग्न।

सच्चाई को बरकरार रखना मुश्किल है, सौन्दर्य व अच्छाई को बरकरार रखने से भी अधिक मुश्किल क्योंकि इसे आसानी से पहचाना नहीं जा सकता है। हम अक्सर, अनजाने में, झूठ में जीते हैं।

अपने भीतर के परम रहस्य को जानना आसान नहीं है, न ही उस अन्धकार का सामना करना जिसमें हमें प्रकाश लाना है। उसी प्रकाश में, जो कि सच को उजागर करता है, मनुष्य शान्ति से सोता है और जीता है।

रचना करते समय कलाकार परम में लीन होता है। पर ऐसा होने के लिए उसे पूर्ण समर्पण की स्थिति में होना चाहिए जिसमें पुरुषीय और नारीय शक्ति का संयोजन होता है, जिसमें चैतन्य और अचैतन्य एक हो जाते हैं।

जब मैं कोरियोग्राफ़ी करती हूँ तब मेरे नर्तक मेरे उपकरण होते हैं जो उस पल में मेरे साथ एक होते हैं और मेरी इस प्रसन्नचित्त, जादुई, हवा में उड़ने की सी अनुभूति एवं करामाती प्रक्रिया का एक हिस्सा।

मानवीय स्तर पर मैं अपने सभी नर्तकों से प्यार करती थी और उन्हें उनकी इरोटिक तीव्रता के आधार पर चुनती थी—इरोस का, जो कि शरीर के माध्यम से की गयी आत्मा की अभिव्यक्ति है, जाग्रत होना ज़रूरी है। मेरे नर्तक, मेरे क़लम और क़ागज, कैनवास और रंग, संगीत कृति और तार हैं... मेरे अगले जन्म में मुझे इन उपकरणों में से कोई भी उपकरण मिले लेकिन नर्तक नहीं क्योंकि वे मनुष्य हैं, मनुष्य की कमज़ोरियों को लिए हुए, थकाऊ और सँभालने में मुश्किल। कोरियोग्राफ़र बनना कठिन है क्योंकि अपने स्वयं के आन्तरिक प्रतिरोधों से निपटने के अलावा आपको नर्तकों की दुनिया को भी सँभालना होता है।

वास्तव में कलाकृति पहले से ही मौजूद होती है और हम कलाकार इसे उन गहराइयों से निकाल लाते हैं जहाँ यह छिपी होती है। रचनात्मक कार्य के दौरान हम विपरीतों के संलयन को, पुरुषीय और नारीय तत्त्वों के संलयन को एक कीमियागिरी (एलकेमिकल) प्रक्रिया में हासिल करते हैं जिसमें सब कुछ सोने में बदल जाता है। ठीक उसी तरह जैसे स्त्री और पुरुष के बीच के आदर्श रिश्ते में केवल ऊँचाई और पवित्रता होती है। मानवीय रिश्तों में शिखर तक पहुँचने के मार्ग में आड़े आती है सहिष्णुता और प्रेम के साथ दूसरे की विविधता और सीमाओं को स्वीकार करने में मनुष्य की असमर्थता। कलात्मक सृजन में व्यक्ति को शून्य के भय पर जीत हासिल करनी होती है, जैसा कि जीवन में होता है।

'प्रेरणा', जो कि लौकिक और दिव्य आयाम में बसती है, एक बीज है जो उपजाऊ ज़मीन पाते ही अंकुरित होती है और कलात्मक कृति को जन्म देती है। यह एक ऐसी गहन आध्यात्मिक रचनात्मक प्रक्रिया है जो उस दैवीय शक्ति को पुनः प्राप्त करने के लिए ऊँची उठती है जिससे इसका उद्भव हुआ था, पर अब एक कलाकृति के रूप में।

यह एक अवरोही और आरोही प्रवाह है जो किसी भी व्यक्ति में प्रवाहित हो सकती है लेकिन कुछ शर्तों के तहत ही। पहली और अनिवार्य शर्त प्रतिभा से सम्बन्धित है। कलाकार पैदा होते हैं, बनाये नहीं जाते। वे लोग जो इस विश्वास को मान्यता देते हैं कि समय के साथ जीवन का नवीनीकरण होता है और उससे उनकी प्रतिभा का पुनर्जन्म होता है, उनके लिए प्रतिभा पिछले जीवन में अर्जित कौशल का समय और स्थान में अवसादन के सिवाय और कुछ भी नहीं है। ये अचेतन में छिपे वे कर्म

कैमरस्पील थिएटर, इन्सब्रुक (ऑस्ट्रिया) में पैट्रीज़िया के *टेंड्रिल्स* शो की प्रस्तुति, 1981

बीज हैं जो समय-समय पर जब तब प्रकट होकर जीवन के अनुभवों में परिलक्षित होते रहते हैं। वे लोग जो कर्म के क़ानून को मान्यता नहीं देते उनके लिए प्रतिभा (जीनियस) एक रहस्य बनी रहती है।

मेरे अनुभव में दूसरी शर्त का सम्बन्ध उस रवैये से है जिससे व्यक्ति प्रेरणा का स्वागत करता है, जो कि उदर में अचेतन गहराई तक पहुँचती है जहाँ अन्तर्ज्ञान, सहज आवेग और इच्छाशक्ति निवास करते हैं।

जिस तरह फल देने के लिए बीज को उपजाऊ मिट्टी की आवश्यकता होती है, उसी तरह कलाकार को विनम्रता, ग्रहणशीलता, निष्क्रिय आत्मसमर्पण और सक्रिय आत्मत्याग रूपी खाद की ज़रूरत होती है। कलाकार अनजाने में उन तत्त्वों का संलयन कर तैयारी करता है जो सृजन के चरण को सम्भव बनायेंगे और फिर प्रेरणा का क्षण आता है जिसमें बीज बोया जाता है। रचनात्मक प्रक्रिया अन्दरुनी दुश्मनों को–जैसे कि असुरक्षा की भावना, अयोग्यता की भावना और सफल न हो पाने का डर–भेद सके इसके लिए ऊर्ध्वाधर प्रवाह में इसकी चढ़ाई के लिए सही परिस्थितियाँ बनायी जानी चाहिए। ये सब श्रमसाध्य हो सकता है।

लेकिन जब कृति का जन्म होता है, ऐसी कृति का जो अपनी पूर्णता में सुन्दर और उन्मुक्त है तो यह पूरे ब्रह्माण्ड में एक प्रकार की दावत होती है, पृथ्वी और स्वर्ग दोनों पर! प्यार से एकजुट हुए कलाकार और दर्शक सहित सभी प्राणी आनन्द से लहरा उठते हैं और एक साथ खींची हुई सभी आत्माओं की डोर उन्हें उच्चतम कम्पन में पहुँचा देती है। एक कलाकार के लिए इससे अधिक सुन्दर और क्या हो सकता है कि उसके पास अपने प्रदर्शन से दर्शकों को ऊपर उठाने की शक्ति हो? आपको भी मुझे यह कहना चाहिए—"आप कितने भाग्यशाली हैं!"

यह दैवीय उपहार सम्भावित रूप से किसी भी इंसान को छू सकता है लेकिन यह वास्तव में केवल उन लोगों को सौंपा जाता है जो दिव्य प्रेरणा से दी गयी रचनात्मकता के साथ पुनः जुड़ने में सक्षम हैं। यह एक ऐसी प्रक्रिया है जो कलाकार को दर्द और भय भी दे सकती है। यह संयोग नहीं है कि प्रतिभाशाली लोग ऐसे दौर से गुज़रते हैं जिनमें वे जोख़िम लेते हैं या आत्महत्या का प्रयास करते हैं। उस दर्द का अनुभव इतना तीव्र होता है कि वह असहनीय हो जाता है।

कलाकार जीवन की भावनाओं को पूरी तरह से आत्मसात करने की हद तक अवशोषित करता है, उनके सार को समझता है और उस सार से वह अपने काम में प्रतीकों और संकेतों का निर्माण करता है। जब इस प्रक्रिया को मानवीय आयाम पर लागू किया जाता है तो यह कलाकार को एक सच्चा शामन बनाती है जो दूसरे के दर्द को अवशोषित करता है और उस व्यक्ति का स्व-चिकित्सा प्रक्रिया में मार्गदर्शन करता है। अवशोषण करना पीड़ित होने से अलग है क्योंकि ऐसा कर पाने वाला व्यक्ति उसकी प्रक्रिया से अवगत है; अन्यथा व्यक्ति दुःख से गुज़रता है। कलाकार दर्द का विशेषज्ञ होता है। यही कारण है कि वह जानता है कि कैसे रसातल में उतरना है, ऊर्जा व ज़ोर प्राप्त करना है और जीवन व वास्तविकता से ऊपर, ख़ुशी व दर्द से ऊपर एक आयाम पर फिर से उठना है। इस तरह से वह जीवन का सामना कर पाता है।

कलाकृति बनाना एक कलाकार के लिए साँस में साँस आने जैसा है। लेकिन ऐसा कर पाना अपने दर्द का जड़ से समाधान करना नहीं है। कला ऐसा नहीं कर सकती है। सच्चा कलाकार उन उतार-चढ़ावों को इतनी तीव्रता के साथ जीता है कि उसके लिए कला एक दवा बन जाती है,

दुःख के लिए एक उपशामक, उसके जीवन की यातना से विराम पाने का एकमात्र तरीक़ा।

यदि कलाकार दर्द के दुष्चक्र से बाहर निकलना चाहता है तो उसे अपने मानवीय आयाम में यानी इस जीवन में इस शृंखला को तोड़ना होगा। कलाकार अक्सर मानते हैं कि रचनात्मक प्रक्रिया चिकित्सीय भी है। यह वह साँप है जो अपनी ही पूँछ को डसता है, जैसा कि सेडक्शन में होता है। कला भी बड़ी मोहिनी है। क्या जीवन ख़ुद एक प्रलोभन नहीं है?

यह एक अँधेरी सुरंग है जिससे मैं गुज़री। ख़ुद पर काम करके दर्द की शृंखला को तोड़ना ज़रूरी है। इसे तोड़ने का अर्थ है अपने भीतर के गहन और अचेतन इरादों का, व घटनाओं पर अपनी प्रतिक्रिया से उत्पन्न भावनात्मक अवरोधों का ईमानदारी से सामना करके, उनकी व्याख्या करके और उनका समाधान करके दुःख के भँवर से बाहर निकलने का साहस होना। हर किसी को चिन्तन और आत्म-बधाई रूपी अहंकार के जाल से बचकर, अपनी जान बचाने के लिए एक चिकित्सीय-आध्यात्मिक यात्रा से गुज़रना चाहिए। कलाकार में यह समझने की विनम्रता होनी चाहिए कि इन मनोविकृतियों को–जो कि स्व के साथ अहं के आन्तरिक संघर्ष से उत्पन्न होती हैं और कभी-कभी कलात्मक रचनात्मकता के लिए एक आवेग के रूप में उपयोगी भी होती हैं–हल करने के लिए उसे एक चिकित्सीय आयाम में जाना होगा। यह स्पष्ट है कि कलाकार पीड़ा का विशेषज्ञ इसलिए है क्योंकि उसका अहं बहुत बड़ा है, जिस पर उसे शर्मिंदा नहीं होना चाहिए और जिसके लिए उसे अमानवीय करार नहीं देना चाहिए क्योंकि इसी वजह से वह बेहद संवेदनशील है और उसमें पीड़ित होने की क्षमता है।

प्रेरणा भौतिक पदार्थ से टकराती है–मानव का अहं परमात्मा के सामने समर्पण करने से डरता है और मैं इस बात की पुष्टि कर सकती हूँ कि इसी भय के कारण तकलीफ़ पाता है। रक्षाहीनता इंसान की ताक़त है, कमज़ोरी नहीं। ईश्वर नाज़ुक दिल वालों को ही सब कुछ देता है। सही मायने में जीने के लिए मनुष्य को मरना आना चाहिए।

कला रूपी दैवीय उपहार को सँभालना आसान या सरल नहीं है। कलाकार को विदित है कि वह अपनी कला के माध्यम से ईश्वर के साथ एक होता है, कि वह उस मिलन के चिह्न के साथ पैदा हुआ था। पर यह ऐसा ज्ञान है जिसे अहंकार और अभिमान की फिसलाऊ ढलान पर

व्यक्त किया जा सकता है, परमात्मा से स्वतन्त्रता के दावे में और इन विशेषाधिकारों की आत्म-तुष्टि में, जैसा कि सज़ा पाने से पहले लूसिफ़र ने किया था। रुडोल्फ स्टाइनर ने कहा था कि कलाकार लूसिफ़र की तरह है, वह स्वर्गदूत जो ईश्वर के सबसे क़रीब था और उनकी रोशनी का वाहक था। वह वो स्वर्गदूत भी था जिसने ईश्वर के साथ संघर्ष किया और उनके साथ चिरशत्रुता मोल ली, जिसके परिणामस्वरूप उसका स्वर्ग से निष्कासन हुआ, जो कि उसकी अपनी स्वेच्छा का नतीजा था।

रचनात्मक अनुभव इतना उच्च और शक्तिशाली होता है कि मानवीय आयाम में इससे निपटना बहुत मुश्क़िल हो जाता है। अपनी अत्यधिक मानवता के कारण कलाकार को हमेशा आत्म-विनाशकारी और आक्रामक भँवर में फँसने का ख़तरा होता है, एक ऐसा भयानक तन्त्र जो उसे सबसे नाटकीय चरम तक ले जा सकता है—ड्रग्स, शराब, आत्महत्या। अच्छे से अच्छा जोख़िम यह है कि वह एक उन्मत्त-अवसादग्रस्तता की स्थिति में चला जाता है जिसका उसे बिल्कुल भी अहसास नहीं होता है और वह अपने आसपास के लोगों के लिए एक मुसीबत बन जाता है। स्टाइनर ने कहा था कि इस कारण से कुछ ही कलाकार सफल हो पाते हैं, जबकि बाकी अपनी बुरी लतों के गुलाम होकर रह जाते हैं, अपने दैवीय उपहार के शिकार मात्र।

कलाकार के लिए मानवीय आयाम में भगवान को ढूँढ़ना और भी मुश्किल है, लेकिन वह ठीक वहीं छुपते हैं, और रसातल से बाहर आने के लिए उसे वहीं पर विनम्रता में अपनी लघुता को पुनर्प्राप्त करने की आवश्यकता है। एक कलाकार के लिए पूरी तरह से विनम्र होना (तर्क द्वारा सुझायी गयी विनम्रता नहीं बल्कि अन्तर्मन से उत्पन्न विनम्रता) मुश्किल होता है, ख़ासकर जब वह सफल हो और उसे भगवान माना जाता हो।

मैं जो कहने जा रही हूँ वह बहुत कठोर है। यह मेरा और मेरे जीवन दोनों का वर्णन करता है—कलाकार कुछ ज़्यादा ही सच्चाई में जीता है, इतना कि वह 'झूठ' में जीने वाली मानवता को बर्दाश्त नहीं कर पाता है।

इसलिए कलाकार कला की शरण लेता है।

सभी चीज़ों में एक प्राकृतिक आवृत्ति होती है जिस पर वे कम्पन करते हैं और मैं उस कम्पन को महसूस कर पाती हूँ। 'महसूस करना' मेरे अस्तित्व का सबसे मज़बूत तत्त्व है। चूँकि मैं अपनी कला और सफलता

से पूरी तरह सन्तुष्ट नहीं थी, अठाईस वर्ष की उम्र में मेरे जीवन में आये अस्तित्वगत संकट ने मुझे भारत जाने के लिए उत्प्रेरित किया जहाँ मैंने आध्यात्मिक जागृति प्राप्त की।

पहले मैं एक कलाकार की छवि में पूरी तरह से फिट होती थी जिसने अपने अहं, आत्ममोह और आत्मतुष्टि के चलते अतिक्रमण और स्वविनाश का मार्ग सचेत चुना था। स्वयं को पुनः पाने की ललक में मैं कुछ भी करने को तत्पर थी, यहाँ तक कि नृत्य छोड़ने को भी। मैंने कई बार अपनी गतिविधियों को स्थगित भी किया और सफलता के चिन्ह से मुँह मोड़ लिया—साक्षात्कार, उत्कृष्ट जीवन, फूलों के गुलदस्ते और उपहार लानेवाले प्रशंसक, उनके द्वारा मेरे लिए लिखी गयी समर्पितियाँ व कविताएँ और वह सब कुछ जिसकी आप कल्पना कर सकते हैं।

मुझे दर्द से उभारने के लिए भारत का आभार जिसने मानो मेरे बाल पीछे खींच कर मुझे शीर्ष से जाग्रत किया और मुझ में वह ऊर्जा पैदा की जिससे मैं अपनी स्वविनाशी बेड़ियों को तोड़ सकी और मुझे सुगति मिली। इसके बाद तो जैसे मेरा शेष जीवन एक सन्तुलन की तलाश ही बन गया—आध्यात्मिक और मानवीय आयाम के बीच, एक कलाकार और एक स्त्री के बीच और सब से बढ़ कर मेरे आन्तरिक पुरुषीय और नारीय तत्त्वों के बीच के सन्तुलन को खोजना और पाना।

जब कलाकार एक शोधकर्ता और इस नाते एक प्रयोगकर्ता के रूप में कार्य करता है तो वह सत्य की अपनी आन्तरिक ज़रूरत को जीने की, कम्पन करने की अनुमति नहीं देता है, जबकि एक सच्चा कलाकार रचना करते समय रचयिता की तरह महसूस नहीं करता है। मुझे लेशमात्र भी सन्देह नहीं है कि सच्ची कला इस तरह से जन्म लेती है—जिस तरह कोख में पल रहा बच्चा जन्म लेता ही है, उसी तरह कलाकार चाहे या नहीं, सच्ची कला जन्म लेकर ही रहती है क्योंकि उसका अपना अचेतन, गहरा और आध्यात्मिक मार्ग होता है। कला कलाकार की नहीं ब्रह्माण्ड की उत्प्रेरणा से बनती है। कलाकार तो महज़ एक साधन है। वह ब्रह्माण्ड के साथ एक है।

इसके विपरीत, एक शोधकर्ता यह सोचता है कि वह एक लेखक है। वह स्वमोह के आवेग से परे नहीं जा पाता है और लेखन की शिल्प-तकनीक पर ज़्यादा ध्यान देता है, जैसा कि शिल्प निर्माण की प्रक्रिया में भी होता है।

कहने का यह मतलब नहीं है कि एक शिल्पकार प्रतिभावान नहीं हो सकता है; ऐसा सम्भव है यदि एक कलाकार की रचनात्मक प्रक्रिया को उसके भीतर सक्रिय किया जा सके। लेकिन इसके विपरीत यह भी हो सकता है कि कलाकार मूल तनाव को बनाये रखने में विफल हो जाये और उसकी कृति मात्र हस्तकला बन कर रह जाये। यह भी सम्भव है।

एक कारीगर की महारथ कोई उपयोगी वस्तु बनाने में निहित है जिसकी बाहरी सुन्दरता अपने आपमें एक साध्य है। कला में जो वास्तव में मायने रखता है वह सतही सुन्दरता नहीं है, बल्कि वह सच्चाई है जो सुन्दरता में निहित है। एक कलाकार और एक शिल्पकार में यही अन्तर है।

जब आन्तरिक संसार की अभिव्यक्ति एक चित्रकार के द्वारा कैनवास पर होती है, एक वाद्य की संगीतमय ध्वनि में होती है, एक नर्तक के अंग संचालन में या फिर किसी कवि के शब्दों में होती है, तो यह अर्थ प्राप्त कर सौन्दर्य के सार के सम्पर्क में आती है, जो कि दिल की गहराई में निहित होता है। शिल्पकार के शिल्प की सुन्दरता इन आन्तरिक गहराइयों से उत्पन्न नहीं होती है क्योंकि यह केवल बाह्य होती है। इन गहराइयों तक पहुँचने का इरादा ही व्यक्ति को कलाकार बनाता है। इसलिए जिस नीयत से आप कोई भी काम करते हैं उससे फ़र्क़ पड़ता है।

एक कलाकार का इरादा परम रहस्य में गोता लगाने का होता है। उसमें उसके अन्दर जो कुछ स्पन्दित हो रहा है उसे प्रकट करने की इच्छाशक्ति होती है। जो कम्पन कलाकार के वजूद की गहराई से आता है वह दर्शकों की आन्तरिकता से जुड़ने की ताक़त रखता है। सच्चा कलाकार सफलता की आकांक्षा से नहीं बल्कि अपने अन्दर गूँजने वाले प्यार की ताक़त से प्रेरित होता है। कलाकार की रचना से कला स्वयं अछूती रहती है। लेकिन जैसा कि अन्य क्षेत्रों में भी होता है, सब कुछ उस रवैये पर निर्भर करता है जिसके साथ व्यक्ति जीता है। यही कलात्मक प्रक्रिया है। तन्त्रवाद यही प्रक्रिया सिखाता है, अपितु कामुक-यौन-आध्यात्मिक आयाम में।

कलाकार ऊर्ध्वाधर आयाम में काम करता है जहाँ अचैतन्य और उच्चतम आध्यात्मिकता के मिलन की रेखा होती है। ऊर्ध्वाधर में ही वह मार्ग है जो कि कलाकार को उसकी आत्मा की अचेतन जड़ तक ले जाता है ताकि

पैट्रीज़िया का प्रतीक चिह्न (लोगो)–सूर्य का प्रतीक

वह उसे शुद्ध कर सके और उसे चेतना में ला सके। वह उपजाऊ मिट्टी, वह खाद जो अध्यात्म को आकर्षित करती है अचैतन्य में निहित होती है। पूर्ण आध्यात्मिक बोध अर्थात् भगवान के साथ संलयन तभी होता है जब अचेतन जड़ की–जहाँ कर्म बीज अपने इतिहास के साथ छिपे होते हैं–सांसारिक जीवन में शुद्धि हो जाती है।

जैसे एक माँ अपने बच्चों को समझती है, उसी तरह कलाकार एक विचार को समझने और उसकी व्याख्या करने का एक माध्यम है। जब आपके भीतर एक जीवन पलता है तो आप उसको महसूस करते हैं, उसे सुनते हैं, समझते हैं और सबसे बढ़कर उसे पोषित करते हैं। एक कलाकार के साथ भी यही होता है। उसके अन्दर कला (कल्पना) पनपती है और उसे यह समझना होता है कि कब, कैसे और किस रूप में उसकी कृति दुनिया के सामने आना चाहती है।

कृति को रचते समय कलाकार कला सामग्री के क्षैतिजीय आयाम में प्रवेश कर जाता है। मानव अस्तित्व के खेल का लक्ष्य इन दोनों आयामों, ऊर्ध्वाधर और क्षैतिजीय के बीच सन्तुलन बनाये रखना है।

मेरा प्रतीक चिह्न (लोगो), जिसे मैं सूर्य का प्रतीक कहना पसन्द करती हूँ, ठीक हृदय केन्द्र में ऊर्ध्वाधर और क्षैतिजीय के मिलन बिन्दु का प्रतिनिधित्व करता है। इस प्रतीक में सबसे गूढ़ रहस्य यह है कि ऊर्ध्वाधर रेखा एक के ऊपर एक रखे पैरों द्वारा चिह्नित की गयी है, जबकि क्षैतिजीय रेखा को पंखों की तरह खुलने वाली बाँहों द्वारा चिह्नित किया गया है। पैरों को, जिनमें इच्छा की पूर्ति बसती है, ऊर्ध्वाधर में अर्थात् आध्यात्मिक क्षेत्र में विकसित होने का आह्वान किया जाता है। जबकि बाँहों को, जिनके माध्यम से आत्मा को और संवेदनाओं, भावनाओं, मनोभावों से बनी आन्तरिक दुनिया को व्यक्त किया जाता है, क्षैतिजीय में यानी भौतिक और वास्तविक दुनिया के दायरे में विकसित होने का आह्वान किया जाता है।

ऊपर से प्रेरित किये गये क्षितिज पर समर्पण के उस इशारे में बहुत प्यार है, जो स्व के चढ़ावे की तरह हृदय में व्याप्त है। समस्त ध्यान मानव अस्तित्व की अनिश्चितता के मध्य सन्तुलन को बनाये रखने पर केन्द्रित है—स्वप्न और वास्तविकता, तार्किक और अतार्किक, शक्ति और समर्पण, सफलता और असफलता के बीच हमेशा सन्तुलित।

मुझे यह बात अद्भुत लगती है कि किस तरह एक कलाकार प्रतीकों और संकेतों के माध्यम से महान सच्चाइयों का पता लगाता है, जिन्हें वह केवल समय के साथ ही समझ पायेगा, मानो केवल समय ही उनमें निहित ज्ञान से उसको पूरी तरह से अवगत करा सकता है।

मैं अचेतन आयाम में इस प्रकार देख पाती हूँ जैसे आप सूरज की रोशनी में देखते हैं। जीवन में 'खोजने' की मेरी प्रक्रिया कभी ख़त्म नहीं होगी। मुझमें इस जीवन में अपने हृदय में आत्मा-देह के मिलन को साकार करने की आकांक्षा है, जैसे कि ईसा मसीह के क्रूस में क्षैतिजीय और ऊर्ध्वाधर के मिलन का बिन्दु है।

कुछ लोग कलाकार के रूप में इसलिए पैदा होते हैं क्योंकि उनके शुद्धीकरण की प्रक्रिया कर्म के लिहाज़ से पूरी हो गयी है और अब वे उस उच्च रचनात्मकता को फिर से प्राप्त करने में सक्षम हैं। लेकिन इसका मतलब यह नहीं है कि वे मानवीय आयाम में दूसरों की तुलना में अधिक

उन्नत हैं, पर यह कि वे गहरी रचनात्मकता में अधिक उन्नत हैं और इसलिए वास्तविकता से परे देख पाते हैं। मेरा मानना है कि शुद्धीकरण की प्रक्रिया पूरी होने के बाद ही हम फिर से उस आध्यात्मिक आयाम में ऊपर उठ सकते हैं, जहाँ से हम आये हैं। हमारी आत्मा का पुनर्जन्म होता है यानी परलोक से यह पृथ्वी पर फिर उतरती है।

इस पुस्तक का ध्येय न केवल हम कलाकारों को बल्कि उन सब लोगों को जो हमारी तरह ही मौलिक रचनात्मक उथल-पुथल महसूस करते हैं यह समझाना है कि यही उनकी स्पष्ट बहुमूल्यता है।

प्राचीन संस्कृतियाँ इसे जानती थीं और इसका सम्मान करती थीं और दुर्लभ कलात्मक कौशलों को बढ़ावा देती थीं जो कि समाज के लिए उपयोगी हैं। आज इन क्षमताओं को न केवल ग़लत समझा जाता है, बल्कि रौंद दिया जाता है, पृथक व बाज़ारू कर दिया जाता है।

सभी के लिए शरीर आत्मा का एक साधन है। नृत्य करते हुए मेरा शरीर वैसे ही चालित होता है जैसे एक संगीतज्ञ का वाद्य। प्रत्येक कलात्मक अभिव्यक्ति में आध्यात्मिक, भौतिक, अचेतन, मानसिक और भावनात्मक आयाम शामिल होते हैं। उन सभी आयामों को हम स्वाभाविक रूप से अपने शरीर से अभिव्यक्त करते हैं। शरीर से, न कि तूलिका या कैनवास से, वायलिन या आवाज़ से! नृत्य शुद्ध पद्य है जिसमें एक चित्र के रंग, मूर्ति की ढलनशीलता (प्लास्टिसिटी), वास्तु-कला में स्पेस (रिक्त स्थान) की अभिव्यक्ति और कविता की लय सभी आ मिलते हैं।

वह ध्वनि जो दिखाई दे पर सुनाई न दे, उससे श्रेष्ठ और क्या है?

ख़ामोशी में बसी हुई ध्वनि और गतिमान शरीर की निश्चलता से अधिक तीव्र और क्या है?

एक नर्तक की निश्चलता में जो ऊर्जा उन्मुक्त होती है, वह उस ऊर्जा से अधिक होती है जो कि एक क्षण के बाद उसके अंग संचालन में उन्मुक्त होगी। यह धमाकेदार नृत्य के पहले का एक प्रतीकात्मक व रचनात्मक संकुचन और सम्पीड़न है।

धमाके से ठीक पहले के उस क्षण से, जो कि एक स्थगित और ख़ामोश लम्हा है और अधिक शक्तिशाली क्या है?

मेरे लिए अब, आख़िरकार, मनुष्य भी बहुत दिलचस्प हो चला है। अब मैं उसे प्यार करने के लिए तत्पर हूँ।

मैं अपने आपको सचमुच सौभाग्यशाली समझती हूँ कि मेरी सबसे बड़ी उपलब्धि मानवीय आयाम के माध्यम से आध्यात्म से जुड़ने में सफल होना है।

नृत्य में एक मुद्रा से दूसरी मुद्रा में प्रवेश और निर्गम करते समय शरीर ख़ुद को अभिव्यक्त नहीं करता है, अपितु उनके बीच में अभिव्यक्त की गयी गतिकी में ऐसा करता है। अंग संचालन में ही शरीर ख़ुद को अभिव्यक्त करता है। मुझे तथ्यों (घटनाओं) में दिलचस्पी नहीं है बल्कि उस गतिकी में है जो कि उन घटनाओं का कारण बनती है क्योंकि गतिकी में ही भावना, कामुकता (इरोटिसिज़्म) और जीवन व्यक्त किये जाते हैं।

अध्याय-6

'द बेयरफुट डांसर्स' और डांस टूर्स

नृत्य शरीर की एक भाषा है। नर्तक को चाहिए कि वह इस भाषा को आत्मसात करे और इसे अपना बना ले ताकि वह इसके ज़रिये अपने आप को अभिव्यक्त कर सके।

मैंने अपनी कम्पनी *पैट्रीज़िया सेरोंनी एंड इ डेंज़ाटोरि स्काल्ज़ी* की स्थापना इसलिए की क्योंकि अपनी कोरियोग्राफ़ी को प्रस्तुत करने के लिए मुझे ऐसे नर्तकों की ज़रूरत थी जो कि मेरी नृत्य शैली में प्रवीण हों।

यह ज़रूरी है कि एक कोरियोग्राफ़र नर्तकों को अपनी शैली के अनुरूप ढाले चूँकि अन्य नृत्य तकनीकों में प्रशिक्षित नर्तकों में से सभी आसानी से दूसरी शैली को नहीं अपना सकते, विशेष रूप से वे नर्तक जो केवल क्लासिकल बैले के अभ्यस्त हैं। उन्हें मेरी नृत्य शैली बहुत कठिन लगती है क्योंकि यह उन्हें अपने अधिगृहित रवैये को छोड़ने के लिए मजबूर करती है, जो कि समकालीन नृत्य की तरलता की तुलना में एक कठोर कवच की तरह है। नर्तक सीधे कोरियोग्राफ़र से उसकी शैली सीखता है, हर एक चाल, हर हाव-भाव, हर एक गतिकी। नृत्य संगीत की तरह नहीं है जिसे लिखा जा सकता है और इसलिए उसका पढ़कर अध्ययन किया जा सकता है। नृत्य में ऐसी कोई सम्भावना नहीं है।

मेरी नृत्य कम्पनी *पैट्रीज़िया सेरोंनी एंड इ डेंज़ाटोरि स्काल्ज़ी* के पहले गठन में डांस अकादमी के कुछ शिक्षक और मेरी कार्यशालाओं के दौरान चुने गये अन्य कलाकार शामिल थे।

मैं आई.ए.एल.एस डांस स्टूडियो में पेशेवरों के लिए कक्षाएँ लेती थी जहाँ उस समय के सर्वश्रेष्ठ टेलीविज़न नर्तक और समकालीन नृत्य की होनहार नयी प्रतिभाएँ पढ़ने आती थीं। उनमें से मैंने अपनी नृत्य शैली

के सिद्धान्त के लिए सबसे उपयुक्त नर्तकों का चयन किया। मैंने शायद ही कभी किसी नर्तक का ऑडिशन लिया हो क्योंकि मैं कुछ ही घण्टों में नर्तकों के बारे में राय बनाना ठीक नहीं समझती थी चूँकि मुझे बड़ी संख्या में उनका आकलन करना होता था। मुझे एक नर्तक की प्रतिभा और अभिव्यक्ति के बारे में जानने के लिए व्यक्तिगत, अन्तरंग बैठकें उपयुक्त लगती हैं। मेरे लिए नर्तकों को चुनने का सबसे अच्छा तरीक़ा हमेशा मेरे पाठ्यक्रमों के दौरान रहा है, जब मैं उन्हें अभ्यास करते हुए देख सकती थी। केवल इस तरह से मैं जान सकती थी कि कौन-कौन मेरे डांस टूर्स का हिस्सा हो सकते हैं।

प्रत्येक नये डांस शो के लिए महीनों तक रोज़ाना आठ घण्टे की रिहर्सल चाहिए होती है। यह एक संगीत रचना की तरह नहीं है जहाँ स्कोर का अध्ययन करने के बाद रिहर्सल के लिए आप कुछ दिनों के लिए अन्य सदस्यों से मिलते हैं। चूँकि कोरियोग्राफ़ी में पटकथा लिखने का कोई तरीक़ा नहीं है, इसलिए रिहर्सल रूम में मैं नर्तकों के हिस्सों को सीधे उनके शरीर पर 'लिखती' हूँ। हिलते-डुलते हुए नर्तकों के शरीर मेरे नोट्स हैं। कनिंघम ने कम्प्यूटर पर कोरियोग्राफ़ी लिखने के लिए एक प्रोग्राम बनाया है लेकिन मैं इसका उपयोग नहीं करती हूँ क्योंकि मुझे नहीं लगता कि उससे वांछनीय परिणाम मिलता है। नृत्य 'यहाँ और अब' में होता है क्योंकि यह मानता है कि शरीर उस क्षण में होता है जिसमें नृत्य निर्मित होता है। नृत्य पैदा होता है और पैदा होने के एक पल बाद मर जाता है। इस तरह यह कम्प्यूटर विरोधी और प्रौद्योगिकी विरोधी है।

नृत्य जटिल है और समकालीन नृत्य और भी अधिक क्योंकि यह एक साथ शरीर की 'एक हज़ार कोशिकाओं' को गतिमान करता है। यह वर्णन करना तकनीकी रूप से सम्भव नहीं है कि शरीर के सभी अंग एक ही समय में अलग-अलग तरीक़ों से कैसे हिल रहे हैं।

कोरियोग्राफ़र का काम मुश्किल और पेचीदा होता है क्योंकि कोरियोग्राफ़ी करने के अलावा उसे नर्तकों की अपनी रचनात्मक प्रक्रिया में उनका नेतृत्व भी करना होता है। उसे उसके द्वारा बनाये गये मूवमेंट के साथ एक होने में नर्तकों को आने वाली बाधाओं और कठिनाइयों का सामना उनके साथ-साथ करना पड़ता है। एक चित्रकार को अपनी तूलिका

गाला इटालिया में पैट्रीज़िया सेर्रोनी एंड द बेयरफ़ुट डांसर्स, न्यूयॉर्क (अमेरिका), 1997

और रंगों के साथ ऐसा नहीं करना पड़ता है, न ही एक कवि को अपनी क़लम और शब्दों के साथ। नर्तक कोरियोग्राफ़र के उपकरण माने जाते हैं लेकिन मनुष्य होने के नाते नर्तकों की अपनी-अपनी ज़रूरतें और मुद्दे होते हैं। कोरियोग्राफ़र उन्हें बेजान उपकरणों की तरह हर समय नियन्त्रित नहीं कर सकता है; उसे उनसे निपटना सीखना होता है।

मैं हमेशा अपने नर्तकों को अन्य कोरियोग्राफ़रों के साथ काम करने के लिए प्रोत्साहित करती थी। मैं उन ईर्ष्यालु सहयोगियों के बिल्कुल विपरीत थी जो कि नर्तकों को सिर्फ़ अपने से जोड़ कर रखना चाहते थे। मैं अपने नर्तकों से दूसरों के साथ प्रयोग करने का आग्रह करती थी क्योंकि एक कलाकार को नयी उत्तेजनाओं का अनुभव करना चाहिए और हमेशा कुछ नया करने के लिए तत्पर होना चाहिए। यह सीख जीवन के लिए भी सही है।

मैं अपने नर्तकों से एक माँ की तरह प्यार करती थी और मुझे लगता है कि मैंने यह भूमिका बख़ूबी निभायी क्योंकि अपनी माँ का अनुसरण करते हुए मैंने न केवल कलाकारों के रूप में बल्कि मनुष्य के रूप में भी

उनके विकास और सुधार में योगदान करने के लिए सब कुछ किया। मुझे सभी दिशाओं में उनके साथ यात्रा करने में मज़ा आया और हमने जो परिणाम हासिल किये उनसे मैं सन्तुष्ट हूँ। मुझे लगता है कि आज भी, हमारे अन्तिम सहयोग के कई वर्षों के बाद भी हमारे बीच एक गहरा सम्बन्ध है। हम आत्मीय और परिचित आत्माएँ हैं। आपसी सम्बन्ध निर्वाह करते समय हमें अपनी भूमिकाओं के बारे में पूरा भान था। रिहर्सल रूम में मैं हमेशा उनसे कहती "मेरे साथ तुम सब खेल सकते हो पर मज़ाक नहीं कर सकते", जबकि काम के बाहर मैं कभी-कभी उनके साथ मस्ती कर लेती थी।

ग्वीडो को भी हर कोई प्यार करता था। वास्तव में नर्तक उसे मुझसे कहीं अधिक प्यार करते थे–वह अच्छा था और मैं बुरी। क्या आप मुझ पर हँस रहे हैं? मुझे यक़ीन है कि आप जानते हैं कि यह सच नहीं है लेकिन उनके भले के लिए उन्हें अनुशासित करना मेरा दायित्व था।

अभी कुछ दिनों पहले मेरी एक पूर्व सहायक मालविना सिरेली ने मुझे कुछ अनौपचारिक तस्वीरें भेजीं। वह *हाइड एंड ईवा* और *फॉली ड'आमोरी* शोज़ की छह पूर्व नर्तकियों के साथ डिनर कर रही थी। मेरे लिए उन्हें इतना ख़ुश और मग्न देखना बीस साल पीछे लौटने जैसा था। उनमें से कुछ थोड़ी सी मोटी हो गयी थीं और बाकी पहले की तरह परफेक्ट शेप में थीं। तस्वीरों के साथ यह वाक्य था–"ऐसा लगता है कि समय नहीं बीता है। हर बार जब हम मिलते हैं तो उतने ही आनन्द और रचनात्मकता से सराबोर होते हैं जैसा कि आपके साथ काम करते समय होते थे।" अविश्वसनीय संयोग यह था कि पिछली ही शाम मैं फ़ाबियो मौरी की मृत्यु की दसवीं वर्षगाँठ पर आयोजित एक कार्यक्रम के लिए *फ़ाबियो मौरी फ़ाउंडेशन* गयी थी जहाँ पर *हाइड एंड ईवा* को फिर से प्रदर्शित करने की बात हुई थी और जैसा कि आप जानते हैं इसमें फ़ाबियो का डिब्बों वाला दृश्य शामिल था।

ऐसा लगा मानो यह ऊपर से एक संकेत था! इसलिए मैंने उसके सन्देश का जवाब दिया–"क्या आप सब कुछ वज़न कम करने के बाद फिर से *हाइड एंड ईवा* के प्रदर्शन के लिए तैयार हैं?" मुझे लगा कि शो को फिर से उन्हीं कलाकारों के साथ प्रस्तुत करना बहुत अच्छा रहेगा जिनके साथ मैंने इसे पहली बार प्रस्तुत किया था क्योंकि कलाकार के

रूप में वे अब अधिक परिपक्व थे। वास्तव में भारत में प्रौढ़ नर्तकों की सराहना की जाती है, उन्हें प्यार और सम्मान मिलता है। वहाँ शारीरिक पहलू इतना मायने नहीं रखता है जितना कि वह जो कि नर्तक अपने शरीर के माध्यम से व्यक्त करता है।

मैंने अपनी कम्पनी को उत्साहपूर्वक और अनौपचारिक तरीक़े से सँभाला। मुक्त कलाकार उत्साही होता है, रचनात्मक होता है। वह साहस के साथ अपने जुनून को पूरा करता है और समझौतों एवं प्रतिबन्धों को स्वीकार नहीं करता है। यदि व्यक्ति के मूल में काव्यात्मकता, सद्भाव और स्वतंत्रता हैं तो उसकी चाल नर्तक सी होती है। शरीर का हल्कापन आत्मा की शुद्धता पर निर्भर करता है।

मेरा मानना है कि ये सब खूबियाँ महान आत्माओं में जन्मज़ात होती हैं। मास्टर्स (गुरु) वे होते हैं जो आपके छिपे हुए गुणों को उजागर करते हैं। मैं शायद अपने नर्तकों के कुछ आयामों को प्रकाश में ला पायी जिनका अन्यथा उन्हें पता नहीं चलता। जब एक नर्तक एक ऐसे कोरियोग्राफ़र के साथ काम करता है जिसकी अपनी शैली है तो नर्तक उसकी रचनात्मक प्रक्रिया का हिस्सा हो जाता है और अगर उसमें एक कोरियोग्राफ़र बनने की क्षमता है तो वह ठीक वैसा ही करने के लिए प्रेरित होता है।

वास्तव में मेरे कई नर्तक आगे जाकर कोरियोग्राफ़र बने और उन्होंने अपनी ख़ुद की कम्पनी की स्थापना की। मेरे साथ काम करके वे अपनी स्वयं की कोरियोग्राफ़िक रचना करने को तत्पर हुए। मेरे साथ उनका जुड़ाव उनके लिए अपने करियर में ऊँची छलाँग मारने का तख़्ता साबित हुआ। मैं कह सकती हूँ कि समकालीन इतालवी नृत्य का अधिकांश हिस्सा मुझसे ही उपजा है। मुझे यह कहने में गर्व है कि वे सभी आगे जाकर बेहद सफल हुए।

मैंने अपने नर्तकों से हमेशा यह कहा है– *"इस वैभवशाली वर्तमान पल को–जो कि विलीन हो जाता है पानी में एक बूँद की तरह अगले वर्तमान पल को स्थान और समय देने के लिए–रोमांच और आत्मसमर्पण की स्थिति में जियो, तटस्थ होकर जियो, अनन्त में जियो। परम रहस्य को उजागर करना ही जीवन जीने की कला है... अंग संचालन उस आन्तरिक प्रकाश में कम्पित होता है।"*

एक कलाकार के अपने पागलपन में मैंने सब कुछ शून्य पर लाकर फिर से शुरुआत करने की तीव्र इच्छा को अक्सर महसूस किया है।

एच.एम.एम. में पैट्रीज़िया सेरोनी एंड द बेयरफ़ुट डांसर्स–रेजियो थिएटर, ट्यूरिन (इटली), 1977

यह उपक्रम निस्सन्देह थका देने वाला है लेकिन नया जीवन प्रदान करने वाला भी है। हम हर बार फिर से नये जीवन की ओर बढ़ते हैं, जैसे कि अमरपक्षी अपनी राख से जी उठता है। मैंने *इ डेंज़ाटोरि स्काल्ज़ी* के विभिन्न गठनों के साथ भी ऐसा किया। कम्पनी के अस्तित्व के चालीस वर्षों में मैंने कम से कम दस नये समूहों को नये सिरे से बनाया। और प्रत्येक गठन में कई कलाकार आये और गये, जैसा कि जैज़ समूहों में होता है। मैं शायद आपको पहले ही बता चुकी हूँ कि मुझे वह सब कुछ पसन्द है जो कि निरन्तर गति में है, रूपान्तरित हो रहा है, पुनर्निर्मित किया जा रहा है।

मैं उन तीन सौ पेशेवर नर्तकों और उन हज़ारों छात्रों में से, जिन्हें मैंने प्रशिक्षित किया और जिन्होंने मेरे साथ काम किया, प्रत्येक की आन्तरिक दुनिया का विस्तार से वर्णन कर सकती हूँ, लेकिन मैं उनमें से केवल कुछ का यहाँ उल्लेख करूँगी। ऐसा करने का अभिप्राय बाकी नर्तकों को छोटा बताना नहीं है चूँकि मैंने उन्हें भी प्यार किया है। जो नर्तक बहुत प्रतिभाशाली थे लेकिन बहुत आत्ममोहग्रस्त और नखरीले भी उन्होंने मुझे अपनी प्रतिभा से समृद्ध किया, जबकि जियोवान्नी रोमियो और रोज़ेन्ना मैगियो जैसे नर्तकों ने मुझे अपनी मानवता से भी समृद्ध किया।

कुछ के पास केवल मानवता थी लेकिन वे मंच पर असली प्रतिभा की कमी की पूर्ति करने में सक्षम थे। आख़िर में वे इरोटिक नर्तक जिनके साथ मुझे प्यार हुआ। भले ही वे कभी भी मेरे प्रेमी नहीं बने, चूँकि मैं पेशेवर जीवन में भावनात्मक लगाव के खिलाफ हूँ, फिर भी मैं उनकी गोपनीयता बनाये रखूँगी क्योंकि उनकी संख्या बहुत है।

मैं वास्तुकार जियोवान्नी रोमियो के साथ गहरी दोस्ती के तार से बँधी हुई हूँ। मैंने पहले ही अपने अन्तर्ज्ञान से जान लिया था कि हमारे बीच एक अच्छी दोस्ती क़ायम होगी। जियोवान्नी मूल रूप से सिसिली द्वीप के मेसिना शहर से थे पर उन्होंने कैटेनिया शहर में रहना चुना जहाँ आप सक्रिय ज्वालामुखी एटना की महान ऊर्जा और समुद्र की ऊर्जा को एक साथ महसूस करते हैं, जो कि शहर की ऊर्जा में वृद्धि करता है।

1974 में कैटेनिया शहर 'द बेयरफ़ुट डांसर्स' के जन्म का साक्षी बना जहाँ उन्होंने अपनी पहली प्रस्तुति की। जियोवान्नी के पिता, नीनो रोमियो ने मुझे ताओर्मिना आर्ट फ़ेस्टिवल (कला उत्सव) के कलात्मक निदेशक जिओआचिनो लांजा टॉमासी से मिलवाया। उस आर्ट फ़ेस्टिवल के कार्यक्रम में मेरे शोज़ शामिल थे।

अपने नृत्य कॅरियर के कई दशकों में मैंने सिसिली के लगभग सभी आर्ट फ़ेस्टिवल्स और थिएटर में प्रदर्शन किया। सिसिली अपनी संस्कृति और प्रकृति की वजह से ख़ास है। चालीस से अधिक सभ्यताएँ यहाँ बसीं और स्थानीय निवासियों के ऊपर एक अमिट छाप छोड़ गयीं। सिसिली के निवासी अपनी संस्कृति और प्रकृति की बदौलत बहुत कामुक होते हैं। शायद इसीलिए मैं उन्हें अपने नृत्य के लिए सर्वश्रेष्ठ दर्शक मानती हूँ।

वाकई में जियोवान्नी की मित्र मण्डली का घेरा बहुत बड़ा है जिसमें अल्मोदोवर की फ़िल्मों का सा वातावरण होता है, जहाँ सब प्यार और पूर्ण स्वीकृति के साथ एक दूसरे को समर्थन देते हैं और ज़रूरत पड़ने पर आपसी कमियों के लिए एक-दूसरे को माफ़ कर देते हैं। आज भी पहले की तरह इन्हीं गुणों की वजह से मुझे उसकी दोस्ती अच्छी लगती है।

पैट्रीज़िया मैकाग्नो उन लोगों में से है जो आगे जाकर कोरियोग्राफ़र बने। पैट्रीज़िया मेरी कम्पनी की सबसे प्रतिभावान नर्तकों में से एक थी और मेरी सहायक भी। उसने अन्य पूर्व 'नंगे पाँव वाले' नर्तकों के साथ अपनी खुद की एक कम्पनी स्थापित की। कला में या फिर जीवन में हम

दोनों का आपसी सहयोग कभी समाप्त नहीं हुआ–हमारी दोस्ती पचास वर्षों से चली आ रही है। हालाँकि हमारे स्वभाव बिल्कुल विपरीत हैं, फिर भी हमारे बीच हमेशा सौहार्द और आपसी समझ रही है।

हम दोनों डांस अकादमी में एक साथ पढ़ते थे। हम एक दूसरे को तब से जानते हैं जब हम किशोर थे या कहिए कि दो स्वतन्त्र और पूर्वगठित छोटी महिलाएँ। नृत्य की कठिन अनुशासन और पूरी एकाग्रता की लगातार माँग की बदौलत कलाकार बड़ी जल्दी परिपक्व हो जाता है। पैट्रीज़िया ने हमेशा मुझे ताक़त, स्थिरता और एकजुटता प्रदान की है। वह साफ़दिल, वफ़ादार, बुद्धिमान और एक ख़ूबसूरत मुस्कान की मालकिन है और उसकी अच्छाई उसकी मानवीय गहरी हरी आँखों से झलकती है। आज भी वह एक ठोस और तर्कसंगत महिला है जिसे स्पष्ट अन्तर्ज्ञान–जिसके साथ वह हमेशा जुड़ी रहती है–राह दिखाता है। उसके नृत्य करने के तरीक़े में भी ऐसा ही है। उसका एथलेटिक शरीर पतला और रैखिक है और नृत्य करते समय उसका अंग संचालन धाराप्रवाह के बजाय शक्तिशाली ज़्यादा है। वह एक सटीक ब्लेड की तरह है जो हवा को काटता है। अकादमी में दो अलग-अलग पाठ्यक्रमों में हम केवल दो छात्र थे और साल के अन्त की रचना में निर्देशक ने हममें से प्रत्येक के लिए एक एकल शो बनाने के बजाय एक युगल शो बनाने का फ़ैसला किया। हम दोनों ने मस्ती करते हुए बड़े सन्तोष, सहजता और सच्ची दोस्ती के साथ नृत्य किया। मैंने अपनी सभी परियोजनाओं में पैट्रीज़िया को शामिल किया और वह उनमें उत्साह व ऊर्जा के साथ शामिल हुई। हम दो महान कलाकार हैं जो रुकना नहीं जानते।

आह, नृत्य! यह न केवल आत्मा को उन्नत करता है बल्कि अस्तित्व के सभी आयामों को दृढ़ता से मज़बूत भी करता है।

प्रसिद्ध अभिनेत्री लौरा मोरांते सिर्फ़ बीस साल की थी जब मेरे दोस्तों के दोस्त ने (जिनका मैं बहुत सम्मान करती थी) उससे मेरा परिचय कराया, इसलिए मैंने तुरन्त उसे काम पर रखने पर विचार किया। मुझे उसका व्यक्तित्त्व, उसकी तीव्रता, चेहरे और गर्दन की अद्वितीय व दुर्लभ सुन्दरता, जो कि मोदिग्लिआनी के मॉडल्स के समान थी, पसन्द आयी। दूसरी ओर ऐसा प्रतीत होता था कि वह कभी-कभी यह नहीं समझ पाती थी कि उसे अपने शरीर के साथ क्या करना है। चूँकि नर्तक सबसे पहले

एक अभिनेता होता है और मेरे भावनात्मक नृत्य में मूवमेंट की व्याख्या मायने रखती है, इसलिए मैंने तुरन्त लौरा को अपनी कम्पनी में ले लिया।

मैं कभी भी नर्तकों का चयन उनकी शारीरिक सुन्दरता या उनके तकनीकी गुणों के आधार पर नहीं करती, हालाँकि मेरे पास सुन्दर और अच्छे नर्तक भी थे। मैं एक नर्तक का चयन उसकी अपनी आन्तरिक दुनिया को, अपनी गहरी भावनाओं को व्यक्त करने की क्षमता के आधार पर करती हूँ। कभी-कभी तथाकथित 'बदसूरत' लोग भी सौन्दर्य और आकर्षक व्यक्तित्त्व का इज़हार करते हैं जो उन्हें 'ख़ूबसूरत' माने जाने वाले लोगों से–जिन्होनें शायद ख़ुद को सामान्य सौन्दर्य मानकों के बोझ तले कुचल जाने दिया–अलग हट कर दर्शाता है।

1976 का साल था और मैं एक बार फिर 'द बेयरफ़ुट डांसर्स' का पुनर्निर्माण कर रही थी। मैं अकादमी के अत्यधिक तकनीकी शिक्षकों के साथ बनाये गये समूह को छोड़ कर–चूँकि वे अपने आन्तरिक आयाम के सम्पर्क में आने में असमर्थ थे–एक नये समूह का निर्माण कर रही थी। नये समूह में शामिल थे एनरिका पामिएरी, लौरा मोरांते, पाओलो मोरेली, हाल यामनोची और इच्छाशक्ति व अभिव्यक्ति से भरे अन्य युवा जिनमें तकनीकी कौशल के बजाय कलात्मक गुण थे।

जब कार्मेलो बेने मुझसे माइकलएंजेलो एंटोनियोनी के साथ मिलने आये तो तुरन्त उनका ध्यान लौरा पर गया। वह उससे प्यार करने लगे और उसे अपनी फ़िल्म 'रिकार्डो III' में ले लिया। लौरा शाम तक मेरे साथ रिहर्सल करती और देर रात तक कार्मेलो के साथ। वह काम के प्रति पूरी तरह से समर्पित थी और कभी पीछे नहीं हटी। उसने पूरा प्रयास किया और हर चुनौती का सामना किया। मैंने उसका जीना मुश्किल कर दिया। सिर्फ़ उसका ही नहीं, मैंने अपना भी जीना मुश्किल कर लिया। मुझे अफ़सोस है कि मैं अपने सभी नर्तकों के साथ उग्र थी लेकिन वे इसके लिए मुझे धन्यवाद देते हैं। मैं लौरा को प्यार करती थी लेकिन मैंने इस बात को छुपाया क्योंकि मैं उसके लिए अच्छे से अच्छा चाहती थी।

वह बहुत प्यारी लगती थी जब वह उन मूवमेंट्स को करने की कोशिश करती थी जिन्हें वह सही से नहीं कर पाती थी। एक पिल्ले की तरह वह अपना सन्तुलन खोकर सँभल जाती और शर्मीलेपन से दोबारा उन्हें करने की कोशिश करती। नृत्य करते समय लौरा मूवमेंट को अपनाती ज़रूर थी

पर स्वयं को तब तक पूरी तरह समर्पित नहीं करती थी जब तक कि वह उसमें खो नहीं जाती थी, उसके साथ एक नहीं हो जाती थी। पूर्ण समर्पण करना हम सभी के लिए जीवन की उपलब्धियों में सबसे कठिन उपलब्धि है। पूर्ण समर्पण करने का अर्थ है दिल की गहराई में बसे मूल प्रेम के प्रति कुल आत्मसमर्पण की स्थिति में पहुँचना। लौरा की आन्तरिक दुनिया तीव्र थी जिसमें तकनीक, शरीर की लोच व गतिशीलता उच्च प्राथमिकता थी। क्या मालूम, शायद लौरा को नृत्य करना जारी रखना चाहिए था!

लौरा दयालु थी और सबकी मदद करती थी। साथ ही वह बहुत विनम्र थी और दूसरे नर्तकों के प्रति काफ़ी सहयोगात्मक रवैया रखती थी। सभी उससे बहुत प्यार करते थे। उसे साहित्य का बहुत शौक़ था और वह अक्सर अपनी रीडिंग से उद्धृत करती थी। भले ही वह युवा थी पर एक अच्छी टस्कन होने के नाते उसकी बातें तीखी और विडम्बना युक्त होती थीं। लौरा ने एक बार मुझसे कहा था–"आप के अन्दर दोनों गरगन्तुअ और पन्तगरुएल की शक्ति है।" मुश्किल क्षणों में उसके शब्दों को याद करके मुझे ख़ुद पर विश्वास करने में और मुश्किलों का सामना करने की अपनी ताक़त पर भरोसा करने में मदद मिलती थी। एक बार ग्वीडो और मेरे बारे में उसने मेरी उपस्थिति में दूसरों से कहा था–"ग्वीडो पैट्रीज़िया का आधा नहीं बल्कि उसका दोहरा है", और मुझे नहीं लगता कि उसका मतलब ग्वीडो की साढ़े छह फीट की लम्बाई से था! तुम्हारा क्या मतलब था लौरा?

एक अन्य अवसर पर मेरे और कार्मेलो बेने के साथ काम करने के अपने अनुभव के बीच के अन्तर के बारे में उसने कहा था–"एक बुरे मालिक से एक अच्छी माँ भली।" हालाँकि लौरा और मेरे बीच केवल कुछ वर्षों का ही अन्तर था, मुझे लगता है कि उसका मुझे माँ कहना मेरी तारीफ़ थी चूँकि मैं बहुत सख़्त थी। उसने यह भी कहा था–"बेचारे हम नहीं हैं, बेचारी वह है क्योंकि उसे ख़ुद को चौबीस घंटे सहना पड़ता है।" उसने तीर निशाने पर मारा था! मैं यक़ीनन ख़ुद से, दूसरों से और जीवन से कुछ ज़्यादा ही अपेक्षा करती थी। यह मेरे भारत जाने से पहले की बात है। भारत जाने के बाद सब कुछ बदल गया। अब स्थिति बदतर है क्योंकि अब मैं हर समय शुद्ध प्रेम की अपेक्षा करती हूँ जो कि मिलना असम्भव है।

ओलंपिक थियेटर, रोम (इटली) में *लेडीज़ एंड जेंटलमेन* शो की प्रस्तुति, 1988

लौरा और मेरे बीच का रिश्ता बहुत गहरा था। मुझे लगता था कि वह मुझे समझती थी। जब मैंने धूम्रपान करना बन्द किया और उसने मुझे संघर्ष करते देखा तो उसने मुझे मारेम्मा के पहाड़ों में अपने एक छोटे से पारिवारिक घर में आमन्त्रित किया। हमारे प्रवास के दौरान मुझे याद है कि सर्दी की गुनगुनी धूप में हम दोनों अपने कपड़े टाउन स्क्वायर के लावाटोरिओ (वॉश-हाउस) में स्थानीय गृहिणियों के साथ धोते थे। ऐसा मैं अपने जीवन में पहली बार कर रही थी।

लौरा का चरित्र वर्णन–अपर्याप्तता की भावना और शर्मीलापन, लेकिन वास्तव में बहुत मज़बूत और आत्मविश्वासी। वह एक आत्मविश्वासहीन व्यक्ति के रूप में पेश आती है लेकिन वह इसके बिल्कुल विपरीत है। मैं उसके व्यवहार को एक मनोविश्लेषणवादी मिथ्या मानती हूँ। मेरे साथ भी लौरा अनजाने में अधीनता का रवैया अपनाती थी, जबकि मैं उसके दृढ़ संकल्प को महसूस कर सकती थी। हमारे बीच इस मनोविश्लेषणवादी खेल की वजह से, जो वह अपने और मेरे साथ खेलती थी, टकराव होता था। मेरा मानना है कि उसका यह व्यवहार एक तरह का मुखौटा था। यही उसकी समस्या थी।

हालाँकि लौरा ने कुछ ही साल मेरे साथ काम किया, उसने कई प्रस्तुतियों में भाग लिया। इटली के स्पोर्ट्स पैलेसेज़ के दौरे के अलावा उसने कांस में *बैंको डेल मुतोओ सोकोर्सो* रॉक बैंड के साथ प्रस्तुति में भाग लिया जब डेविड ज़ार्ड ने मुझे *कोमे इन उन'उल्टीमा चीना* (एस इन द लास्ट सपर) की कोरियोग्राफ़ी के लिए नियुक्त किया। उसने सी.डब्ल्यू. ग्लुक के ओपेरा *ऑर्फियस एंड यूरिडिसी*, डेरियस मिलहूद द्वारा रचित बैले *क्रिएशन डू मोंडे* (क्रिएशन ऑफ़ द वर्ल्ड), जिसे मैंने स्विट्जरलैंड के लूगानो शहर में स्विस टीवी के लिए बनाया था, क्रेमोना शहर के ऑर्केस्ट्रा म्यूज़िक एनसेंबल और कई सारे प्रोजेक्ट्स में भाग लिया। एक अभिनेत्री के रूप में उसकी सफ़लताओं को मैंने बड़े प्यार से सराहा। उसने भी मेरी उद्घाटन रातों में अपनी उपस्थिति के साथ मेरी सफ़लता की गवाही दी।

1970 के दशक में समकालीन नृत्य में केवल टाइट्स (चुस्त कपड़ों) का पोशाक के तौर पर उपयोग होता था और शुरू में मैंने भी वैसा ही किया। *अपोट्रोपिया* के अवसर पर–जो कि फ्रैंक ज़प्पा की सोलो एल्बम *चूँगास रिवेंज* पर आधारित एक कोरियोग्राफ़ी थी–ग्वीडो ने एक वास्तुकार मित्र फ़्रांसेस्को मार्कोनी के साथ काले टाइट्स पर युर्गिस बाल्ट्रोसेटिस द्वारा लिखित मध्यकालीन पुस्तक *मेडिओएवो फैंटास्टिक* में दी गयी ग्रोटेस्क छवियों को चित्रित किया। वे गहरे रंग की छवियाँ थीं जो कि मुखौटे, ड्रेगन, साँपों का प्रतिनिधित्व करती थीं... वे चित्र हमारे मूवमेंट्स के समान शक्तिशाली थे।

जब मैंने भारत जाकर *टेंड्रिल्स* की रचना की तो मैंने महसूस किया कि स्पैंडेक्स को घुटने के नीचे लाने की आवश्यकता है ताकि मूवमेंट का पोशाक में एक्सटेंशन (विस्तार) हो। मैंने ख़ुद पोशाकों के नमूने तैयार किये जिन्हें मैंने दिल्ली के दर्जियों से सिलवाया।

रोम वापस आकर मैं डिनो ऑरलैंडो से मिली जो कि न्यूयॉर्क में लगभग चालीस वर्षों के लम्बे अनुभव के बाद इटली लौटे थे। न्यूयॉर्क में उन्होंने जैकलिन कैनेडी सहित कई महत्त्वपूर्ण हस्तियों और सितारों के कपड़े डिज़ाइन किये थे। वह एक फ़ैशन डिज़ाइनर थे और उत्तरी इटली के विभिन्न फ़ैशन हाउस के लिए काम करते थे। इटली के कपड़ा उद्योग के नाटकीय पतन से पहले वे स्वयं ऊन के शहर बायला जाकर कपड़े चुनते थे। कपड़ा उद्योग का पतन इसलिए हुआ कि अब कपड़े चीन से

खरीदे जाते हैं क्योंकि वे सस्ते हैं और निस्सन्देह खराब गुणवत्ता के। इस तरह से महान इतालवी गुणवत्ता धीरे-धीरे कई क्षेत्रों में नष्ट हो रही है।

डिनो मेरे नृत्य को बहुत पसन्द करते थे और हम दोनों बहुत क़रीबी दोस्त बन गये। हमारे बीच एक साझेदारी का जन्म हुआ जिसके परिणामस्वरूप नर्तकों को कैसी पोशाक पहनायी जाये, इस पर एक वास्तविक प्रायौगिक काम हुआ। डिनो ने रोज़मर्रा के जीवन से प्रेरित कपड़ों का उपयोग करते हुए मेरे कई शोज़ के लिए परिधान तैयार किये जो कि मेरे समकालीन नृत्य के लिए उपयुक्त थे। *डायवर्टिसेमेंट लिरिके* शो के लिए, जिसमें केवल कुछ महिला नर्तक और दो संगीतकार थे, उन्होंने एक पोशाक बनायी जो मुझे लगता है कि एक उत्कृष्ट कृति है–उष्ण सोने के रंग का रेशम का परिधान, लगभग एक पलाज़ो पायजामा की तरह, जो कि सामने की ओर तहें बनाता है जो तितलियों की तरह उड़ती और थिरकती हैं।

मार्को स्टैगी के साथ पहली बार हमने पोशाक बनाने के लिए प्लास्टिक का इस्तेमाल किया। मार्को एक नवयुवक था जो कि हाल ही में एकेडमी ऑफ़ कॉस्ट्यूम से उत्तीर्ण होकर निकला था। *लेडीज़ एंड जेंटलमेन* के अवसर पर उसने पारदर्शी प्लास्टिक से महिला नर्तकों के लिए अद्भुत स्कर्ट्स बनायीं जो कि कमर पर टूटू की तरह तंग थीं और लौ की तरह पीले-नारंगी-लाल लकीरों के साथ आग का प्रभाव देती थीं। मैंने एक सपने में पुरुष नर्तक देखे थे जिनकी छाती पर पट्टियाँ थीं जो कि उनकी मांसपेशियों की ताक़त को चिह्नित करती थीं और उनकी बेल्ट से तीसरे पैर की तरह एक मोटा सूती कपड़ा नीचे की ओर आ रहा था। मार्को ने पुरुषों के लिए ठीक वैसी ही पोशाक बनायी जैसी मैंने सपने में देखी थी और यह मंच पर बहुत प्रभावी रहा।

हाइड एण्ड ईवा शो के लिए हाई फ़ैशन हाउस *पियानो पियानो डोल्चे कार्लोत्ता* के साथ प्रयोग जारी रहा। शो के स्टाइलिस्ट एंटोनियो मार्रास थे जो कि एक बहुमुखी कलाकार थे। जहाँ डीनो ऑरलैंडो ने विशेष रूप से मेरे शोज़ के लिए पोशाकें बनायीं, वहीं मार्रास के फ़ैशन हाउस ने मुझे अपने संग्रह से पोशाकें चुनने का अवसर दिया। यह मेरे लिए सम्मान की बात थी। पाँच सौ वर्ग मीटर के उनके विशाल गोदाम से उच्च रचनात्मक स्तर और उच्च गुणवत्ता वाले शिल्प कौशल की किसी भी तरह की पोशाक

को चुनने की आज़ादी मिलना मेरे लिए बहुत रोमांचक भी था। मुझे हाई फ़ैशन के साथ बहुत मज़ा आया और मैं आशा करती हूँ कि सिर्फ़ न्यूनतम और आवश्यक कपड़े चुनकर मैंने मार्रास को निराश नहीं किया।

ऐसा ही सेम वक्कारो, एक अपरम्परागत और बोल्ड स्टाइलिस्ट के साथ हुआ जिन्होनें *टॉस्का–द पॉवर अगेंस्ट लव* और *क्लियोपेट्रा–द पॉवर ऑफ़ लव* के अवसर पर मार्चे में अपने गोदामों को मेरे लिए खोल दिया। इन शोज़ में दो मुख्य नर्तकियों के चलते बेशक मैंने पहली बार भव्य कपड़े चुने।

निश्चित रूप से कपड़ों ने मेरे नृत्य में इज़ाफ़ा किया है और इसकी समकालीन एवं अभिव्यंजक शक्ति को बढ़ाया है। लेकिन एक ऐसे नृत्य के लिए जिसमें शरीर की प्रत्येक कोशिका अंग संचालन का एक साधन है, नग्नता आदर्श है। मैंने अक्सर नग्न नृत्य किया है, हालाँकि मैं कभी भी अपने नर्तकों को अपने साथ ऐसा करने के लिए राज़ी नहीं कर पायी। ऐसा कर पाना हर किसी के लिए आसान नहीं है। नग्नता स्वतन्त्रता का द्योतक है और नृत्य करते समय कुछ भी पहनना बोझिल होता है।

मैंने *फॉली ड'आमोरी* के ओवरचर पर एक आघात-वाद्ययन्त्र के टुकड़े पर एक योद्धा की भूमिका में, जिसे युद्ध के मैदान में दुश्मनों के ख़िलाफ़ उतारा गया है, नग्न नृत्य किया। उस अवसर पर मंच की बैकलाइट की रोशनी में मेरी अभिन्न नग्नता का सिलुएट दिखायी दे रहा था।

मा वोलेते कैपीयर क्वालकोसा दी नोइ दोंने??!! (बट यू वांट टू अंडरस्टैंड समथिंग अबाउट अस वीमेन*??!!*) करते समय सबसे पहले यह विचार था कि मेरा पार्टनर कोर्राडो सेलेस्टिनी और मैं लियोनार्ड कोहेन की ख़ूबसूरत आवाज़ पर नग्न होकर एक कामुक पा द डह (pas de deux) युगल नृत्य करेंगें। मगर रिहर्सल्स शुरू होने के कुछ समय बाद कोर्राडो ने संकोच के साथ मुझे थोड़ा-थोड़ा समझाना शुरू कर दिया कि वह कभी भी मंच पर पूरी तरह से नग्न होकर नृत्य नहीं कर सकेगा और यह कि रिहर्सल की बात अलग थी। जब शो का डेब्यू क़रीब था तो उसने आख़िरकार स्वीकार किया कि ऐसा कर पाना उसके लिए असम्भव था। मुझे समझ नहीं आ रहा था कि मैं क्या करूँ। तब डिनो ऑरलैंडो, जिन्हें मैंने कुछ साल पहले खो दिया था, मानो आकाश से मेरी सहायता के लिए आये। रिहर्सल के दौरान मुझे ऐसा लगा कि मैंने उन्हें मेरी तरफ़ भारतीय साड़ी फेंकते हुए देखा है। कमाल का विचार!

बट यू वांट टू अंडरस्टैंड समथिंग अबाउट अस वीमेन??!!
शो, स्कीआथोस कला फ़ेस्टिवल, ग्रीस, 2004

मुझे याद है कि हम वियाल लीबिया में काम कर रहे थे जहाँ मैं रहती थी और जहाँ मैंने आने वाले दिनों में कई अन्य शो बनाये। वहाँ सभी पहियों वाले फर्नीचर थे ताकि मैं जब भी नृत्य करना चाहूँ उन्हें कुछ ही मिनटों में प्रवेश द्वार की ओर धकेल कर आसानी से जगह बना सकूँ। यह घर जहाँ मैं रहती थी मेरे लिए सब घरों में से सबसे उपयुक्त था क्योंकि हम कलाकारों को ख़ाली जगह की आवश्यकता होती है। निश्चित रूप से सामान से भरे घर गर्म होते हैं लेकिन हमें बाह्य चीज़ों के बजाय अपने अन्दर गर्मी खोजने की ज़रुरत है।

मैं भाग कर अपने कमरे में गयी और दराज में से एक फिरोज़ी रंग की रेशमी साड़ी निकाल कर लायी। पासा फेंका जा चुका था! मैंने इस अतिरंजित विषमता का फ़ायदा उठाया—मैं नग्न थी और कोर्राडो औपचारिक सूट में और हमारे बीच में थी रेशम की एक साड़ी जिसे कोर्राडो ने मेरे चारों ओर इस्तेमाल किया, मुझे ढकने और उजागर करने के लिए।

साड़ी को सँभालना मुश्किल था क्योंकि छह मीटर से अधिक लम्बी होने के बावजूद इसे मेरे साथ उड़ना था, लेकिन कोर्राडो मंच पर पूरी पोशाक पहनकर नृत्य करने के लिए कुछ भी करने को तैयार था।

मुझे शो के बाद दर्शकों की प्रतिक्रिया पर और ड्रेसिंग रूम में हो रही टिप्पणियों पर बहुत आश्चर्य हुआ–पुरुष भयभीत दिख रहे थे और उन्होंने मुझसे बात नहीं की, जबकि महिलाओं ने उत्साहपूर्वक मेरी प्रशंसा की। उन्होंने उस नृत्य में खुद को मेरी जगह पर पाया था और मुझे लगता है कि मैं समझ पायी थी कि क्यों। यह कोरियोग्राफ़ी उस उन्मुक्त, भावपूर्ण प्यार को दर्शाती है जिसकी हम महिलाओं को अभिलाषा होती है। पुरुष को चाहिए कि वह अपने खुले (नग्न) हृदय से स्त्री के शरीर एवं आत्मा को, निर्वस्त्र हुए बिना प्यार करे।

जब हम कलाकार किसी भूमिका की व्याख्या करते हैं तब हम उसमें इस कदर डूब जाते हैं कि हमारे अन्दर वही विचार और भावनाएँ जाग्रत हो जाती हैं। इस नृत्य ने कोर्राडो और मेरे बीच असली जीवन में वह पहलू जाग्रत कर दिया जिसे हम नृत्यकला में व्यक्त कर रहे थे, यानी हमारे बीच की कामुकता। चूँकि मानवीय और कलात्मक स्तरों पर ओवरलैपिंग हो रही थी इसलिए हम दोनों मंच पर काफ़ी आश्वस्त लग रहे थे। हम ऐसे दिख रहे थे मानो हम असली जीवन में भी प्रेमी हों, इस हद तक कि शो के बाद ड्रेसिंग रूम में कई दर्शकों ने इसकी पुष्टि करना चाहा। रिहर्सल के बाहर भी हम दोनों उस प्रेम का अनुभव कर रहे थे जिसे हम नृत्य में जी रहे थे और हम दोनों के लिए उन मज़बूत आवेगों को वासनाहीन सतह पर बनाये रखना आसान नहीं था।

जिस प्यार को भोगा नहीं जाता है वह सबसे अधिक तीव्र होता है क्योंकि हम शरीर के सम्मोहन के बिना सिर्फ़ आत्माओं के खेल में एक-दूसरे को पहचानते हैं। कभी-कभी शरीर प्यार के रास्ते में एक बाधा बन सकता है क्योंकि आत्मिक मिलन का साधन होने के बजाय–जैसा कि नृत्य करते समय होता है–यह प्रेमियों को वासना के गर्त में गिरा देता है।

***

कलाकार अपनी कला को पृथ्वी के सभी निवासियों तक पहुँचाना चाहता है। यह एक स्वाभाविक, सहज चाहत है। जीवन के तनावों में मंच एक

नखलिस्तान है क्योंकि वहाँ कलाकार और दर्शकों के बीच जो आदान-प्रदान होता है वह कलाकार और दर्शकों दोनों के अन्तरंग तार को छूता है, वे भावनाओं की रौ में बहते हैं और एक-दूसरे को प्रेरित करते हैं। मुझे नहीं लगता कि मेरे लिए इससे बड़ा कोई प्रेम है। दर्शकगण एक आदर्श प्रेमी हैं जिनके साथ कलाकार अपने अन्तरतम रहस्यों और भावनाओं को साझा कर सकता है। मैं वस्तुतः दुनिया की नागरिक हूँ क्योंकि जब मैं मंच पर होती हूँ तब मैं सभी से प्यार करती हूँ। इसलिए मैं आपसे कहती हूँ कि मेरा जीवन अद्भुत है!

जब हम कलाकार दौरे पर होते हैं तब हम आन्तरिक ध्यान और एकाग्रता की स्थिति में रहते हैं, एक ऐसी स्थिति जिसमें हम अपने आस-पास के वातावरण के सार को आकर्षित और अवशोषित करते हैं। हालाँकि हमारे पास उन शहरों में जहाँ हम प्रदर्शन करते हैं सैलानियों की तरह घूमने का समय या ऊर्जा नहीं होती है, फिर भी हम उन जगहों के सार को गहराई से जान पाते हैं, ख़ासकर वहाँ के दर्शकों के साथ आदान-प्रदान के माध्यम से। अपने दिलों में हम ख़ुद को एक साथ पाते हैं। हमारा आदान-प्रदान हमारे अन्तरंग तार को इस तरह छूता है कि हम एक-दूसरे को उसी तीव्रता के साथ जान पाते हैं जिस तीव्रता के साथ प्रेम जाग्रत होता है।

अब मैं आपके लिए अपने करियर की कुछ यादों का वर्णन करूँगी जो कि मेरे लिए सबसे महत्त्वपूर्ण हैं।

रॉक-पॉप संगीत के प्रसिद्ध प्रमोटर भाइयों डेविड ज़ार्ड और डोरी ज़ार्ड ने मुझे तब खोज निकाला जब मैं कोरियोग्राफ़र के रूप में नयी थी। डेविड और डोरी ने तुरन्त मेरी प्रतिभा को पहचान लिया और मुझे *बैंको डेल मुतोओ सोकोर्सो* रॉक बैंड के *कोमे इन उन'उल्टीमा चीना* (एस इन द लास्ट सपर) की कोरियोग्राफ़ी करने के लिए नियुक्त किया, जैसा कि मैं आपको पहले ही बता चुकी हूँ। शो बिज़ में दोनों मेरे सबसे क़रीबी दोस्त हैं। वे दोनों मुझे प्रिय हैं और मैं उनके साथ गहरा सम्बन्ध महसूस करती हूँ। ग्वीडो की तरह वे भी लीबिया की राजधानी त्रिपोली में पैदा हुए थे। उनकी सुन्दर, प्यारी और मज़ाक़िया माँ (जो कि बहुत अच्छा खाना बनाती थीं) के बनाये मस्त कूसकूस के व्यंजनों ने *बाबूचिओ* में हमारी पार्टियों में इतिहास रच दिया था।

डोरी और डेविड दोनों की आँखें ख़ूबसूरत और गहरी नीली हैं जो मानो समुद्र और सूरज के अनुभव को बयाँ करती हैं। दोनों प्रखर, हँसमुख, शिष्ट, पेशेवर और अत्यधिक रचनात्मक हैं, हालाँकि उनके व्यक्तित्त्व विपरीत हैं। वे जानते थे कि हम कलाकारों को कैसे सम्मान देना है। उनके प्रबन्धक और आयोजक होने के बावजूद मैंने हमेशा उन दोनों को कलाकारों के रूप में भी देखा।

उनके साथ बिताया हुआ समय एक कलाकार के रूप में मेरे इतिहास के सबसे ख़ूबसूरत पन्नों में से एक था, भारत के मेरे दौरों के अलावा। यदि आप मुझसे पूछें कि इन दोनों अनुभवों के बीच क्या सम्बन्ध है तो मैं कहूँगी—ऊर्जा का उच्च स्तर।

बैंको डेल मुतोओ सोकोर्सो और एंजेलो ब्रैंडुअर्डी के साथ किये दौरे के दौरान मैंने महसूस किया कि मैं पूरी तरह से सहज थी और डेविड का कहना सही था कि मैं दर्शकों पर छा गयी थी।

हमारे दिलों का जोश इटली के स्पोर्ट्स पैलेसेज़ और कॉन (फ्रांस) के उस शानदार अनुभव के दौरान हमें एक-दूसरे के क़रीब ले आया। यह एक ख़तरनाक समय था, उथल-पुथल और अशान्ति का समय था जिसने हमें मंच के पीछे एहतियात के तौर पर एक प्राथमिक चिकित्सा किट रखने के लिए मजबूर किया।

एक निर्देशक अपनी पाँच कैमरामैन की मण्डली के साथ हमें हर समय फ़िल्माता था, मंच पर भी और बैक स्टेज भी। अफ़सोस कि उसके द्वारा फ़िल्माई गयी सब सामग्री किसी भण्डारण-गृह (स्टोरेज शेड) में खो गयी। मुझे कभी पता नहीं चला कि वास्तव में क्या हुआ था, कुछ पेचीदा रोच-पॉप, 'रौप' मुझे लगता है।

डोरी और मेरी दोस्ती हमारे लम्बे संवादों से विकसित हुई जो कि हर बार बहुमूल्य मनोविश्लेषणात्मक अन्तर्दृष्टि बन जाते थे। साथ मिलकर हम दोनों बाल की ख़ाल निकालते हैं। हम हमेशा एक-दूसरे की मदद करते हैं, ख़ासकर मुश्किल समय में। सपनों और वास्तविकता दोनों में साथ यात्रा करने के लिए डोरी एक उत्तम दोस्त हैं। मुझे याद है कि उन्नीस सौ सत्तर के दशक में वह हमेशा सफ़ेद कपड़े पहनें रहते थे, चाहे सर्दी हो या गर्मी।

डेविड के साथ मेरी दोस्ती में वही तीव्रता थी लेकिन हमारा आपसी सम्बन्ध सहज नहीं था। बीस साल के बाद जाकर मैं समझी कि आपसी

टोस्का शो

सियोल ओलंपिक कला महोत्सव में प्रदर्शन

सम्मान की भावना के बावजूद प्रबन्धक-कलाकार के बीच सम्बन्ध की परस्पर विरोधी अचेतन गतिकी हमारे सम्बन्ध के आड़े आने लगी थी, जिसके लिए निश्चित रूप से हम दोनों ज़िम्मेदार थे।

मुझे याद है कि हम वाया डेला स्क्रोफा के पास एक ट्रेंडी क्लब *हेमिंग्वे* में थे जहाँ हम सभी रोम में पलाज़ो डेलो स्पोर्ट में अपने डेब्यू का जश्न मनाने गये थे। डेविड और मैं एक टेबल पर बैठे थे और शो की कामयाबी के लिए टोस्ट कर रहे थे, जब उन्होंने मुझसे कहा—"मेरे और आपके बीच एक बाँह कुश्ती चलती रहती है जिसमें हम दोनों में से कोई भी कभी हार नहीं मानेगा। हमारा साथ में काम करना असम्भव है।"

उनका यह बयान काफ़ी अप्रत्याशित था। उस समय हम सद्भाव में थे और सब कुछ पूरी तरह से सुचारू रूप से चल रहा था। हमारे बीच थोड़ी भी असहमति नहीं थी। उस अप्रत्याशित बयान पर मेरी प्रतिक्रिया अपार विस्मय की थी। मुझे वे लोग बड़े पसन्द हैं जो मुझे इस तरह विस्मित कर सकते हैं। उन्होंने मेरे दिखावे से परे देख लिया था। वाह! मेरे जैसे एक युवा कलाकार के लिए जो कि नौसिखिया थी, अनजान और अचेत थी, एक महान अन्तरराष्ट्रीय प्रबन्धक—जो कि दुनिया भर से कलाकारों

और रॉक-पॉप सितारों को इटली में प्रदर्शन के लिए लाते थे–के मुँह से यह सुनना अद्‌भुत था! मुझे डेविड और गोलियथ की कहानी याद आयी। इस मामले में गोलियथ वास्तव में डेविड ज़ार्ड थे। उनके उपनाम ज़ार्ड की ध्वनि सुन्दर और शाही है जो कि उन्हें ज़ार (रूस का राजा) के रूप में दर्शाती है, जो कि वह थे। वह लम्बे व बलवान थे और ख़ुशी एवं आत्म-विडम्बना से भरे क्षणों में भी अपनी शाही उपस्थिति का अहसास कराते थे।

यह सुनकर जहाँ एक तरफ़ मैं सम्मानित महसूस कर रही थी, वहीं दूसरी तरफ़ मैं परेशान थी, क्योंकि उन्होंने मेरी एक कड़वी सच्चाई को बयाँ किया था। यह सच था कि मैं कभी हार नहीं मानती थी। मैं कभी किसी पर भरोसा नहीं करती थी। मैं सख़्त और दृढ़ थी। मैं सीधे अपने रास्ते पर चलती थी।

मैं पहले से ही जानती थी कि मैं नियति के रास्ते पर चलने का जोख़िम उठाने के लिए स्वतन्त्र थी और मैं उन सभी को जो मुझे अपनी राह पर मिले थे, समान रूप से मुक्त समझती थी और उनके साथ ऐसे ही व्यवहार करती थी, हालाँकि वे मुक्त नहीं थे। स्वतन्त्रता एक बड़ी ज़िम्मेदारी है जिसे लोग उठाना नहीं चाहते हैं। मैंने अपने आपको बिल्कुल अकेला महसूस किया जब मुझे अहसास हुआ कि लोग मेरी स्वतन्त्रता को नहीं समझते हैं और मुझे उन लोगों से इसका बचाव करना होगा जिनमें स्वयं मुक्त होने का साहस नहीं है। मैं कभी भी ख़ुद को एक पुरुष द्वारा नियन्त्रित नहीं होने देती और एक मैनेजर निश्चित रूप से ऐसा करने में सफल नहीं होता। यह मेरी ताक़त थी लेकिन साथ ही मेरी कमज़ोरी भी, मेरे दुःखों का लैत्मोटीफ।

काश डेविड में मेरी कमज़ोरियों को समझते हुए मुझे आश्वस्त करने की क्षमता होती और उन्होंने मुझसे मुक़ाबला करने के बजाय मुझ पर भरोसा किया होता! मैं आशा करती हूँ कि हमारी अगली जादुई मुलाक़ात में बाँह कुश्ती करने के बजाय हमारी आत्माएँ आलिंगन करने के लिए पर्याप्त परिपक्व होंगी, जिससे हमारी उत्कृष्ट कृति सामने आयेगी। "क्या कहते हैं डेविड ज़ार्ड, क्या हम ऐसा कर पायेंगे? मैं आपसे फिर से पूछती हूँ चूँकि अब आप इस ख़ूबसूरत धरती पर हमारे बीच नहीं हैं।"

राष्ट्रपति कार्लो अज़ेग्लियो सिआम्पी द्वारा पेट्रीज़िया को प्रस्तुत की गयी सिल्वर प्लेट

सांस्कृतिक कार्य विभाग, चंडीगढ़, भारत द्वारा पैट्रीज़िया को प्रस्तुत पुरस्कार, 1991

मुझे याद है गर्मी के मौसम का एक दिन जो हमने स्पाँगा में एक साथ बिताया था। ग्वीडो, डेविड और संगीतकार व तकनीशियन लोग समुद्र तट पर फुटबॉल खेल रहे थे। मैं हमेशा की तरह अपनी आन्तरिक दुनिया में खोयी हुई थी और इसे छुपाने का प्रयास कर रही थी। यह दिखावा करना कि आप किसी उधेड़बुन में नहीं हैं और अपने आस-पास की गतिविधि में भाग ले रहे हैं कितना थकाने वाला है। आपका एक हिस्सा भाग भी लेता है लेकिन आपका दूसरा हिस्सा महसूस करने और समझने पर आमादा होता है। एक कलाकार के रूप में जीवन तीव्र और मुश्किल होता है, विशेष रूप से एक ऐसी दुनिया में जो उसे समझ नहीं पाती है क्योंकि उसके पास ऐसा करने के लिए अभी उपकरण नहीं हैं, या फिर शायद उसने अभी तक उस प्रसिद्ध स्वर्ण युग से इन्हें बरामद नहीं किया है जिसमें कला, कलाकारों और महिलाओं द्वारा दुनिया का कल्याण हुआ था।

दो सीगल्स (समुद्री पक्षियों) को एक साथ सामंजस्य से उड़ते हुए देखना कितना अच्छा लगता है!

रॉक की दुनिया में उस शानदार दौरे के तुरन्त बाद अर्जेंटीना के संगीतकार और प्रतिष्ठित कॉमो ऑटम म्यूज़िक फ़ेस्टिवल के निदेशक इटालो गोमेज़ ने मुझे क्रिस्टोफ विल्लीबाल्ड ग्लुक के ओपेरा *ऑर्फ़ियस एंड यूरिडिसी* के लिए कोरियोग्राफ़ी करने के लिए नियुक्त किया, जिसके रिपीट शो ब्रेशिया के ग्रांडे थियेटर और बर्गामो के डोनिजेट्टी थिएटर में भी आयोजित किये गये। यह अनुभव ज़ार्ड भाइयों के साथ मेरे अनुभव से विपरीत था।

नर्तकों की पोशाकें अनुपयुक्त, भारी और हास्यास्पद थीं। आयोजकों को मुझे पहले ही बता देना चाहिए था कि हम कलाकार क्या पहनेंगे ताकि मैं अपनी कोरियोग्राफ़ी के मूवमेंट्स को उन पोशाकों के अनुकूल बनाती, न कि सब कुछ हो जाने के बाद! मैंने हर चीज़ और हर व्यक्ति के ख़िलाफ़ विद्रोह कर के बहुत तनाव भरा माहौल पैदा कर दिया, लेकिन पेशेवर दृष्टिकोण से कोई समस्या पैदा किये बिना क्योंकि मैं किसी भी क़ीमत पर अपनी प्रतिबद्धताओं को पूरा करती हूँ।

इसके अलावा मुझे कभी भी गीत संस्थानों (लिरिक इंस्टीट्यूशंस) का माहौल पसन्द नहीं आया और न ही वह रवैया जिसके साथ वेतनभोगी कर्मचारी काम करते हैं, मन लगाये बिना और लगातार केवल समस्याएँ पैदा करते हुए। व्यक्ति को उत्साह के साथ काम करने के लिए शुद्ध और प्रेरित होना चाहिए लेकिन ज़्यादातर लोग ऐसे नहीं होते हैं। इससे कोई फ़र्क़ नहीं पड़ता है कि आप जीवन में क्या करते हैं, पर यह ज़रूर मायने रखता है कि आप जो भी करते हैं उसे कितने प्यार और लगन से करते हैं। इस तरह से कोई भी काम श्रेष्ठ, हल्का और सुखद बन जाता है।

प्रसिद्ध नृत्य इतिहासकार और आलोचक अल्बर्टो टेस्टा का धन्यवाद जिनकी वजह से मेरा शो ट्यूरिन (टोरिनो) में रेजियो थिएटर के कार्यक्रम में शामिल किया गया। अल्बर्टो अक्सर बहुत गर्व से बोलते थे कि मेरे शो के साथ इस थिएटर ने समकालीन नृत्य के लिए अपने दरवाज़े खोल दिये। उन्होंने जॉन केज के संगीत टुकड़े *म्यूज़िक फ़ॉर मार्सेल डुशांपस* पर आधारित मेरे शो *सेल्फमिरर* को स्पोलेटो फ़ेस्टिवल में भी शामिल किया।

दुनिया का हर वह देश जहाँ मैंने नृत्य किया, मेरे लिए एक चुनौती और अवसर दोनों था। मेरे पास एक पर्यटक का उद्यम बिल्कुल नहीं है

लेकिन जिस तरह से मैं दुनिया भर में यात्रा करती हूँ और सब कुछ आत्मसात करती हूँ, एक भिक्षु का ज़रूर है।

जर्मन और अमेरिकियों के साथ भारतीय मेरे पसन्दीदा दर्शक हैं–भारतीय दर्शक दिल से आने वाली हर चीज़ के प्रति ग्रहणशील होने की वजह से, जर्मन दर्शक उनकी समझ की गहराई की वजह से और अमेरिकी दर्शक उनके उत्साह के लिए क्योंकि वे हर उस चीज़ से आनन्दित होते हैं जिसका रचनात्मक मूल्य होता है।

मैं अन्तरराष्ट्रीय स्तर पर प्रसिद्ध फोटोग्राफ़र रॉबर्टो कैवना से पहली बार स्टॉकहोम में मिली। एक ऐसा शहर जहाँ ठण्ड एवं तुषार एक विशेष आकर्षण हैं और ये तत्त्व इतने सुप्रबन्धित व सुव्यवस्थित हैं कि वातावरण सुखद और जादुई हो जाता है। रॉबर्टो सेड्रा थिएटर में मेरा शो देखने आये थे। वह बहुत दयालु और एक अत्यन्त सज्जन व्यक्ति थे। उन्होंने अपना सारा जीवन न्यूयॉर्क, लॉस एंजेलिस और स्कैंडिनेविया के बीच गुज़ारा था। उन्होंने तीन बार विवाह किया और तलाक़ लिया, उपरोक्त देशों में से प्रत्येक में एक बार। उनमें अपने फोटोग्राफ़ी के जुनून को, जिसमें उन्होंने उत्कृष्ट प्रदर्शन किया, आगे बढ़ाने के लिए एक जीवविज्ञानी के रूप में अपने महत्त्वपूर्ण कॅरियर को छोड़ने का साहस था।

वह अगले दिन के शो की तस्वीरें खींचने की अनुमति माँगने के लिए मेरे ड्रेसिंग रूम में आये। शब्दों के अनमोल आदान-प्रदान में हम दोनों को पहली नज़र में कलात्मक और पेशेवर स्तर पर प्यार हो गया। फ़ाबियो मौरी की तरह रिहर्सल के दौरान रॉबर्टो हमेशा मेरे एक उत्कृष्ट सलाहकार रहे हैं। वह कला के पारखी और सुसंस्कृत थे। वह ऐसी तस्वीरें खींचते थे जिनसे अप्रत्याशित बारीकियों का पता चलता था और हमें नृत्य में अव्यक्त रह गयी तीव्रता को समझने में मदद मिलती थी जिस पर हम और गहराई से काम कर सकते थे। जब भी मुमकिन होता था, वह दौरे पर हमारे साथ आते थे।

मैंने उनका परिचय जाचिंतो शेल्सी से कराया जो कि एक जाने-माने संगीतकार थे और मेरे दोस्त भी। जाचिंतो ने उन्हें दुनिया के विभिन्न देशों की प्राचीन मूर्तियों के अपने संग्रह का एक फोटो शूट करने के लिए नियुक्त किया। उन दोनों ने मेरी त्वचा को एक पृष्ठभूमि के रूप में उपयोग करने का फ़ैसला किया और मूर्तियों को मेरे शरीर पर सजा दिया।

ब्राज़ील में हमारे सभी दौरों पर रॉबर्टो हमारे साथ थे। उनके माध्यम से रियो में म्यूनिसिपल थिएटर में हमारे शो के अवसर पर मैं ब्राज़ील की कलात्मक दुनिया के कई व्यक्तित्त्वों से मिली; जैसे कि चित्रकार और लेखक फर्नांडीस मिलर से जिन्होंने मुझे अपनी एक किताब एक विनोदपूर्ण पंक्ति लिख कर भेंट की–"मेरे बचपन की नयी दोस्त, पैट्रीज़िया को।" मैं प्रसिद्ध कैरिकेचरिस्ट्स और हास्य-कलाकार जुड़वाँ भाई फर्नांडिस पाब्लो और चिको कारुसो से भी मिली। वे दोनों हर रात एक रोचक पार्टी आयोजित करते थे जिनमें मैं अपने शो के बाद जाती थी। ऐसी ही एक पार्टी के दौरान पाब्लो मेरा कैरिकेचर बनाना चाहते थे। 'भगवान जाने वह मेरा रूप कैसे बदलेगा' मैंने सोचा, यह देखते हुए कि वह एक कैरिकेचरिस्ट् थे जो अपनी विषयवस्तु को विकृत करना पसन्द करते थे। मेरे लिए ख़ुद को इस तरह से चित्रित होते देखना बहुत ख़ास था... उन्होंने मेरी हरी आँखों की मृदुलता को जो दिखावे से परे देखती हैं और मेरे अंगों की कोमलता को कागज़ पर सटीक उतार दिया।

हम राजदूत स्टेफ़ानो केनेवेसिओ के निमन्त्रण पर कई बार ब्राज़ील लौटे। उनसे मैं वर्षों पहले मिली थी जब उन्होंने कुआलालंपुर में मेरा प्रदर्शन कराया था। स्टेफ़ानो एक दिलचस्प व्यक्ति हैं जिन्होंने अपने राजनयिक कॅरियर के बाद एक हाउसबोट में रहने का साहसी फ़ैसला लिया। साओ पाओलो में साइमन बोलिवर ऑडिटोरियम में रिपीट प्रदर्शन के बाद हम उनके विशिष्ठ अतिथियों (एक दम्पति) के साथ डिनर पर गये–पति अर्जेंटीना से थे और पत्नी इंग्लैंड से। शो के बारे में उत्साहित होकर उन्होंने इसोला बेल्ला द्वीप के सामने, सैन पाउलो और रियो के बीच स्थित अपने विला में क्रिसमस और नया साल बिताने के लिए पूरी कम्पनी को निमन्त्रण दे डाला। चूँकि हम एक लम्बे दौरे से आये थे और हमारा न्यूयॉर्क में भी गाला इटालिया में प्रदर्शन था, उनके निमन्त्रण को स्वीकार करने वाली मैं अकेली थी। मैंने ऐसा एक शानदार विदेशी छुट्टी का आनन्द लेने की इच्छा के चलते किया, जहाँ स्टेफ़ानो हमारे साथ शामिल होने वाले थे। वह विला समुद्र तट पर स्थित था जिसकी तस्वीरें सभी आर्किटेक्चर पत्रिकाओं में छप चुकी थीं–घर के बाहर और अन्दर पेड़-पौधे थे, एक शानदार जिम था जहाँ मैं नृत्य का अभ्यास कर सकती थी, सुसंस्कृत मेहमान थे और अन्तरराष्ट्रीय मित्रों का लगातार आना-जाना लगा हुआ था।

सिमोन बोलिवर थियेटर, साओ पाओलो, ब्राज़ील में पैट्रीज़िया और नाज़ारेनो द्वारा *लेडीज़ एंड जेंटलमेन* शो की प्रस्तुति, 1998

जीवनोल्लास से भरपूर ब्राज़ील एक ऐसी भूमि है जिसका दुनिया में एक अलग ही अन्दाज़ है।

एक अन्य अवसर पर (पहले वर्ष के अन्त में ज़िसमें हमने *लेडीज़ एंड जेंटलमेन* शो किया था) मैंने पूरी कम्पनी को स्थायी रूप से रखने का निर्णय लिया, तब भी जब हमारा कोई शो नहीं था। यह सभी के लिए एक उल्लेखनीय प्रतिबद्धता थी, भले ही नर्तक अपनी प्रतिबद्धता को तोड़े बिना तथाकथित 'डेड' (ख़ाली) समय में दूसरों के साथ काम कर सकते थे।

यह दौरा जो हम करने जा रहे थे उसमें ब्राज़ील, पेरू और वेनेज़ुएला के अलावा दक्षिण अमेरिका के अधिकांश हिस्से शामिल थे।

जब नर्तकों में से एक, फ्रेंको फ़ेलिस को पता चला कि हमारे दौरे में पेरू देश भी शामिल है तो उसने मुझे कम्पनी के बाक़ी लोगों के साथ रिपीट शो के बीच विराम के दिनों में माचू पिचू के पुरातात्विक स्थल—जो कि दुनिया के सात अजूबों में से एक हैं—का भ्रमण करने के लिए राज़ी करना शुरू कर दिया। यह उसके जीवन का एक सपना था। मैं मान गयी हालाँकि मुझे ऐसी छुट्टी की योजना बनाने का विचार पसन्द नहीं था जो इस तरह क़े श्रमसाध्य दौरे के लिए आवश्यक आन्तरिक तनाव को कम कर दे।

पेरू की राजधानी लीमा में शोज़ और वेनेज़ुएला में अगले पड़ाव के बीच एक सप्ताह की छुट्टी थी। माचू पिचू जाने के लिए इससे बेहतर समय और क्या हो सकता था! हमें लीमा से बिना कुस्को शहर में रुके समुद्र तल से 2,400 मीटर की ऊँचाई पर स्थित माचू पिचू न जाने की सलाह दी गयी। हमें ऊँचाई के कारण होने वाली बीमारी (अल्टीट्यूड सिकनेस) से बचने के लिए कुस्को में कम से कम एक-दो दिन रुक कर नयी जलवायु का आदी होकर फिर साइट पर जाने की सलाह दी गयी थी। एक नर्तक के लिए दौरे के दौरान यह सब उद्यम करना निश्चित रूप से आदर्श नहीं है। यही वजह है कि उसी फ़्रेंको ने अपने सपने को त्यागने का फ़ैसला किया। तब दूसरे नर्तक क्लाउडियो मर्चेटी ने आक्रामक रूप से मुझे वहाँ जाने के लिए मनाने की कोशिश की। उसने एक ट्रैवल एजेंसी के साथ माचू पिचू जाने और वहाँ ठहरने की सम्भावनाओं का पता लगाया और इस एडवेंचर का सामना करने के लिए मेरे सहित पूरी कम्पनी को मना लिया।

कुस्को पहुँचते ही कम्पनी के सदस्य बीमार होने लगे और *मेट डी कोका* (कोका चाय) पीने से कोई फ़ायदा नहीं हुआ! सबसे पहले बेचैनी के लक्षण दिखाने वाले ख़ुद प्रमोटर थे। विमान से उतरते ही उन्होंने अपने कमरे में शरण ली और अपने साथी, मेरे सहायक कोरियोग्राफ़र से अनुरोध किया कि वह उपाय की तलाश में फार्मेसी जाये। आने वाले दिनों में मेरे अलावा लगभग सभी नर्तक बीमार हो गये। उनमें से एक माचू पिचू से कुस्को लौटते समय ट्रेन में तेज बुखार के साथ काँपने लगा और उसे वस्तुतः उठा कर होटल ले जाना पड़ा।

इन विघ्नों को छोड़, मुझे एक पहाड़ की सबसे ऊँची चोटी पर बना माचू पिचू का स्थल–जो कि नीचे से अप्राप्य और ऊपर से प्रभावशाली लगता है–निराला लगा। यह अविश्वसनीय है कि ऐसे समय में जब हेलीकॉप्टर भी नहीं थे ऐसी जगह को बनाना सम्भव था।

बात वहीं ख़त्म हो जाती लेकिन हमारा असली इम्तेहान वेनेज़ुएला की राजधानी काराकस में था। काराकस के अटेनियो थिएटर का मंच बहुत विशाल था, गहराई और चौड़ाई दोनों में। *लेडीज़ एंड जेंटलमेन* जैसे प्रदर्शन की चुनौती का सामना करने के लिए, विशेष रूप से पहले भाग में, काफ़ी ताक़त और शारीरिक शक्ति का होना और गहरी साँस ले पाना आवश्यक था। मैंने तुरन्त ध्यान दिया कि नर्तक कुछ अजीब से

होज़े देवेगा

लग रहे थे, हालाँकि दर्शकों का इस बात पर ध्यान नहीं गया। मुझे बाद में बताया गया कि पर्दे के पीछे लगभग सभी नर्तकों का मानना था कि उन्हें दिल का दौरा पड़ जायेगा। उनके फेफड़ों में हवा की कमी थी और उन्हें अपने सुस्त होने का अहसास था।

उस थिएटर में–जिसके मंच को दुनिया के सबसे मुश्किल मंचों में से एक माना जाता है–आख़िरी शो के बाद आख़िरी बौ (प्रणाम) करते समय में मैं एक घुटने के क्षतिग्रस्त मेनिस्कस के कारण ज़मीन पर गिर पड़ी और व्हीलचेयर पर इटली लौटी।

तब से मैंने हमेशा टूर के दौरान छुट्टी मनाने के लिए स्पष्ट रूप से मना किया है–मेरे साथ आप सिर्फ़ काम करेंगे, बस!

संयुक्त राज्य अमेरिका के दक्षिण-पश्चिमी क्षेत्र में स्थित न्यू मैक्सिको एक ऐसी भूमि है जो कि आत्मा के रहस्य को, एक अलौकिक आध्यात्मिकता को सामने लाती है। यहाँ की विस्तृत और ख़ामोश जगहें–जिनमें पृथ्वी के रंगों के सभी शेड मौजूद हैं–और एक सरल जीवन शैली शान्ति व हल्केपन का अहसास कराती हैं। यही बात कई न्यूयॉर्कवासियों और अन्य लोगों को यहाँ बसने के लिए आकर्षित करती है।

एक दौरे के अन्त में, जिसमें हमने लंदन, हंगरी, पुर्तगाल, स्पेन और न्यूयॉर्क में प्रदर्शन किया था, हमने अल्बुकर्क और सांता फ़े में *मेकिंग डांस* को फिर से प्रस्तुत किया। मुझे न्यू मैक्सिको इतना पसन्द आया कि प्रत्येक दौरे के अन्त में मैं वहाँ अपने दोस्तों के साथ हफ़्तों तक रही, जिसमें रेडिशा भी शामिल थे जो कि लॉस एंजिल्स से न्यू मैक्सिको रहने चले गये थे।

अफ्रीका में हमने मिस्र, मोरक्को और सेनेगल में नृत्य किया। सेनेगल की राजधानी डकार में सोरानो थिएटर में एक बहुत ही विशेष परिस्थिति बन गयी–सेनेगल के जैज़मैन और नर्तक हमें देखने आये और उन्होंने एक अनौपचारिक संगीत कार्यक्रम (जैम सेशन) का आयोजन किया, जिसमें जिओवन्नी टोम्मासो कॉन्ट्राबास व इलेक्ट्रिक बेस पर थे और लुइस एगूडो परकशन व बिरिंबाओ पर। उन्होंने सुबह तक शहर के जैज़ क्लब में अपने वाद्य बजाये।

एक प्रसिद्ध स्थानीय कोरियोग्राफ़र ने हमारे लिए एक ठेठ स्थानीय रात्रिभोज का आयोजन किया। हमने ख़ुद को एक बड़ी गोल मेज़ के चारों

ओर फर्श पर बैठे पाया। मेज़ के बीच में एक बड़ी प्लेट में चावल रखा था जिसके चारों ओर मांस और सब्ज़ियाँ थीं। हमें उनके तरीक़े से यानी अपने हाथों से खाना सिखाया गया। प्रत्येक मेहमान अपने खाने के हिस्से को हाथ से चिह्नित करता है, और दूसरे के हिस्से में हाथ नहीं लगाना उसके अच्छे शिष्टाचार का प्रमाण होता है!

मिस्र में हमने काइरो ओपेरा हाउस में नृत्य किया। मिस्र से मैं परिचित थी क्योंकि एक किशोरी के रूप में मेरी पहली कुछ यात्राओं में से एक यात्रा वहाँ की थी। प्रदर्शन के बाद राजदूत के आवास पर आयोजित पार्टी में हमने शहर के सभी राजनीतिक और साँस्कृतिक व्यक्तित्त्वों के साथ ख़ुद को पाया। मिस्रियों और भारतीयों में एक खुलापन और सहजता होती है जो प्राचीन संस्कृतियों की विशिष्ट है, जो आध्यात्मिकता को दिमाग़ के बजाय दिल की गहराई से जाग्रत करती है।

कैनेडा और ऑस्ट्रेलिया अपने बड़े-बड़े खुले स्थानों में एक दूसरे के समान हैं। विशेष रूप से ऑस्ट्रेलिया के विस्तृत क्षेत्र बड़े सम्मोहक हैं। यहाँ रिक्त स्थान अनन्त हैं और निवासी इतने कम हैं कि ऐसा लगता है कि जैसे आप चाँद पर रह रहे हैं। मेलबर्न के पहले दौरे में पर्दे के पीछे इतनी ख़ामोशी थी कि हम सभी को लगा की थिएटर ख़ाली है। लेकिन हमें बताया गया कि शो के सारे टिकट बिक चुके थे। ऑस्ट्रेलियाई ऐसे ही हैं। इटली से ऑस्ट्रेलिया सुदूर देशों में से एक है और यहाँ पहुँचने के लिए सबसे लम्बी उड़ान भरनी पड़ती है। मेलबर्न में जेटलैग की वजह से नृत्य करते समय सन्तुलन बनाये रखना एक बड़ी चुनौती थी। जीवन में भी सन्तुलन बनाए रखना ही सफलता और ख़ुशी की कुंजी है। मेरे एक नर्तक ने मंच पर अपना सन्तुलन खो दिया और इस दुर्घटना को रचनात्मक मूवमेंट में नहीं बदल सका, जैसे कि एक पेशेवर को करना चाहिए। ऐसा मेरे शो में पहली और आख़िरी बार हुआ क्योंकि मेरे लिए मंच पर त्रुटि की जगह नहीं है–अनजाने में की गयी त्रुटि को हमेशा अगले मूवमेंट के शुरुआती बिन्दु में बदल देना चाहिए।

गेटे इंस्टीट्यूट के निदेशक गेऑर्ग लेशनेर के निमन्त्रण पर यह दौरा ऑस्ट्रेलिया से भारत तक जारी रहा। एक साल पहले मैंने गेटे इंस्टीट्यूट के *ईस्ट-वेस्ट डांस एनकाउंटर* उत्सव में नृत्य किया था जिसकी कल्पना गेऑर्ग ने की थी और उसे आयोजित भी किया था।

31 अक्टूबर, 1984 को सिडनी से बॉम्बे (मुम्बई) की उड़ान के दौरान एक दुःखद समाचार की घोषणा की गयी—इन्दिरा गाँधी को उनके ही अंगरक्षकों ने गोलियों से भून दिया था। एक उदार, विकासशील देश के शक्तिशाली प्रतीक का हिंसक अन्त हम सभी के लिए एक सदमा था।

जब हम दिल्ली अन्तरराष्ट्रीय हवाई अड्डे पर उतरे तो हमने हवाई अड्डे को सेना द्वारा संचालित पाया। हमें जर्मन आयोजकों के संरक्षण में तुरन्त होटल पहुँचाया गया। भारत दो सप्ताह तक राष्ट्रीय शोक में रहा, कर्फ़्यू के तहत और सभी गतिविधियों को अस्थायी रूप से रोक दिया गया। हमें इस मौक़े पर भी इस देश की महानता देखने का अवसर मिला। समान परिस्थितियों में पश्चिम में हम ज़्यादा से ज़्यादा कुछ मिनट का मौन रखते हैं।

'स्वीकार्यता' का जन्मज़ात भारतीय रवैया हम पर भी असर कर गया और हमारे सभी शोज़ के रद्द होने पर निराशा के बावजूद हमने भी नाटकीय घटनाओं को सहजता से स्वीकार किया। जाहिर है कि इटली के लिए जल्दी उड़ान भर पाना सम्भव नहीं था इसलिए हमने पूरे-पूरे दिन कुछ संगीतकार दोस्तों के साथ (जिनके संगीत कार्यक्रम भी रद्द कर दिये गये थे) बिताये।

कुछ वर्षों के बाद भारत दौरे का एक और मौक़ा आया पर बात बनी नहीं। रोम में भारत के राजदूत हिमाचल सोम ने भारत सरकार को खजुराहो महोत्सव में मेरी कम्पनी को शामिल करने का प्रस्ताव दिया। यह महोत्सव खजुराहो के मन्दिरों में किया जाना था, जिनके बारे में मैं आपको बाद में बताऊँगी। मैं गर्व के साथ कह सकती हूँ कि हिमाचल को मेरा नृत्य बहुत पसन्द था, लगभग सभी भारतीयों की तरह। इसके अलावा द इंडियन काउंसिल फ़ॉर कल्चरल रिलेशंस (आई.सी.सी.आर.) के निमन्त्रण पर मैं पहले ही 1981 में भारत का एक दौरा कर चुकी थी जिसमें देश के पन्द्रह शहर शामिल थे। इस प्रस्ताव को भारत में उत्साह के साथ स्वीकार किया गया। लेकिन इतालवी राजदूत ने अनावश्यक रूप से भारत सरकार के निमन्त्रण का समर्थन करने से इन्कार कर दिया, जिससे कूटनीतिक टकराव पैदा हो गया। हिमाचल का गुस्सा जायज़ था चूँकि यह परियोजना दोनों देशों के बीच सांस्कृतिक आदान-प्रदान के तहत थी और इटली का इंकार स्वीकार्य नहीं था। खास कर उस सफलता को

सियोल प्लेट

देखते हुए जो मुझे भारत में मिली थी। मुझे इस इन्कार का कारण कभी पता नहीं चला। निश्चित रूप से यह किसी गुप्त ताक़त का खेल था या किसी प्रभावशाली दुश्मन को मेरे ख़िलाफ़ सक्रिय किया गया था।

1988 में सियोल ओलंपिक के अवसर पर हमें ओलंपिक समिति के सदस्यों द्वारा–जिन्होंने सियोल के मुनिये थिएटर में अन्तरर्राष्ट्रीय नृत्य महोत्सव के अवसर पर हमारा प्रदर्शन एक साल पहले देखा था–ओलंपिक कला महोत्सव में नृत्य करने के लिए आमन्त्रित किया गया। इस तरह मैं सियोल शहर में एक वर्ष में आये जबर्दस्त परिवर्तन को देख पायी। मैंने कोरियाई लोगों में अपने देश के प्रति गहरे प्यार और समर्पण की भावना को भी देखा जिसकी वजह से उनमें मिलकर काम करने का एक सराहनीय जज़्बा है। सियोल में हमारे प्रवास के दौरान ओलंपिक संगठन के दो कर्मचारी हमेशा अपने चेहरे पर मुस्कान लिए हमारी ख़िदमत में दिन-रात हाजिर रहते थे।

अपने देश के लिए अपने आपको समर्पित करने के इस रवैये का आधा भी अगर इतालवियों में होता तो हमारा देश जीवन की गुणवत्ता के लिए पृथ्वी पर स्वर्ग होता।

मुझे लगता है कि अब मुझे आपको एक कड़वे रोमन प्रकरण के बारे में बताना चाहिए। मेरे करियर का सबसे दर्दनाक क्षण रोम के ओपेरा हाउस

टीट्रो डैल'ओपेरा रोमा के प्रोग्राम में मेरे शो *क्लियोपेट्रा–इल पोटेरे डैल'अमोरे* (क्लियोपेट्रा–द पावर ऑफ़ लव) को शामिल करने से सम्बन्धित है। ओपेरा हाउस के अधीक्षक के साथ इस विषय पर मेरी एक तनावपूर्ण वार्ता हुई और एक तरह की सौदेबाज़ी जिसमें मुझे समझ में आया कि वह किसी अवैध सौदे की उम्मीद कर रहा था जिसे मैं कभी स्वीकार नहीं करती। हालाँकि अन्त में मेरा काम बन गया क्योंकि मेरे शो के सह-निर्माता एंजेलो वलोरी थे, जिन्होंने अपने जैज़ म्यूज़िक एनसेंबल (संगीत कलाकारों की टुकड़ी) के साथ शो के लिए संगीत तैयार किया।

अब तक आप जान चुके हैं कि मैं लोगों और स्थानों के स्पन्दन (वाइब्रेशन) में कितना विश्वास करती हूँ। मैंने शायद ही कभी इतनी नकारात्मकता देखी है जितनी कि इस इतालवी बैंडवैगन में जहाँ उदासीनता और लापरवाही से ऊर्जा उत्पन्न होती है। पूर्ण पतन का एक वैधीकरण! मुझे प्रेस ऑफ़िस से लेकर सहायक तक की धृष्टता, अहंकार, शक्ति का दुरुपयोग–जो कि हर कोने में व्याप्त था–और कुल अक्षमता को झेलना पड़ा। उस जगह के नकारात्मक वाइब्रेशंस हमारे भीतर समाँ गये और हममें थकान व भारीपन पैदा कर दिया। मेरे सहयोगियों ने भी अनजाने में इन वाइब्रेशंस को अवशोषित कर ऐसा रवैया अपनाना शुरू कर दिया जैसे पहले कभी नहीं किया था। मैंने सब कुछ ठीक-ठाक करने के लिए सामान्य से दस गुना अधिक संघर्ष किया।

अन्त में एक बहुत ही प्यारा रोमन प्रकरण–मेरा शो *टोस्का–इल पोटेरे डैल'अमोरे* (टोस्का–द पावर ऑफ़ लव) लगातार दो वर्षों से कैस्टल संत'एंजेलो में क्लॉडिओ स्ट्रिनटी द्वारा, जो कि पोलो मुसीले रोमानो के अधीक्षक थे, रियायत पर प्रस्तुत किया जा रहा था। क्लॉडिओ एक सुसंस्कृत सज्जन थे और अत्यन्त विडम्बनापूर्ण। वहाँ मौजूद अन्तरर्राष्ट्रीय दर्शकों के लिए दिन में किले की छत पर–जहाँ से शहर का ख़ूबसूरत नज़ारा दिखता था–छोटी-छोटी नाटकीय घटनाओं (हैप्पेनिंग्स) पर आशु प्रदर्शन किये जाते थे और शाम को हॉल के अन्दर पूरे शो का पुनरुत्पादन। मुझे टोस्का के चरित्र के साथ और उस स्थान के साथ एक होने का रोमांच था। तीन युवा जैज़/पॉप/रॉक संगीतकारों–इओस्का मेज़ल, फ़्रांसेस्को टोसोनी, मैक्स डी बर्नार्डिनी–द्वारा लाइव संगीत प्रस्तुत किया जाता था।

क्लियोपेट्रा शो

डांस टू जैज़ शो के लिए मैंने न्यूयॉर्क के एक जैज़ परकशनिस्ट जॉन आर्नल्ड को सहयोग करने के लिए आमन्त्रित किया जो आशुरचना करते हुए लाइव संगीत की रचना करते थे।

क्लियोपेट्रा–द पॉवर ऑफ़ लव में और *टोसका–द पॉवर अगेंस्ट लव* में (जैसे कि पहले *हाइड एंड ईवा* में हुआ था) शब्द और कहानी ने प्रवेश किया था, भले ही एक स्वप्नोपम और अयथार्थपूर्ण तरीक़े से।

साल 2015 में मैंने एंघेलोस ट्रोजानी की कविताओं को बिना संगीत के कोरियोग्राफ़ किया और उन्हें सुनाते हुए नृत्य किया। जब काव्यात्मक सामग्री को प्रस्तुत करने में आवाज़ और मूवमेंट का विलय होता है और वे एक हो जाते हैं तो एक नया संश्लेषण होता है जिसमें एक दूसरे की पुष्टि होती है। उनकी अभिव्यंजकता अधिक संचारी शक्ति के साथ उन्मुक्त होती है। नृत्य के द्वारा प्रस्तुत की गयी कविता को समझने में दर्शकों को आसानी होती है। इस अनुभव ने शब्द की अभिव्यंजना और शरीर की अभिव्यक्ति को एक साथ एक सुर में लाने की मेरी क्षमता को गहरा किया।

पूर्व राजदूत हिमाचल सोम, पैट्रीज़िया और पत्रकार विष्णु सोम

इसी तरह 2018 में जब मैं भारत आयी तो मेरे लिए कविता और नृत्य का फिर से संलयन हुआ। इस यात्रा के दौरान मेरी सहेली रेबा सोम ने, जो कि एक लेखिका और शास्त्रीय गायक हैं और राजदूत हिमाचल सोम की पत्नी, मुझे दिल्ली में इंडिया इंटरनेशनल सेंटर में ठहराया। वह रोम में लम्बे समय तक रहने के बाद भारत लौट आयी थीं और दिल्ली आने से पहले कोलकाता में आई.सी.सी.आर. की निदेशक थीं। रेबा का एक ख़ास व मोहक अन्दाज़ है। वह एक बेहद परिष्कृत महिला हैं। मैं टैगोर पर उनकी विद्वता से बहुत प्रभावित हूँ और एक गायिका के रूप में उनकी ख़ूबसूरत आवाज़ की बहुत प्रशंसा करती हूँ। यह कोई संयोग नहीं था कि मैं इस दौरान सुकृता पॉल कुमार से मिली। प्रसिद्ध लोधी गार्डन की सीमा पर स्थित ख़ूबसूरत इंडिया इंटरनेशनल सेंटर सांस्कृतिक रूप से शहर का सबसे जीवन्त स्थान है। यहीं पर सुकृता और मेरा परिचय कराया गया और हमने साथ में कॉफ़ी पी। पहली नज़र में मुझे सुकृता के साथ एक गहरा सम्बन्ध और आत्मीयता महसूस हुई। वे भी उसी तरह से पेश आयीं और उन्होंने अपनी कविताओं की एक पुस्तक मुझे भेंट की। मैं सुकृता को एक सच्चा कलाकार और एक सुन्दर इंसान दोनों मानती हूँ।

यह दुर्लभ है। उनकी कविताओं को पढ़ते हुए मुझे उनके शब्दों से प्रेरणा मिली और मैंने ख़ुद को तुरन्त उन शब्दों के अनुरूप मूवमेंट्स की कल्पना करते हुए पाया, ठीक वैसे ही जैसे मैं उस संगीत को सुन कर करती हूँ जो मेरे दिल को छूता है। मेरा मानना है कि सुकृता के व्यक्तित्त्व में पूर्वी और पश्चिमी संस्कृति का सच्चा संश्लेषण है, जैसे कि मेरे में। केवल इसलिए नहीं क्योंकि वह एक अंग्रेज़ी की प्रोफ़ेसर, कवयित्री व लेखिका हैं और पाश्चात्य संस्कृति के बीच रह चुकी हैं या सिर्फ़ इसलिए नहीं क्योंकि वह जाने-माने लेखक जोगिन्दर पॉल की बेटी हैं, बल्कि उनकी सहज संवेदनशीलता की वजह से। सच्ची संस्कृति सब से ज़्यादा संवेदनशीलता से विकसित होती है। अब मैं अपने अगले प्रस्तुतीकरण की योजना बना रही हूँ, जिसका शीर्षक है *द डांसिंग वर्ड–आउट ऑफ़ द बॉक्स* जो कि सुकृता और एंघेलोस की कविताओं पर आधारित होगा। मेरा मानना है कि नृत्य और संगीत में कविता निहित होती है।

***

सुकृता और पैट्रीज़िया

सुकृता की कविताओं पर नृत्य करते समय मेरे अन्दर एक नयी अनुभूति हो रही है। एक नयी रचनात्मक प्रक्रिया विकसित हो रही है जो कि पहले वाली प्रक्रिया से अलग है।

इस बार यह केवल शब्दों के रहस्य या उनमें निहित कवित्त में प्रवेश कर और उससे प्रेरणा प्राप्त कर सार्थक मूवमेंट्स–जो कि शरीर के माध्यम से शब्दों को अभिव्यक्त करेंगें–का निर्माण करने तक ही सीमित नहीं है। इस बार मेरे लिए यह ज़रूरी है कि मैं अपने अवचेतन में मूवमेंट्स के अर्थ को गूँजने दूँ ताकि अन्यान्य मूवमेंट्स उभर सकें, जो कि अनन्त हैं और बद्धित नहीं होना चाहते, जैसा कि मैं पहले करती रही हूँ। मैं अपने अन्दर की आवाज़ पर भरोसा करने के लिए मजबूर हूँ।

इस नयी प्रक्रिया में शामिल है मूवमेंट्स की स्पष्ट रूप से कल्पना करना, उनके अनन्त क्रमिक विकास को देखना और यह समझना कि वे बार-बार मेरे अंग संचालन में अभिव्यक्त होंगे लेकिन मंच पर आशुरचना करते समय नये-नये रूप में।

हर बार मुझे प्रारम्भिक मूवमेंट्स का निर्माण करने वाली अपनी उसी सटीक आन्तरिक स्थिति में (जिसमें प्रेरणा प्रस्फुटित होती है) आना होगा, प्रेरणा के प्रति एक ग्रहणशील रवैये के साथ और कविता के प्रत्येक शब्द के साथ जुड़ना होगा। सिर्फ़ इतना ही नहीं बल्कि मुझे आत्मसमर्पण की अपनी उसी स्थिति में फिर से आना होगा जिसमें रचनात्मक मूवमेंट्स, जो कि पृष्ठभूमि में हैं, सहज रूप से उभरते हैं। इसके अलावा मुझे यह विश्वास रखना होगा कि मैं बाद में आशुरचना करते समय उन्हें फिर से उभरने के लिए आमन्त्रित करने के लिए तैयार रहूँगी।

यह प्रक्रिया दूध में जीवित जीवाणुओं को (जामन) डालने की तरह है जिसमें जीवाणुओं को गुणा होने के लिए छोड़ दिया जाता है, ताकि दही बन सके और फिर इस दही को हर बार थोड़ी मात्रा में बचाया जाता है ताकि इसे और दूध में और दही बनाने के लिए डाला जा सके।

इस प्रक्रिया को बरकरार रखने के लिए मुझे अपनी इच्छाशक्ति को विकसित करना होगा; यह बहुत ज़रूरी है। इस तरह से मैं वर्तमान पल में सक्रिय होते हुए भी इतिहास का हिस्सा नहीं होती हूँ। मूवमेंट पैदा होते ही मर जाता है और अगले मूवमेंट को जन्म देता है। एंघेलोस की कविताओं पर नृत्य करते हुए मैंने एक अलग तरह की रचनात्मकता का

पूर्व राजदूत हिमाचल सोम, पैट्रीज़िया और रेबा सोम

अनुभव किया था, जिसमें विशेष रूप से मैंने अपनी आवाज़ और शब्दों के उच्चारण का मिलान स्पष्ट रूप से कोरियोग्राफ़ किये गये मूवमेंट्स के साथ किया था।

सुकृता की कविताओं में प्रत्येक शब्द स्पेस की भावना पैदा करता है और प्रत्येक शब्द की अपनी एक लय है। शब्दों के संयोजन से एक मूवमेंट का निर्माण होता है जो कि आगे और दूसरे मूवमेंट्स को बनाने के लिए प्रोत्साहित करता है, उन छवियों के आधार पर जिनकी कल्पना मैंने की है।

आज मैंने खुद से यह सवाल किया कि एक कलाकार के रूप में मुझे अपने मानवीय रिश्तों की तुलना में अपनी कला में अपने जुनून को पूरा करना आसान क्यों लगता है। इसका उत्तर यह है कि चूँकि मैं एक आदर्शवादी हूँ इसलिए मैं अपनी कला में अपने सपनों को अपनी प्रेरणा के अनुरूप साकार कर सकती हूँ, जबकि मानवीय रिश्तों में व्यक्ति का सामना दूसरे से निपटने की ठोस वास्तविकता से होता है।

अपनी कला में मैं भावनाओं और क्रिया की अति को नियन्त्रित करने की स्थिति में होती हूँ लेकिन अपने रिश्तों में मैं पूरी तरह से नियन्त्रण में नहीं होती हूँ और मुझे दूसरों के साथ समझौता करना पड़ता है।

वास्तव में दोनों मामलों में यह उस्तरे की धार पर चलने जैसा है।

कलात्मक रचना में प्रेरणा के सार को उसके अपने तरीके से अभिव्यक्त और संचार करने देना श्रमसाध्य होता है। मानवीय रिश्तों में सहिष्णुता, दूसरे की वास्तविकता को स्वीकारने और अपनी स्वतन्त्रता का सम्मान करने के बीच सन्तुलन बैठाना श्रमसाध्य होता है। ये वे गुण हैं जो प्रत्येक व्यक्ति की रिश्ते में अपना सर्वश्रेष्ठ देने में मदद करते हैं।

आज इस प्रक्रिया के बारे में सुकृता के साथ बात हुई—मैं साबौदिया टिब्बा में भूमध्य सागर के निर्मल पानी में पैर डाल कर बैठी थी और वह दिल्ली में अपने वातानुकूलित घर में। उन्होंने कहा—"मानवीय रिश्तों में व्यक्ति अकेला नहीं होता है, उसमें 'दूसरा' भी शामिल होता है और दूसरे की अन्तरंग दुनिया में जो कुछ हो रहा है उससे निपटना आसान नहीं है। कला का सृजन करते समय व्यक्ति अकेला होता है, अपनी रचनात्मक प्रक्रिया को स्वायत्त रूप से चालित करने की स्थिति में होता है और इसलिए स्वतन्त्र रूप से अपनी रचना को आकार देने में सक्षम होता है। हालाँकि इसमें कोई सन्देह नहीं है कि कला की भी अपनी माँगें होती हैं और इन माँगों को भी उचित सम्मान दिया जाना चाहिए।"

मेरा सपना, मेरी आकांक्षा है कि मानवीय सम्बन्धों में भी मैं अपने जुनून को पूरा करूँ, अपनी भावनाओं को प्रबन्धित करने में सक्षम होऊँ लेकिन साथ ही साथ दूसरे व्यक्ति द्वारा धक्का दिये जाने और अपना नाज़ुक सन्तुलन खोने की सम्भावना से ख़ुद की रक्षा कर सकूँ। शायद इसकी कुंजी है दूसरे व्यक्ति के आगे पूरी तरह से समर्पण करना और साथ ही अपनी अन्तरंग दुनिया के प्रति भी सचेत रहना। दूसरे की आन्तरिक दुनिया को पूरी तरह से समझने में सक्षम होना और ख़ुद की आन्तरिक दुनिया की रक्षा कर पाना ही दोनों दुनियाओं को एक साथ लायेगा और शायद दोनों को एक करेगा। दोनों दुनियाएँ अलग हैं फिर भी आपस में जुड़ी हुई हैं। क्या इसे ही हम प्यार कहते हैं?

हम कवियों के बीच ऐसे मुद्दों पर बातचीत करना कितना आनन्ददायक है! सुकृता और मैं।

अध्याय-7

संगीतकारों की दुनिया

मैं भाग्यशाली थी कि सैद्धान्तिक विषयों के लिए डांस अकादमी में पाँचवीं से आठवीं पाठ्यक्रम में दाखिला लेने वाली मैं एकमात्र छात्रा थी। मुझे मार्घेरिटा अब्रूजिसे और एनरिको क्रिसपोलटी ने कला इतिहास पढ़ाया, प्रसिद्ध वायलिन वादक मासिमो कोएन ने सोलफ़ेज (सोल-फ़ा का संगीत सिद्धान्त) पढ़ाया और अल्बर्टो टेस्टा ने नृत्य इतिहास। अपने शिक्षकों के साथ एक तरह से निजी कक्षाएँ लेते हुए मैं रूसो की नायिका 'एलोइस' की तरह महसूस करती थी।

जाने-माने संगीतकार मौरो बोर्तोलोटी, जो कि समकालीन संगीत की संस्था नुओवा कोनसोनांजा का हिस्सा थे और द कंजर्वेटरी ऑफ़ रोम में रचना के प्रोफ़ेसर, मुझे संगीत का इतिहास पढ़ाते थे।

मैंने मौरो के साथ बीसवीं सदी के शुरुआती संगीत के इतिहास का अध्ययन करना शुरू किया। हमने रचनाएँ सुनीं और उनकी चर्चा की। चूँकि हम सिर्फ़ दो लोग थे इसलिए हमारे बीच कला और स्व की आन्तरिक वास्तविकता पर समृद्ध संवाद होते थे, जैसे कि बाद में जाचिंतो शेल्सी के साथ हुए। तभी से मौरो और मेरे बीच एक छात्र और शिक्षक के रिश्ते के बजाय दो कलाकारों के बीच का रिश्ता क़ायम हो गया क्योंकि वे केवल कुर्सी पर बैठ कर ज्ञान प्रदान करने वाले प्रोफ़ेसर नहीं थे।

स्ट्राविंस्की और स्कोनबर्ग वे दो लेखक थे जिन पर हमने विस्तार से चर्चा की और जो मुझे अच्छे से याद हैं। हमने जॉन केज, लुसियानो बेरियो, गोफ्रेडो पेट्रासी के इलेक्ट्रॉनिक संगीत और फिर क्लॉड डेब्यूसी पर चर्चा की, जिनके संगीत पर रचित अपनी कोरियोग्राफ़ीस को जीन सेब्रॉन हम छात्रों के लिए संशोधित कर रहे थे। इसके अलावा मेरी संगीत

की पसन्द मौरो के साथ मेरी मुलाक़ातों से प्रेरित थी, जिसके चलते मैंने अकादमी में अठारह साल की उम्र में स्ट्राविंस्की के *हिस्टॉयर डु सोलडात* पर एकल *मार्के*! की रचना की।

जैसे ही मेरा अकादमिक अध्ययन समाप्त हुआ मैंने अपनी कोरियोग्राफ़ी के लिए समकालीन और इलेक्ट्रॉनिक संगीत का उपयोग किया, जिसमें केज, बेरियो, स्टॉकहाउसेन, मैक्स न्यूहॉस व अन्य कलाकारों का संगीत शामिल था।

मौरो और मेरा पेशेवर सहयोग उनको समर्पित एक आर्ट फेस्टिवल के अवसर पर बीट 72 थिएटर में शुरू हुआ था, जो कि उन वर्षों के रोमन भूमिगत आन्दोलन का मन्दिर था। उन्होंने मुझे मिचिको हिरायामा द्वारा गायी गयी एक रचना *मोत्तेत्तो* की कोरियोग्राफ़ी करने और उस पर नृत्य करने के लिए आमन्त्रित किया। मौरो के साथ पहली बार सार्वजनिक रूप से हमने आशुरचना भी की। मैं तब उन्नीस साल की थी।

मोत्तेत्तो एक एकल था जो दुःखी आवाज़ के साथ बहुत विडम्बनापूर्ण था और मेरी मूवमेंट्स वैसी ही थीं, झटकेदार और छटपटाहट से भरी। मेरे भीतर जीवन के नाटकीय क्षणों में भी विडम्बना का एक भाव मौजूद होता है। निश्चित रूप से यह वह तार था जो मौरो और मुझमें मौजूद था और जिसकी वजह से हमें एक-दूसरे की अच्छी समझ थी। जब मैं किसी मौजूदा संगीत पर कोरियोग्राफ़ी करती हूँ तो मेरा नृत्य चमत्कारिक रूप से उसके हर तत्त्व को पकड़ लेता है। मुझे लगता है कि यह मेरी विशेषता है–संगीत मेरे अन्दर प्रवेश करता है, न सिर्फ़ मेरी आत्मा में बल्कि मेरे शरीर में प्रवाहित होता है और संगीत की सभी बारीकियों से प्रभावित हो कर मेरा शरीर गतिमान होता है।

मेरे लिए यह एक सहज विश्लेषणात्मक और ग़ैर-तर्कसंगत प्रक्रिया है। यह शरीर व आत्मा का संगीत के प्रति समर्पण है, एक ऐसा अनुभव जो कि सभी के लिए सुलभ नहीं है। 'सच्चे और नग्न' कलाकारों को ही यह अनुभव होता है।

इसके बाद मौरो ने मुझे अपने ख़ुद के टुकड़े *ग्राज़ि पेर एसेरे वेनेंती* (थैंक्स फ़ॉर कमिंग) पर, जिसमें केवल तार वाद्ययंत्र शामिल थे, कोरियोग्राफ़ी करने के लिए कहा। मेरे द्वारा रचित इस कोरियोग्राफ़ी में पाँच नर्तकियाँ थीं, जिसका मैंने शीर्षक रखा *कांकेतेनेजिओनी* (कॉन्केटेनेशंस)।

यह एक न्यूनतम कोरियोग्राफ़ी थी जो कि निश्चलता और अंग संचालन की रैखिकता पर आधारित थी, चूँकि मौरो के संगीत की ध्वनियाँ रैखिक और लम्बी होती थीं। यह मेरे उन ट्रैक्स में से एक है जिनमें कनिंघम का प्रभाव सबसे अधिक है, उनके स्पेस (रिक्त स्थान) के उपयोग में ताकि नर्तक उन्मुक्त होकर नृत्य कर सकें। हालाँकि नर्तकों के मूवमेंट्स संयोग से सिंक्रनाइज़ होते हुए लगते हैं लेकिन कोरियोग्राफ़ी की इन गतिकी के पीछे एक कलात्मक कारण होता है। ज़ाहिर है कि नृत्य में संयोग नहीं होता है, जैसे कि जीवन में कुछ भी मात्र संयोग नहीं होता है। मेरा मानना है कि जीवन में भी संयोगों के पीछे कोई कारण होता है।

कलात्मक रूप से वे गहन वर्ष थे। मैं रचनात्मकता की एक ज्वालामुखी थी। मैंने बिना किसी राहत के एक के बाद एक कोरियोग्राफ़ी की। मैंने क्लासिक कलाकारों की तरह काम किया जो हर दिन जाते हैं कैनवास के सामने, पियानो पर, रिहर्सल रूम में।

उस समय कोरियोग्राफ़रों और संगीतकारों के लिए अल्पकालिक टुकड़ों की रचना करना—जिनकी कल्पना अलग-अलग मंशाओं, प्रेरणाओं और संगीत के साथ गत कई वर्षों में की गयी थी—और फिर उन्हें एक ही शाम में जनता के लिए पेश करना आम बात थी। भारत में आगमन के साथ ही मैंने एकात्मक शोज़ बनाने शुरू कर दिये, जिनमें मैंने अपने काम करने के तरीक़े को पूरी तरह से बदल दिया। मुझे लगता है कि कैरोलिन कार्लसन और पिना बॉश के साथ-साथ मोनोथीमैटिक शोज़ बनाने वाले यूरोप के पहले कोरियोग्राफ़रों में से मैं एक थी। इस तरह का पहला शो *टेंड्रिल्स* था। इस शो में संगीतकारों ने विशेष रूप से मेरी कोरियोग्राफ़ी पर संगीत तैयार किया, जैसा कि *स'एस्ट आइसी के ल'ऑन प्रेंड ले बाटो* (दिस इस वेयर वी टेक द बोट) के लिए बाद में हुआ। यह शीर्षक ग्वीडो के सुझाव पर गिउसेप्पे अंगरेट्टी की होमोनिमस (समरूपी भिन्नार्थक शब्दों वाली) कविता से लिया गया था, जो कि देखने में गोलाकार तरीक़े से लिखी गयी थी।

1980 से अपनी कोरियोग्राफ़ी में मैंने लाइव संगीत का उपयोग करना शुरू कर दिया। चूँकि मुझे रॉक-पॉप संगीत बहुत पसन्द था इसलिए सबसे पहले मैंने फ्रैंक ज़प्पा के संगीत पर कोरियोग्राफ़ी की। मुझे याद है कि जब मौरो रिहर्सल पर आते तब वह उन टुकड़ों को ले कर उत्साहित

होते थे जो कि परिष्कृत और सही सोच वाले लोगों के लिए अपरिष्कृत, उत्तेजक, भड़काऊ, आक्रामक और चौंकाने वाले थे। वह खुले दिमाग़ के थे, ख़ास कर जब समकालीन संगीतकार–जैसा कि आप कल्पना कर सकते हैं–रॉक-पॉप संगीत के प्रति बिल्कुल उदासीन थे। ग्वीडो ने मौरो को फ्रैंक ज़प्पा के गुण को पहचानने के लिए वस्तुतः मजबूर कर दिया। हमारे स्टूडियो में कुशन पर बैठे या लेटे हुए मौरो के कानों में हेड़फोन से संगीत की बमबारी की जाती–हमने उन्हें 'ज़प्पाएड' किया। यह सब कुछ हमारे स्टूडियो बाबूचियो में हुआ–यहीं वह ग्वीडो की प्रिय मित्र सीमोनेट्टा लक्स से मिले जो अक्सर शामों को आती थीं और हमारी यादगार पार्टियों में शामिल होती थीं और जिनके साथ मौरो की एक लम्बी और महत्त्वपूर्ण प्रेम कहानी बनी।

टेंड्रिल्स शो के लिए मैंने जैज़ का रुख किया और *स'एस्ट आइसी* के *ल'ऑन प्रेन्ड ले बाटो* के लिए मैंने मौरो के संगीत को कमीशन किया। भारत से लौटने पर मैंने इटली में *स'एस्ट आइसी...* को चार घण्टे की अवधि का शो बनाया और इसे कोरियोग्राफ किया।

इन दोनों शोज़ ने एक ही प्रक्रिया का पालन किया, लगभग एक जुड़वाँ पैदाइश की तरह। हालाँकि वे एक दूसरे से अलग थे, फिर भी वे गर्भाधान के क्षण से जुड़े हुए थे। जब मैं *टेंड्रिल्स* ख़त्म करने के बाद भारत से इटली लौटी और जब मैं इसे लेकर पूरे यूरोप का दौरा कर रही थी, तब मैं *स'एस्ट आइसी...* की रचना कर रही थी। जब *टेंड्रिल्स* का दौरा समाप्त हुआ तो मैंने स'एस्ट आइसी... की रिहर्सल शुरू की जो तीन महीने तक चली। *स'एस्ट आइसी...* का प्रीमियर दिल्ली के कमानी ऑडिटोरियम में फरवरी, 1981 में हुआ।

भारत की यात्रा एक ऐसा अनुभव था जिसने मौरो और कम्पनी के सभी सदस्यों पर एक अमिट छाप छोड़ी। यह दौरा तीन सप्ताह तक चला। हम कुल तेरह लोग थे–नौ नर्तक, मौरो, ध्वनि और प्रकाश के लिए दो तकनीशियन और फोटोग्राफ़र सेबस्टियाना पापा। भारत सरकार ने हमें आई.सी.सी.आर द्वारा आयोजित दौरे के लिए आमन्त्रित किया था। हमने भारत के पन्द्रह मुख्य शहरों में वहाँ के सबसे बड़े थिएटरों में शो किया और कुल सत्रह कार्यक्रम किये।

जबकि *टेंड्रिल्स* में कोरियोग्राफ़ी और अंग संचालन का जन्म भारतीय संगीत एवं जैज़ की थीम पर आशुरचना के साथ-साथ हुआ था, *स'एस्ट आइसी...* में मैंने प्रत्येक चरण में मूवमेंट्स को ठीक करके उन्हें कोरियोग्राफ़ किया और शो के दूसरे भाग में आशुरचना की केवल कुछ झलकियाँ दी।

मौरो रोज़ाना रिहर्सल हॉल में आते, चुपचाप कोरियोग्राफ़ी की तस्वीरों का अवलोकन करते और फिर हम दोनों उनका एक साथ विस्तार से विश्लेषण करते थे। मैं उन्हें बताती कि मुझे किस तरह की ध्वन्यात्मकता चाहिए और वह नोट्स पर नोट्स लिखते। मेरे इस अनुरोध को पूरा करने के लिए कि वह हर मूवमेंट को अपने संगीत के साथ पूरी तरह से व्यक्त करें, वह सभी मूवमेंट्स की अवधि को समयबद्ध करते थे। उनके लिखे नोट्स इलेक्ट्रॉनिक संगीत में बदल जाते जिन्हें वह टेप पर रिकॉर्ड करते थे। उस संगीत को एक साथ सुनने के बाद हम नवीनतम बारीक़ियों पर सहमत होकर आगे बढ़ते। मैं आपको एक रहस्य की बात बताना चाहती हूँ–मैं अक्सर शो के उन लयबद्ध हिस्सों का निर्माण करती थी जो कि बॉब मार्ले के संगीत से प्रेरित होते थे, जिन पर मुझे आशुरचना करना पसन्द था; और मैं डेविड बॉवी के संगीत से प्रेरित हिस्सों का भी निर्माण करती थी जिन पर मैं सबसे हलकी-फुल्की और सामंजस्यपूर्ण गतिकी बना पाती थी।

शो का पहला भाग रिकॉर्ड किये हुए इलेक्ट्रॉनिक संगीत पर आधारित था जिस पर मौरो ने सिंथेसाइज़र के साथ स्टेज पर लाइव आशुरचना की, जबकि दूसरे भाग में डांस से प्रेरित होकर उन्होंने पियानो पर आशुरचना की। काम बहुत ज़्यादा था और एक दिन उन्होंने मुझसे कहा, "मैंने अपने जीवन में कभी इतनी मेहनत नहीं की!" हमें आपस में लगातार विचार-विमर्श करना पड़ रहा था लेकिन वह भी मेरी तरह परिणाम को लेकर उत्साहित थे।

हमारा शो काफ़ी सफल रहा। मुझे नहीं लगता कि उस समय तक उस तरह का संगीत कभी भारत में लाइव प्रस्तुत किया गया था। दिल्ली में एक प्रेस कान्फ्रेंस हुई जहाँ लगभग सभी राज्यों के पचास से अधिक पत्रकार मेरा साक्षात्कार लेने आये। मेरी तस्वीर हिन्दुस्तान टाइम्स के मुखपृष्ठ पर सिगरेट पकड़े हुए प्रकाशित हुई क्योंकि मैं उस समय धूम्रपान कर रही थी। भारत सरकार के लिए विदेशी कलाकारों पर इस तरह से निवेश करना सामान्य बात नहीं थी और मैं बहुत ज़्यादा चकित व ख़ुश थी।

मैंने महसूस किया कि इसके पीछे कोई दिव्य योजना थी। यह मात्र संयोग नहीं था।

चेन्नई (मद्रास) में मैं मौरो के साथ थिओसोफ़िकल सोसाइटी के कैंपस में गयी जहाँ एक साल पहले मैं साढ़े चार सौ साल पुराने अड्यार बोधि वृक्ष को देखकर भाव विह्वल हो गयी थी। मुझे याद है कि मौरो मेरे साथ बेंच पर उस पेड़ पर चिन्तन करने के लिए बैठे थे जो कि जंगल की तरह दिखता था चूँकि उसकी शाखाएँ परस्पर जुड़ी हुई थीं और मुख्य तने के चारों ओर ज़मीन में अपनी जड़ें जमाये हुई थीं। उस पेड़ के नीचे पाँच सौ लोगों को आश्रय मिल सकता था। अपने पिता के बारे में मुझ से बात करते हुए मौरो की मुग्ध आँखों से आँसू बहने लगे। भारत वह भूमि है जहाँ आँसू संसार के कष्टों को दूर करते हुए प्रतीत होते हैं, जैसे कि गंगा नदी का पानी जो बहुत दूर से आता है।

धीरे-धीरे दुर्भाग्य से मैंने *स'एस्ट आइसी...* शो की अवधि कम कर दी जो कि एक बहुत बड़ी ग़लती थी, जिसे शायद मैं अपनी सभी रचनाओं में आज भी दोहराती हूँ। मैं मंच पर केवल वही प्रस्तुत करती हूँ जो अत्यावश्यक है और यह मेरे नर्तकों के लिए एक बड़ा झटका होता है जो कि कई घण्टों लम्बी अत्यधिक विस्तृत एवं कार्यात्मक कोरियोग्राफ़ी पर तैयारी करने के बाद मंच पर इसके ज़्यादा से ज़्यादा नब्बे मिनट प्रस्तुत करते हैं। इस पुस्तक के साथ भी जिसे आप पढ़ रहे हैं मैंने ऐसा ही करने की कोशिश की, लेकिन फिर मैं रुक गयी क्योंकि मुझे अहसास हुआ कि इसकी ताक़त इसके भावनात्मक आयाम में है जो कि एक तर्कसंगत लेखन की छलनी से नहीं निकल सकता है। ऐसा करने से इस पुस्तक का यह गुण समाप्त हो जायेगा, हालाँकि यह कठिन अंशों को बेहतर ढंग से समझने में उन लोगों की मदद करेगा जो विशेष रूप से मन के उस आयाम में रहते हैं जो उनकी भावनाओं का दम घोंटता है। *स'एस्ट आइसी...* के मामले में भी ऐसा करना एक ग़लती थी क्योंकि इससे कोरियोग्राफ़ी ने अपने ब्रह्माण्डीय दिक्-काल की भावना को खो दिया जो वास्तविक समय की भावना से परे थी।

भारत के दौरे से पहले इटली के पाविया शहर में शो के एक तरह के पूर्वावलोकन के बाद शो तीन घण्टे का हो गया, भारत से लौटने के बाद तीन से दो घंटे का और यूरोप के दौरे में एक घण्टे का। और ज़ाहिर है कि मौरो ने संगीत में क्रमशः कटौती की।

स'एस्ट आइसी... एक गहन यात्रा थी और अवसर मिलने पर मैं इसे इसकी मूल अवधि में वापस प्रस्तुत करूँगी। मैं इसे एक सार्वभौमिक, चिरस्मरणीय, कोरल रचना मानती हूँ; इसकी शक्ति इसके फैले हुए लौकिक विस्तार में ही निहित है। इसके द्वारा काल-अन्तराल की यूंगियन समक्रमिकता को दर्शाना सम्भव होता है। यह मूवमेंट को ब्रह्माण्ड व अनन्त के सम्बन्ध में प्रस्तुत करता है, जो कि प्रस्तुति के लोड बेअरिंग (वजन उठाने वाले) तत्त्व हैं। अनन्त की तरह, नृत्य में मूवमेंट की एक स्पष्ट रैखिकता होती है जो खुद से परे फैली होती है; ब्रह्माण्ड की तरह नृत्य में भी वृत्तीय गतिकी होती है जो कि ग्रहों या पक्षियों के झुण्ड की गतिशीलता के समान है।

इसके अलावा *स'एस्ट आइसी...* में, जैसे कि *कॉनकेटनेशंस* में, स्पेस के उपयोग में कनिंघम का प्रभाव स्पष्ट है। इस रचना में एक न्यूनतम और आवश्यक तत्त्व भी शामिल है, एक इशारों वाला आयाम जो ठोस जीवन से प्रेरित है। यहाँ मेरा नृत्य अमूर्तता एवं यथार्थवाद के बीच की दुविधा को और अधिक स्पष्ट तरीक़े से व्यक्त करना शुरू कर देता है। यह मेरी एकमात्र रचना है जहाँ विडम्बना या आत्म-विडम्बना का कोई नामोनिशान नहीं है क्योंकि यह आवश्यक नहीं हैं। यह शो एक दूसरे आयाम को, रहस्यमय और आध्यात्मिक आयाम को व्यक्त करता है।

असाधारण रूप से *स'एस्ट आइसी...* और *टेंड्रिल्स* को रोम के एलिसेओ थिएटर में–जहाँ नृत्य ने पहले कभी प्रवेश नहीं किया था–सीज़न की कार्यक्रम अनुसूची में दो सप्ताह के लिए शामिल किया गया और सभी टिकट बिक गये। हॉल हमेशा खचाखच भरा हुआ होता था। इन दो शोज़ के साथ हमने रोम के टिएट्रो ओलम्पिको में भी हाउसफुल' के नज़ारे देखे। एक व्यक्ति और एक कलाकार के तौर पर मैंने कभी भी इटली में नृत्य को संचालित एवं प्रबन्धित करने वाली संरचनाओं के साथ सम्बन्ध बनाने का प्रयास नहीं किया, लेकिन मुझे यूरोप व दुनिया के कई देशों में आलोचकों और जनता की व्यापक सराहना मिली। संगीत और रंगमंच की दुनिया में मेरे उत्कृष्ट सम्बन्ध थे और इसलिए मुझे अक्सर संगीत और नाटकीय प्रोग्रामिंग में शामिल किया जाता था। मौरो ने मुझे फ़्रेंको इवेंजेलिस्टी से मिलवाया, जो कि संगीत की दुनिया में एक महत्त्वपूर्ण व्यक्ति थे। फ़्रेंको ने तुरन्त मुझे अपनी कम्पनी के साथ आर.ए.आई ऑडिटोरियम में

नुओवा कॉनसोनांजा के नव तात्कालिक समकालीन संगीत उत्सव में भाग लेने के लिए आमन्त्रित किया, जिसके वे अध्यक्ष थे।

बाद के वर्षों में हमने फिर से मौरो के साथ *डायवर्टिसेमेंट लिरिके* के लिए संगीत बनाया। छह नर्तकियों के साथ यह एक केवल-महिला शो था और वाद्य संगीत का वायलनचेलो, वायोला और पियानो पर मौरो के साथ लाइव प्रदर्शन किया गया।

रोम के टिएट्रो ओलम्पिक में शो के डेब्यू के अवसर पर ऐसा हुआ कि डिएगो गुल्लो को, जो कि उस समय रोम के थियेटर के अध्यक्ष थे, शो बहुत पसन्द आया और उन्होंने मुझे एक महीने बाद अर्जेंटीना के थिएटर में प्रदर्शन करने के लिए आमन्त्रित किया, बशर्ते मैं एक नया शो प्रस्तुत करूँ। इतना कम समय मिलने से व्याकुल जब मैंने इसके बारे में प्रसिद्ध नृत्य समीक्षक विटोरिया ओटोलेन्गी से ज़िक्र किया तो उन्होंने तुरन्त मुझसे कहा–"संगीत और वेशभूषा बदलो और उसी शो को एक नये शीर्षक के साथ प्रस्तुत करो।" उनका मतलब था पुराने शो को ढक कर दोबारा पैक कर दो; इन बदलावों के साथ यह एक अलग शो की तरह प्रतीत होगा। पहली बार मैंने यह सुझाव माना। मैंने शो का नाम बदलकर *कॉन्सर्टो* कर दिया। मैंने जीओवान्नी टॉमासो और लुइस एगूडो को बुलाया, कुछ कोरियोग्राफ़िक अंश बदले और 'भेस' बदल कर उसी शो को प्रस्तावित किया। यह उपाय कामयाब रहा। और मुझे जैज़ इतना पसन्द आया कि मैंने मौरो के वाद्य संगीत को छोड़ दिया। यह साल 1985 और 1986 के बीच की बात है।

मौरो ने बुरा नहीं माना। हमारे बीच आपसी समझ थी और हम एक-दूसरे को प्यार करते थे। वह एक बहुत अच्छे व्यक्ति थे, विडम्बनात्मक, बुद्धिमान, मानवीय, सरल और विनम्र। हम दोस्त बने रहे और 2007 में अपनी असामयिक मृत्यु तक वह मेरा समर्थन करते रहे।

***

जाचिंतो शेल्सी आज दुनिया में हमारे समय के सबसे महान संगीतकारों में से एक माने जाते हैं। उनका संगीत भव्य है और ब्रह्माण्ड की शक्ति को इस तरह प्रतिध्वनित करता है कि सर्वशक्तिमान बन जाता है। उनका संगीत अँधेरे और प्रकाश की शून्यता को इस तरह व्यक्त करता है कि

मोरलाची थिएटर, पेरूजा (इटली) में उम्ब्रिया जैज़ समारोह में जीओवान्नी, टॉमासो, लुइस एगूडो व पैट्रिज़िया द्वारा *कॉन्सर्टो* शो की प्रस्तुति, 1989

श्रोतागण सभी भावनाओं का अनुभव करते हैं, 'भय' का भी। उनका संगीत सुनकर आप खुश होते हैं।

मैं जापानी गायक मिचिको हिरयामा के माध्यम से जाचिंतो शेल्सी तक पहुँची। मिचिको समकालीन संगीत की एक महत्त्वपूर्ण व्याख्याकार और गायकी के लिए एक सन्दर्भ बिन्दु थीं। मौरो और जाचिंतो दोनों ने ऐसे टुकड़े बनाये थे जो कि उनकी आवाज़ को समर्पित थे। मिचिको के साथ हमने प्रयोगात्मक आशुरचनाओं के आधार पर एक सहयोग शुरू किया जो कि उत्तेजक और मजेदार था। हम उन आशुरचनाओं को मंच पर लाए और जब एंटोनियो ने हमारे शो को देखा तो उन्होंने भी उसे बहुत सराहा। संगीतकार मुझसे एक संगीतकार के रूप में सम्बन्ध जोड़ते हैं, एक ऐसी संगीतकार जो उन्हें प्रेरित करने के साथ-साथ अपने अंग संचालन से ध्वनि की रचना करती है जिसे वे सुन नहीं पाते अपितु देख पाते हैं। हम एक साथ रचना करते हैं; ध्वनि भौतिक स्थान में अंग संचालन के साथ हस्तक्षेप नहीं करती है चूँकि संगीत की शारीरिक उपस्थिति नहीं होती है, ठीक वैसे ही जैसे कि अंग संचालन ध्वनि के साथ ओवरलैप नहीं करता है, जैसा कि दूसरे संगीतकार की ध्वनि करती।

हम विशेष रूप से एक दूसरे के लिए प्रेरणा स्रोत हैं जो हस्तक्षेप नहीं करते हैं और रिश्ते को मुक्त छोड़ देते हैं। नृत्य की किसी भी शैली और संगीत के बीच की आशुरचना में ऐसा ही होता है। नृत्य और संगीत का हमेशा एक अद्‌भुत संगम होता है।

मिचिको और मेरे बीच का यह तात्कालिक सामंजस्य शायद इसलिए स्थापित हुआ क्योंकि वह प्राच्य थीं लेकिन उससे कहीं ज़्यादा इसलिए क्योंकि जाचिंतो शेल्सी उनके मास्टर गाइड थे, जिन्हें मैं तब तक नहीं जानती थी। मेरे जीवन में मिचिको का मूल्य यह है कि उनकी बदौलत मैं जाचिंतो से मिली।

उस समय जाचिंतो एक 'परिपक्व' व समझदार बुजुर्ग थे और मैं एक 'उतावली' समझदार युवती।

मुझे लगता है कि दो लोगों के बीच पहली मुलाक़ात सब कुछ बयान करती है, यहाँ तक कि उनके रिश्ते की क्षमता के बारे में भी। यह दो कलाकारों का पहली नज़र का प्यार था! तुरन्त हमारी दोस्ती प्रगाढ़ हो गयी और सभी सच्ची दोस्ती की तरह यह अनन्त काल तक जीवित रहेगी।

मैं जाचिंतो से 1980 में मिली जब मैं अपनी पहली भारत यात्रा से लौटी और 1988 में उनके लापता होने तक हम रोज़ सम्पर्क में थे।

मेरे लिए जाचिंतो एक बहुत ही ख़ास व्यक्ति थे जिनकी बड़ी नीली आँखें आपको सीधे अनन्त में लिए जाती थीं। वह हमेशा समभाव से आनन्द की स्थिति में रहते थे और अपने आसपास शान्ति बिखेरते थे। उनका हर इशारा, हर शब्द नपा-तुला होता था और वह हमेशा दूसरे की बात सुनने को तत्पर रहते थे। हालाँकि वह स्वभाव से जिज्ञासु थे लेकिन वह बातचीत के विषयों के बारे में बहुत चयनात्मक थे।

उनसे मिलने से पहले मैंने रचनात्मक प्रक्रिया के बारे में पूरी जागरूकता विकसित नहीं की थी, भले ही मैं इसे लगातार व्यक्त कर रही थी। उन्होंने मुझे समझाया कि जिस पल मैं रचना और नृत्य कर रही थी, उस पल मेरे भीतर क्या कुछ हो रहा था और इस तरह उन्होंने मुझे इसे समझने में मदद की।

एक बार उन्होंने मुझसे कहा था—"कलाकार पा जाता है, तलाश नहीं करता है।" मेरा मानना है कि उनका अभिप्राय यह था कि जो व्यक्ति स्वतः नहीं पाता है अपितु तलाश करता है, वह केवल एक प्रयोगकर्ता होता है। एक सच्चा कलाकार इससे कहीं अधिक है।

जाचिंतो मेरे जीवन में एक ऐसे गुरु और दार्शनिक रहे हैं जिन्होंने मुझे यह समझने में मदद की कि कैसे एक कलाकार दिव्य प्रेरणा के प्रवाह के लिए एक चैनल है। मेरी राय में यह प्रक्रिया न केवल कलाकारों से बल्कि उन सभी लोगों से सम्बन्धित है जो किसी भी समय जीवन के किसी भी कार्य में इसी क्षमता को सक्रिय करने के लिए सही परिस्थितियाँ बनाना चाहते हैं।

मैं अक्सर उनके आलीशान घर में, जहाँ से पैलेटाइन हिल का नज़ारा दिखता था, ख़ामोशी में उनके लिए आशुरचना करती थी।

एक कोरियोग्राफ़र के रूप में उस समय मैंने जैज़, भारतीय संगीत, रॉक, पॉप, न्यू-ऐज संगीत की दुनियाओं में वापस जाने का फ़ैसला किया, जो मुझे हमेशा से ही बहुत भाती थीं। हालाँकि मैं समकालीन संगीत से दूर हो गयी थी, फिर भी जाचिंतो मेरे सभी शो देखने आये। उस समय मैं जिन संगीत शैलियों को पसन्द करती थी, उनके प्रति पूर्वाग्रह के बिना उन्होंने मेरे रचनात्मक विकास का सम्मान किया और उसमें दिलचस्पी दिखाई। हमने कलाकारों के रूप में अपने समान अनुभव के बारे में बात की। यह एक निरन्तर और अनन्त संवाद था। हम जैसे दो कलाकार इन विषयों की चर्चा में अनन्त काल बिता सकते हैं क्योंकि वे हमारी साँस, हमारा पानी, हमारी रोज़ की रोटी हैं। उन्होंने मुझे समझाया कि कैसे हम दोनों 'स्पाइक्स' थे जो नये द्वार खोलने में सक्षम थे और कैसे इस कारण से जब हम शिखर पर पहुँचे तो हम अकेले थे और हमें एकान्त स्वीकार करना पड़ा। उन्होंने आगे कहा कि हम 'अकेला' महसूस नहीं करते क्योंकि लगन के साथ अपने मिशन को पूरा करते हुए हम अपने काम का फल मानवता को भेंट करते हैं। जब कलाकार पृथ्वी पर वापस आता है तब वह दूसरों के साथ साझा करके ख़ुश होता है। मेरा मानना है कि ईश्वर हमसे तभी संवाद करते हैं जब हमारे मिशन को साकार करने के लिए हमारा मार्गदर्शन करना आवश्यक होता है; बाक़ी समय वे हमें अपने सन्देश को समझने और उसके अनुसार काम करने के लिए छोड़ देते हैं।

उस समय मैं रचनात्मक रूप से बहुत सक्रिय थी। हर बार जब मैं एक नये विषय पर कोरियोग्राफ़ी तैयार करती तो उन्हें दिखाने के लिए दौड़ पड़ती। वह ख़ुश होते थे और उस रचना के निर्माण में भाग लेकर मुझे प्रोत्साहित करते थे व उस रचना को और उसके मूल्य को समझने

में मेरी मदद करते थे। उनके गहन विश्लेषण और उनकी टिप्पणियों से मुझे आगे बढ़ने की प्रेरणा मिलती थी।

वह मुझसे पेरिस में अपने जीवन के बारे में और रोम के कला वातावरण के साथ अपने सम्बन्ध के बारे में बातें करते। वह भी मेरी तरह हमारे देश इटली के प्रान्तीयवाद से पीड़ित थे–हम दोनों जानते थे कि हम एक संकीर्ण और स्पष्ट सन्दर्भ में 'सफ़ेद मक्खी' (असामान्य) थे। हमारा देश हमारे वास्तविक मूल्य को पहचानने और उसकी सराहना करने में सक्षम नहीं था।

जाचिंतो को लगता था कि लोग उनकी कला को नहीं समझते हैं, उस तरह से जैसे उन्हें भविष्य में समझा गया और वास्तव में जैसे आज समझा जाता है। उन्होंने मुझे इस समस्या से अवगत होने के लिए प्रोत्साहित किया और यह समझने के लिए कि मुझे भी दृढ़ता से उसका सामना करना पड़ेगा। उनके अनुसार हम समान आत्माएँ थे। उन्होंने मुझे बताया कि अपने जीवन में वह जितने भी कलाकारों से मिले, मैं उनमें अकेली ऐसी थी जो उनके जैसी थी। उन्होंने मुझे मज़बूत होने के लिए और अपनी पीड़ा को समझने के लिए तैयार किया। इस तरह से उन्होंने ख़ुद को दर्द से बचाने में मेरी मदद की। एक कलाकार के रूप में ग़लतफ़हमी का शिकार होने के नाते उन्हें पीड़ा का अच्छा ख़ासा अनुभव था और जिसके माध्यम से, मेरे विपरीत, वह पहले ही अनासक्ति को प्राप्त कर चुके थे। वह मुझसे कहते थे–"यह सामान्य और अवश्यम्भावी है कि ऐसा हो; वे तुमको समझ नहीं पायेंगे और वे तुमसे ईर्ष्या करेंगे। तुम आगे बढ़ती रहो और चिन्ता मत करो क्योंकि ऐसी बहुमूल्य कला वैसे भी चिरस्थायी है। तुम्हें उन लोगों द्वारा असुविधाजनक माना जायेगा जिनके पास शक्ति होगी क्योंकि तुम्हारी भूमिका उनकी अन्तरात्मा की आवाज़ बनने की है। अपने आपको तैयार करो क्योंकि तुम्हें सूली पर चढ़ाया जायेगा और प्रताड़ित किया जायेगा।"

मुश्किल समय में मुझे जाचिंतो का बड़ा सहारा था क्योंकि वह समझते थे कि मैं क्या महसूस कर रही थी। उन्होंने मुझे नैतिक समर्थन दिया और मुझसे आगे बढ़ने का आग्रह किया। एक बार उन्होंने मुझे बताया था कि इतालवी संगीत की दुनिया में फ्रेंको इवेंजेलिस्टी उनके एकमात्र दोस्त थे, एक सच्चे कलाकार जो उनके संगीत को समझते थे।

जिन कठिनाइयों से हम कलाकारों को गुज़रना पड़ता है, उसका सकारात्मक पहलू यह है कि वे हमारे भीतर जीवन की मूल और रहस्यमय शक्ति को जाग्रत करती हैं। यदि उन क्रूसारोपण और यातनाओं को दूर किया जा सके तो फिर कुछ भी भयावह नहीं हो सकता है, कुछ भी हासिल किया जा सकता है।

कलाकार तब तक अपने स्टूडियो में सीमित रहता है, जब तक जीवन की आवश्यकताएँ उसे बाहरी दुनिया से सम्बन्ध क़ायम करने के लिए अपनी खोल और गुफा छोड़ने के लिए मजबूर नहीं करती हैं। कलाकार को एक ऐसे मार्ग का अनुसरण करना चाहिए जो वास्तविकता से निपटने के लिए व्यवहार्य हो।

ग्वीडो की तरह मुझे जाचिंतो से भारी समर्थन मिला। वे दोनों एक-दूसरे को जानते थे और एक-दूसरे का सम्मान करते थे। रोमन फोरम के ऊपर और पैलेटाइन हिल के सामने वाया दी सान टीओडोरो में अपनी छोटी सी इमारत से जाचिंतो आसानी से बाहर नहीं निकलते थे, लेकिन हमारे लिए एक अपवाद के तौर पर वे *बाबूचियो* में हमसे कभी-कभी मिलने आते थे। आम तौर पर हम ही उनसे मिलने जाते थे और वह हमेशा हमारा गर्मजोशी से स्वागत करते थे। उनके घर में दुनिया भर से आने-जाने वाले कलाकारों का ताँता लगा रहता था–फ़्रांसीसी संगीतकार, दार्शनिक और कवि, अमेरिकी मॉडल–जो कि अन्तरर्राष्ट्रीय सामाजिक और सांस्कृतिक जीवन के हर क्षेत्र का प्रतिनिधित्व करते थे। एक बार मैं वहाँ एलन गिंसबर्ग से भी मिली जिनके सम्मान में एक पार्टी आयोजित की गयी थी। जाचिंतो ने एक बार मुझे बताया था कि उनका घर रोम के ऐसे स्थान पर स्थित था जहाँ गूढ़ रूप से पूर्व और पश्चिम की ऊर्जा का संगम होता था। हम दोनों शानदार पार्टियाँ आयोजित करते थे, वे अपने महल में और मैं ग्वीडो के साथ *बाबूचियो* में। हम दोनों के घर कलाकारों के मिलने और विचारों का आदान-प्रदान करने के स्थल थे।

गर्मियों में सिर्फ़ हम दोनों उनकी छत पर सबसे गर्म घण्टों के दौरान धूप सेंकने के लिए जाते थे। उस समय मैं निर्वस्त्र होती थी, क्योंकि मैं उनके साथ पूरी तरह से सहज महसूस करती थी। हम दोनों को सूरज और गर्मी बेहद पसन्द थी, हम इसमें भी समान थे। सच में पागलपन! धूप सेंकते हुए केवल वहाँ मैं अपने निजी जीवन के बारे में भी उनसे बात कर सकती थी, लेकिन हर बार वह इस विषय पर यह कह कर चर्चा

बन्द कर देते थे–"तुम जैसे कलाकार का सामान्य रिश्तों से युक्त जीवन नहीं हो सकता है।"

जाचिंतो का मानना था कि मेरी कला और मैं ख़ुद सामान्यता की रेखाओं से बाहर थे, इसलिए वह मानते थे कि मेरे जीवन में प्रेम नहीं हो सकता है और नहीं होना चाहिए। मार्सेलो कैरोसी ने भी मुझसे यही कहा, लेकिन मैंने उनके सोचने के तरीक़े को कभी स्वीकार नहीं किया। मैं अभी भी अपने जीवन को एक उत्कृष्ट कृति बनाने के लिए संघर्ष करती हूँ। हालाँकि मैं अच्छी तरह से जानती हूँ कि मुझ जैसे कलाकार को आदर्श प्यार मिल पाना बहुत कठिन है, क्योंकि एक कलाकार होने के नाते मेरा स्वभाव कठिन है, परन्तु यह बिल्कुल नहीं कहा जा सकता है कि यह असम्भव है।

जाचिंतो इस बात से इन्कार करते थे कि ऐसा सम्भव है क्योंकि वह स्वयं मानवीय प्यार के दायरे में अपना जीनियस और सर्वज्ञता जाहिर करने में अक्षम थे। यह कलाकार का–जो कि अपनी चरम मानवता के कारण पीड़ित होता है–स्वांग होता है कि वह केवल अपने रचनात्मक कार्य के माध्यम से प्यार करने व प्यार पाने की इच्छापूर्ति करने में सफल हो सकता है। असल में वह प्यार में पीड़ा पाने से डरता है इसलिए वह कला की ओर पलायन करता है। लेकिन प्रेम सम्बन्धों की ख़ातिर पीड़ा का जोखिम उठाना मुझे समृद्ध करता है और मैं इस समृद्धि को अपने नृत्य में भी व्यक्त करती हूँ।

इस सम्बन्ध में मैं आपको एक पुरानी फ़िल्म *द रेड शूज़* के बारे में बताना चाहती हूँ जिसे मैंने बचपन में देखा था। फ़िल्म एक नर्तकी की कहानी बताती है जो एक महत्त्वपूर्ण डेब्यू के पूर्वाभ्यास के दौरान एक पुरुष के प्यार में पागल हो जाती है। प्रबन्धक उसे नृत्य और प्रेम में से एक को चुनने के लिए मजबूर करता है क्योंकि उसकी दृष्टि में ये दोनों चीज़ें एक साथ नहीं रह सकती हैं। दुविधा में फँसी वह नर्तकी नृत्य जारी रखने का विकल्प चुनती है। वह प्यार का त्याग कर देती है और जीवन भर दुःखी रहती है। यह धारणा कला की दुनिया में बहुत मज़बूत थी, शायद अभी भी है। मुझे कभी इस बात पर यक़ीन नहीं हुआ, हालाँकि जैसा कि आप जानते हैं अपने तरीक़े से मैंने ख़ुद को वही करते हुए पाया। आज मैं दृढ़ता से महसूस करती हूँ कि मुझे आपको बताना चाहिए कि यह बिल्कुल विपरीत है। माना कि कला के किसी भी रूप को कलाकार के

पूर्ण प्रेम की आवश्यकता होती है (रोमांटिक मानव प्रेम के संकीर्ण दायरे के बाहर), लेकिन अगर कलाकार अपने साथी को उसी 'पूर्ण' तरीक़े से प्यार कर पाता है तो यह कलाकार की रचनात्मक ऊर्जा को सौ गुना बढ़ाने के अलावा और कुछ नहीं करेगा। मैंने हमेशा माना है कि नृत्य एक प्रकार का तानाशाह है लेकिन सकारात्मक अर्थ में जैसा कि मैंने अभी आपको बताया। सब कुछ सापेक्ष है क्योंकि यह इस बात पर निर्भर करता है कि आप इसे कैसे जीते हैं।

जाचिंतो और मेरे बीच इस विषय पर और कलाकार की रचनात्मक प्रक्रिया पर खुल कर चर्चा होती थी। मेरी राय में कलाकार मानव अस्तित्व के रहस्य में उतरता है, उसके मूल को समझता है और फिर उसे प्रतीक व संकेत के माध्यम से प्रस्तुत करता है; जबकि जाचिंतो के विचार से कलाकार केवल ऊपर से प्रेरणा प्राप्त कर रचना करता है। मेरे व्यक्तिगत अनुभव में चमत्कार तब होता है जब ऊपर से आने वाली प्रेरणा का कलाकार के वजूद की गहराई के साथ मिलन होता है, जिसमें उस प्रेरणा की जड़ें बसती हैं और उच्च व निम्न के बीच का सम्बन्ध पुनर्स्थापित होता है।

उस समय मैंने मनोविश्लेषण में अपनी यात्रा शुरू की। जाचिंतो ने ही मुझे एक यूंगियन मनोचिकित्सक से मिलने का सुझाव दिया था जब मैंने उन्हें बताया कि मुझे अपने सपनों की समझ को गहरा करने की आवश्यकता है चूँकि मुझे कई वर्षों से गहन सपने आते थे।

जब मैंने जाचिंतो को मनोचिकित्सा में अपने अनुभवों के बारे में बताना चाहा तो उन्होंने विषय बदल दिया। वह इसके बारे में सुनना नहीं चाहते थे। उन्होंने कहा कि तहख़ानों से अँधेरा हटाने का एकमात्र तरीक़ा ऊपर से प्रकाश लाना है। पर मेरी राय में उचित चिकित्सीय साधनों से अचेतन को शुद्ध करने के लिए अचेतन में उतरना आवश्यक है। कई कलाकारों की तरह उन्हें भी यक़ीन था कि व्यक्ति कला में एक आध्यात्मिक उपकरण पा सकता है जो गहरी मानवीय समस्याओं को हल कर सकता है। संगीत उनके ऊपर उठने का और जीवन का सामना करने का साधन था। मेरे लिए नृत्य वह साधन है जिसकी मदद से जीवन का उदात्तीकरण किया जा सकता है। मेरा मानना है कि 'सेल्फ-केयर' (स्व-देखभाल) एक अलग प्रक्रिया से सम्भव है और वह है चिकित्सा।

हालाँकि जाचिंतो आमतौर पर नहीं चाहते थे कि उनके संगीत पर कोरियोग्राफ़ी की जाये, लेकिन एक अपवाद के रूप में उन्होंने मुझे

ऐसा करने के लिए कहा। एक दिन उन्होंने मुझे अपनी आशुरचनाओं में से एक का मूल टेप दिया जिससे उनकी कृति *को-था* (द डांस ऑफ़ शिव) का जन्म हुआ था। इस टुकड़े में उन्होंने गिटार को नीचे सपाट रख कर इस्तेमाल किया था, मानो यह एक परकशन (तबला वाद्य) हो। उन्होंने मुझे इसे कोरियोग्राफ़ करने के लिए कहा। मुझे उनके सटीक शब्द याद हैं–"तुम अकेली हो जो *द डांस ऑफ़ शिव* की व्याख्या कर सकती हो।"

जीवन के उस पड़ाव पर मुझे उनके संगीत पर कोरियोग्राफ़ी करने की इच्छा नहीं हुई, हालाँकि वह शानदार था। उन्होंने इस बात का सम्मान किया कि उस समय मैं किन्हीं अलग ही संगीत तरंगों पर थी चूँकि मैं दस साल तक समकालीन संगीत पर कोरियोग्राफ़ी कर चुकी थी जिससे मैं सन्तृप्त थी। लेकिन उन्होंने बड़े विश्वास के साथ मुझे कहा कि एक दिन मैं उनके इस संगीत पर नाचूँगी और ऐसा ही हुआ।

साल 2005 में जीसेल्ला बेल्लौरी के माध्यम से मैं शेल्सी फाउंडेशन के निदेशक निकोला सानी से मिली जिन्होंने मुझे प्रस्ताव दिया कि मैं शेल्सी फेस्टिवल के अवसर पर *द डांस ऑफ़ शिव* की व्याख्या करूँ, इस बात से पूरी तरह अनजान कि ख़ुद जाचिंतो ने पच्चीस साल पहले मुझसे ऐसा करने के लिए कहा था। ऐसा होना तय था और वास्तव में जाचिंतो ने बहुत आगे देखा था! उस अवसर पर मैंने शेल्सी फाउंडेशन को *को-था* की मूल रिकॉर्डिंग दी जिसे मैंने इतने साल एक पवित्र व अनमोल उपहार के रूप में सँभाल कर रखा था; जिसे हमने जाचिंतो के जन्म शताब्दी महोत्सव के लिए पुनर्जीवित किया।

हमने रोम के गेटे इंस्टीट्यूट में *को-था* पर रचित कोरियोग्राफ़ी को तालवादक एंटोनियो काज्जानो के लाइव संगीत प्रदर्शन के साथ पेश करने की योजना बनायी। उस अवसर पर मैं एंटोनियो के साथ जाचिंतो द्वारा मुझे कई वर्षों पहले दिये गये स्पष्टीकरण को साझा कर पायी, ध्वनियों के अर्थ और उस टुकड़े के गहन महत्त्व के बारे में।

नृत्य एवं संगीत, इनमें भगवान को देखा और सुना जा सकता है। जो कोरियोग्राफ़ी मैंने जाचिंतो को समर्पित की उसमें संयमित प्रारम्भिक ध्वनियाँ और मूवमेंट्स–जो कि पृथ्वी पर शिव की दिव्य शक्ति के आगमन को चिह्नित करते हैं–की लय और गतिकी में उत्तरोत्तर वृद्धि होती है।

जाचिंतो एक बहुत बड़े कलाकार थे। उनके मूल्य को देर से पहचाना गया। उन्होंने अपने जीवन के अन्तिम वर्षों में ही अपनी कला का फल

मलेर्साल थिएटर, हैम्बर्ग (जर्मनी) में पैट्रिज़िया द्वारा
डायवर्टिसेमेंट लिरिके शो की प्रस्तुति, 1989

प्राप्त किया। कई अन्य कलाकारों की तरह उन्हें भी मृत्यु के बाद ही हमारे देश में पूर्ण मान्यता मिल रही है।

जैसा कि मेर्स कनिंघम के साथ हुआ था, जाचिंतो शेल्सी के साथ भी मुझे लगा कि मैं सही समय पर सही व्यक्ति के साथ सही जगह पर हूँ। यही ख़ुशी है!

मैंने जाचिंतो शेल्सी के बारे में विस्तार से इसलिए बात की क्योंकि वह एक जीनियस थे, एक सच्चे कलाकार और एक महान इंसान। वह मेरे लिए सबसे प्रिय और महत्त्वपूर्ण व्यक्ति थे। उन्होंने मुझ पर एक गहरी छाप छोड़ी और मेरे जीवन की दिशा को निर्धारित किया।

जाचिंतो, आप ग्वीडो, जीन सेब्रॉन, मेर्स कनिंघम, मार्सेलो कैरोसी, फ़ाबियो मौरी, डेविड ज़ार्ड, एंटोनियो नीग्रो व डिनो ऑरलैंडो की उत्कृष्ट कम्पनी में हैं।

आप सब ने जो कुछ मुझे दिया उसके लिए आप सभी का धन्यवाद! अपने सभी मूल्यों की आदर्श अभिव्यक्ति बनने के लिए और उदारता व प्रेम सहित मुझे उन मूल्यों को सौंपने के लिए आप सभी का तहे दिल से धन्यवाद। मुझे लगता है कि मैं आपमें से हर एक व्यक्ति हूँ। मैं आशा करती हूँ कि यह पुस्तक आपके व्यक्तित्त्वों का वर्णन उसी शक्ति के साथ करेगी जो कि मैंने आप सभी से प्राप्त की और इसे पढ़ने वालों की मदद करेगी।

***

मेरे जीवन के एक और महत्त्वपूर्ण संगीतकार ज़ाकिर हुसैन हैं, जो कि तबलावादन के भारतीय गुरु अल्ला रक्खा हुसैन के पुत्र हैं। ज़ाकिर पण्डित रवि शंकर के साथ भी प्रदर्शन कर चुके हैं और उनको दुनिया भर में एक जीनियस माना जाता है।

जब मैंने उन्हें पहली बार दिल्ली में देखा तब वह अट्ठाईस साल के थे। मैं उनके तबला बजाने के तरीक़े से बहुत प्रभावित हुई; ऐसा लग रहा था मानो उनका तबला बोल रहा हो। वह तबले के माध्यम से संवाद करते हैं और उनका संगीत गीतात्मक, नाटकीय और कभी-कभी हास्यकर व विडम्बनापूर्ण भी होता है। अपने तबले के माध्यम से वह सभी मानवीय भावनाओं को प्रसारित करते हैं और श्रोताओं को एक उच्च आयाम में ले जाते हैं।

मुझे अहसास हुआ कि कलाकारों के रूप में जीवन को महसूस करने और देखने का हमारा नज़रिया एक ही था।

मैंने उनके दो सी.डी. *मेकिंग म्यूज़िक* और *स्पेस* को कोरियोग्राफ़ किया, जिन पर मैंने क्रमशः *मेकिंग डांस* और *अली इन कोरपो* (विंग्स इन द बॉडी) की रचना की। जब ज़ाकिर की बहन खुर्शीद लंदन में *मेकिंग डांस* देखने आयीं तो उन्होंने मुझसे कहा कि उन्होंने कभी भी किसी को भारतीय संगीत में मौजूद सभी बारीक़ियों और भावनाओं को शरीर की गतिशीलता के माध्यम से इस तरह से व्यक्त करते नहीं देखा था।

मैंने इन दोनों शोज़ के साथ दुनिया भर में दौरा किया है।

मेकिंग म्यूज़िक में दो पाश्चात्य संगीतकार एवं दो भारतीय संगीतकारों के बीच एक अद्भुत आदान-प्रदान है–आशुरचना करते हुए बाँसुरी पर है हरिप्रसाद चौरसिया, तबले पर ज़ाकिर हुसैन, गिटार पर जॉन मैकलॉघलिन और सैक्सोफ़ोन पर यान गरबारिक। संगीत के इस संलयन में पाश्चात्य आयाम में भारतीयता को पूरी तरह से पहचाना जा सकता है और नृत्य में प्राच्य आयाम में पाश्चात्य परिलक्षित होता है। मेरी कोरियोग्राफ़ी *मेकिंग डांस* में प्रत्येक नर्तक केवल एक वाद्ययन्त्र की धुन पर नृत्य करता है। चार नर्तकों द्वारा की गयी व्याख्या में प्रत्येक नर्तक अपने वाद्ययन्त्र की संगीत रचना के प्रत्येक अनुभाग पर गतिमान होता है। मुझे याद है कि रोम में मेरे प्रदर्शन के पश्चात हुए रात्रिभोज में जॉन मैकलॉघलिन ने कहा था कि काश उनके जीवन में भी वैसा आदान-प्रदान हुआ होता जैसा कि मेरे और ज़ाकिर के बीच हुआ था।

स्पेस में ज़ाकिर ने संगीत में इसी तरह पूर्व-पश्चिम का संश्लेषण किया है जिसकी नृत्य प्रस्तुति मैंने *अली इन कोर्पो* में की। शो के प्रथम भाग में इलेक्ट्रॉनिक संगीत से अभिप्रेरित मेरी कोरियोग्राफ़ी यह दर्शाती है कि एक साथ झुण्ड में उड़ते पक्षी किस तरह से आकाश में–जिसे मैंने मंच रोशनी के हल्के नीले रंग के विभिन्न शेड्स से दर्शाया–एक दूसरे से मिलकर विभिन्न अमूर्त रूप ले लेते हैं। शो के दूसरे भाग में, जादुई न्यूनतम तालवाद्यों की लय पर मैंने अपने नर्तकों को लाल पोशाक में नग्न बाँहों व पैरों के साथ प्रस्तुत किया। नर्तक खण्डित, नाज़ुक व विडम्बनापूर्ण मूवमेंट्स के साथ एक दूसरे के साथ ताल से ताल मिलाते हैं और फिर अपनी प्रस्तुति में स्कैट (जैज़-संगीत) गायन जोड़ते हैं जो

कि एक काल्पनिक भाषा में उनके बीच के एक निरर्थक लेकिन बहुत अभिव्यंजक वार्तालाप को दर्शाता है।

जाचिंतो शेल्सी से मुलाक़ात होने से पहले ही भारतीय संगीत के संसर्ग से मुझे यह समझने में मदद मिली कि मेरे नृत्य में एक बहती हुई नदी का सा तत्त्व है। धाराप्रवाह मूवमेंट इंसान के वजूद की गहरी भावनाओं को प्रतीकात्मक रूप से व्यक्त करता है जो कि उस परमात्मा से जुड़ी होती हैं जो इंसान के भीतर वास करता है।

भारतीय नृत्य मुद्राओं में, चेहरे के भावों में, पद संचालन में और शरीर की लचक में गतिशील होता है, लेकिन इसमें भारतीय संगीत की तरह गतिशील रूप से काल-अन्तराल का समावेश नहीं होता है। भारतीय संगीत का यह पहलू बहुत हद तक मेरे नृत्य के समान है क्योंकि मेरी नृत्य शैली काल-अन्तराल में प्रवाहित होती है।

मेरी तरह ज़ाकिर भी बीच-बीच में भारत में रहने आते हैं। गत वर्षों में दुनिया भर में हम यहाँ-वहाँ आपस में टकराये हैं और हर बार मैं उस रास्ते की आत्मीयता को महसूस करती हूँ जिस पर हमारी आत्माएँ चल रही हैं और यह समझ पाती हूँ कि उनकी आत्मा की क्रमागत उन्नति मेरी जैसी है।

ज़ाकिर ने मुझे बॉम्बे में गेटे इंस्टीट्यूट के निदेशक गेऑर्ग लेशनेर से मिलवाया जिन्होनें हिन्द महासागर के नज़दीक अपने घर में चार महीने तक मेरी मेज़बानी की। उनकी कोरियाई पत्नी और मैंने जर्मन भाषा का एक साथ अध्ययन भी किया। मैं बॉम्बे के टाटा थिएटर में उनके द्वारा प्रस्तावित इंटरनेशनल फ़ेस्टिवल *ईस्ट-वेस्ट डांस एनकाउंटर* में गेस्ट स्टार के रूप में नृत्य करने की तैयारी कर रही थी, जिसमें फ़ोकवांग होच्स्चुले से सुज़ैन लिंक सहित दुनिया भर के मेहमान शामिल थे।

गेऑर्ग बहुत ही रोचक, सुसंस्कृत और बुद्धिमान व्यक्ति थे। वह विख्यात ओडिसी एवं भरतनाट्यम नृत्यांगना सोनल मानसिंह के पति रह चुके थे। उनका एक बेटा था जो फ्रीडमैन की जर्मन कम्पनी में एक डांसर था, इसलिए वह हम कलाकारों के पागलपन के प्रति बहुत संवेदनशील थे। वह मुझे बहुत पसन्द करते थे। व्यक्तिगत स्तर पर भी मुझे उनका बड़ा सहारा था क्योंकि वह उन समस्याओं व तनावों पर जिनका सामना मुझे अपने भारतीय ट्विन सोल के साथ अपने रिश्ते में करना पड़ रहा था

एक चिन्तित वार्ताकार बन गये थे; इसके बारे में मैं आपसे बाद में बात करूँगी। फ़ेस्टिवल में मेरे डेब्यू के बाद गेऑर्ग ने मुझसे स्नेहपूर्वक कहा कि मैं एक 'स्टार' नहीं बल्कि एक 'सन' (सूरज) थी, जो वस्तुतः एक स्टार (सितारा) ही है।

उस समय मैं महाराष्ट्र में ज़ाकिर हुसैन, हरिप्रसाद चौरसिया, शिव कुमार शर्मा, बृजभूषण काबरा, विष्णु गोविन्द जोग, विजय किचलू जैसे संगीत के पूजनीय दिग्गजों के साथ एक दौरे में भाग ले रही थी। मैं अकेली विदेशी मेहमान थी और उन सब के बीच एकमात्र नर्तक। उनके टूर में हिस्सा ले पाना मेरे लिए सौभाग्य और सम्मान की बात थी। वे सभी सच्चे कलाकार हैं, सादगी, विनम्रता, मानवीयता, ईमानदारी और सत्यनिष्ठा के गुण लिए। हमारे बीच समझ और दोस्ती पैदा हुई।

हम एक बस में यात्रा कर रहे थे जिसकी सीटें हटा दी गयी थीं और उनके स्थान पर एक नरम कालीन बिछाया गया था जिसे बहुत ही सुरुचिपूर्ण और आरामदायक ढंग से गद्दे, कम्बल व रेशम के तकियों के साथ सजाया गया था। इतनी हँसी-ख़ुशी लेकिन अफ़सोस की प्रत्येक मंच पर मेरे एक घुटने का मेनिस्कस बाहर निकल जाता और मेरा घुटना अवरुद्ध हो जाता। हर बार शहर के सबसे अच्छे ऑर्थोपेडिक डॉक्टर को जोड़ से बाहर निकली हुई उपास्थि को फिर से बैठाने के लिए बुलाना पड़ता था। हर कोई चकित था कि मैं ख़ुद से ऐसा नहीं कर पा रही थी, लेकिन मैं कोई रेम्बो नहीं हूँ! मैं टिबिया और फीमर हड्डियों को कदापि सेट नहीं कर पाती।

वास्तव में उस समय जो दर्द मैं महसूस कर रही थी वह इतना शारीरिक नहीं था जितना कि मानसिक चूँकि मैं अपने ट्विन सोल के साथ संघर्ष की स्थिति का अनुभव कर रही थी। मैं उससे प्यार करने की चाहत और ऐसा करने के डर के बीच झूल रही थी। इसी नागवार और नाटकीय खींचातानी में मैंने उसे चुनौती दी, उसे उकसाया और उसके प्रति अपना अविश्वास व्यक्त किया। भारत इंसान के अन्दर मौजूद सभी अच्छाइओं और बुराइयों को बाहर ले आता है। मैं अपनी अस्तित्वगत गाँठ का सामना करने के लिए मजबूर हो गयी, जो मुझे स्पष्ट रूप से दिखायी देने लगी।

मेरा ट्विन सोल उस समस्या की गहराई को नहीं समझ पा रहा था जिसे उस समय मैं उस पर प्रक्षेपित कर रही थी। मेरे व्यवहार से वह

सिर्फ़ घायल व अस्वीकृत महसूस कर रहा था और दुःखी हो रहा था। मुझे उम्मीद है कि सिक्के के दूसरे पहलू में—जो कि जीवन की हर अभिव्यक्ति में हमेशा मौजूद होता है—हमारे बीच जो कुछ भी हुआ वह उसके लिए उपयोगी साबित हुआ, जैसा कि मेरे लिए था। इस अनुभव ने मेरे व्यक्तित्व में जहाँ भी ज़रूरी था लाभकारी परिवर्तन किया। अपने ट्विन सोल की बदौलत मैं बदल गयी हूँ।

कलकत्ता (कोलकाता) में मैंने मैक्स म्यूलर भवन में *क्लासिक इंटरनेशनल म्यूज़िक फ़ेस्टिवल* में भाग लिया जहाँ मैंने पैंतालीस मिनट तक बिना संगीत के आशुरचना करते हुए नृत्य किया और सामने की पंक्ति में बैठे हुए संगीतकारों ने मेरा गतिमान व ख़ामोश संगीत 'सुना'।

ऐसा अनुभव केवल कलकत्ता में ही सम्भव था, भारत का एक ऐसा शहर जो कला और संस्कृति से स्पन्दित होता है और जहाँ संगीत की महान परम्परा है। मुझे मेरे उस प्रदर्शन पर, जिसने इतिहास रच दिया था, टिप्पणी देने के लिए अक्सर बीच सड़क पर रोका जाता।

जब महान बाँसुरी वादक हरिप्रसाद चौरसिया ने मुझे नाचते हुए देखा तो उन्होंने कहा—"आपकी प्रतिभा ईश्वर प्रदत्त है।" यह सच है कि कलाकार को ईश्वर से उपहार मिलता है, उसके पास एक प्रतिभा होती है जिसके साथ वह पैदा होता है।

***

जैसा कि आप को याद होगा, ग्वीडो ने अपनी ही तरह मुझ में भी जैज़ संगीत के प्रति एक जुनून पैदा कर दिया था। उसके पास एक महत्त्वपूर्ण संग्रह था, क्लासिक्स से लेकर समकालीन जैज़ तक। समकालीन संगीत के साथ मेरे विशेष सम्बन्ध के कथानक में एक सूत्र बन कर जैज़ पहले ही प्रवेश कर चुका था, जैसा कि रॉक और पॉप संगीत ने किया था।

जब मैं किशोरी थी तब मैं टोडी शहर में चार्ल्स मिंगस का कॉन्सर्ट सुनने गयी थी। मैं मंच के नीचे से मन्त्रमुग्ध होकर उन्हें प्रदर्शन करते हुए देख रही थी—उनके शक्तिशाली शरीर से उतनी ही शक्तिशाली ऊर्जा उत्सर्जित हो रही थी। डबल-बास बजाते समय वह एकचित्त थे और उसे ऐसे जुनून के साथ गले लगाए हुए थे मानो वह उनकी प्रेयसी हो। वह प्रखर व्यक्तित्व के स्वामी थे और उनका चेहरा चमकदार व दयालु था। जब उन्होंने मुझे देख कर एक षड्यन्त्रपूर्ण व विडम्बनापूर्ण अन्दाज़ में

आँख मारी तो मैं शर्माते हुए मुस्करायी, लेकिन मुझे यक़ीन था कि हम एक-दूसरे को हमेशा से जानते हैं और हमने एक-दूसरे को पहचान लिया है। डबल-बास मेरे पसन्दीदा उपकरणों में से एक है। यह मेरे उदर के गहरे तार को छूता है जहाँ अचैतन्य बसता है।

न्यूयॉर्क में मेरे एक लम्बे प्रवास में मैं चार्ल्स की पत्नी सुज़न से मिली जो स्वभाव और रूप-रंग में उनके विपरीत थीं, चूँकि विपरीत एक दूसरे को आकर्षित करते हैं। हम चार्ल्स के अपार्टमेंट में, जहाँ से मैनहट्टन का अद्‌भुत नज़ारा दिखाई देता था, उनके बारे में बात करते हुए सुबह तक रुके। मैं यह सुन कर बहुत प्रभावित हुई कि मिंगस की इच्छा थी कि उनकी राख को गंगा में प्रवाहित किया जाये। तब मुझे भारत के प्रति उनके प्यार के बारे में नहीं पता था।

सालों बाद सुज़न द्वारा उनकी प्रेम कहानी के बारे में लिखी गयी किताब *अराउंड मिडनाइट* में मुझे ऐसी कई जीवन्त कहानियाँ मिलीं जो सुज़न ने मुझे उस गहन रात को न्यूयॉर्क में सुनाई थीं।

उससे पहले मैंने मिंगस की आत्मकथा पढ़ी थी जो बिल्कुल निजिंस्की की आत्मकथा की तरह लघु और संक्षिप्त है, बिना किसी विराम चिह्न के। इन्हें पढ़ने से पहले ही मुझे अहसास था कि एक दिन मैं अपने जीवन की कहानी एक साँस में लिखूँगी, बिना अल्पविराम और पूर्ण विराम के; लेकिन ऐसा हो न सका, जैसा कि आप देख सकते हैं। जिस तरह से मैं इसे लिख रही हूँ उससे क्या इसने भावनात्मक प्रवाह खो दिया है, जो कि मानसिक आयाम से परे जा सकता है? इस रूप में यह निश्चित रूप से अधिक तर्कसंगत और सभी के लिए सुलभ है। मुझे नहीं लगता है कि मैंने अपने मूल अन्तर्ज्ञान को धोखा दिया है चूँकि इस क़िताब का मर्म अब भी वही है—नृत्य, संगीत, जीवन जो कि आत्मा के इतिहास से ज़्यादा कुछ नहीं।

चार्ल्स मिंगस का संगीत मेरे अन्दर समा जाता है, मेरे रक्त में प्रवाहित होता है, मेरी प्रत्येक कोशिका में प्रतिध्वनित होता है, मेरी ऊर्जा को बढ़ाता है और फिर यह ऊर्जा प्रबल, धाराप्रवाह व कामुक अंग संचालन के रूप में प्रस्फुटित होती है जिसमें जटिल गतिशीलता की समृद्धि होती है और इस प्रक्रिया में केश से लेकर पैरों तक मेरा पूरा शरीर शामिल होता है।

जिस तरह से मैं मिंगस के संगीत पर नृत्य करती हूँ, उस तरह मैं 'ख़ामोशी' में भी नृत्य नहीं कर सकती, जो कि मेरा पसन्दीदा संगीत है। मिंगस सर्वोत्तम हैं! मेरे लिए।

मैंने उनके गीत ''परकशन डिस्कशन'' को कोरियोग्राफ़ किया जिसके बारे में ताओरमिना आर्ट फ़ेस्टिवल में लिखा गया–"एक असली प्रिमा बैलेरीना, जो अन्तरराष्ट्रीय नृत्य के प्रतिष्ठित सितारों से कम नहीं, सेर्रोनी प्रकृति की शक्ति की तरह प्रस्फुटित होती है।" शो की सफलता मिंगस के चलते हुई थी, वह इस श्रेय के हक़दार हैं। उन प्रदर्शनों की सूची में जिन्हें मैंने जनता के सामने प्रस्तुत किया, यह एक ऐसा टुकड़ा था जिसे मैंने समकालीन संगीत और फ्रैंक ज़प्पा के साथ बहादुरी से जोड़ा था।

जैज़ में अपने डेब्यू के बाद मैंने सैम रिवर्स के एक टुकड़े पर एक 'घटना' (हैप्पेनिंग) की रचना की जो विशेष रूप से मूवमेंट विषयों की एक ठोस संरचना पर आधारित थी, जिस पर नर्तकों ने आशुरचना की। *टेंड्रिल्स,* जैसा कि आप जानते हैं, पहला अवसर था जब जैज़ संगीतकारों को कोरियोग्राफ़ियों पर मूल लाइव संगीत बनाने के लिए मेरे द्वारा आमन्त्रित किया गया था।

उस समय मैं समकालीन संगीत से जैज़ की ओर निश्चित रूप से मुड़ गयी और मैंने कई वर्षों तक जीओवान्नी टॉमासो, लुइस एगूडो, फ़ुल्वियो मारस, एट्टोर फ़ियोरावान्ति और मस्सिमो उरबानी के साथ सहयोग किया।

जैज़ संगीत के साथ मेरा अनन्य सम्बन्ध है क्योंकि मेरा नृत्य भी एक भावनात्मक आवेग से पैदा होता है जो मूवमेंट की थीम बनाता है जिस पर पूरे टुकड़े का विकास होता है। विषय के प्रति निष्ठा ही रचना की ताक़त और गुणवत्ता को निर्धारित करती है; यह विषय को मज़बूत करती है जो कि नृत्य की धुरी है, सन्दर्भ का बिन्दु है, नृत्य का आधार है। विषय के प्रति निष्ठावान रहकर आप विषय ही में छिपे हुए रहस्य को गहरा करके और उस तक पहुँच कर अपना सर्वश्रेष्ठ दे सकते हैं। बिल्कुल उसी तरह जैसे किसी दम्पति के प्यार में निष्ठा का महत्त्व होता है!

जीओवान्नी टॉमासो और लुइस एगूडो के साथ *टेंड्रिल्स* के यूरोपीय दौरे के अवसर पर आवेगों व विचारों के आदान-प्रदान में और ध्वनियों व मूवमेंट्स के बीच, जो हमेशा एक ही समय पर पैदा होते हुए प्रतीत होते थे,

हमने आपस में सहभागिता और आत्मीयता का सहज सम्बन्ध क़ायम किया। हम ऑस्ट्रिया, जर्मनी, डेनमार्क, स्वीडन के मुख्य शहरों का दौरा फ़ोर्ड ट्रांज़िट गाड़ी में कर रहे थे।

हम आपस में सब कुछ साझा करते थे। हम पूरा दिन हँसी-मज़ाक में बिताते थे, अपने जीवन के बारे में बातचीत करते थे और मंच पर अपनी भावनाओं पर टिप्पणी करते थे। कुछ अवसरों पर मस्सिमो उरबानी ने अपने जादुई सैक्सोफ़ोन के साथ और अमेरिकी गायक जोआन लॉग ने हमारा साथ दिया। कुछ अन्य अवसरों पर तालवादक फ़ुल्वियो मारस या ड्रमर एट्टोर फ़ियोरावान्ति ने लुइस की जगह ली। दौरे पर हमारे साथ मौजूद था ग्वीडो, हमें प्रेरित करता हुआ, हमारा अनुग्रह करता हुआ और हमें संरक्षण देता हुआ। प्रकाश और ध्वनि तकनीशियन भी हमारे उस सुन्दर परिवार का हिस्सा थे।

वैसे तो हर शहर में हमारा शो हमेशा 'सोल्ड आउट' होता था, लेकिन हैम्बर्ग के थिएटर के बाहर एक हज़ार लोगों की पंक्ति होने की वजह से हमें अगले दिन फिर से अनिर्धारित प्रदर्शन करना पड़ा।

नॉर्थ कैरोलीना विश्वविद्यालय के नृत्य विभाग के निदेशक रॉबर्ट लिंडग्रेन ने–जिन्होंने रोम में *कॉन्सर्टो* शो देखा था–हमें अमेरिका के विंस्टन सलेम शहर में नृत्य विभाग के थिएटर में प्रदर्शन करने के लिए आमन्त्रित किया।

रॉबर्ट ने मुझे आगाह किया कि अमेरिका के सबसे कठोर समालोचकों में से एक जिम शर्टज़र–जो किसी भी कोरियोग्राफ़र को बख्शता नहीं था, कनिंघम को भी नहीं–मेरे साथ भी निर्मम होगा। वह इस प्रकार मुझे सम्भवतः बुरी समीक्षा के लिए तैयार कर रहे थे। पर उस समालोचक ने अप्रत्याशित रूप से एक उत्साही लेख लिखा जिसमें उसने अमेरिकी आधुनिक नृत्य की तुलना में भी मेरी नृत्य शैली की पूर्ण मौलिकता को पहचाना। उसके लेख का शीर्षक था–"इट इज़ डिफिकल्ट नॉट टू गेट कैप्टिवेटेड बाइ द फ़ीस्ट ऑफ़ द डायनामिक्स ऑफ़ डांसर्स एट द आर्ट स्कूल" (आर्ट स्कूल में नर्तकों की गतिकी की दावत पर मोहित न होना मुश्किल है।) कॉन्सर्टो को अमेरिका में बेहद पसन्द किया गया।

बाद के वर्षों में मैंने अपनी कोरियोग्राफ़ी को संगीत से जोड़ने के लिए एक तीसरी विधि का उपयोग किया।

लेडीज़ एंड जेंटलमैन और *हाइड एंड ईवा* के संगीत के लिए हमने अलग-अलग रचयिताओं का एक म्यूज़िकल कोलाज बनाया जिसे संगीत सलाहकारों ने चुना था, जिनमें से एक मेरी कम्पनी के नर्तक क्लाउडियो मर्चेटी थे और दूसरे उनके प्रिय मित्र डानिलो रितुच्ची थे जिनका रोम में एक म्यूज़िक स्टोर था। क्लाउडियो एक उच्च श्रेणी के नर्तक थे जिनकी ऊर्जा और गतिशीलता मुझे बहुत पसन्द थी। अपनी संवेदनशीलता और संगीत के ज्ञान के चलते वह ऐसे म्यूज़िकल ट्रैक्स चुनते थे जो कि शो के माहौल के साथ पूरी तरह से मेल खाते थे। उन्होंने संगीत के प्रति अपने जुनून और प्यार को नृत्य के माध्यम से पूरा किया, जो कि वास्तव में शरीर रूपी वाद्य से बजाये जाने वाला संगीत है।

उन दोनों ने बिना संगीत के बनायी गयी मेरी कोरियोग्राफ़ियों के लिए उपयुक्त संगीत का सुझाव दिया। उनके द्वारा चुने गये संगीतकारों में *शक्ति* बैंड के एल. शंकर, ब्रायन एनो, अशरा, स्टीव रोच और प्रिंस शामिल थे।

मैंने विभिन्न दौर और अलग-अलग अन्दाज़ की कई संगीत शैलियों पर कोरियोग्राफ़ी की है और मैं कह सकती हूँ कि अपने आदान-प्रदान में नृत्य और संगीत हमेशा प्राकृतिक पारस्परिक संवर्धन प्राप्त करते हैं। इन जुड़वाँ कलाओं के मिलन में उभयलिंगता को लगभग हासिल किया जा सकता है, जिसके विषय में मैं जल्द ही और अधिक विस्तार से लिखूँगी।

अध्याय-8

मेरा भारत

रुडोल्फ स्टैनर का कहना है कि हर सात साल में मनुष्य के जीवन में एक महत्त्वपूर्ण मोड़ आता है और अट्ठाईसवें साल में व्यक्ति अपनी आध्यात्मिकता की जड़ों के सम्पर्क में आता है। भविष्य में पता चलता है कि उस वर्ष की घटनाएँ व्यक्ति के आध्यात्मिक विकास से जुड़ी हुई हैं और शेष जीवन के लिए रहेंगी। मेरे जीवन के उस पड़ाव पर भव्य भारत मेरा इन्तज़ार कर रहा था।

मैंने हमेशा उस भूमि की अस्तित्ववादी पुकार को महसूस किया है। छुटपन से जब मैं एकान्त में रोती थी तो मैं पूरब में एक जादुई जगह की कल्पना करती जिसका तब मेरे लिए कोई नाम नहीं था। मैं वहाँ जाने की कल्पना करती जहाँ मुझे ख़ुशी मिलेगी और ऐसा ही हुआ।

पूरे एक साल मैंने यात्रा की तैयारी की। मैं अक्सर सेबेस्टियाना पापा के साथ डिनर करती थी, जो कि एक फोटोग्राफ़र, लेखक, विद्वान और भारत की, विशेषकर भारतीय नृत्य की विशेषज्ञ थीं। उन्होंने भारतीय नृत्य पर किताबें लिखी थीं और साथ ही भारतीय व्यंजनों पर भी क्योंकि वह एक असाधारण कुक थीं। उनकी कहानियाँ और उस देश का ज्ञान मेरे लिए एक ठोस तैयारी थी। भारत बिना तैयारी के जाने वाला देश नहीं है।

उस समय मैं गहन असन्तोष के क्षण से गुज़र रही थी। नृत्य की अति हो गयी थी। यह स्पष्ट था कि मुझे कुछ और चाहिए था, मुझे ख़ुद को दूसरे आयाम में खोजने की ज़रूरत थी, लेकिन मुझे तब नहीं लगा कि मैं ख़ुद को 'उस' आयाम में डुबो सकती हूँ।

विमान से बाहर निकलते ही मैंने भारत की आध्यात्मिकता को महसूस किया। यह इतनी ठोस और सघन थी मानो इसे चाकू से काटा जा सकता हो।

'सम्मान' और 'प्यार', जो कि जीवन-मृत्यु, सुख-दुःख, ग़रीबी-अमीरी में व्याप्त हैं, के लिए एक असाधारण जगह। असामंजस्य में सामंजस्य के हल्केपन से अभिभूत करने वाली जीवन की सभी चरम परिस्थितियाँ।

भारत वह जगह है जहाँ पहली बार मुझे अपने सपने याद रहने लगे, जबकि असल ज़िन्दगी हक़ीक़त के बजाय एक सपने की तरह लगने लगी। मैं आख़िरकार एक ठोस और स्पष्ट तरीक़े से अपने स्वप्न-आयाम के साथ सीधे सम्पर्क में आयी। आध्यात्मिक ऊर्जा के जागरण रूपी उपहार के साथ-साथ मुझे अपने सपनों को याद रखने और अपने अचेतन के साथ सीधे सम्पर्क में आने का उपहार भी मिला। हमारी आन्तरिक दुनिया ठोस और तर्कसंगत दुनिया की तुलना में अन्तर्ज्ञानयुक्त, अपार, अथाह और काफ़ी समृद्ध होती है। उस समय मैं उस अचेतन गतिशीलता को समझ पायी जो कि स्वप्न में प्रतीकों और संकेतों का निर्माण करती है, ताकि उन्हें वास्तव में देख सकूँ।

एक कहावत है–"जो सोता है वह मछली नहीं पकड़ता है", लेकिन मेरे मामले में यह बिल्कुल विपरीत था क्योंकि मैंने सोते हुए और सपने देखते हुए सबसे क़ीमती मछली पकड़ी। सपने देखना मेरी पसन्दीदा साधना है। मेरे सपनों की दुनिया मेरी ज़िन्दगी की तुलना में–जिसके बारे में मैं आपको बता रही हूँ–कहीं उच्च रही है; यह साहस व रोमांच में, भावनाओं व संवेदनाओं में, समझ में, साझा करने में और यहाँ तक कि नृत्य में भी अधिक समृद्ध रही है। स्वप्न वास्तविकता से श्रेष्ठ है; यह आँखों से बहुत दूर है और दिल से भी, यह ज्ञात से परे है।

मुझे एक भारतीय गुरु ने कहा था कि मेरा यह एक जीवन दस जीवन के तुल्य होगा। तीस से अधिक वर्षों से मैंने अपने स्वप्नों में हॉलीवुड और बॉलीवुड चलचित्र का गहन उत्पादन किया है। हर सुबह मैं अपने सपने लिखने में कम से कम एक घण्टा बिताती थी, ख़ासकर अपनी यूंगियन यात्रा के दौरान। मेरे मनोचिकित्सक ने उन सपनों को, जिन्हें मैं हर दिन लिख कर ताज़ी ब्रेड की तरह तैयार करती थी, अपने पास रखा था। मनोचिकित्सा में यह नियम है कि उपचार के अन्त में मरीज़ को उसके सभी लिखित सपने लौटा दिये जाते हैं। मेरे मामले में ऐसा नहीं हो पाया क्योंकि मेरे डॉक्टर ने उन्हें अपना क्लिनिक बदलते समय खो दिया।

इंडिया इंटरनेशनल सेंटर, नयी दिल्ली, भारत, 1983

मेरे इन लिखित सपनों में से एक सपना बच गया था क्योंकि एकेडमी ऑफ़ ड्रामाटिक आर्ट्स 'सिल्वियो डी एमिको' के निदेशक लुइगी मारिया मुसत्ती इसे *हाइड एंड ईवा* शो की पटकथा में शामिल करना चाहते थे, जिसे हम चार लोग मिल कर लिख रहे थे। उस पटकथा का अन्त में उपयोग नहीं किया गया। शो को अपनी तर्कहीन लहर के साथ आगे बढ़ने की ज़रूरत थी; वह पटकथा, इसके विपरीत, रचनात्मक प्रवाह को कुछ ज़्यादा ही तर्कसंगत तरीक़े से पेश करती थी।

उस सपने में मैं कमर से ऊपर अपनी पीठ को देखती हूँ। मेरे सामने एक साफ़ नीले आकाश की पृष्ठभूमि में दोपहर के सूरज की सुनहरी रोशनी से प्रकाशित रेत के टीलों का एक रेगिस्तान है। मैं अपने लम्बे हल्के भूरे बालों को जिनमें शहद के कई शेड्स हैं धीमी गति से घुमाती हूँ। तभी मेरे बालों का एक गुच्छा एक रूपहले साँप में बदल जाता है। वह साँप चुपचाप वहाँ से खिसक जाता है। मैं घूमती हूँ और उसका पीछा करती हूँ, मानो मस्ती में। मैं उसे पकड़ने ही वाली हूँ लेकिन यह एक मायावी मछली बन गया है जो तीन बार मेरे हाथों से फिसल जाती है। जब मैं अन्त में इसे पकड़ने में कामयाब होती हूँ तो दुःख के साथ देखती हूँ कि यह पानी के लिए तड़प रही है। मैं इसके मुँह से हल्के धूसर रंग का एक कड़ा रिबन निकालती हूँ। मेरे बग़ल में ग्वीडो है जिसे मैं टूटे दिल से रिबन सौंपते हुए कहती हूँ–"देखो, यह मर रही है!" वह अपने हाथ पर रिबन से लिखते हुए मुझे आश्वस्त करता है–"यह मर नहीं रही है। देखो, यह अपनी छाप छोड़ रही है!"

प्राचीन रोम के ईसाई कैटाकॉम्ब (क़ब्रों के तहख़ाने) में मछली का प्रतीक ईसा मसीह का प्रतिनिधित्व करता है। ज्योतिष में प्रत्येक राशि शरीर के किसी एक हिस्से को प्रभावित करती है–मछली का राशिचिह्न यानी मीन राशि, जो कि सबसे आध्यात्मिक राशि मानी जाती है, दोनों पैरों में स्थित है। मेरी राय में मेरे सपने में रिबन 'कामशक्ति' का प्रतिनिधित्व करता है, जबकि साँप 'प्राणशक्ति' का प्रतीक है।

सपने में मैं खेल में उस मछली का, जो कि मेरे अहसास का प्रतीक है, रचनात्मक ऊर्जा के साथ ख़ुशी-ख़ुशी पीछा करती हूँ लेकिन जब मैं आख़िरकार उसे पकड़ लेती हूँ तो मुझे डर लगता है, मुझे मृत्यु का भय लगता है। पर फिर मैं 'दूसरे व्यक्ति' यानी अपने दोस्त की मदद से अपने

डर पर विजय प्राप्त करती हूँ। ग्वीडो मेरे लिए महत्त्वपूर्ण था। उसकी निरन्तर, आश्वस्त करने वाली उपस्थिति ने मुझे अपने जीवन की सभी कठिन चुनौतियों से उबरने में मदद की।

मैं आपको अपने सपनों को लिखने के लिए आमन्त्रित करती हूँ। उन्हें लिखते समय आप उन्हें याद रखने के लिए ख़ुद को प्रशिक्षित करते हैं और सपने का विवरण सहज रूप से उभरता है। उन सपनों का हम पर जो प्रभाव होता है और उन्हें देखने के बाद जो विचार हमारे मन में आते हैं उसे भी लिखना उपयोगी होगा। सबसे ज़्यादा उपयोगी होगा उसके बारे में लिखना जो कि सपनों के दौरान हम महसूस करते हैं। अपनी भावनाओं का अवलोकन कर पाने और उन्हें समझने की क्षमता हमें दुःख सहने के बजाय बेहतर तरीक़े से जीवन जीने में मदद करती है। तभी पीड़ा हमारे आध्यात्मिक विकास का साधन बन सकती है, अन्यथा व्यक्ति इससे तबाह हो सकता है।

"वि आर सच स्टफ़ एज़ ड्रीम्स आर मेड ऑन"–*द टेम्पेस्ट*, विलियम शेक्सपियर

अपने अचेतन तक निरन्तर पहुँच पाना मेरे जीवन का सबसे बड़ा उपहार था। छुटपन से मैंने हमेशा सब कुछ अनजाने में आत्मसात किया है। मेरे लिए किसी चीज़ को आन्तरिक करने का मतलब भावनाओं, संवेदनाओं और विचारों को अपने अन्दर कम्पित होने देना है। मैं उन पर ध्यान देती हूँ और उन्हें इस हद तक समझती हूँ कि वे मेरे साथ एक हो जाते हैं। यह प्रक्रिया मेरी आन्तरिक दुनिया को समृद्ध करती है, जिसे मैं दूसरों के साथ साझा करती हूँ और अपनी भावनाओं, संवेदनाओं व विचारों को मुक्त भाव से बाहरी दुनिया में भी कम्पित होने देती हूँ।

मेरी आन्तरिक और बाह्य दुनिया में अब कोई अन्तर नहीं है। मेरे अन्दर जो है वही मेरी बाहरी दुनिया में प्रकट और साकार होता है–यही मिलन है। मेरे लिए मिलन का अर्थ है सहज होना। हम जो अनुभव करते हैं वह हमारे भीतर कम्पित होता है और हमें हर चीज़ के मूल स्रोत से जोड़ देता है, मूल स्रोत यानी हमारे गहन रहस्य में छिपा हुआ परमात्मा जिससे सब कुछ उत्पन्न होता है और जिसमें सब कुछ समाँ जाता है। आन्तरिक और बाह्य दुनिया के बीच का विभाजन व्यक्ति को अपनी इच्छा के विरुद्ध कार्य करने के लिए बाध्य कर सकता है, जिससे दोनों के बीच दरार पैदा हो सकती है।

भारत में वास्तविकता ने मुझे लगातार संकेत भेजे जो मेरी इच्छाओं से पूरी तरह मेल खाते थे। मद्रास में एक सुबह मैं सामान्य से पहले एक विशिष्ट इच्छा के साथ सोकर उठी–काले मोतियों का एक पर्स। मैं अपनी इस विचित्र इच्छा से, जो कि निश्चित रूप से मेरी रुचि के अनुसार नहीं थी, आश्चर्यचकित थी।

दिन में मैंने समुद्र किनारे रेत पर बैठकर इस इच्छा पर चिन्तन करने का फ़ैसला किया। दूर से मैंने साड़ी पहने एक भारतीय महिला को, जिसके चारों ओर बच्चे खेल रहे थे, अपनी तरफ़ सुन्दर चाल से आते देखा। मैं हमेशा उस सुन्दर चाल को देखकर मुग्ध होती हूँ जिसके साथ भारतीय महिलाएँ चलती हैं। वे रानियों की तरह दिखती हैं। मुझे अहसास हुआ कि वह महिला ठीक मेरे पास आ रही थी। चेहरे पर एक मधुर अभिव्यक्ति के साथ उसने मुस्कुराते हुए मुझे एक उपहार दिया–काले मोतियों का पर्स!

उस छोटी लेकिन उल्लेखनीय घटना के बाद से मेरा जीवन मेरी गहरी इच्छाओं की पूर्ति करने वाली घटनाओं से भरा पड़ा है। ये दैवीय चमत्कार मेरे जीवन को परिणत करते हैं और उस पर एक अमिट छाप छोड़ते हैं।

जैसा कि मैंने आपको बताया, भारत की पहली यात्रा ने मेरे जीवन की दिशा को बदल दिया। इस यात्रा ने मुझे एक व्यक्ति के रूप में, एक महिला के रूप में और एक कलाकार के रूप में बदल दिया। यहाँ तक कि मेरी कला में भी एक महत्त्वपूर्ण परिवर्तन आया।

भारत की यात्रा से पहले मैं अपने नृत्य में दुःख, न्यूरोसिस (मनोविक्षुब्धता), विरोधाभास, संघर्ष, अकथनीयता और अकेलेपन को व्यक्त करती थी, जैसा कि ज़्यादातर पाश्चात्य समकालीन कला में किया जा रहा था। मेरे जीवन में सिर्फ़ नृत्य और सृजन था। यह जीवन जीने का एक अत्यधिक 'विक्षिप्त' तरीक़ा था जिसे उन वर्षों के कई समकालीन कलाकारों ने अपनाया था। इस जीवनशैली का चयन हमने अपनी मर्ज़ी से किया था। हम इसे सिर्फ़ बर्दाश्त ही नहीं कर रहे थे बल्कि हम आत्मसन्तुष्ट भी थे।

सत्तर के दशक में हम कलाकार अपने न्यूरोसिस के मज़े लेते थे। यह एक सांस्कृतिक दृष्टिकोण का हिस्सा था, इस हद तक कि हम इसे गहन तरीक़े से अभिव्यक्त करते थे। उन वर्षों की समकालीन कला, जैसे कि रंगमंच, संगीत, सिनेमा और चित्रकला, स्थापित नियमों व सिद्धान्तों को तोड़ने और अस्तित्ववादी व्यवस्थाओं तक के टुकड़े-टुकड़े करने पर

आधारित थी; लेकिन हम स्वयं को भी सज़ा देते थे। यह '68 का सबक था। मैं पूरी तरह से उस लहर का हिस्सा थी।

भारत की मेरी पहली यात्रा मैंने अकेले तय की, एकान्त पथ पर चल कर। मेरी यह ज़रूरत मेरे कर्म से सम्बन्धित थी, कई अन्य कलाकारों की तरह जैसे की बीटल्स, कनिंघम, ग्राहम और टेरज़ानी। मैं भारत के साथ अपने सम्बन्ध को अपने अन्दर सँजोती हूँ, यह मेरे डीएनए में है। भारत के साथ मेरा सम्बन्ध गहरा, गहन और मौलिक है।

मैं भारत इसलिए गयी क्योंकि मैं एक अस्तित्वगत अस्वस्थता महसूस कर रही थी जो कि आध्यात्मिकता से सम्बन्धित थी। मैं महसूस कर रही थी ईश्वरानुभूति की प्रबल लालसा। मैं जीवन का अर्थ और भगवान को खोजने के लिए बेचैन थी।

यह एक पौराणिक, रहस्यमय यात्रा थी। 'मुझे ख़ुद को ढूँढ़ना होगा। मैं अब और बर्दाश्त नहीं कर सकती। मैं जा रही हूँ और मुझे नहीं पता कि मैं कैसे और कब वापस आऊँगी।' मैंने ख़ुद से कहा।

भारत की मेरी सभी यात्राएँ लगभग छह महीने लम्बी थीं लेकिन वहाँ की मेरी पहली यात्रा सबसे महत्त्वपूर्ण थी। इस यात्रा ने मेरे भीतर सब कुछ फिर से जगा दिया। वहाँ न केवल मैंने बहुत शक्तिशाली 'प्रतीकात्मक' सपने देखे बल्कि मेरे नृत्य को पुनर्जीवन मिला, हालाँकि मैंने ख़ुद को नृत्य से कुछ समय के लिए अलग करने के लिए इटली को छोड़ा था। मुझे एक शक्तिशाली प्रेरणा मिली जिसकी वजह से मैंने एक साथ दो जुड़वाँ शो बनाये। मेरी रचनात्मकता के ज़ोरदार पुनः सक्रियण के अलावा मेरी भारत के महानतम संगीतकारों के साथ आकस्मिक मुलाक़ातें हुईं, जिन्होंने मुझे प्यार दिया और तुरन्त अपने बराबर माना। वे संगीतकार भारत के बाख, बीथोवेन एवं मोज़ार्ट हैं और मेरे लिए बहुत महत्त्वपूर्ण हैं।

भारतीय संगीत, जिसे मैं दुनिया का सबसे आध्यात्मिक संगीत मानती हूँ, को सुनते हुए मैं स्वयं वे राग-रागिनी बन गयी जो मेरे खून में प्रवाहित हो रहे थे। प्रत्येक राग का एक संगीत विषय होता है जिस पर संगीत के टुकड़े का निर्माण होता है, जैसे नृत्य में मूवमेंट का एक विषय होता है।

मैंने भारतीय संगीत पर एक नये तरीक़े से नृत्य किया जो कि भारतीय नृत्य से अलग था। चूँकि मैं भारतीय नहीं हूँ और मुझमें पाश्चात्य संस्कृति

गहराई से अन्तर्निहित है, इसलिए मैंने भारतीय संगीत के तत्त्वों को अपने नृत्य की समकालीन, आधुनिक व पश्चिमी भाषा के साथ जोड़ दिया।

हिन्दी और उर्दू कई भारतीय भाषाओं में से दो भाषाएँ हैं। दोनों भाषाओं में यह विशेषता है कि वे उरोस्थि से तालु तक के विभिन्न बिन्दुओं में स्वर और व्यंजन को कम्पित करके उन सभी सम्भव ध्वनियों का उपयोग करती हैं जिन्हें संगीत उत्पन्न कर सकता है। यह भारतीय संस्कृति और इसके संगीत की समृद्धि को भी दर्शाता है।

सबसे महत्त्वपूर्ण भारतीय संगीत समारोहों में से एक नयी दिल्ली में कमानी सभागार के पास एक शिविर में हुआ। सुबह आयोजित किये गये इस कॉन्सर्ट में असाधारण तबला वादक ज़ाकिर हुसैन की प्रस्तुति थी। मैं पहली बार उनका तबला वादन सुनने जा रही थी। मैं उस पल को कभी नहीं भूलूँगी जब मैंने लाल कालीन पर क़दम रखा।

दूर से मैंने प्रवेश द्वार पर सफ़ेद बालों वाले एक शिष्ट और सुसंस्कृत पुरुष को देखा जो कि सफ़ेद कपड़े पहने हुए थे। अभी भी मैं उस दृश्य को धीमी गति में फिर से जी रही हूँ। मैं उनकी ओर बढ़ी। जैसे ही मैं उनके पास पहुँची, उन्होंने मुझे झुक कर आदर से नमस्कार किया और कहा, "अरे आप एक नृत्यांगना हैं!" उन्होंने मुझसे पूछा कि मैं कहाँ से आयी हूँ और क्या कर रही हूँ। वह हरनारायण सिंह थे, भारतीय संगीत के शक्तिशाली प्रवर्तक और एक फ़िल्म निर्माता। उन्हींने मुझे भारत सरकार और आई.सी.सी.आर के अधिकारियों से मिलवाया, जिन्होंने मुझे अगले साल अपनी डांस कम्पनी के साथ पूरे भारत का दौरा करने के लिए आमन्त्रित किया। मुझसे पहले मेर्स कनिंघम और पिना बॉश की कम्पनियों को भारत सरकार द्वारा आमन्त्रित किया गया था।

यात्रा के दौरान दिल्ली में मेरी मुलाक़ात एक युवा कवि आलोक से हुई जिससे मुझे प्यार हो गया और जिसने हम दोनों पर ''टू टेंड्रिल्स ऑफ़ ब्रीज़'' कविता लिखी। मैं दिल्ली छोड़ चुकी थी और मद्रास (चेन्नई) जा रही थी जहाँ मुझे यह कविता एक पत्र के साथ मिली। इस कविता ने मुझे अपने पहले एकल महिला शो का सृजन करने के लिए प्रेरित किया, जिसका नाम मैंने *टेंड्रिल्स* रखा। भारत की उस लम्बी यात्रा के दौरान मैं शानदार राजस्थान से लेकर महाराष्ट्र तक घूमी। मैंने अजन्ता-एलोरा की गुफाएँ, खजुराहो के महान भारतीय मन्दिर देखे और मैं संगीत एवं नृत्य

मैक्स म्यूलर भवन, कोलकाता, भारत, 1984

समारोहों में डूब गयी। मैं कुछ दिनों के लिए उजले और तेज़ धूप वाले तमिलनाडु में मद्रास के पास महाबलीपुरम में समुद्र के किनारे एक होटल में रुकी। एक दिन दोपहर के दो बजे भीषण गर्मी में मैंने एक गहरी दिव्य पुकार सुनी और एक आन्तरिक आवेग के चलते मैं समुद्र तट पर स्थित जंगल में गयी जो कि गणेश मन्दिर के बग़ल में था।

हिन्दू धर्म के देवी-देवताओं में श्री गणेश मुझे सबसे प्रिय हैं। वह मेरे पसन्दीदा देव हैं। वे उस ईश्वरीय सिद्धान्त का प्रतिनिधित्व करते हैं जो कि बाधाओं को दूर करने में मदद करता है। वह परोपकारी गजानन हैं; जिनकी सूँड़ बायी ओर मुड़ी हुई है और जिन्हें मिठाई व 'अच्छी' चीज़ें पसन्द हैं। एक सूक्ष्म परन्तु शक्तिशाली ऊर्जा मुझे वहाँ जाने के लिए प्रेरित कर रही थी। जंगल की छाया में, ऊँचे और बहुत पतले कैसरिना के पेड़ों के बीच मेरा शरीर–भावनाओं और आँसुओं के उस क्षण में–उस समय के

मूवमेंट के विषय पर स्वतः हिलने लगा। यह वही विषय था जिस पर मैंने दोनों *स'एस्ट आइसी के ल'ऑन प्रेन्ड ले बाटो,* मेरे सबसे चिरस्मरणीय और शक्तिशाली शोज़ में से एक, और *टेंड्रिल्स* का सृजन किया था। उत्थित भाव की अवस्था में मैंने अपने हाथ से उस ब्रह्माण्ड का स्पर्श किया जो उन मूवमेंट्स के निर्माण में मेरा मार्गदर्शन कर रहा था।

मूवमेंट का विषय, जिससे कोरियोग्राफी विकसित होती है, इशारों और गतिकी का एक क्रम है जो आशुरचना के माध्यम से सहजता से उत्पन्न होता है। इस प्रकार उत्पन्न हुए विषय में प्रारम्भिक काव्य विचार की भावनाओं का सार व्यक्त किया जाता है। विषय की ताक़त और समृद्धि टुकड़े की गुणवत्ता को तय करती है।

डांस की थीम बनाते समय कलाकार हमेशा अपने आन्तरिक रिकॉर्डर को चालू कर देता है जो कि रचनात्मकता के दौरान होने वाली हर चीज़ को रिकॉर्ड करता है। कलाकार के भीतर का साक्षी सक्रिय हो जाता है। महाबलीपुरम में मेरे अनुभव ने मुझ पर एक अमिट छाप छोड़ी है और मुझमें यह ज़ागरूकता पैदा की है कि मेरे माध्यम से हमेशा ब्रह्माण्ड ही सृजन करता है।

भारत में दिक्-काल की धारणा पश्चिम की धारणा से पूरी तरह अलग है। यहाँ व्यक्ति एक बिल्कुल अलग आयाम में प्रवेश करता है। मैंने वह सब कुछ अनुभव किया जिसका भारत मेरे लिए प्रतिनिधित्व करता था और मैंने इस देश के मूल्यों में ख़ुद को पहचाना। मैं पूरी तरह से भारतीयों के बुनियादी मूल्यों को अपने भीतर पाती हूँ।

यहाँ की प्रकृति आध्यात्मिकता से ओत-प्रोत है जो कि भारत के निवासियों में निहित है। उनकी संस्कृति महान है क्योंकि यह ऐसी मानवता की भावना से ओत-प्रोत है जो केवल एक दिलदार संस्कृति से उभर सकती है।

मैंने भारतीयों के एक-दूसरे की बात को सुनने के तरीक़े को सराहा। हमारे पेशेवर सहयोग के सम्बन्ध में उनके साथ हुई मीटिंग्स के दौरान मैंने इस बात को सराहा कि विश्लेषणात्मक होते हुए भी वे कितने ग्रहणशील और धैर्यवान थे। मैंने इस बात की सराहना की कि वे आपको बीच में टोकते नहीं हैं और दूसरे की बात को दरकिनार नहीं करते हैं। मीटिंग्स में हमेशा खुलेपन का माहौल होता था। इसके अलावा वे भावनात्मक

बारीकियों को पूरी तरह से समझते थे। ऐसा इसलिए था क्योंकि उनका दिमाग़ दिल की सेवा में तत्पर रहता है। बेशक इस रवैये से निष्कर्ष पर पहुँचने में और निर्णय लेने में लम्बा समय लग सकता है जो कि हम पाश्चात्य लोगों के लिए थोड़ा नागवार हो सकता है–जो हर चीज़ का कुशल और तत्काल क्रियान्वयन पसन्द करते हैं। लेकिन अगर हम इस शान्तिपूर्ण प्रत्यक्ष धीमेपन के आगे आत्मसमर्पण कर दें तो हम यह जान पायेंगे कि वास्तव में एक महान अदृश्य गतिशीलता गतिमान है; तभी हम सबसे महत्त्वपूर्ण अन्तर्ज्ञान प्राप्त कर पायेंगे।

भाग्यवाद के अपने दृष्टिकोण की वजह से भारतीय–जिसके चलते वे घटनाओं के प्रवाह के आगे समर्पण करते हैं–विश्वास के तत्त्वावधान में जीवन जीते हुए प्रतीत होते हैं, डर के नहीं।

अपने भारत प्रवास के दौरान मैंने अपने आपको स्वप्नोपम आध्यात्मिक अनुभवों से एवं संगीत, संगीतकारों, ज्ञान, यात्रा, मन्दिरों, मूर्तियों व चित्रकारी के साथ समृद्ध किया और यह स्पष्ट था कि जब भी मैं सृजन करूँगी तो मेरा यह संवर्धन इन सभी से प्रेरित प्रतीकों व संकेतों को जन्म देगा। कलाकार अपने अनुभव को अपनी कला में उतारता है।

मेरी नृत्य की भाषा लगातार विकसित होती रहती है और मेरे अनुभवात्मक एवं आन्तरिक जीवन के साथ-साथ चलती है।

मैं दिल्ली लौट कर आयी जहाँ हरनारायण सिंह ने मुझे कमानी ऑडिटोरियम के बग़ल में स्थित कथक केन्द्र, जो कि भारतीय शास्त्रीय नृत्य का मन्दिर है, के एक पूर्वाभ्यास कक्ष (रिहर्सल रूम) की चाबी थमा दी। यहाँ मैंने *टेंड्रिल्स* का सृजन शुरू किया।

कोरियोग्राफ़ी के पहले टुकड़े को बनाते समय मैं आलथी-पालथी मारकर फर्श पर बैठी हुई थी और केवल अपने हाथों को हिला रही थी। इस नृत्य में मैं बायें हाथ रूपी 'स्त्री' और दायें हाथ रूपी 'पुरुष' के बीच की प्रेम कहानी सुनाती हूँ। सृजन करते समय मैंने देखा कि मेरे हाथ मेरी आँखों के सामने कैसे बदल गये। शो के सभी टुकड़ों को बनाने के दौरान मेरा शरीर, चेहरा और आँखें बदल गयीं। मैंने अपनी आत्मा में हो रहे परिवर्तन के अनुरूप एक शारीरिक परिवर्तन का अनुभव किया।

मैंने बिना संगीत के ख़ामोशी में *टेंड्रिल्स* का निर्माण किया, फिर इटली लौट आयी और दो महान जैज़ संगीतकारों जीओवान्नी टॉमासो और

लुइस एगूडो को संगीत के साथ सहयोग करने के लिए आमन्त्रित किया। लुइस एक महत्त्वपूर्ण अर्जेंटीनी परकशनिस्ट (तालवादक) हैं जो बिरिंबाओ भी बजाते हैं, और प्रसिद्ध बेस वादक जियोवन्नी इल पेरिजियो रॉक ग्रुप के संस्थापक हैं। मैंने उन्हें मूवमेंट्स और कोरियोग्राफ़िज़ दिखाईं और हमने मिल कर उनके लिए सबसे उपयुक्त ध्वनियों को ढूँढ़ निकाला। यह संगीत और नृत्य के बीच एक वास्तविक जुगलबन्दी थी।

डेविड ज़ार्ड ने एक मैनेजर के अपने सहज-ज्ञान के साथ जियोवन्नी के साथ मेरा परिचय कराया था। वह समझ गये थे कि यह दो कलाकारों के बीच एक महत्त्वपूर्ण मुलाक़ात थी और भविष्य में हमारे बीच उतना ही महत्त्वपूर्ण सहयोग होगा।

***

मेरा मानना है कि मनुष्य अपनी मूल स्थिति में उभयलिंगी/द्विलिंगी था जिसमें पुरुषीय और स्त्रीय दोनों तत्त्व एक परिपूर्ण मिलन और पूरकता की स्थिति में पाये जाते थे, जो कि यहाँ पृथ्वी पर आकर विभाजित हो गये। उस उभयलिंगता/द्विलिंगता को फिर से प्राप्त करना ही इस ग्रह पर हमारी आत्मा के आगमन का मक़सद है। मेरे विचार में जब व्यक्ति अपने आपमें फिर से पुरुषीय और स्त्रीय तत्त्वों का मिलाप कर लेता है तब उसके लिए अपने ट्विन सोल (जुड़वाँ लौ) से मिलने का रास्ता खुल जाता है, जो कि उसके मूल उभयलिंगता के विभाजित होने से पहले उसका ही दूसरा हिस्सा था, बशर्ते उसका ट्विन सोल इन दोनों तत्त्वों का अपने आप में मिलाप कर चुका हो। जब ऐसे दो हिस्सों (व्यक्तियों) का मिलन होता है तो व्यक्ति फिर से पहले की तरह परिपूर्ण हो जाता है और उभयलिंगता को फिर से प्राप्त कर लेता है। विपरीत तत्त्वों का यह मिलन परिलक्षित होता है यिन और यैंग के प्रतीक में, नमस्ते के भारतीय प्रतीक में जिसमें दाहिना हाथ और बाँया हाथ आपस में मिलते हैं और सिर हृदय की ओर झुकता है।

एक काफ़ी आध्यात्मिक और दार्शनिक व्यक्ति ने मुझे बताया कि इस प्रक्रिया से गुज़रने के बाद ही व्यक्ति एक सन्त बनता है और एक महान गुरु के रूप में पृथ्वी पर लौटता है।

जो व्यक्ति इस जीवन में अपने ट्विन सोल के साथ मिलन से सिर्फ़ एक क़दम दूर हैं, उन्हें चाहिए कि वह स्वयं में विपरीत पुरुषीय और

स्त्रीय तत्त्वों का सौहार्दपूर्वक मिलाप करें। यह एक प्रक्रिया है जो वजूद के सभी आयामों के आध्यात्मिक शुद्धीकरण से ही हो सकती है। अगर दोनों आत्माएँ इस प्रक्रिया को पूरा कर चुकी हैं केवल तभी उनका मिलन हो सकता है। जिन लोगों में मेरी तरह एक अस्तित्वगत तड़प है, उनके लिए मानव प्रेम का कोई दूसरा रूप कभी भी पर्याप्त नहीं होगा। ऐसे में उस 'एक' के साथ मेरा मिलन सिर्फ़ नृत्य में हो सकता है। नृत्य में ही मैं उभयलिंगता को साकार कर सकती हूँ।

मेरा मानना है कि स्वतन्त्रता के बदले में थोड़ा अकेलापन महसूस करना दर्दनाक रिश्तों का अनुभव करने के बजाय बेहतर है, जिसमें आप एक साथ आगे तो बढ़ते हैं लेकिन एक-दूसरे पर लगाये गये घावों से सन्तप्त भी होते हैं। यह तभी सार्थक है जब आप दोनों ट्विन सोल्स हों।

मेरी राय में जब दो आत्माओं का मिलन होता है तो ब्रह्माण्ड आनन्दित हो उठता है और स्वर्ग में उत्सव होता है। हालाँकि ऐसा होने के लिए हमारे भीतर की आध्यात्मिक ऊर्जा को जगाना आवश्यक है। शास्त्र इस ऊर्जा को कुण्डलिनी शक्ति कहते हैं, रीढ़ की हड्डी के मूलाधार पर कुण्डलित और सो रही नागिन।

अब कल्पना कीजिए कि इस प्रकार एकजुट हुई आत्माएँ पानी की एक बूँद के समान हैं जिसमें सागर की शक्ति है। यह अन्तर्निहित शक्ति केवल तभी मुक्त होती है जब वह बूँद सार्वभौमिक चेतना रूपी महासागर में समाँ जाती है और उसका हिस्सा बन जाती है। आगे यह कल्पना कीजिए कि महासागर अपनी सौ गुना शक्ति के साथ उस बूँद को रिचार्ज करता है, इसे अपनी सर्वशक्तिमानता, सर्वज्ञता व सर्वव्यापिता की शक्तियों से ओत-प्रोत करता है। फिर उस बूँद को अपने प्रेम सन्देश को पृथ्वी पर पहुँचाने के लिए और दुःखी आत्माओं को अँधेरे से आनन्द की रोशनी में लाने के मिशन के साथ वापस भेजता है।

मैंने आपको जो बताया वह मेरे व्यक्तिगत अनुभव का फल है जो कि मेरे वजूद के पाँचों आयामों में मेरी हर कोशिका में से होकर गुज़रा। नृत्य के माध्यम से मुझे अपनी आत्मा की उभयलिंगता का अनुभव है, इसलिए मैं इस समझ को आपके साथ साझा कर सकती हूँ।

मैं अपने भारतीय ट्विन सोल का नाम नहीं लूँगी, जिसमें मैंने अपने ही दूसरे हिस्से को पाया। मैं आपको यह बताकर उसका परिचय देती हूँ कि

भारतीय शायद अपनी आध्यात्मिक संस्कृति के कारण आनन्द और हल्केपन में रहते हैं। दूसरी ओर हम पाश्चात्य लोग उस ज्ञान को पसन्द करते हैं जो कि दुःख से गुज़र कर प्राप्त होता है। हमारी संस्कृति आध्यात्मिक मूल्यों को प्राथमिकता नहीं देती है और इसलिए इसमें 'सम्मान' और 'प्यार' जैसे महत्त्वपूर्ण मूल्यों का कोई महत्त्व नहीं है।

अपने ट्विन सोल से हुई भेंट उस प्रभाव के बीच एक तुलना थी जो इन संस्कृतियों का हम दोनों पर हुआ था, जिसने हममें दो विरोधी दृष्टिकोण पैदा कर दिये थे। जैसे ही मैंने उन्हें मंच पर प्रदर्शन करते हुए देखा, यह पहली चीज़ थी जिसे मैंने महसूस किया। उनका संगीत मानो एक चमकदार और लाभकारी तरल पदार्थ था जो दर्शकों के रोम-रोम को आनन्द से सराबोर कर रहा था। मैं भारत वह हासिल करने गयी थी जो उन्हें पहले से ही प्राप्त था, हालाँकि मेरी नज़र में उन्हें यह बहुत आसानी से मिल गया था।

मुझे यिन-यांग का प्रतीक दिखाई दिया। मुझे उनके प्रकाश में अँधेरे का एक बिन्दु दिखाई दिया, ठीक वैसे ही जैसे मैं अपने अँधेरे में प्रकाश का एक बिन्दु देखती थी। मैं तुरन्त समझ गयी कि हम ट्विन सोल्स हैं।

मैं समझ गयी कि हमारी मुलाक़ात हमें अपने स्वयं की इन विपरीत वास्तविकताओं का सामना करने के लिए बाध्य करेगी। मुझे यक़ीन था कि उन्हें दुःख से गुज़रना पड़ेगा, भले ही उस समय उनका जीवन ख़ुशियों से भरा था, और मुझे अपनी पीड़ा को दूर करने के लिए उनसे आनन्द महसूस करने की अपनी क्षमता को बढ़ाना सीखना होगा। मुझे लगता है कि मैं ऐसा करने में सफल हुई हूँ और वह भी पीड़ा के कारण अपने वजूद की गहराई तक पहुँच पाये। अगर अगले जन्म में हमारा मिलन होगा तो इसलिए क्योंकि अपनी इस जीवन यात्रा में हमने इस समझ को हासिल कर लिया है, जिसकी बदौलत हम सुख, दुख, द्वन्द्व, विरोध से परे जा कर अपने मिलन में अपने आपको पा सकेंगे।

मुझे याद है कि जैसे ही मैंने उन्हें एक संगीतकार के रूप में नहीं बल्कि एक पुरुष के रूप में देखा तो मेरे अन्दर उनके प्रति एक आलोचनात्मक प्रतिक्रिया उभरी, निश्चित रूप से इसलिए क्योंकि वह प्यार में दुःख मिलने के मेरे अचेतन भय को सक्रिय कर रहे थे। मैंने सोचा कि उनके लिए सब कुछ कितना आसान था। वह दुलारे थे, दीवा थे, सिर चढ़े थे, डॉन जुआन

एलिसेओ थिएटर, रोम (इटली) में नृत्य करती पैट्रीज़िया, 1983

और कैसानोवा थे जिनके क़दमों में महिलाएँ बिछी हुई थीं, निश्चित रूप से बहुत आसान जीवन... लेकिन क्या वह अपने वजूद की गहराई तक पहुँच पाये थे जिसे मैं अपनी पीड़ा के कारण बहुत अच्छी तरह से जानती थी?

मैं उनसे मिलना तक नहीं चाहती थी, जैसे की संगीत समारोह के अन्य संगीतकारों के साथ। हालाँकि मुझे इस बात का प्रबल अन्तर्ज्ञान था कि हमारी जीवन यात्राएँ समान थीं–मैं इटली से थी और अपनी आध्यात्मिकता की खोज में भारत गयी थी। वह भारत से थे और अपनी सफलता की पुष्टि करने पश्चिम गये थे।

हम कलाकारों के रूप में भी सम्बन्धित थे। हमारी जुड़वाँ कलाओं (संगीत व नृत्य) में समान तत्त्व थे–बहती नदी की सी गतिशील तरलता, विडम्बना व खेल की भावना, सेंसुअलिटी एवं इरोटिसिज़्म।

मैं उनसे पाँच साल बाद रोम में आर.ए.आई ऑडिटोरियम में फिर से मिली और मुझे यह तुरन्त स्पष्ट हो गया कि मेरी उनके प्रति पिछली बार जैसी ही प्रतिक्रिया हो रही थी। मैंने अपने सतत मानसिक संघर्ष को उनके ऊपर प्रक्षेपित किया–आनन्द पाने की मेरी ज़रूरत और इसे महसूस करने से मेरा इन्कार। उन्हें वाद्य बजाते हुए देखकर मुझे उनके प्रति वही

आलोचनात्मक अनुभूति हुई जो कि मुझे दिल्ली में हुई थी–'यह एक स्टार है, एक टॉमबेउर डे फ़ॉम्म (कैसानोवा) है जिसके लिए सब कुछ उचित है'। उधर मैं अपनी पीड़ा में आत्मतुष्ट थी जिसे मैंने सँभालना सीख़ लिया था। मेरी समझ में ख़ुशी ख़तरनाक थी क्योंकि अगर चखने के बाद यह ग़ायब हो जाये तो मनुष्य रसातल में डूब जाता है।

वह अपना वाद्य बजाते हुए मेरी ओर देख रहे थे। मुझे ऐसा लगा जैसे उन्होंने मेरा आलोचनात्मक विचार भाँप लिया क्योंकि उनका शरीर थोड़ा पीछे की ओर हुआ, मानो मेरे विचार के वार से। 'भारतीय संगीत के इस जीनियस का एंटेना क्या कमाल का है!' मैंने सोचा। बहरहाल मुझे उनमें तब भी कोई दिलचस्पी नहीं हुई; फिर भी उन्होंने मुझे अशान्त किया। कॉन्सर्ट के बाद मैं मंच पर मैनेजर व अन्य संगीतकारों का अभिवादन करने और उन्हें अगले दिन *बाबुचिओ* आने के लिए आमन्त्रित करने गयी। मेरा ट्विन सोल पीछे से आया और फुसफुसाया–"अगर हमें कुछ करना है तो आज रात करना बेहतर है क्योंकि कल मैं चला जाऊँगा।" मैंने सोचा–'हम्म... वह अपने आपको क्या समझता है!' मैंने उसकी ओर देखे बिना उसे नज़रअंदाज़ कर दिया!

हम महिलाएँ अपने में पुरुषों की रुचि की सराहना करती हैं और उससे ख़ुश होती हैं, लेकिन हमें तब कुढ़न होती है जब वे पहली मुलाक़ात में ही हमारी सहमति को मान कर चलते हैं, हालाँकि उनका निवेदन हमें जिज्ञासा से भर देता है। अपने ट्विन सोल के प्रति केवल अरुचि महसूस करते हुए भी मैं उसे आकर्षित कर रही थी और मैं इस बात से आश्चर्यचकित थी। अगले कुछ दिनों में मैं अन्य सभी संगीतकारों के साथ जो कि रोम में रह गये थे ख़ूब घूमी-फिरी। हमने कई दिनों तक साथ में मस्ती की और उन्होंने मुझे अपने साथ नृत्य करने के लिए भारत आने का निमन्त्रण दिया। मैंने उसे सहर्ष स्वीकार कर लिया।

कुछ हफ़्तों के बाद मेरे ट्विन सोल के मैनेजर ने मुझे कॉल किया और मनुहार करते हुए कहा–"आपको पता है उन्होंने मुझे यह बताने के लिए कॉल किया कि वह आपसे बहुत प्रभावित हैं। उन्हें दूसरे कलाकारों से पता चला कि आप उन सबसे मिलने के लिए भारत जा रही हैं और वह भी आपकी मेज़बानी करना चाहते हैं।" मैंने बीच में ही मैनेजर की बात काट दी। "ईमानदारी से कहूँ तो वह उस तरह के पुरुष हैं जो मेरी कला

ईस्ट-वेस्ट डांस एनकाउंटर, टाटा थियेटर, मुम्बई, भारत, 1984

के लिए ऐसा नहीं कर रहे! वह एक डॉन जुआन और एक दीवा हैं। मैं उनसे मिलना नहीं चाहती।" मैनेजर दंग रह गया। उसने मुझे हर तरह से यह समझाने की कोशिश की कि वह कौन थे। उसने मुझे एक कलाकार के रूप में उनके महत्त्व और उनकी महानता को समझाने की कोशिश की पर कोई फ़ायदा नहीं हुआ। वह किसी भी प्रकार से मुझे मना नहीं सका।

मेरे भारत जाने से ठीक पहले उनके मैनेजर ने एक बहाने से मुझे फिर से घेरना शुरू कर दिया। उसने कहा कि उसे उन्हें एक बहुत ही महत्त्वपूर्ण पैकेज भेजना था और चूँकि मैं भारत जा रही थी, क्या मैं पहुँचते ही उन्हें वह दे सकती हूँ। उन्हें कॉल करना पर्याप्त होगा और वह इसे लेने ख़ुद आ जायेंगे। मजबूरन मैंने स्वीकार कर लिया।

जैसे ही मैं बॉम्बे पहुँची मैंने उन्हें फ़ोन किया और उनके न मिलने पर मैंने उनके लिए एक सन्देश छोड़ा कि अगले दिन भोर में मेरे अपेक्षित प्रस्थान की वजह से वह होटल से पैकेज ले सकते हैं। ऐसा ही हुआ और हम नहीं मिले।

मैं अन्य संगीतकारों से मिलने विभिन्न शहरों में गयी और आख़िरकार उनसे एक रिकॉर्डिंग स्टूडियो में मिली जहाँ वे सभी एक साथ एक नयी सी.डी. के लिए रिहर्सल कर रहे थे। यह वह अवसर था जब मैंने उनकी कोमलता, उनकी चरम संवेदनशीलता, उनके जीनियस को समझा और मेरे अन्दर सब कुछ बदल गया। मुझे उनसे प्यार हो गया और वहीं से मुश्किलें शुरू हुईं।

उनके निमन्त्रण पर मैं उनके पारिवारिक घर में ठहरने के लिए राज़ी हो गयी, पर केवल कुछ दिनों के लिए क्योंकि मुझे बृजभूषण काबरा से मिलने के लिए अहमदाबाद रवाना होना था। बृजभूषण भारत के एकमात्र संगीतकार थे जिन्होंने गिटार को नीचे सपाट रख कर बजाया, जैसे कि जाचिंतो शेल्सी ने इटली में *को-था* के निर्माण के समय किया था।

कुछ दिनों के बाद मैं वापस बॉम्बे चली गयी अपने ट्विन सोल के पास। मैंने उनके लिए उनके कमरे में नृत्य किया, जहाँ से हम सूरज को भारतीय महासागर में डूबते हुए देख सकते थे। मुझे लगता है कि बिना संगीत के, ख़ामोशी में यह मेरे जीवन की सबसे सुन्दर आशुरचना थी। कलाकार अपनी रचना किसे समर्पित करता है इस बात का बहुत महत्त्व होता है–'किसे' से फ़र्क पड़ता है। उन्होंने मुझसे कहा कि उन्होंने कभी

भी ऐसा नृत्य नहीं देखा था–"यह अद्‌भुत है। आपका नृत्य हमारे संगीत के जैसा है।" मूवमेंट को समझने और उसे याद रखने की उनकी क्षमता इतनी महान है कि उन्होंने मेरी आशुरचना के सभी अंशों का उनकी बारीकियों के साथ विस्तार से वर्णन किया।

भारतीय संगीतकार नृत्य को याद करने में दक्ष होते हैं क्योंकि वे मूवमेंट्स के संगीत की कल्पना करते हैं। यही कारण है कि वे महान आशु-रचयिता होते हैं और नर्तकों का साथ देने में माहिर।

मुझे याद है कि उनकी माँ ने कमरे में प्रवेश किया था और मैंने तुरन्त अपने प्रति उनका शक व उनकी अस्वीकृति को महसूस किया, जिसकी वजह थी एक पाश्चात्य महिला के रूप में मेरी स्वच्छन्दता। मैंने अपनी आशुरचना जारी रखी और अपने विडम्बनापूर्ण अंग संचालन के माध्यम से कमरे में उनके प्रवेश पर टिप्पणी की।

अगर हम समय को रोक कर वापस जा सकते और उस समय ऐसे हो सकते जैसे कि मैं आज हूँ तो मेरा जीवन हमेशा के लिए उनसे बंध जाता। हम दोनों दुनिया भर में एक साथ सृजन करते, मेरे नृत्य का–एक ऐसा संगीत जो कि 'दिखाई' देता है–और उनके संगीत का–एक ऐसा नृत्य जो कि 'सुनाई' देता है। हमने अपनी आत्माओं के ज़रिये ऐसा ही किया लेकिन वास्तविकता में एक साथ नहीं। धर्मग्रन्थों का कहना है कि ट्विन सोल्स का एक दूसरे से मिलना बहुत दुर्लभ है और इससे भी दुर्लभ है उनका मिलन होना। वह और मैं इस बात का प्रमाण हैं।

वह शादीशुदा थे और मुझे प्यार में त्रिकोण और किसी भी तरह के विश्वासघात से एलर्जी है। मेरे बचपन के आघात को देखते हुए यह समझ में आता है कि ऐसा क्यों है। इसके अतिरिक्त उनके लिए उनकी पत्नी वही थी जो ग्वीडो मेरे लिए था, मूल्यवान। जब ग्वीडो ने रोम में उन्हें प्रदर्शन करते हुए देखा तो उसने भी उन्हें एक जीनियस कहा। सारी दुनिया ने उनके जीनियस को पहचाना। वह सुलझे हुए पैदा हुए थे, न सिर्फ़ एक कलाकार के रूप में बल्कि एक इंसान के रूप में भी।

मैंने एक सपना देखा जिसमें जब वह वाद्य बजा रहे थे तो एक सफ़ेद पदार्थ उनके हाथों से निकला, एक प्रकार का लाभदायक मन्ना और पृथ्वी पर एक सुरक्षात्मक आवरण की तरह फैल गया।

एक बार उन्होंने मुझसे कहा था–"आप सही मायने में कलाकार हैं, जबकि मैं सोशल (मिलनसार) ज़्यादा हूँ।" मेरे लिए कितना बड़ा सम्मान! मेरा मानना है कि अपने अनन्त ज्ञान में वे सही थे। जब मैंने उनसे कहा कि हमारे बीच कोई रिश्ता नहीं हो सकता है क्योंकि वह शादीशुदा हैं तो उन्होंने जवाब दिया, "मैं एक मुसलमान हूँ। मैं चार बार शादी कर सकता हूँ।" मैंने प्रतिवाद किया–"लेकिन मैं नहीं हूँ!"

मैंने एक और सपना देखा। मैं अपने आपको एक आउटडोर बार में एक टेबल पर अकेले बैठे हुए पाती हूँ। लगभग दस मीटर की दूरी पर वह अपनी पत्नी के साथ बैठे हुए हैं और बहुत सख़्त व मर्दाना लग रहे हैं। वे दोनों आमने-सामने हैं। चारों तरफ़ सन्नाटा है। वह मेरे पास आने के लिए अपनी पत्नी को छोड़ कर उठ जाते हैं। वह मेरा हाथ पकड़ते हैं, मुझे एक कुर्सी पर खड़ा करते हैं, मुझे मेरे कूल्हों से पकड़ कर गले लगाते हैं और कहते हैं, "तुम मेरी माँ हो... मैं तुम्हें हमेशा के लिए अपने साथ ले जाने आया हूँ!" वह मेरा हाथ पकड़कर मुझे ज़मीन पर उतारते हैं और हम दोनों मेरी माँ के सामने से गुज़रते हैं जिनके चेहरे पर एक पराजित महिला की अभिव्यक्ति है। मैं करुणा और प्रेम के साथ अपनी माँ से कहती हूँ–"आप देख सकती हैं कि हम दोनों सफल हुए! आपको ख़ुश होना चाहिए।"

अंग्रेज़ी शब्द 'मैट्रिमोनी' की उत्पति लैटिन शब्द 'मैट्रिमोनियम' से हुई है। 'मैट्रिमोनियम' दो शब्दों 'मैट्रिक्स' (माँ) और 'मोनियम' से बना है और 'मोनियम' स्पष्ट रूप से लैटिन 'मुनस' से जुड़ा हुआ है जिसका अर्थ है माँ का कर्तव्य या कार्य। मेरी व्याख्या यह है कि पुरुष पत्नी में माँ को देखता है। केवल इसी तरह से, स्त्री के प्यार के माध्यम से वह अपनी जन्म की माँ के साथ गर्भनाल को काटने में सफल होगा। मेरे लिए इसका मतलब यह भी है कि पुरुष एक शाश्वत बालक है और स्त्री उसकी शाश्वत माँ। चलिए कम से कम सपने में मैंने उनसे शादी की।

हमारे बीच का पत्राचार भी हमारे पारस्परिक अपितु विरोधाभासी आशंकाओं को प्रकट करता है। मेरे साथ उनको एक और मालिकाना माँ के स्त्रियोचित-मातृ गर्भ में वापस खींचे जाने का भय था–उन्होंने एक स्त्री से दूसरी स्त्री के पास जाकर अपनी माँ से दूर भागने की कोशिश की थी। उनके साथ मुझे एक पुरुष द्वारा सितारों तक ले जाने के बाद उसके

विश्वासघात से उत्पन्न गहरे दुःख की खाई में गिरा दिये जाने का भय था–जैसा कि मेरे पिता ने किया था। हम दोनों प्यार में दुःख पाने के डर से सेड्यूसर (प्रलोभक) बन गये। हमारे पास अपने दुःखों को दूर करने का एकमात्र साधन था संगीत और नृत्य।

हमारी मुलाक़ात के बाद उन्होंने संगीत की रचना शुरू की। शायद उनका भी दर्द के साथ गहरा सम्पर्क हुआ और वह उसका सामना करने और उसे दूर करने में सफल हुए बजाय सफलता और कला में पलायन करने के, जैसा कि कलाकार अक्सर करते हैं।

मुझे याद है कि बचपन में अपने पहले नृत्य प्रदर्शन में मिली सफलता के साथ-साथ मैंने अपने फ़ोटो को उस समय के सभी अख़बारों के पृष्ठों पर पाया क्योंकि एक प्रसिद्ध टूथपेस्ट (स्कुइब्ब) के विज्ञापन के लिए राजधानी के स्कूलों के अन्य छात्रों की मुस्कानों में से मेरी 'मुस्कान' को चुना गया था। मेरे उस फ़ोटो में मुझे वह दिखते हैं, मेरे ट्विन सोल–बचपन में हम देखने में लगभग एक जैसे थे! बड़ी-बड़ी आँखें, गोल और ऊँचे चीकबोंस, चौड़ा मुँह और सबसे बढ़ कर वही मुस्कुराहट जिसे हम दोनों ने बरकरार रखा है।

हमारी आत्माओं का निस्सन्देह मिलन हुआ है और उस मिलन की वजह से वह हमेशा मेरा एक हिस्सा रहे हैं और मुझे पता है कि मैं हमेशा उनका एक हिस्सा रही हूँ। हमने अपनी ऊर्जाओं को एक साथ बढ़ाया है। हमारी इस मुलाक़ात ने मेरे जीवन में क्रान्ति ला दी और मुझे इस बात के प्रति पूरी ज़ागरूकता दी कि मुझे अपनी पीड़ा से मुक्त होना था। उनके साथ हुए टकराव ने मेरी आत्मा की जटिल क्रम-विकास-सम्बन्धी यात्रा को साहसपूर्वक शुरू करने के लिए मुझे प्रोत्साहन देने की दिशा में बहुत योगदान दिया। उन्होंने मुझे यूंगियन मनोचिकित्सा, ध्यान, योग और ईएफ़टी के माध्यम से अपनी अद्भुत आन्तरिक यात्रा शुरू करने की ताक़त दी। ऐसा लगता है कि मैं वास्तव में अमिट दाग़ों वाली एक पाश्चात्य महिला हूँ।

आज मैं कह सकती हूँ कि मैं उस ख़ुशी और हल्केपन की स्थिति में पहुँच गयी हूँ जिसकी मैंने आकांक्षा की थी और जिसका उन्होंने पहली नज़र से मेरे लिए प्रतिनिधित्व किया था। आनन्द का अब मेरे लिए अधिक मूल्य है क्योंकि इस स्थिति में पहुँच पाना मेरे लिए सबसे कठिन विजय थी, उनकी वजह से भी।

शायद आप मुझसे पूछना चाहें, "आप उनको पाने के लिए लड़ी क्यों नहीं?" मुझे लगता है कि दोनों प्रेमियों को प्रयत्न करना पड़ता है। मैं कभी किसी पुरुष को दूसरी स्त्री से छीन नहीं सकती। और फिर मेरे पास ग्वीडो था और मुझमें उसके साथ एक अपनेपन की भावना थी। हर एक विकास अपने समय से होता है और अब एक स्त्री के रूप में मैं चाहूँगी कि मेरा पुरुष मुझे जीतने के लिए संघर्ष करे।

मैं एक स्वतन्त्र महिला हूँ। मैं अपने सभी अधिकार के साथ घोषणा कर सकती हूँ कि मैं स्वतन्त्रता का प्रतीक हूँ और इस कारण से मैं नारीवाद द्वारा भी प्रतिबन्धित नहीं हूँ। इसलिए अब मुझे एक ऐसा पुरुष चाहिए जो मेरे स्त्रीत्व का सम्मान करे, यहाँ तक कि मेरे लिए कार का दरवाज़ा खोले और मुझे फूल भी भेजे!

मुझमें अपनी 'सर्वश्रेष्ठ कृति' को साकार करने की यानी अपने ट्विन सोल के साथ पुनर्मिलन कर उभयलिंगता को प्राप्त करने की प्रबल लालसा है। एक ऐसा पुरुष जो मेरे साथ पाँचों आयामों में आत्मीयता रखता हो–आध्यात्मिक, अवचेतन, भावनात्मक, मानसिक और शारीरिक। ऐसा मिलन होने के लिए यह शर्त महत्त्वपूर्ण है।

अध्याय-9

लैंगिकता, कामुकता, आध्यात्मिकता

मेरा मानना है कि महिलाएँ स्नेह पाने के लिए शारीरिक सम्बन्ध बनाती हैं, जबकि पुरुष शारीरिक सम्बन्ध बनाने के लिए स्नेह देते हैं। मैं इस बात की पुष्टि करना चाहती हूँ कि कामुकता और लैंगिकता दो अलग-अलग आयाम हैं जो एक दूसरे से अलग हैं और आदर्श रिश्तों में दोनों आयामों का मिलाप मुमकिन है।

मैं पूरी तरह से कामुकता के पक्ष में हूँ। इरोस में भावनात्मक कामनाएँ सक्रिय हो जाती हैं और वे व्यक्ति के वजूद के सभी आयामों में रिस जाती हैं। सही मायने में कामुक लोग बहुत दुर्लभ हैं। वे वह हैं जो अपनी भावनाओं, संवेदनाओं, विचारों, कल्पनाओं और अपनी अन्तरंग दुनिया यानी आत्मा के साथ निरन्तर सम्पर्क में रहते हैं। मैं कह सकती हूँ कि सेक्स और एरोस के बीच का अन्तर शारीरिक व्यायाम और नृत्य के बीच का अन्तर है। कामुक वह है जो भावनाओं को उनके मूल में जाग्रत करता है, उदर में। कामुकता उदरीय स्तर पर महसूस करना है। मैं लैंगिकता को दैवीय ऊर्जा की अभिव्यक्ति और कामुकता को गहरी भावनाओं की अभिव्यक्ति मानती हूँ जो कि आध्यात्मिकता से जुड़ी हुई हैं, जिनके लिए शरीर एक साधन है, जैसे कि नृत्य में।

कामुकता, आध्यात्मिकता और लैंगिकता विभिन्न आयाम हैं जिन्हें एक साथ लाया जाना चाहिए। जीवन एक खेल है, दोनों कामुक एवं यौन खेल और जब दोनों आयाम एक दूसरे में रिस जाते हैं तो यह आध्यात्मिक हो जाता है।

अपने अनुभव से मैं कह सकती हूँ कि जब आध्यात्मिकता जाग्रत होती है तो यह पता चलता है कि यह लैंगिकता के साथ एक है।

लैंगिकता से मेरा तात्पर्य आध्यात्मिक ऊर्जा से है जो हर जगह हर चीज़ में व्याप्त है और उसको गतिमान करती है और यहाँ हम फिर से नृत्य का उल्लेख करते हैं। जब हम तन से ईश्वर की वन्दना करते हैं और कामुकता व लैंगिकता का अनुभव करते हैं, जैसे कि नृत्य करते समय तो वह प्रसन्न होते हैं।

ख़ुशी की कुँजी आध्यात्मिक मूल्य की खोज करने की अपनी इच्छा को फिर से जाग्रत करने में है। हम अपने मूल्य को, अपने आनन्द को तभी प्रसारित करते हैं जब हम इसके बारे में जानते हैं।

अपनी पुस्तक *ऑक्टोलोगो* में जाचिंतो शेल्सी लिखते हैं–"*पुरुष और स्त्री के बीच मिलन, न कि बन्धन।*" मिलन मोक्षीय है क्योंकि यह पूरी सन्तुष्टि देता है, जबकि आपस में सिर्फ़ जुड़ना असन्तोषजनक होता है।

भावनाएँ कुछ और ही हैं। अधिकांश जोड़े भावनाओं को शारीरिक लैंगिकता अर्थात् जननांग गतिविधि के साथ जोड़ते हैं।

प्रसिद्ध अंडालूसी धर्मशास्त्री डॉन होज़े ने एक बार मुझसे कहा था–"आप एक बिल्ली या चिप्स के शौक़ीन हो सकते हैं। लेकिन किसी के लिए सर्वश्रेठ की कामना करना कुछ और ही है।"

यहाँ से जो कुछ मैं आपको बताऊँगी वह अपने आप के साथ साझा किये गये मेरे विचार होंगे, किसी दोस्त से बात करने के समान, चूँकि मैं अपनी सबसे अच्छी दोस्त हूँ!

मैं ब्रह्माण्ड, चन्द्रमा, सूरज व अन्य सितारों से प्यार करती हूँ... मुझे एक शून्य को भरने की आवश्यकता नहीं है क्योंकि मैं तीव्रता से प्रेम के मूल स्रोत से जुड़ी हुई हूँ। मुझे आनन्द को गुणा करने के लिए इसे साझा करने की आवश्यकता है। मेरे लिए एकमात्र मूल्यवान चीज़ जीवन के रहस्य के मूल स्रोत से जुड़े रहना है और वहाँ छिपी प्रेम की शक्ति को फिर से जाग्रत करना है और इस तरह आत्मसमर्पण को पूर्ण बोध के साधन में बदलना है।

नृत्य करना जीवन्त होना है और अपनी आत्मा को शरीर के माध्यम से व्यक्त करना है। दो व्यक्तियों के सच्चे मिलन में भी ऐसा ही होता है।

मैं शरीरों के मिलन के पक्ष में हूँ जो कि एक स्वस्थ व सुखकर यौन नृत्य करने का साधन बन जाते हैं। इसे प्राप्त करने के लिए दो प्राणियों की ज़रूरत होती है जो कि शुद्ध और समान हों।

सबसे गहन और प्रासंगिक अनुभव जिन्होंने मेरे जीवन पर एक महत्त्वपूर्ण छाप छोड़ी, मुझे परिपक्व किया और समझ दी वे कामुकता से सम्बन्धित थे।

यौन और कामुक दोनों रूप से मैं 'पॉलीफ़ोनिक' हूँ, जैसे कि नृत्य में। नृत्य करते समय मैं हमेशा शरीर के सभी हिस्सों को, चाहे वे गतिमान हों या स्थिर, प्रत्येक नृत्य क्रम में सिंक्रोनाइज़ करती हूँ। मेरे पूरे शरीर को एक ऑर्केस्ट्रा के सभी वाद्ययन्त्रों की तरह सद्भाव में होने की ज़रूरत है!

निपुण प्रेमी ऐसा सहज रूप से करना जानते हैं। ऐसा प्रतीत होता है मानो वे प्रेमी के शरीर के विभिन्न बिन्दुओं की पुकार सुनते हैं और प्रेमी की आवश्यकताओं और तीव्रता के अनुसार उन्हें उत्तेजित करते हैं। वे शरीर को कम्पित करने के महान व्याख्याकार बन जाते हैं।

निपुण प्रेमियों के लिए सेक्स एक कला है। मैं कह सकती हूँ कि मुझे कम्पित करने और प्यार का खेल खिलाने में बहुत कम ही सफल हुए हैं। पुरुष स्त्री से प्यार करता है, उसके शरीर से प्यार करता है और स्त्री उसके प्यार से प्यार करती है।

नृत्य के लिए जर्मन शब्द 'टेन्ज़ेन' है, जिसका अर्थ है तनाव। तार तभी कम्पन कर सकता है जब वह तना हुआ हो। मैं इसे दोहराना चाहूँगी—पुरुष स्त्री से प्यार करता है, उसके शरीर से प्यार करता है और स्त्री प्यार से प्यार करती है।

प्रणय निवेदन (कोर्टिंग) एक ऐसी कला है जिसे आधुनिक पुरुष द्वारा भुलाये जाने का ख़तरा है। प्रेमालाप करना स्त्री की आत्मा में प्रवेश कर उसे सन्तुष्ट करना और उसे सहज बनाना है और उसे पुरुष के मूल्य को मापने के लिए प्रवृत्त करना है। स्त्री को शारीरिक तौर पर खुलने के लिए भी पहले आश्वस्त होने की ज़रूरत है। उसे यह जानना ज़रूरी है कि वह पुरुष के लिए कितनी महत्त्वपूर्ण है और यह पुरुष के ऊपर है कि वह हर समय अपने कार्यों, इशारों और शब्दों से उसे आश्वस्त करे। इस तरह से वह स्त्री के मूल्य को पहचान पायेगा और उसे यह बता पायेगा कि वह उसके लिए कितनी महत्त्वपूर्ण है।

कोई भी स्त्री कौशलपूर्ण प्रेमालाप से अप्रभावित नहीं रह सकती है। पुरुष द्वारा निरन्तर ध्यान न्योछावर करना दोनों आत्माओं के बीच सूक्ष्म सम्बन्ध बनाता है। यह पुरुष पर है कि वह स्त्री को पाने के लिए चेष्टा करे।

यदि पुरुष ऐसा करने में विफल रहता है तो इसका यह मतलब होगा कि वह स्त्री उसके लिए उतनी महत्त्वपूर्ण नहीं है या कि महिलाओं को लेकर उसके अन्दर कोई भावनात्मक ब्लॉक है।

जो पुरुष प्रेमालाप नहीं कर सकते वे 'वैम्पायर' होते हैं। अगर पुरुष इस आदान-प्रदान में जो स्त्री उसे दे रही है उसके मूल्य को नहीं समझता है तो वह उसका ख़ून चूसेगा। यानी उसका शोषण करेगा, जैसा कि वह प्रकृति के साथ कर रहा है। वह लैंगिकता, कामुकता और उनकी वास्तविक गतिशीलता के बारे में अपनी गहरी अज्ञानता के कारण स्त्रियों का शोषण करके—और साथ ही प्रकृति का जिसका वे एक हिस्सा हैं—दुनिया को नष्ट कर रहा है। इस तरह से अपमानित हुई स्त्री पुरुष का साथ देने और उसका साथी बनने के बजाय उसका बहिष्कार करेगी और विद्रोह करेगी—जैसा कि प्रकृति कर रही है—और शरीर एवं मानस में बीमार हो जायेगी।

पुरुषत्व और नारीत्व के बीच जो संघर्ष है वह 'शक्ति' और 'प्रेम' के बीच का संघर्ष है।

स्त्री पुरुष की बाहों में आनन्दानुभूति की इच्छा रखती है लेकिन वहाँ ख़ुद को पाने के बजाय ख़ुद को खो देने से डरती है। इसलिए पुरुष को चाहिए कि वह स्त्री को वश में करने और उस पर स्वामित्व जताने के बजाय उसकी रक्षा करे और उससे प्यार करने की आकांक्षा करे।

जब हम शब्दों से कुछ और कहने में असमर्थ होते हैं तब हम उसे अपने शरीर के साथ व्यक्त करते हैं। शरीर को इस तरह से शामिल होना चाहिए; यह स्वाभाविक है, ऐसा होना स्वास्थ्यप्रद है। शुरुआत में शरीर ही न्यूनतम संकेतों के साथ प्रणय सन्देश भेजता है और अन्त में शरीर ही 'प्यार' को उसके मूल में पूरी तरह से अभिव्यक्त करता है। दो आत्माएँ अपने शरीर के साथ संवाद करती हैं।

सेक्स में लगाम पुरुष के हाथ में होती है। उस क्षेत्र में प्रदर्शन के लिए वह ज़िम्मेदार होता है। लेकिन जहाँ तक कामुकता का सम्बन्ध है, लगाम स्त्री के हाथ में होती है। वह इसके लिए ज़िम्मेदार होती है। वह पुरुष को सिखाती है कि उसे कैसे प्यार करना है।

दम्पति के बीच की लौ को प्रज्ज्वलित रखना यानी युगल में आकर्षण को जीवित रखना थकाऊ है और इसका बीड़ा स्त्री उठाती है।

प्रेम की शिक्षिका के रूप में इरोस उससे अपने रिश्ते पर निरन्तर और सूक्ष्म ध्यान देने की अपेक्षा करता है–उससे रिश्ते की व्याख्या करने, उसे गतिशील करने, उसमें जोड़ने, उसे बढ़ाने, उसे घटाने और किसी भी समय उस रिश्ते में उच्च स्वर देने की अपेक्षा करता है।

सेक्स में पुरुष प्यार का मालिक है। इरोस उससे अपने रिश्ते पर निरन्तर और सूक्ष्म ध्यान देने की अपेक्षा करता है–उससे रिश्ते की व्याख्या करने, उसे गतिशील करने, उसमें जोड़ने, उसे बढ़ाने, उसे घटाने और हर समय उस रिश्ते में उच्च स्वर देने की अपेक्षा करता है। आदर्श यौन कृत्य प्रेमी के आगे समर्पण करना है, न कि स्व-सुख पाने के लिए स्वार्थ साधना। स्वर्ग और नर्क में यही अन्तर है।

शरीर अनन्त है। शरीर रूपी भूलभुलैया और उसके प्रत्येक कण में छिपे हुए आनन्द को पवित्रता, सम्मान और कोमलता के साथ खोजा जाना चाहिए, तब भी जब प्रेम क्रीड़ा में ढोल नगाड़े ज़ोर से गूँज रहे हों।

पुरुष स्त्री को क्या देता है? एक व्यक्ति जिससे वह प्यार कर सके और जिसे वह प्यार करना सिखा सके, उस तरह से जिस तरह से उसे (प्यार महसूस करने के लिए) ज़रूरत है ताकि वह ख़ुद को व्यक्त कर सके।

स्त्री पुरुष को क्या देती है? अपना सर्वस्व और वह पुरुष को शरीर के माध्यम से अपने प्यार का इज़हार करने के लिए प्रेरित करती है। स्त्री प्रेरित करती है, पुरुष उत्तेजित करता है। लैंगिकता एक गिलास पानी पीने की तरह नहीं है, बल्कि दीर्घायु के अमृत को पीने के समान है। इसी तरह हमारा परमेश्वर के साथ फिर से पुनर्मिलन होगा।

तन्त्रवाद (एक प्राचीन भारतीय दार्शनिक और आध्यात्मिक साधना) सिखाता है कि यौन अभ्यास के दौरान पुरुष के पास स्त्री के शरीर में सुप्त आनन्द को उत्तेजित कर उसे जाग्रत करने की शक्ति होती है और योनि द्रव को अन्तर्लीन करने से वह तरोताज़ा हो जाता है, लेकिन उसे वीर्य का स्खलन नहीं करना चाहिए। इस तरह ऊर्जा को ऊपर की ओर धकेला जाता है और यह सहस्रार-चक्र तक यात्रा करती है जहाँ हम ईश्वर से मिलन का अनुभव करते हैं। इसके विपरीत जब यह ऊर्जा मूलाधार चक्र तक सीमित रहती है तो यह रिश्ते में स्वामित्व और आत्ममोह की भावना और उनके अवांछनीय पहलुओं का पोषण करती है।

स्त्री में पुरुष के अन्दर प्रेम जगाने की शक्ति होती है और वह उसे अपने में समेट कर रिचार्ज हो जाती है।

हममें से प्रत्येक व्यक्ति अपने स्वयं के अनन्य अनुभवों के साथ–जो कि अद्वितीय और अप्राप्य है–एक अनन्त ब्रह्माण्ड है। लोगों के बीच की विविधता उनके अनुभवों की मात्राओं और गहनता में निहित होती है। सभी मनुष्य एक समान हैं लेकिन दुनिया में कोई भी दूसरे के बिल्कुल समान नहीं है, एक कोशिका के एक अंश में भी नहीं। पृथ्वी पर एक हाथ भी दूसरे हाथ के समान नहीं है। हम सभी जीवन की एक ही विषय-सूची और जीवन के समान रूपों से गुज़रते हैं लेकिन अलग-अलग तरीक़ों से और विभिन्न परिस्थितियों में।

हर कोई अपने भीतर समान भावनाओं को, अनुभूतियों को, अच्छाई और बुराई को (जो कि अन्दर गूँजती है) जीता है, लेकिन अलग-अलग तीव्रता के साथ। प्यार के साथ भी ऐसा ही होता है। हम दूसरों को वही देते हैं जो हमने ख़ुद को दिया है। उसी तरह हम दूसरों से वही पाते हैं जिसके लिए हम तैयार हैं और वह भी तभी जब हमारी आवश्यकता की अति हो गयी हो।

मेरे लिए यह स्पष्ट होता जा रहा है कि हम अपनी इच्छाओं को पूरा करने के लिए स्वयं परिस्थितियों का निर्माण करते हैं। जब हम ख़ुद पर भरोसा रखते हैं तब किसी दूसरे के संरक्षण की आवश्यकता नहीं रहती है और तभी हम उन लोगों को आकर्षित करते हैं जो हमारा सम्मान करते हैं व हमारी रक्षा भी और यह संरक्षण रिश्ते को अधिक मूल्यवान बनाता है। मैं एक ऐसा पुरुष चाहूँगी जो मेरी रक्षा करे, ऐसा नहीं जिससे मुझे अपनी ख़ुद की रक्षा करनी पड़े।

***

भारत में अपनी एक लम्बी यात्रा के दौरान मैं खजुराहो के प्रसिद्ध तान्त्रिक मन्दिर देखने गयी जहाँ आमतौर पर लोग कुछ घण्टों के लिए जाते हैं। मैंने पवित्रता और प्रेम के उनके सन्देश को समझने और उस पर चिन्तन करने में कई दिन वहाँ बिताये। मुझे ऐसा लग रहा था कि मैं आख़िरकार अपने घर आ गयी हूँ। इस पवित्र स्थान का वातावरण मेरे लिए चिर परिचित था और मैं पूरी तरह से सहज महसूस कर रही थी मानो मैं पुरातन काल से वहाँ मौजूद थी। मुझे दिक्-काल से परे जाने की सी अनुभूति हुई।

मैंने मन्दिरों की नक़्क़ाशी में और कामुक मूर्तियों में जो देखा और समझा, वह कैथोलिक संस्कृति के सन्देश–जिसके साथ मुझे शिक्षित किया गया था–के बिल्कुल विपरीत था जिसमें शरीर से सम्बन्धित विचार वर्जित माने जाते हैं। शरीर से जुड़ी पाप की भावना से ही एक विकृत लैंगिकता जन्म लेती है। दमन राक्षसों को पैदा करता है, जो कभी-कभी धार्मिक स्थलों तक में पीडोफ़ाइल पिशाचों का रूप ले लेते हैं। ये पिशाच अपनी पाशविक वृत्ति की भड़ास निकालने के लिए और दूसरों को काबू में रखने की अपनी आवश्यकता को पूरा करने के लिए अपनी लैंगिकता को (गहरी और अव्यक्त विकृतियों की साज़िश रचते हुए) हिंसा के साथ जीते हैं और श्रेष्ठता जताने के लिए अपनी शक्ति का दुरुपयोग करते हैं।

इसके विपरीत खजुराहो के तान्त्रिक मन्दिरों में उदात्त शुद्धता के साथ शरीर के सभी सम्भव कामुक-यौन क्रीड़ाओं का प्रतिनिधित्व किया गया है–जोड़ों में, समूहों में, यहाँ तक कि जानवरों की भागीदारी के साथ भी। इन छवियों ने मुझे किसी भी तरह से परेशान नहीं किया।

वे नक़्क़ाशियाँ प्रेम की अभिव्यक्ति के रूप में शरीरों के मिलन के माध्यम से जो रहस्यमय प्रार्थना संचारित करती हैं, वह अकल्पनीय है। भगवान चाहते हैं कि हम ख़ुश रहें। इसके विपरीत बचपन में हर बार जब मैंने चर्च में प्रवेश किया तो मुझे लगा कि उस उदास और दर्दनाक माहौल में कुछ ऐसा है जिससे मैं सहमत नहीं हूँ। भगवान ऐसे नहीं हैं जैसा कि उन्हें गिरजाघरों में दर्शाया गया है। मुझे पहले से ही अहसास था कि दिव्य प्रेम ख़ुशी की अभिव्यक्ति है, न कि शरीर के सुख के दमन की।

कामुकता, लैंगिकता और आनन्द का अनुभव दिव्यता के प्रति एक काव्यात्मक श्रद्धांजलि के रूप में किया जाना चाहिए, जो कि हमारे अन्दर और बाहर, हर जगह है। मैंने अपने शरीर को हमेशा इसी भावना के साथ नृत्य में, कामुकता में और लैंगिकता में जिया है। मेरे लिए प्रत्येक रचनात्मक कार्य आध्यात्मिक ऊर्जा की अभिव्यक्ति है।

अब मैं आपको दो घटनाओं के बारे में बताऊँगी जिन्हें, अगर आपका दिल साफ़ नहीं है, आप अश्लील कह सकते हैं लेकिन मैंने उन्हें उस भाव से अनुभव नहीं किया।

जीवन में जिस रवैये के साथ हम घटनाओं का अनुभव करते हैं, वही उनके प्रयोजन और उनके मूल्य को तय करता है।

मैं अपने प्रिय इतालवी-न्यूयॉर्क डिज़ाइनर दोस्त डिनो ओरलैंडो के साथ कैप्री द्वीप पर थी। मुझे कैप्री बहुत पसन्द है और डिनो मूलरूप से कैप्री के निवासी थे। डिनो से मैं उनके अमेरिका में न्यूयॉर्क और लॉस एंजिल्स के बीच तीस साल रहने के बाद रोम लौटने पर मिली थी। वह व्यापक अनुभव के सांसारिक व्यक्ति थे, बहुत आधुनिक और स्टाइलिश, आज़ाद और थोड़े नीतिहीन। कलाकारों और दोस्तों के रूप में हमारी लम्बी संगति के दौरान उन्होंने मेरे कई शोज़ के लिए परिधान तैयार किये।

एक बार जब हम दोनों 'लिटिल स्क्वायर' में बैठे थे तब मैंने अपने बग़ल की मेज़ पर एक अजीब जोड़े को देखा—एक परिपक्व पुरुष और उसके बग़ल में फ़िल्म अभिनेता जेम्स डीन सा आकर्षक एक युवक। हम उस जोड़े से बातें करने लगे। युवक का नाम एरिक था। वह पेरिस से था और मृदु व प्रतिभाशाली था। मुझे वह बहुत इरोटिक और दिलचस्प लगा। वह एक युवा वकील था और एक प्रतिष्ठित परिवार से था।

हम दोनों के बीच एक कामुक आकर्षण पैदा हुआ, जिसमें मौन स्वीकृति में जोड़ी हलके से और शोख़ी से एक दूसरे की त्वचा को छूती है। डिनो हमारे लिए ख़ुश थे और उन्होंने हम दोनों को एक दूसरे से बच्चों की तरह छेड़खानी करने और घर के अन्दर-बाहर, इधर-उधर इश्क़बाजी करने के लिए स्वतन्त्र छोड़ दिया। पहली बार मैं एक नवयुवक का आनन्द ले रही थी और इसे बढ़ती उम्र का पहला संकेत माना जा सकता है। उस समय मैं पैंतीस साल की थी और वह चौबीस का!

हम दोनों ने मिलकर हँसी-ख़ुशी से अपनी ख़ूबसूरत प्रेम क्रीड़ा को आगे बढ़ाया। उपयुक्त समय पर उसने स्वीकार किया कि यह पहली बार था जब वह किसी महिला के प्रति आकर्षण का अनुभव कर रहा था—वह एक समलैंगिक था।

कुछ महीनों के बाद वह रोम में मुझसे मिलने आया और मेरे स्टूडियो के पास होटल फोंटाना में रुका, जहाँ रातें ट्रेवी फाउंटेन के पानी की गर्जना के साथ बीतती थीं।

वह अक्सर मुझे अपने पास फ़्रांस आने के लिए आमन्त्रित करता था। कुछ समय बाद मेरा पेरिस जाना हुआ, जहाँ मैं *पोंट न्यूफ* में अपनी एक चित्रकार मित्र वेरोनिक बिगो के स्टूडियो में उसकी मेहमान थी। वेरोनिक ने प्रसिद्ध अन्तरराष्ट्रीय कलाकार क्रिस्टो यावाचेव, जिन्होंने दुनिया के

विभिन्न स्मारकों पर स्थापना कला (इंस्टालेशन आर्ट) की प्रस्तुति की थी, की भी मेज़बानी की थी जब वह *पोंट न्यूफ पुल* को विनाइल के साथ 'पैक अप' करने गये थे।

मेरी उस यात्रा पर एक शाम भारतीय शास्त्रीय संगीत के इतालवी आयोजक ने–वह भी उस समय पेरिस में था–मुझे केवल ओयस्टर्स (सीप) और शैम्पेन के डिनर के लिए आमन्त्रित किया। डिनर के बीच में उसने मुझे उकसाने के लिए मेरे और मेरे भारतीय ट्विन सोल के बारे में कुछ कहा। मुझे इतना गुस्सा आया कि मैं वहाँ से उठकर चली गयी।

उस रात मैं वेरोनिक के घर पर अकेली थी क्योंकि वह पेरिस के बाहर गयी हुई थी। गहराते हुए गर्भाशय के संकुचन से मेरी नींद खुल गयी। ऐसा पहले कभी नहीं हुआ था... और फिर मुझे स्वतःस्फूर्त कामोन्माद (ओर्गास्म) का अनुभव हुआ। सोचिए अगर मैं डिनर बीच में छोड़ कर नहीं उठती और ओयस्टर्स व शैंपेन की सिर्फ़ आधी ख़ुराक नहीं खाती तो क्या होता? मैं पुष्टि करती हूँ कि इन दोनों तत्त्वों का संयोजन कामोद्दीपक है, हालाँकि शायद केवल तभी जब साथ में कुछ और न खाया जाये।

एरिक के साथ पेरिस के उच्च समाज में इतने दिन बिताने के बाद–जिस दौरान हमने कैप्री में हमारे बीच की उसी जादुई समझ को फिर से जाग्रत किया–उसने मुझे पेरिस में मेरी आख़िरी शाम के लिए अपने घर बुलाया।

उसके घर पर डिनर अति उत्तम था, क्लब कॉनकॉर्ड रेस्तराँ–जिसे दुनिया के सबसे अच्छे रेस्तराँ में से एक और बहुत ही विशिष्ट माना जाता है–से भी बेहतर। ज़्यादातर रातों को वह मुझे क्लब कॉनकॉर्ड रेस्तराँ खिलाने ले गया था। वहाँ का भोजन इतना स्वादिष्ट था कि थोड़ा सा खाते ही मैं सन्तुष्ट हो जाती थी और हर बार वहाँ खाना एक नया अनुभव होता था।

एरिक ने एलान किया कि मेरे लिए उस शाम का एक अन्तिम सरप्राइज़ बाक़ी था!

डिनर के बाद उसका एक प्रिय मित्र वहाँ आया और वह तुरन्त ही मुझे भी प्रिय हो गया। वह समलैंगिक नहीं था, उलटे उसे स्त्रियाँ बहुत पसन्द थीं। मेरा मानना है कि फ़्रांसीसी और विशेष रूप से पेरिसवासी बहुत ही सेक्सी होते हैं, दोनों सांस्कृतिक रूप से और स्वभाव से।

उनका सेंसुअलिटी के साथ एक स्वतन्त्र, निविदा और अपरम्परागत रिश्ता होता है और यह हर चीज़ को काव्यात्मक बनाता है। यह आश्चर्य की बात नहीं है कि फ़्रांसीसी कविता दुनिया में अपनी उत्कृष्टता के लिए मानी जाती है।

डिनर के दौरान शैम्पेन पीते हुए, जो कि मुझे बेहद पसन्द है, मैंने उनके जीने के इस तरीके को अपनाया और ख़ुद को कोमलता से रौ में बह जाने दिया। हम तीनों ने ख़ुद को ख़ुशी से और अनायास एक साथ प्रेम क्रीड़ा में लीन पाया।

अति उत्तम! अपने जैसी पॉलीफ़ोनिक महिला के लिए मैं कह सकती हूँ कि यौन रूप से कम से कम दो पुरुष ज़रूरी हैं और इससे कम से काम नहीं चलाना चाहिए! कामुक रूप से दो के बजाय मुझे पुरुषों के एक पूरे हरेम की ज़रूरत है!

अपनी अतिसंवेदनशीलता और कोमलता के साथ एरिक मेरे शरीर पर एक रडार की तरह था और जीन पॉल अपनी अद्भुत मर्दानगी के साथ एक सच्चा रेस का घोड़ा! हम तीनों ने एक साथ अपने मिलन में कामुकता (एरिक की सूक्ष्म भावनात्मक समझ के सौजन्य से) और लैंगिकता (जीन पॉल के द्वारा प्रदान किये गये शारीरिक सुख के ज़रिये) दोनों का अनुभव किया।

उस रात एरिक मेरे स्त्रीत्व का इस तरह से आदर करना चाहता था।

अगले दिन विमान में मुझे लगा जैसे मैं सचमुच उड़ रही थी! मैंने ख़ुद को प्रसिद्ध हास्य अभिनेता-लेखक डेनियल फ़ोर्मिका के बग़ल में बैठे पाया जिनके साथ मैंने इतना आश्वस्त महसूस किया जैसा की पहले कभी किसी बड़ी हस्ती के साथ नहीं!

उन वर्षों में मैं वैसी नहीं थी जैसी कि अब हूँ। जब मैं लोकप्रिय कलाकारों से मिलती तो मुझे एक तरह से शर्मिंदगी महसूस होती थी क्योंकि मैं उन्हें पहचानती थी लेकिन वह मुझे हमेशा नहीं पहचानते थे। वास्तव में एक स्थापित कलाकार होने के बावजूद मैं कह सकती हूँ कि मैंने हमेशा प्रसिद्धि न पाने के लिए सब कुछ किया है, मानो मुझे हमेशा से समझ थी कि प्रसिद्ध होने के लिए शैतान के साथ समझौता करना होगा। मेरी आत्मा बिक्री के लिए नहीं है। चूँकि मैंने स्वर्गदूतों के साथ समझौता करना सीखा है, इसलिए मेरा मानना है कि एक दूसरे प्रकार की सफलता

और प्रसिद्धि फिर भी सम्भव है क्योंकि मैंने अपनी आत्मा उन्हें उपहार में दी है। अधिकांश सितारों की पृष्ठभूमि 'झूठी' होती है जो कि अरुचिकर होती है। मैं सच्ची हूँ और मैं सच्ची रहना चाहती हूँ।

उस समय एरिक और जीन पॉल के साथ अपने अनुभव की बदौलत नृत्य में भी मुझे अब तक विकसित किये गये अपने ख़ुद के शारीरिक हाव-भाव के नियमों के ख़िलाफ़ नृत्य करने की तीव्र इच्छा हुई। क्रमागत उन्नति (एवल्युशन) में व्यक्ति हमेशा आगे बढ़ता है, ज्ञात से परे जाता है और शरीर व आत्मा के नये क्षेत्रों को जानने की चुनौती को स्वीकार करता है।

***

कैप्री-रोम-पेरिस से बहुत अलग एक और यौन दीक्षा थी जिसके बारे में मैं आपको बताना चाहूँगी, भले ही यह कुछ हद तक असामान्य थी।

मैंने सामान्य इनडोर डांस स्टूडियोज़ को छोड़ने का फैसला कर लिया था, जहाँ मैं नृत्य पाठ्यक्रमों के शिक्षण और डांस कम्पनी के साथ रिहर्सल करने के बीच दिन में दस घण्टे काम करती थी। मेरा रोम में विला बोरगेज़ की हरियाली में एक आउटडोर नृत्य कार्यशाला करने का विचार था।

लगभग तीस पेशेवर नर्तकों ने पाठ्यक्रम में दाख़िला लिया। यह नृत्य कार्यशाला वाकई में पार्क में हो रही थी। वार्म–अप एक्सरसाइज़ की जगह मैंने शरीर को धीरे-धीरे प्रशिक्षित करने के लिए डायनामिक डांस सीक्वेंस (गतिशील नृत्य क्रम) बनाये थे जिन्हें करते हुए पार्क को पार करना था। मैंने इन-डेप्थ स्टैटिक मूवमेंट थीम्स के लिए झील के किनारे और कैंपो डि सिएना में दो उपयुक्त जगहें चुनी थीं। वहाँ आने-जाने वाले भौंचक्के लोग हमेशा हमें घेर लेते थे।

सब कुछ बढ़िया से हुआ सिवाय इसके कि कार्यशाला के आख़िरी दिन मेरी एक मांसपेशी फट गयी। वर्षों पहले काराकास के अटेनियो थिएटर में भी आख़िरी प्रदर्शन के बाद ही मैंने अपने मेनस्कस को टूटने की और ख़ुद को व्हीलचेयर पर इटली लौटने की अनुमति दी थी। ऐसा लगता है कि हम कलाकारों में ज़िम्मेदारी और व्यावसायिकता की भावना प्रबल है। शायद उस क्षण भी मुझे रुकने की ज़रूरत थी! मैं एक प्रमाणित वर्कहॉलिक थी।

काम करने के लिए दौड़ पड़ना अपना सामना करने से बचने का सबसे आम तरीक़ा है।

मुझे एक मालिश चिकित्सक लिलो को बुलाने की सलाह दी गयी जो कि फुटबॉल खिलाड़ियों और एथलीटों द्वारा एक जादूगर माना जाता था। वह तुरन्त बाबूचियो के मेरे स्टूडियो में दौड़ा चला आया। जननांग में जहाँ मेरी मांसपेशी फटी थी दर्द बहुत तीव्र था।

लिलो एक मानवीय इंसान था, अच्छा, उदार, ईमानदार और ठोस। उसे शरीर का अच्छा ज्ञान था जिसे उसने जीवन के रणक्षेत्र में हासिल किया था। उसमें भी मेरी तरह शरीर को महसूस करने और उसके साथ एक होने की सहज प्राकृतिक प्रतिभा थी।

उसे स्त्रियाँ बहुत पसन्द थीं और सम्भोग करना उसके लिए एक कला थी। वह स्त्री के कामुकता के गहरे रहस्यों का पारखी था। उसने मेरा ऐसी कामुक क्रियायों से परिचय कराया जिनसे मुझे इस बात की पुष्टि हुई कि एक स्त्री का शरीर कितना पॉलीफ़ोनिक है।

उसके लगभग वैज्ञानिक और अनुभवजन्य पाठ से मैं शरीर के विभिन्न बिन्दुओं और यौन सुख के बीच के सम्बन्ध से पूरी तरह परिचित हो गयी। मेरी सबसे बड़ी खोज थी मेरे शरीर के अन्य हिस्सों में क्रियाओं और गति के साथ-साथ बड़े पैर की अँगुली चूसने से प्राप्त सम्भोग सुख।

बचपन में कई बच्चों की तरह मैं अपने पैर का अँगूठा चूसती थी। पैर का अँगूठा, जैसा कि मैंने पहले कहा है, सीधे सिर से जुड़ा होता है और क्लासिकल बैले में पैरों के अँगूठे पर खड़े होकर नृत्य करना मानो सिर पर हथौड़ी से प्रहार करने जैसा है।

सेक्स में, कामुकता में और आध्यात्मिकता में शरीर की कोई भी अभिव्यक्ति स्वीकार्य है–जैसे कि नृत्य में–अगर यह कविता की शुद्धता से झरती है। यौन ऊर्जा वह लौकिक, दिव्य ऊर्जा है जो कि मानव में जीवनप्रद ऊर्जा यानी कामेच्छा के रूप में अनुबन्धित है।

भारत के प्राचीन शास्त्रों में 'शक्ति' इस ऊर्जा का स्त्री तत्त्व हैं और 'शिव' पुरुष तत्त्व।

यौन ऊर्जा से मेरा मतलब उस दिव्य ऊर्जा से है जो चीज़ों को गतिमान करती है। यहीं ईश्वर छिपते हैं बाद में ढूँढ़े जाने के लिए। यह जीवन शक्ति है जो अपने सांसारिक रूपों में प्रकट होती है।

लैंगिकता और कामुकता इस ऊर्जा की अभिव्यक्तियाँ हैं और इनके लिए ईश्वर को हर चीज़ मंजूर है।

हो सकता है कि कुछ भी पाप नहीं है और मनुष्य ने अच्छे व बुरे की कल्पना की है और इसलिए पाप मौजूद नहीं है, लेकिन खुद से प्यार करने में असमर्थता निश्चित रूप से मौजूद है क्योंकि किसी ने हमें ऐसा करना नहीं सिखाया है। अपने आप से प्यार करना सबसे मुश्किल काम है। प्यार की कमी ही विकृति पैदा करती है। इरोस ही कुंजी है। इरोस ही राज है।

मेरा मानना है कि केवल यहाँ पृथ्वी पर हम प्यार की इस विशिष्ट अभिव्यक्ति का अनुभव कर सकते हैं। इरोस के ज़रिये ही निम्न के साथ उच्च, भौतिक के साथ आध्यात्मिक और क्षैतिज के साथ ऊर्ध्वाधर जुड़ता है।

मैं प्रत्येक क्षण में अपनी लैंगिकता और अपनी कामुकता को पूरा करती हूँ। लोगों के साथ पहली मुलाक़ात में मैं उनकी सुन्दरता, उनकी आन्तरिक महानता को देख लेती हूँ। मैं उनका मूल्य देख पाती हूँ क्योंकि मैं अपना मूल्य जानती हूँ। मैं उनके ब्रह्माण्ड को महसूस करती हूँ क्योंकि मैं अपने ब्रह्माण्ड में लगातार रहती हूँ।

मैं खुद को ब्रह्माण्ड के केन्द्र में रखने की अपनी ज़िम्मेदारी उठा सकती हूँ, ताकि मैं किसी भी पल ब्रह्माण्डीय ऊर्जा को जितने अच्छे से हो सके अवशोषित करूँ, आन्तरिक करूँ और इसे खुद को और दूसरों को वापस दे सकूँ।

जो लोग ऐसा करना नहीं जानते हैं वे खुदगर्ज़ होते हैं।

इस ग्रह पर सबसे अधिक मूल्य इरोस का यानी प्यार का है।

मेरी प्यार करने की क्षमता मेरी पीड़ित होने की क्षमता के अनुपात में विकसित हुई है। पीड़ा विशेषज्ञों के रूप में हम कलाकार अच्छी तरह से जानते हैं कि बुराई दुःख पाने और दुःख का सामना न कर पाने के भय के रूप में अचेतन में निहित होती है।

जब व्यक्ति साहस के साथ अपने भय का सामना करना सीखता है तो वह स्वयं के साथ-साथ दूसरों में भी अच्छाई व बुराई देख पाता है और आत्मविश्वासपूर्वक अच्छाई को प्रोत्साहित करता है क्योंकि वह अब दूसरे के सामने अपनी कमज़ोरी दिखाने से डरता नहीं है। यह भय और प्रेम के बीच का टकराव है। मैं इस क्षमता को कई पहलुओं में साध सकती हूँ

लेकिन पुरुष के साथ प्रेम सम्बन्ध में नहीं, जो कि अभी भी मेरे लिए एक कठिन और जटिल समस्या है।

लेकिन अगर मैंने इन गतिकी को इतनी अच्छी तरह से समझा है तो इसी समस्या की बदौलत! जागरूकता हमारी एकमात्र सुरक्षा बन जाती है जो हमारे आन्तरिक केन्द्र की दृढ़ता को मज़बूत करती है।

स्त्रीत्व मुख्य रूप से कला, प्रेम, तप और संयम में अन्तर्निहित है; पुरुषत्व सेक्स, पैसे, स्वास्थ्य और सफलता में। मुझे ऊर्ध्वाधर में स्त्रीय मूल्यों को और क्षैतिज में पुरुषीय मूल्यों को परिभाषित करना पसन्द है। इन दोनों मूल्यों का मिलन प्रेम का जादू है। यह कहना बेहतर होगा कि अगर प्यार है केवल तभी पुरुषत्व और स्त्रीत्व के इस मिलन बिन्दु को दिल में साधना सम्भव है।

दूसरों की भिन्नता और उनके मूल्यों को संवर्धन के रूप में स्वीकार करने की आवश्यकता है, बजाय दूसरे में उन मूल्यों की अपेक्षा करना जो कि हममें मौजूद हैं। यह ऐसा है जैसे हम नींबू से सेब का रस पाना चाहते हैं।

हर रिश्ते में एक-दूसरे की भिन्नताओं को समझना और दूसरे की खातिर उन्हें दिल से स्वीकार करना एक चुनौती होती है। इसी से रिश्तों में आदान-प्रदान होता है और उनमें समृद्धता आती है। प्रत्येक व्यक्ति दूसरे को वह देता है जो कि वह होता है।

यदि आप तिरस्कार महसूस करते हैं तो ऐसा इसलिए है क्योंकि आप अपने स्वयं के मूल्य को पहचानने और उसे दूसरों द्वारा मान्यता प्राप्त कराने में विफल रहे हैं। ऐसा पाश्चात्य संस्कृति में होता है, लेकिन दुर्भाग्य से अब पश्चिमीकरण के प्रभाव में प्राच्य संस्कृति में भी हो रहा है। हमें अपने अहं से निपटने की, इसे शान्त करने की, इसके डर पर जीत हासिल करने की और फिर अपने दिल पर भरोसा करके रिश्ते में आत्मसमर्पण करने की आवश्यकता है।

जीवन के इस खेल में आपसी रिश्तों में 'शक्ति' और 'प्रेम' के बीच या तो संघर्ष होता है या फिर सामंजस्य-प्रेम के विरुद्ध शक्ति, प्रेम की शक्ति, शक्ति का प्रेम, शक्ति के खिलाफ प्रेम। सद्भाव तब प्राप्त होता है जब ये ताक़तें समान रूप से एक दूसरे में विलीन हो जाती हैं और साथ ही साथ इस मिलन की वजह से कई गुना बढ़ जाती हैं।

एक जादुई मिलन के लिए दोनों साथियों को अपनी यौन इच्छा की शुद्धि की गहन प्रक्रिया से गुज़रना होगा, तभी यह उन्हें यौन क्रिया के सहजीवन की ओर ले जायेगी, सच्चे मिलन तक ले जायेगी जो कि स्थिर, शान्त और जीवन्त होगा।

सन्तोष घाटी में पाया जाता है, शिखर पर नहीं। सन्तोष उस यात्रा में है जहाँ कोई गंतव्य नहीं है केवल प्रस्थान है, जहाँ वर्तमान क्षण पर्याप्त है, काल-अन्तराल से परे, परमानन्द में, दोनों अकेले हैं, फिर भी एक साथ हैं।

इस जीवन में मेरा मिशन यह सिखाना है कि कामुकता अध्यात्म की सर्वोच्च अभिव्यक्ति है।

नारी सौन्दर्य है, कला की तरह और प्रकृति की तरह अप्रत्याशित। स्त्री या फिर स्त्री तत्त्व में ही वह आध्यात्मिक बल निहित है जो कि दुनिया को बचा सकता है और, मुझे विश्वास है, बचायेगा।

'Qu'est+-ce que c'est+ de plus sage que la nudite de la femme!' (*व्हाट इज़ वाइज़र देन अ वुमंस नेकेडनेस!*)—मैक्स अर्नस्ट

अध्याय-10

मेरा शरीर

एन्थ्रोपोसोफ़िक चिकित्सक मार्सेलो कैरोसी ने, जो कि युवावस्था में मेरे परामर्शदाता थे, आध्यात्मिक रहस्यों के बारे में हमारी बातचीत के दौरान मुझे कर्म के नियम यानी कारण और प्रभाव के नियम के बारे में गहराई से समझाया। उन्होंने कहा कि इस नियम के अनुसार पिछले जन्मों में संचित भावनाओं के स्पन्दन द्वारा उत्सर्जित लय के माध्यम से आत्मा शरीर को रूप देती है। यह मुझे सम्भावित स्पष्टीकरणों में से सबसे उत्तम लगा क्योंकि नृत्य करते समय मैं यही अनुभव करती थी।

मेरा शरीर अंग संचालन के माध्यम से व्यक्त होने वाले भावनात्मक कम्पन द्वारा न केवल गतिमान होता है बल्कि इसके अनुरूप नया रूप भी धारण करता है और मेरी आँखों के सामने बदल जाता है। जब मैं अपने नृत्य के विषयों को प्रस्तुत करती हूँ तो मेरा शरीर उन व्याख्याओं को इस हद तक आत्मसात कर लेता है कि यह उनका हाव-भाव ग्रहण कर लेता है। मेरा शरीर बुद्धिमान है और उसकी याददाश्त हाथी सी है।

परिवर्तन के मेरे इस उपहार के सबसे गहन क्षणों में से एक 1980 में भारत में था, जब मैं एक नृत्य का निर्माण कर रही थी जो कि विशेष रूप से हाथों के माध्यम से व्यक्त और पूरा किया गया था। रचना करते समय मैंने अपने हाथों को अपनी आँखों के सामने बदलते हुए और ऐसे बनते हुए देखा जैसे कि ये आज हैं। मेरी उँगलियाँ ऊपर की ओर उठती हुई पीछे की ओर जाती हैं व उदारता के साथ दुनिया की ओर खुलती हैं। क्या आपने ध्यान दिया है कि आप अक्सर लोगों के हाथों को अन्दर की ओर संकुचित करते हुए देखते हैं मानो किसी चीज़ को पकड़े रखना है?

युवा पैट्रीज़िया

मैं दृढ़ता से पुष्टि कर सकती हूँ कि मेरा शरीर दुनिया में इसलिए आया कि वह नृत्य कर सके, ऐसे कर्म के साथ बाक़ी सब कुछ गौण है।

मेरा शरीर समय की अवज्ञा अच्छे से करता है और यहाँ-वहाँ कुछ मामूली फेरबदल के साथ एक ही रूप और लचक बनाये रखता है। इसकी त्वचा लोचदार है और समय बीतने के साथ इसका यह गुण फायदेमन्द साबित हुआ है।

हालाँकि मेरे शरीर की सुन्दरता अब वैसी नहीं है जैसी कि युवावस्था में थी जब मैं नग्न नृत्य करती थी, फिर भी मैं नग्न नृत्य करने के लिए तैयार हूँ, यह बताने के लिए कि यह अपने तरीक़े से अभी भी सुन्दर है क्योंकि यह जैसा भी है मेरी भावनाओं को अभिव्यक्त करने में अब भी सक्षम है।

सुन्दरता आत्मा में निहित होती है, उसमें निहित होती है जो आत्मा से प्रवाहित होता है। मैं यह कभी नहीं समझ पाऊँगी कि किसी को अपना रूप बदलने की और कॉस्मेटिक सर्जरी, जो कि मूल सुन्दरता (जिसमें हमेशा सच्चाई होती है) को विकृत करती है, का सहारा लेने की आवश्यकता क्यों महसूस होती है।

मेरा शरीर मेरा वफ़ादार है और एक अथक सहारा है। यह मेरे प्रति समर्पित है और विश्वसनीय है। ऐसा लगता है कि यह उम्र को महसूस नहीं करता है क्योंकि यह समझ गया है कि यह एक साधन मात्र है, ऊर्जा का एक चैनल जो इसके माध्यम से गुज़रती है।

अपने तरीक़े से यह नहीं जानता कि थकान क्या है! कभी-कभी मैं इसे दर्पण में देखती हूँ और इससे पूछती हूँ–"हम दोनों इतने कुछ से गुज़रे हैं, फिर तुम कैसे सब सँभाल लेते हो!"

एक सुन्दर मिलन के तहत हम सन्तुलन और स्वास्थ्य के बीच, जिन्हें हम जीवन की कठिनाइयों के बावजूद वापस पा लेते हैं, एक दूसरे को समझते हैं। मुझे यक़ीन है कि श्रेष्ठता उस सख़्त अनुशासन का नतीजा है जिसे हम दोनों ने दिन-ब-दिन, छोटे, निरन्तर क़दमों के साथ हासिल किया है। इसे अब भौतिक चीज़ों से किसी भी प्रकार का लगाव नहीं है, जिन्हें यह मौक़ा दिये जाने पर भोगता ज़रूर है लेकिन आसानी से उपवास और संयम कर सकता है। यह सिर्फ़ हवा खाकर जीना भी सीख गया है।

मेरा प्यारा शरीर मेरे लिए बीमार होने के लिए भी तैयार था! बीमारी तब आती है जब शरीर के पास आपको रोकने का और आपको यह चेतावनी

देने का कोई दूसरा तरीक़ा नहीं होता है कि आपको अपने प्रति और जीवन के प्रति अपना दृष्टिकोण बदलना होगा! आपको अनासक्त होना पड़ेगा।

ये सब समझने के लिए मैंने बहुत 'ख़ून' और पसीना बहाया। क्या आपको कोई अन्दाज़ा है कि एक नर्तक अपने कॅरियर में कितने लीटर तरल पदार्थ बहा देता है?

अठारह वर्ष की आयु के आसपास मेरी आँतें अवरुद्ध हो गयीं और यह सिलसिला कई महीनों तक चला, प्रतीकात्मक नौ महीने तक। आप कहेंगे कि यह असम्भव है, यह सच नहीं हो सकता है लेकिन वास्तव में ऐसा हुआ था। मैं बीमार नहीं थी, मेरे पेट में सूजन नहीं थी फिर भी मेरी आँतें पूरी तरह से अवरुद्ध थीं। मुझे पता है कि इस पर विश्वास करना मुश्किल है लेकिन मेरे शरीर ने इस 'समस्या' को किसी और तरीक़े से निपटाने का तरीक़ा ढूँढ़ लिया था।

उस उम्र में अपने पिता या अपनी माँ के साथ कोई संवाद न होने की वजह से मैं कभी-कभी अपने दोस्तों के साथ इसके बारे में थोड़ी बहुत बात करती थी। शास्त्रीय हाई स्कूल और डांस अकादमी के बीच मैं बहुत व्यस्त थी। यह बहुत थका देने वाला जीवन था। मैं सुबह से शाम तक, कभी-कभी देर रात तक अध्ययन करती थी। नौवें महीने में मैंने इस समस्या के बारे में चिन्ता करना शुरू किया और अपने पिता के चिकित्सक इएगो अगोस्टिनेली को अपनी हालत के बारे में बताने का फ़ैसला किया।

इएगो अगोस्टिनेली और ओटेलो अगोस्टिनेली दो भाई थे और दोनों डॉक्टर थे। दोनों भाइयों के नाम पूरी तरह से उनके व्यक्तित्वों को व्यक्त करते थे या इसके विपरीत हो सकता है कि उनके नाम का उनके व्यक्तित्व पर प्रभाव पड़ा हो... कौन जाने! ओटेलो अगोस्टिनेली अच्छे और मानवीय थे। मुझे लगा कि मेरी माँ को उनसे प्यार हो गया था लेकिन वह कभी भी ख़ुद को उनके साथ रिश्ता क़ायम नहीं करने देती।

दुर्भाग्य से ओटेलो तब रोम में नहीं रहते थे इसलिए मैंने इएगो की ओर रुख़ किया जो कि सख़्त मिज़ाज़ के थे और असुरक्षा की भावना से ग्रसित। कई मुलाक़ातों में इस असामान्य घटना के कारण को समझने में नाकाम रहने के बाद (चूँकि रिपोर्ट में सब कुछ सामान्य था) और कोई उपाय नहीं समझ आने पर उन्होंने मेरे अपेंडिक्स को हटाने का सुझाव दिया। कुछ एलोपैथिक डॉक्टर वास्तव में इस हद तक जड़ हो सकते हैं कि

उनके दिमाग़ की ड्योढ़ी से भी यह विचार नहीं गुज़रता है कि इस तरह की रुकावट मनोवैज्ञानिक प्रकृति की हो सकती है और वे उस आयाम में इसका हल खोज सकते हैं। यह उनके बस की नहीं है! जबकि उस समय इन सब से मैं डरी नहीं थी, आज मैं उस रहस्य को समझने में सक्षम हूँ। मेरा शरीर असामंजस्य में अपना सामंजस्य खोजने में और प्रत्येक अन्तर्ग्रहण पदार्थ को चयापचय करने में और इसे निष्कासित किये बिना शरीर के लिए उपयोगी बनाने में कामयाब रहा था। आज मुझे आश्चर्य है कि यह स्थिति नौ महीने तक कैसे रही! मेरे शरीर को एक तपस्वी अनुभव हुआ था–जिसका मुझे उस समय पता नहीं था–मानो मैं योगिनी थी। अब मैं जानती हूँ कि भावनात्मक ब्लॉक्स शरीर के ब्लॉकेज और उससे उत्पन्न रोग के माध्यम से 'चीख' कर अपना दर्द व्यक्त करते हैं।

एक असंवेदनशील और आक्रामक दुनिया में–जो मुझे या मेरे दुःख को नहीं समझ सकती थी–मैं छोटी थी, अकेली थी और सब के खिलाफ़ थी। अकेलापन, भय... नतीजा आँतों में रुकावट!

मेरा अपेंडिक्स हटाने के बजाय, जो कि पूरी तरह से स्वस्थ था, किसी को यह सब समझने में मेरी मदद करनी चाहिए थी।

मैंने सर्जरी कराई। बड़ी कठिनाई के साथ मैं एनेस्थीसिया (संज्ञाहरण) की बेहोशी से बाहर आयी क्योंकि मुझे दो बार एनेस्थीसिया दिया गया था। ऐसा इसलिए करना पड़ा क्योंकि सर्जरी के दौरान मैं जागने वाली थी, डॉक्टर ने बाद में स्वीकार किया। एनेस्थीसिया के आघात से बाहर निकलना एक दुःस्वप्न था! मुझे घुटन महसूस हो रही थी और मैं अँधेरे से बाहर नहीं आ पा रही थी।

मेरी पीड़ा यहीं समाप्त नहीं हुई। चूँकि मेरी आँतें अभी भी अवरुद्ध थीं उन्होंने मुझे एनीमा देने का फ़ैसला किया, लेकिन कोई फ़ायदा नहीं हुआ... मेरी अवरुद्ध आँतों ने मल निष्कासन नहीं किया। मैंने नर्सों और डॉक्टरों के चेहरों पर हैरानी और घबराहट देखी! उन्होंने मेरी नाक से आँत तक एक नली डाल कर उससे पानी और साबुन को सोख कर समस्या को हल करने का फ़ैसला किया। मैं बेचारी–मेरे नथुने में डले इस ट्यूब की वजह से कई घण्टों तक मेरे गले में जलन होती रही।

मेरा प्यारा शरीर! बेचारा, उन्नीस साल की उम्र में इसने मेरे मासिक धर्म को भी रोक दिया, फिर से पूरे नौ महीने के लिए। मानो यह मुझे हर तरह से यह बताने की कोशिश कर रहा था कि मेरा अपनी मौलिक समस्या

का यानी मेरे स्त्रीत्व से मेरे रिश्ते का सामना करना ज़रूरी था। इसे दूर करने के लिए मेरा नृत्य करना पर्याप्त नहीं था! मैं व्याकुल महसूस कर रही थी। लेकिन इस शारीरिक क्रिया में रुकावट की वजह से मैं मार्सेलो कैरोसी से मिली जिन्होनें मुझे अपनी छत्रछाया में रख लिया और मुझे एक नये क्षितिज की झलक दिखाई। उन्होंने स्टैनेरियन एन्थ्रोपोसोफ़ी और कर्म के विधान को समझने में मेरा मार्गदर्शन किया। उन्होंने कुछ ही हफ़्तों में दवा की छोटी ख़ुराक और बहुत सारे प्यार के साथ मेरी समस्या को हल कर दिया, दवा के महत्त्व को गौण किये बिना।

एन्थ्रोपोसोफ़िक दवा मानव की सम्पूर्णता को ध्यान में रखती है। अचेतन मन उदर में निवास करता है, रहस्य, अन्तर्ज्ञान, वृत्ति और इच्छाशक्ति के साथ।

एक विघटित परिवार, बचपन के उस पैमाने के आघात के साथ दुनिया में अकेली–मुझे कोई प्यार नहीं करता था। मैं अपने आपसे भरी हुई थी। मैंने अपना पहला बॉयफ्रेंड छोड़ दिया था और दूसरा भारत चला गया था। मैंने अपनी पढ़ाई पूरी कर ली थी और मेरे जैसे कलाकार के लिए कोई बहुत बड़ा क्षितिज नहीं था। यह अपरिहार्य था–कम से कम मासिक धर्म चक्र में रुकावट तो होनी ही थी!

मार्सेलो से मिलने से पहले मैं जिन विभिन्न गायनोकोलॉजिस्ट्स (स्त्रीरोग विशेषज्ञों) से मिली थी, वे मानव और उसके शरीर की अपनी अज्ञानता के चलते मुझे घोर यातनाओं के अधीन कर देते। उनमें से कुछ मुझे भारी मात्रा में गर्भनिरोधक गोली दे देते, अन्य मुझे गर्भवती करा कर फिर गर्भपात करवा देते। यह सब मेरी हार्मोनल प्रणाली को उत्तेजित करने के लिए ज़रूरी था जैसा कि उन्होंने मुझे समझाने की कोशिश की। मैं इतनी समझदार थी कि समझ पाऊँ कि यह उनका पागलपन था। उन्नीस साल की उम्र में भी मैं जानती थी कि शरीर आत्मा की प्रत्यक्ष अभिव्यक्ति है, लेकिन वे डॉक्टर इसे नहीं जानते थे। मैं उन सब के दरवाज़े पटक कर चली आयी।

उस समय इस तरह के मामलों में से मेरा पहला मामला था–यह सामान्य नहीं था लेकिन बाद में मुझे पता चला कि अन्य व्यस्त और कामकाजी महिलाओं के शरीर में यही लक्षण व्यापक है। मैं इसमें भी अग्रणी रही हूँ!

क्या एलोपैथिक डॉक्टर यह नहीं जानते कि आत्मा के बिना शरीर महज़ एक लाश है? तो फिर वे बीमारी का इलाज मरीज की आत्मा से क्यों नहीं शुरू करते?

मैं अब तक जितने 'क़दम' चली हूँ उन्हें देखते हुए ऐसा लगता है जैसे मेरे प्यारे और बेचारे पैरों ने पूरी दुनिया को नापा है। एक बार मैंने उन्हें दस दिनों तक नेपाल में पोखरा से जोमसोम तक नंगे पैर ट्रेकिंग करने के लिए कहा। मई का महीना था, ग़र्मी थी लेकिन बहुत ज़्यादा नहीं और हम में से कुछ ही थे जो इस कर्म के लिए बाहर निकले थे। यह प्रकृति के मध्य एक प्राणपोषक अनुभव था।

नयी दिल्ली में मैं इतालवी सांस्कृतिक संस्थान के निदेशक फ़्रेंको विंसेंजोट्टी से मिली जो कि पहाड़ चढ़ने में माहिर थे और हमने एक साथ इस एडवेंचर पर जाने की योजना बनायी। उन्होंने मुझे बूट्स ख़रीदवाये जिनका मैंने बिल्कुल इस्तेमाल नहीं किया। उस समय स्वाभाविक रूप से मेरे पैरों के तलवों पर कैलस थे क्योंकि मैंने कई दशकों तक प्रतिदिन आठ घण्टे नृत्य किया था और कभी-कभी उससे भी ज़्यादा।

मैंने फ़्रेंको से खाद्य सामग्री साथ लेकर नहीं चलने का आग्रह किया (जैसा कि वह करना चाहते थे) और हम सचमुच भूखे मर गये। हर दिन आठ घण्टे चलने के बाद विभिन्न आश्रयों में जहाँ हम सोते थे, सब्ज़ियों के साथ चावल की एक प्लेट निश्चित रूप से हमारी कैलोरी आवश्यकताओं के अनुपात में नहीं थी। हम प्रकृति की सुन्दरता से, जो कि हर पल बदल रही थी, पोषित हो रहे थे—धूपतप्त और रहस्यमय ख़ामोशी में डूबी हुई सब घाटियाँ, धाराएँ, प्राकृतिक ताल, झरने और चट्टानें।

उन सबके बावजूद मेरे पैर अभी भी किसी भी चीज़ के लिए तैयार हैं। उन्होंने हर तरह की चीज़ों को देखा है, हर जगह मेरा साथ दिया है। उन्होंने लगभग पूरी दुनिया में नृत्य किया है! मेरे पैर स्वस्थ हैं और अपने तरीक़े से सुन्दर हैं—हालाँकि अत्यधिक काम से, जीवित रहने के कठिन परिश्रम से और समय के साथ कुछ हद तक वे विकृत हुए हैं। वे भी मेरी तरह असामंजस्य में अपना सामंजस्य ढूँढ़ लेते हैं। सौन्दर्य रूप में नहीं अपितु उसमें है जो कि रूप से प्रवाहित होता है। उस आन्तरिक सुन्दरता में ही जीवन का गूढ़ रहस्य निहित है।

मेरे पैर संकल्प और कामुकता से ख़ुद अपना जीवन जीते हैं।

पाँव शरीर का सबसे कमोत्तेजक (एरोजेनस) बिन्दु है और कुछ संस्कृतियों में इसे सबसे पवित्र माना जाता है। यहीं पर आध्यात्मिक ऊर्जा का रहस्य निहित है और शायद इसलिए भारत में गुरु के चरणों की पूजा करने की परम्परा है। ज्योतिष शास्त्र में मीन राशि का चिह्न–जिसे सबसे अधिक आध्यात्मिक माना जाता है–शरीर के इस हिस्से को नियन्त्रित करता है, जहाँ रिफ्लेक्सोलॉजी के अनुसार भी पूरा जैविक तन्त्र मौजूद है।

हमारे घुटने हमारी 'इच्छाशक्ति' या फिर 'इच्छा' के रिहाई बिन्दु हैं। जब भी हमारी इच्छाशक्ति हमारी इच्छा के ख़िलाफ़ विकल्पों को चुनती है तो हमारे घुटने प्रभावित होते हैं। मैं इसका एक मूर्त प्रमाण हूँ।

भारत में जब मैं भारतीय संगीत के महान उस्तादों के साथ दौरे पर थी, जैसा कि मैंने आपको पहले बताया है, मेरा मेनस्कस टूट गया और टूटा हुआ हिस्सा मेरे पैर को अवरुद्ध करता हुआ बाहर निकल आया। हर उस शहर में जहाँ हम प्रदर्शन करने पहुँचे हमने विधिवत सर्वश्रेष्ठ ऑर्थोपेडिशियन को बुलाया जिसने टिबिया और फिबुला हड्डियों के बीच कुशलता से इसे वापस बिठा दिया। उस शख़्स के प्यार में पड़ने के बाद जिसे मैंने अपना ट्विन सोल माना लेकिन जिसके साथ मैं ख़ुद को रौ में इसलिए बहने नहीं देना चाहती थी क्योंकि वह शादीशुदा था, मेरे शरीर ने मेरा मेनस्कस 'तोड़' कर मुझे यह समझने के लिए मजबूर किया कि वह अब केवल नृत्य नहीं बल्कि प्यार भी करना चाहता था। मेरा शरीर चाहता था कि मैं एक औरत की तरह भी जीऊँ, सिर्फ़ एक कलाकार की तरह नहीं! उस यात्रा में मेरे भीतर का अस्तित्वगत संघर्ष सक्रिय हो गया था जिसमें 'इच्छाशक्ति' ने 'इच्छा' को दबा दिया था।

कई साल बाद अमेरिका में भी ऐसा ही हुआ। मैं दौरे से व्हीलचेयर पर इटली लौटी और आर्थोपेडिस्ट जियानकार्लो पुड्डु ने, जिनका उपनाम 'गिनोच्चिएरो' था, मेरे घुटने की सर्जरी की। मेरे जीवन में फिर वही गतिकी सक्रिय हो चुकी थी। उस अवसर पर मैं एक प्रसिद्ध अमेरिकी हठ योग शिक्षक पर मुग्ध थी और फिर से अपनी 'इच्छाशक्ति' और 'इच्छा' के बीच के उसी आन्तरिक संघर्ष से गुज़र रही थी क्योंकि वह भी शादीशुदा थे। वह अनुस्वार योग के जाने-माने शिक्षक थे। हमारे बीच एक बहुत ही विशिष्ट व सूक्ष्म सम्बन्ध था।

किसी से प्यार हो जाने पर हममें उस 'परिपूर्णता' को प्राप्त करने की इच्छा जागती है जिसकी हमारे पास कमी है क्योंकि यह हमारे भीतर सुप्त है।

मैं हमेशा किसी न किसी व्यक्ति या चीज़ के प्यार में होती हूँ और इस उपहार के लिए मैं ब्रह्माण्ड की आभारी हूँ। मैं आभारी हूँ कि प्यार में पीड़ा पाने के बावजूद मैं ऐसी हूँ। किसी न किसी तरह मेरा पीड़ा से सामना होता ही है। मैं इसमें कूद जाती हूँ जैसे कि पानी में, इसको पार करती हूँ और इसे अपने ऊपर से गुज़र जाने देती हूँ। मैं इसके साथ खेलती हूँ जैसे की जीवन के साथ।

मृत्यु की अवस्था आत्मा के शुद्ध कम्पन की अवस्था है, शरीर की बेड़ियों के बिना।

नृत्य करते समय और किसी से प्यार हो जाने पर हम उड़ने लगते हैं क्योंकि हम तीव्र भावनाओं का अनुभव करते हैं। मुझे सब कुछ साझा करना आता है। जब मैं खुशी को साझा करती हूँ तो यह कई गुना बढ़ जाती है और जब मैं दुःख को साझा करती हूँ तो यह कम हो जाता है। मैं अपने आसपास के लोगों से प्यार करती हूँ लेकिन मुझे निराशा होती है जब वे मुझे प्यार नहीं करते हैं। वे नहीं जानते कि कैसे प्यार करना है। हम वह चाहते हैं जिसे पाने में हम अभी तक सफल नहीं हुए हैं, लेकिन जब हम उसे पा लेते हैं तब वह हमारा ही एक हिस्सा बन जाता है। असुरक्षा की भावना हमारे अन्दर अपनी इच्छाओं को साकार न कर पाने का डर पैदा करती है और वास्तव में इसी डर की वजह से उन्हें साकार कर पाना असम्भव होता है। इस डर पर काबू पाते ही जैसे किसी चमत्कार से सब कुछ अनायास होता है। हमारी आकांक्षाओं की ताकत और तीव्रता ही हमें उनको पूरा करने की ओर ले जाती है।

शास्त्र सिखाते हैं कि गहरी भावनाएँ जीवन को अर्थ देती हैं। असफल होने और दुःख पाने के मेरे तीव्र डर ने मुझे अपने डर पर काम करने और इसे दूर करने में मेरी मदद की। मैं दिल से चाहती हूँ कि आप आपके भीतर जो कुछ भी हो रहा है उसे महसूस करने में सक्षम हों। अगर आपके सीने में दिल है तो दर्द भी होगा! अन्यथा आप पत्थर दिल हो जायेंगे।

इसके अलावा, भोजन के साथ हमारे रिश्ते में भोजन के प्रति हमारा रवैया बहुत महत्त्व रखता है। हम जिस मनोभाव के साथ खाते हैं वह भी महत्त्वपूर्ण है।

मैंने अपनी माँ को खाना बनाते हुए कभी नहीं देखा। उन्होंने इसका जिम्मा घरेलू सहायकों को दे रखा था। लेकिन दुर्लभ अवसरों पर जब वह खाना बनाती थीं तब वह अजीब अखाद्य मिलानी खाना होता था, जिसमें बोर्डिंग स्कूल के कैंटीन की सी भयानक गन्ध होती थी। मुझे यक़ीन है कि अगर मुझे यह आदर्श विरासत में नहीं मिला होता तो मैं एक उत्कृष्ट कुक होती। लेकिन मैं अभी भी इस प्राकृतिक प्रतिभा को विकसित करने की कोशिश नहीं करती हूँ।

चौदह साल की उम्र से–जब मेरी माँ घर छोड़कर चली गयीं–मैं या तो क्लब के बार में या फिर आते-जाते टेकअवे खाना खाती थी। मुझे आज भी वही करना पड़ता लेकिन अपने अनुशासन की बदौलत मैं अब ऐसा नहीं करती।

किशोरावस्था से मैंने भोजन के साथ एक कठिन और संघर्षपूर्ण रिश्ता बना लिया था। मैं पहले ही नृत्य को अपना जीवन बना चुकी थी और मेरे पास मोटा होने की या खाने के बोझ तले दबने की कोई गुंजाइश नहीं थी।

हम एथलीट शरीर के साथ कड़ी मेहनत करते हैं, ठीक वैसे ही जैसे हर चीज़ के साथ। 'सामान्य' लोगों में तनाव वही भूमिका निभाता है, वही थकान पैदा करता है। आठ घण्टे के प्रशिक्षण और रिहर्सल के बाद पचाने और चयापचय करने के लिए बहुत अधिक ऊर्जा नहीं बचती है और ये प्रक्रियाएँ आराम करते समय आसानी से होती हैं। यह एक मुख्य कारण है कि एथलीटों को पोषण में भी बहुत अनुशासनबद्ध होना चाहिए। मेरे लिए भी ऐसा ही था। संक्षेप में, मैं हमेशा डाइटिंग कर रही होती थी और भोजन को दुश्मन के रूप में देखती थी। अब ऐसा नहीं है। कई वर्षों से मेरा भोजन के साथ एक स्वस्थ रिश्ता है। मैं अपने शरीर की बात मानती हूँ और उसे केवल वही देती हूँ जिसकी उसे ज़रूरत होती है, समय और मूड के अनुसार बहुत या थोड़ा, सब कुछ या कुछ भी नहीं।

शरीर आत्मा की अभिव्यक्ति है, भोजन के साथ उसके रिश्ते के सम्बन्ध में भी।

'आइ ऑफ़र हिम द फ़्लावर ऑफ़ योर किचन। मार्क द सर्किल, प्रोनाउंस द स्पेल्स एंड गिव इट अ ग्लास दैट इज़ फुल' (फ़ॉस्ट, गेटे)

अब मैं आपको जो बताने जा रही हूँ वह उन सभी लोगों को समर्पित है जो अपना वज़न कम करने में असमर्थ हैं–अपने शरीर को कभी भी

यह न बतायें कि आप इससे डाइटिंग करायेंगें क्योंकि यह ख़तरा महसूस करते ही चौकन्ना हो जायेगा। यह दंडित और वंचित महसूस करेगा और प्रतिक्रियास्वरूप यह पागलों की तरह आपके द्वारा दी गयी हर चीज़ को अवशोषित करेगा, हवा को भी।

इसके बजाय उससे यह कहें कि आप उसकी देखभाल करने का इरादा रखते हैं और उसे वह देंगें जिसकी उसे वास्तव में ज़रूरत है। उसे विनम्रता, दया और प्रेम के साथ मनाएं–"आज से मैं तुम्हें वह सब कुछ दूँगा जो तुम्हें खाने की ज़रूरत है। आज से मैं तुम्हें जितना तुम चाहते हो उतना खाना दूँगा और इससे तुमको अच्छा महसूस होगा।" इस आश्वस्त सन्देश के साथ शरीर केवल फल और सब्ज़ियों से भी सन्तुष्ट हो जायेगा।

आधुनिक संस्कृति में अपने शरीर को सुन पाने की हमारी क्षमता खो गयी है। हम अब यह सुनने के लिए प्रशिक्षित नहीं हैं कि इसके साथ क्या हो रहा है। वास्तव में हमें अपनी भावनाओं को महसूस करने के लिए भी प्रशिक्षित नहीं किया गया है। बेचारा हमारा यह शरीर जिसे हम अक्सर बिना किसी गतिविधि के वज़न बढ़ाने के लिए छोड़ देते हैं, एक ऐसे मन के साथ जो कि बाहरी दुनिया पर प्रक्षेपित है। शरीर कार्यरत होता है किसी भी क़ीमत पर कुछ हासिल करने के लिए, हमारी महत्त्वाकांक्षा की पुष्टि करने के लिए और इस तरह हमारे अन्दर के शून्य को भरता है और इसलिए यह भोजन से खुद को ठूँस कर इस कमज़ोरी की भरपायी करता है।

वास्तव में हमारे शरीर को बहुत कम भोजन और बहुत सारे व्यायाम की आवश्यकता होती है। यह एक मन्दिर है जहाँ ईश्वर को ढूँढ़ना है लेकिन हम उसे तभी पा सकते हैं जब हमारा शरीर स्वस्थ हो। अन्यथा हम उसे केवल मृत्यु के कगार पर पायेंगे क्योंकि अन्त में आत्मा एक बीमार शरीर से–जो कि जीने से थक गया है–अलग हो जायेगी।

साल 1988 में सियोल ओलंपिक में मुझे ओलंपिक कला महोत्सव में नृत्य करने के लिए आमन्त्रित किया गया था, जो कि खेल प्रतियोगिताओं के समानान्तर आयोजित किया गया था। वहाँ मैंने लॉस एंजिल्स में पेंटाथलॉन के स्वर्ण पदक विजेता डेनियल मस्साला से मुलाक़ात की और कुछ समय बिताया।

लगभग सभी विषयों पर हमारे आदान-प्रदान में मुझे विस्मय के साथ पता चला कि न केवल भोजन के साथ हमारे रिश्ते में (दोपहर के भोजन के लिए कार्बोहाइड्रेट, शाम को प्रोटीन आदि) बल्कि सामान्य तौर पर आत्मा-शरीर के रिश्ते में भी हम दोनों एक ही रास्ते पर चल रहे थे। अपने प्रशिक्षण में हमें बिल्कुल समान काम करने की आवश्यकता थी, अपनी मांसपेशियों को मज़बूत और लचीला बनाने की और दोनों के बीच सही सन्तुलन खोजने की। हर चीज़ में पुरुषीय-स्त्रीय ऊर्जा के सन्तुलन की ज़रूरत है।

मैंने इस बात की पुष्टि की कि व्यक्ति की मनःस्थिति के अनुसार उपवास करने से वज़न बढ़ सकता है और खाने से वज़न कम हो सकता है। हालाँकि मैं एक नर्तकी थी, मैं एक ओलिंपियन भी थी। जीवन सभी के लिए एक एथलेटिक चुनौती है, लेकिन केवल कुछ के लिए यह एक ओलंपियन स्तर की चुनौती है।

जब मैं सृजन करती हूँ या जब मुझे प्यार हो जाता है तो जादुई रूप से मुझे भोजन की आवश्यकता नहीं होती है और हवा पर जीकर भी मैं ऊर्जावान महसूस करती हूँ। इसके विपरीत जब-जब मैं आन्तरिक शून्यता के क्षणों से गुज़री तो उपवास करने के बावजूद मेरा वज़न बढ़ गया। ऐसा इसलिए होता है क्योंकि ऐसे समय में हमारे शरीर के एंडोर्फिन व अन्य हॉर्मोन स्रावित नहीं होते हैं।

जब मैं भारत में अपनी गुरु के आश्रम में लम्बे समय तक रहने के लिए गयी तो जीवन में पहली बार मुझे मिठाई की आवश्यकता महसूस हुई। मुझे कभी भी मिठाई पसन्द नहीं रही है। सौभाग्य से न केवल मैं उन्हें पसन्द नहीं करती बल्कि मुझे उनसे घृणा है। हालाँकि उस मौक़े पर मिठाई खाने की मेरी तलब ने मुझे बेचैन कर दिया। मैं पूरे-पूरे पाइज खा जाती थी, किसी भी तरह की पेस्ट्री को निगल जाती थी और अगर मैं कुछ घण्टों के बाद फिर से मीठा खाना शुरू नहीं करती थी तो मैं बीमार महसूस करती थी।

मेरी स्थिति हास्यास्पद हो गयी थी और मैं आश्रम में मज़ाक का पात्र बन गयी थी। आश्रमवासियों ने विनोद में मुझे *भण्डारानन्द* का उपनाम दे दिया था।

मैं इसके बारे में कुछ भी करने में असमर्थ थी... बहुत गहरे आयाम में मेरे अन्दर जो कुछ भी हो रहा था उसके प्रति मेरे शरीर की इस

प्रतिक्रिया को रोकना असम्भव था। मैं अपने मोहभंग और प्रेम में विश्वासघात (न केवल इस जीवन में बल्कि मेरे पिछले जन्मों में भी) से उत्पन्न अपनी शून्यता के, अपने भीतर के रसातल के सम्पर्क में आ चुकी थी।

मैं दस अतिरिक्त किलो और बड़े नितम्ब के साथ इटली लौटी, जिसे ग्वीडो ने टीवी जितना बडा बताया। सौभाग्य से सब कुछ अच्छे के लिए होता है।

आने वाले वर्षों में मैंने न केवल उस शून्यता का सामना किया और अपनी अद्भुत आन्तरिक यात्रा के दौरान इसे हल किया, बल्कि मुझे एक आहार विशेषज्ञ भी मिला जिसने उस समय के मेरे खाद्य दुश्मनों, नमक और दूध की पहचान की। नमक की अधिकता के कारण मुझे दिल का दौरा पड़ने का खतरा था, जैसा कि मेरे पिता के साथ हुआ था। हम कह सकते हैं कि मीठा खाने की लालसा ने मुझे उस कारण का सामना करने के लिए मजबूर कर दिया जिसने मेरे शरीर और आत्मा में इस लालसा को जगाया था।

दोस्त, यदि आप अपना वज़न कम करने में असमर्थ हैं तो इसका कारण यह है कि आपको अपने अन्दर के शून्य को भरने की आवश्यकता है, जिसे आपको भोजन के बजाय आत्म-प्रेम से भरना चाहिए। आपकी यह क्षमता अवरुद्ध होती है आपके अपराधबोध से, नाकाबिल होने की भावना से, क्रोध से और सबसे ज़्यादा उस डर से जिसे आपने अपने अन्दर पनपने दिया है क्योंकि आपको तब प्यार नहीं मिला जब आपको लगा कि आप इसके हक़दार थे।

वयस्कों के रूप में प्यार को स्वयं के भीतर से लगातार भरना चाहिए, न कि बाहर से।

इसका समाधान किसी भी बाहरी ख़ुशी को (जो जीवन हमें प्रदान करता है) ''भकोसना'' नहीं है क्योंकि इस तरह से उस अतल खाई को पाटना मुश्किल हो जायेगा। इसके बजाय जीवन के मूल स्रोत यानी 'दिव्य प्यार' को ढूँढ़ कर हम न केवल इसे स्वयं महसूस करते हैं बल्कि दूसरों पर 'न्योछावर' भी करते हैं।

मेरा खाने का सबसे शानदार अनुभव मैक्रोबायोटिक्स के साथ था। मैंने ग्वीडो के साथ मैक्रोबायोटिक आहार लेने का फ़ैसला किया। सत्तर के दशक में रोम में वाया मोंटे डेला फ़रिना में केवल एक मैक्रोबायोटिक रेस्तराँ था। वहाँ की कुक प्रोविडेंस सिसिलियन थी और रसोई में अपनी

संस्कृति व कौशल का करिश्मा दिखाती थी और ऐसे-ऐसे व्यंजन बनाती थी जो कि मैक्रोबायोटिक होते हुए भी असाधारण होते थे। हम पूरे एक साल तक रोजाना वहाँ लंच और डिनर पर जाते रहे, सिवाय तब के जब हम टूर पर होते थे।

हम दोनों ने कभी इतना अच्छा महसूस नहीं किया था—हम हमेशा हँसते रहते थे, भले ही ग्वीडो के साथ यह सामान्य था। हम दोनों का मानना था कि यह ख़ुशमिज़ाज़ी हमारी शरीर प्रणाली की शुद्धि और परिणामस्वरूप नयी स्वस्थता से उत्पन्न हुई थी। उस अवधि में मैंने फ़्रैंक ज़प्पा के संगीत पर आधारित *एपोट्रोपिया* की रचना की, मेरे जीवन की सबसे कठिन कोरियोग्राफ़ी। यह कहा जा सकता है कि केवल मैक्रोबायोटिक्स की खुराक़ पर ही नर्तक इसे मरे बिना प्रस्तुत कर सकता था।

इटली के होमियोपैथी विशेषज्ञ प्रोफ़ेसर एंटोनियो नीग्रो ने अन्त तक मेरा इलाज किया। वह 101 वर्ष के थे, जब उन्होंने यह ग्रह छोड़ा। चूँकि मार्सेलो कैरोसी वर्षों से इटली में नहीं थे, एक प्रिय मित्र ने मुझे एंटोनियो के पास भेजा। एंटोनियो लेज़र समान थे जो आप पर ध्यान केन्द्रित कर के आपके और आपके जीवन के बारे में सब कुछ जान लेते थे। अतुल्य आत्मा!

एंटोनियो से हुई पहली मुलाक़ात में मैं रोई क्योंकि उन्होंने मेरे बारे में जो कुछ कहा उससे मैं द्रवित हो गयी। मैं तुरन्त अपने हाइपोथायरॉडिज़्म का कारण समझ गयी जिसकी वजह से मैं उनके पास गयी थी।

हालाँकि एंटोनियो एक एण्डोक्रिनोलॉजिस्ट रह चुके थे, उन्होंने कहा कि मेरे मामले में यह रोग किसी बड़ी वेदना, बचपन में हुए किसी आघात के कारण हुआ था, जिस पर मैंने अनजाने में विद्वेष के साथ प्रतिक्रिया की थी। परिणामतः मेरे लीवर (जिगर) की—जहाँ क्रोध का भाव निवास करता है—कार्यप्रणाली में काफ़ी व्यवधान पैदा हुआ, जिससे चयापचय और थायरॉयड (चयापचय को नियन्त्रित करने वाली ग्रन्थि) पर बोझ पड़ गया था। जिस आघात का उन्होंने उल्लेख किया, आप समझ गये होंगे, वह मेरे पिता से सम्बन्धित था।

वह ऐसे बोल रहे थे, मानो वह मुझे हमेशा से जानते हों, हालाँकि वह मुझसे पहले कभी नहीं मिले थे और किसी ने उन्हें मेरे बारे में कोई जानकारी नहीं दी थी। उन्होंने कहा कि मैं एक असाधारण कलाकार थी, बेहद संवेदनशील थी और मेरे अन्दर एक अनन्त ब्रह्माण्ड था,

लेकिन केवल प्यार और एक आदर्श पुरुष से मिलन के माध्यम से ही मैं खुद को पूर्ण कर सकती थी। उन्होंने यह कहकर बात समाप्त की–"मैं दुआ करता हूँ कि तुम्हें एक ऐसा पुरुष मिले जो तुमको वास्तव में समझ पाये।"

उन्होंने मुझे ऊँची डोज़ में दी जा रही यूट्रोक्स दवा को यह कहकर बन्द कर दिया कि हमें थायरॉयड का सम्मान करना चाहिए। इसे किसी विदेशी घटक की आवश्यकता नहीं है जो इसे प्रतिस्थापित कर दे। उन्होंने समझाया कि यदि मेरी पूरी प्रणाली ने अच्छी तरह से काम किया होता तो थायरॉयड समर्थित महसूस करता और भले ही इसकी कार्यक्षमता कम हो गयी हो तो भी यह मेरे शरीर में किसी तरह का असन्तुलन पैदा किये बिना अपना कर्तव्य पूरा करता। और अन्ततः ऐसा ही हुआ।

उन्होंने मेरे लीवर का इलाज *नैट्रम म्युरैटिकम* से किया, लेकिन ध्यान रहे कि हर व्यक्ति की मनोदैहिक विशेषताओं के अनुसार उसके लिए कोई अलग पदार्थ प्रभावी हो सकता है।

पूरे एक साल के यूट्रोक्स सेवन के बाद मेरे शरीर की प्रणाली को यूट्रोक्स मुक्त करने की यह प्रक्रिया लम्बी और कठिन थी। कभी-कभी जब मुझे अपनी तबीयत ख़राब लगती तो मैं एंटोनियो को कॉल कर मुझे वापस यूट्रोक्स देने की विनती करती लेकिन वह अपने मज़बूत करिश्मे के साथ मुझसे तकलीफ़ को बर्दाश्त करने का आग्रह करते और आश्वासन देते कि यूट्रोक्स के बिना भी मैं ठीक हो जाऊँगी। मैं एक हीरोइन साबित हुई! मैं उनके विश्वास, मदद और समर्थन की बदौलत अपनी तकलीफ़ को बर्दाश्त करने में कामयाब रही।

मार्सेलो कैरोसी ने एक बार मुझसे कहा था, "असली नायक वे होते हैं जो प्रतिरोध करते हैं।"

मैं अपनी बीमारियों के वृत्तान्त से आपको परेशान नहीं करना चाहती हूँ लेकिन शरीर व आत्मा के बीच के सम्बन्ध में बीमारी की भूमिका को बेहतर ढंग से समझने के लिए ये अन्तिम कहानियाँ उपयोगी हो सकती हैं।

दो नयी बीमारियों का जन्म मेरी लापरवाही से हुआ था और दोनों मुझे भारत में हुईं। केरल के त्रिवेन्द्रम में मैंने कई लीटर पानी पिया। अनजाने में यह एक आत्महत्या का प्रयास था। इस शहर के पानी को भारत में सबसे अधिक प्रदूषित माना जाता था और इस पानी से मुझे गम्भीर लीवर संक्रमण हो गया।

लीवर और प्यार की पीड़ा ने मेरे जीवन में फिर से प्रवेश किया। मुझे कम्पनी के एक डांसर से प्यार हो गया था। मैंने वीरतापूर्वक अपनी भावनाओं को ज़ब्त किया था और उससे प्रेम सम्बन्ध स्थापित नहीं किया था। मैं हमेशा कहती हूँ कि सहयोगियों के साथ प्रेम कहानियों को बुनना वर्जित है। यह पेशेवर नहीं है और न ही प्रबन्धनीय है, लेकिन उस अवसर पर मैंने पेशेवर नैतिकता के बहाने का इस्तेमाल कर अपनी उँगली के पीछे छिपने का प्रयास किया।

मैं उस जुनून का अनुभव करने से डर रही थी क्योंकि यह अब तक का सबसे गहरा आकर्षण था। त्रिवेन्द्रम भारत के पन्द्रह शहरों के दौरे का अन्तिम पड़ाव था। बाक़ी कम्पनी के इटली लौटने के बाद मैंने अकेले रहने और अपने प्यार के जख़्मों को भरने की योजना बनायी।

दिल्ली में एक उत्कृष्ट चिकित्सक ने मेरा होम्योपैथिक दवाओं के साथ इलाज किया लेकिन मैं एक साल से अधिक समय तक बीमार रही।

वर्षों बाद, मेरे जीवन के एक कठिन क्षण के दौरान–आप कलाकारों के उतार-चढ़ाव को तो जानते ही हैं–मुझे महाराष्ट्र में अजन्ता-एलोरा की प्रसिद्ध गुफाओं की यात्रा पर अमीबायसिस हो गया।

मार्सेलो कैरोसी ने मुझे पेट में स्वर्ण के इंजेक्शन देकर मेरा इलाज किया, जिसने एंटी-अमीबा आहार के साथ मिलकर मेरे आँत में कुल शुद्धता की स्थिति पैदा की। उन्होंने कहा कि मेरी आँत नवजात शिशु की तरह विशुद्ध हो जायेगी। उन्होंने समझाया कि किस प्रकार से अमीबा, जो कि कोशिका विभाजन के माध्यम से वंश-वृद्धि करता है, आहार न मिलने की स्थिति में अपने आप विलुप्त हो जायेगा। बहुत सूक्ष्म युद्ध की रणनीति! आँत में इस तरह की छिपी उपस्थिति के कारण यह लड़ाई भी मैंने वर्षों के बाद जीती थी और मेरे शरीर के लिए ये बहुत थका देने वाले साल थे।

शरीर आत्मा की अभिव्यक्ति है। इसके साथ सम्मान, प्यार और उचित विचार के साथ पेश आना चाहिए, हिंसा के साथ कभी नहीं, तब भी नहीं जब व्यक्ति को बीमारियों का सामना करना पड़ता है। परन्तु एलोपैथिक दवाई रोग पर धृष्टतापूर्वक हमला करती है और उससे युद्ध करती है, जिससे पूरा जिस्म कमज़ोर हो जाता है।

वास्तव में कारगर उपाय इसके ठीक विपरीत है–अपनी प्रतिरक्षा प्रणाली को समर्थन देना, उसे मज़बूत और शुद्ध करना, रोग के कारण को समझना ताकि कोई पथ्य न मिलने पर उसकी एकाग्रता अपने आप ही

मन्दित हो जाये। यदि इस तरह से सामना किया जाये तो रोग व्यक्ति के विकास का, उसकी तन्दरुस्ती का अवसर प्रदान करता है। रोग का एक सकारात्मक और कायाकल्प कार्य भी है क्योंकि इसकी बदौलत व्यक्ति को खुद को शुद्ध करने व सुधारने का अवसर मिलता है और अपने आपको स्वीकार करने व प्यार करने का अवसर मिलता है।

जीवन में किसी भी कठिनाई का सामना इसी रवैये से करना चाहिए।

देख रहे हैं, बचपन में हुई मेरी वह भावनात्मक ब्लॉकेज कैसे मेरी सारी बीमारियों के लिए ज़िम्मेदार है? और कैसे वे बीमारियाँ वास्तव में उसके फलस्वरूप हुईं?

यह वह गहरा दुःख है जो स्वयं को चिरायु बनाने के लिए परिस्थितियों को आकर्षित करता है, लेकिन उस समय मैं उस श्रृंखला को तोड़ने में सक्षम नहीं थी, जैसा कि मैंने अब अन्त में किया है।

आज सब कुछ बदल गया है चूँकि मैं घटनाओं पर एक अलग तरीक़े से प्रतिक्रिया करने में सक्षम हूँ। ऐसा इसलिए है क्योंकि मेरी मान्यताएँ अब मुझे सीमित नहीं करती हैं और न ही मेरे कर्म भय व क्रोध द्वारा निर्देशित हैं।

मेरी उम्र क्या है?

मुझे लगता है कि मेरी कोई उम्र नहीं है क्योंकि मैं एक साथ सभी उम्र जीती हूँ–खेलने की इच्छा के हिसाब से मैं छह साल की हूँ, भविष्य की परियोजनाओं के प्रति अपने रवैये के हिसाब से सोलह साल, विवाह की मंशा से बीस साल, आध्यात्मिक उद्देश्य के लिए अट्ठाईस, शारीरिक शक्ति में चालीस, ज्ञान में अस्सी, अनुभव के हिसाब से सौ साल और यौन रूप से मैं बयालीस साल की हूँ जो कि स्टैनर के अनुसार आत्महत्या या फिर जीवन में कायाकल्प करने की उम्र होती है।

शारीरिक आयु के बारे में महान आध्यात्मिक गुरु योगानन्द का कहना है कि हमें इस पर ध्यान नहीं देना चाहिए और मुझे महान लोगों की शिक्षाओं का पालन करना पसन्द है।

मेरा सारा जीवन मेरे सामने है, भले ही यह केवल एक दिन या एक महीने लम्बा हो। इसी रवैये के साथ मैं हर पल आगे बढ़ती हूँ। उड़ने के लिए जो वेग ज़रूरी है, क्या वह एक कमज़ोरी नहीं? यह बात नृत्य और जीवन दोनों में सच है!

मेरी उम्र...।

अध्याय-11

नृत्य से ईएफ़टी तक

नृत्य और थेरेपी (चिकित्सा) दोनों ही जीवन के मूल तक पहुँचने का एक तरीक़ा हैं और इसके फलस्वरूप सुख-दुःख की जड़ तक भी। नृत्य दर्द को आनन्द में बदल देता है, जबकि थेरेपी दर्द को मिटाती है और उसका समाधान करती है। पीड़ा कलाकार को सृजन करने के लिए प्रोत्साहित करती है और नृत्य करते समय नर्तक उन्मुक्त महसूस करता है, जबकि थेरेपी वास्तव में दर्द को जड़ से मिटा देती है और व्यक्ति सच में आन्तरिक आनन्द का अनुभव करता है। यानी कि नृत्य और थेरेपी दोनों व्यक्ति को दर्द के मूल तक पहुँचाते है लेकिन परिणाम अलग-अलग होते हैं।

बहुत कम उम्र से ही मुझे लगा कि मैं अपने आसपास की दुनिया के दर्द को अवशोषित कर रही हूँ, जैसा कि हम सभी कलाकार करते हैं। आज मैं जानती हूँ कि मेरी यह विशेषता एक शामनिक गुण है जिसके साथ मैं पैदा हुई थी।

आत्मा हम में से प्रत्येक को एक ऑरा (आभामण्डल) यानी एक ऊर्जा क्षेत्र के साथ आवृत करती है। प्रत्येक ऑरा की अपनी विशेषताएँ होती हैं जो कि अलग-अलग रंगों द्वारा व्यक्त की जाती हैं। इस सम्बन्ध में मैं आपको एक ऐसी घटना के बारे में बताऊँगी जो एक मित्र के विला में एक निजी बैठक के दौरान हुई थी। वहाँ मौजूद एक स्विस डॉक्टर ने किर्लियन कैमरा का उपयोग किया जो कि ऑरास की तस्वीर ले सकता है।

हम वहाँ लगभग बीस लोग रहे होंगे। उस डॉक्टर ने हममें से प्रत्येक की ऑरा की तस्वीर खींची और इसे समझाने के लिए वह हम सबसे एक-एक करके मिली।

मेरे साथ वह यह कहकर शुरू हुई कि उसने ऐसी चिकित्सीय शक्तियों वाली ऑरा कभी नहीं देखी थी। उस समय मुझे पता नहीं था कि मेरे पास वे शक्तियाँ हैं। मेरी ऑरा पन्ने रंग की थी जो सफ़ेद रंग में विस्तारित हो रही थी और मेरी ऑरा के दाहिने कोने का निचला हिस्सा नारंगी था। उसने समझाया कि हरा रंग उन लोगों की चिकित्सीय शक्ति को इंगित करता है जो नकारात्मक ऊर्जा को अवशोषित करते हैं और इसे सकारात्मक ऊर्जा में बदलते हैं; दूसरी ओर, नारंगी हिस्सा मेरी उस आक्रामकता को इंगित करता है जो कि मेरे मामले में मेरे उद्धार का कारण था। उसने यह भी बताया कि कैसे जीवन भर मेरी आक्रामकता ने एक अलार्म और एक ड्रेन वाल्व के रूप में कार्य किया है, जिसके बिना अपने भीतर अवशोषित की गयी नकारात्मकता से मेरा दम घुट जाता।

उन आध्यात्मिक साधनाओं के माध्यम से, जिन्हें मैंने वर्षों में आत्मसात किया है, मैं अपने द्वारा अवशोषित किये हुए दर्द से कुचले जाने के बजाय उसे दूर कर पाती हूँ और अपनी प्रतिभा को दूसरों की सेवा में लगाती हूँ।

हालाँकि मैं खुद को दुनिया में अकेले पेश करना पसन्द करती हूँ, मैं कभी भी अकेली महसूस नहीं करती हूँ। ऐसा उन विशेष लोगों के साथ ख़ास मुलाक़ातों की बदौलत है जिन्हें मैंने अपनी ओर आकर्षित किया और जिनकी ओर मैं खुद आकर्षित हुई।

जैसा कि मैंने पहले उल्लेख किया है, मैं उन्नीस वर्ष की उम्र में रूडोल्फ स्टैनर से स्थापित एन्थ्रोपोसोफ़ी (आत्मा का विज्ञान) के बारे में जानती थी। स्टैनर की दवा होम्योपैथिक चिकित्सा से सम्बन्धित है क्योंकि उनके सिद्धान्त समान हैं। स्टैनर को हमारे युग का एक दिव्द्रष्टा (क्लैरवॉयंट) और अध्यात्मवादी माना जाता है, जिन्होंने चिकित्सा, शिक्षाशास्त्र, चित्रकला, मूर्तिकला, वास्तुकला, संगीत और नृत्य पर शानदार संकेत दिये।

नृत्य में उन्होंने यूरीथमी का निर्माण किया जिसका अध्ययन करने के लिए मैं डोरनाच, स्विट्ज़रलैंड में स्थित एन्थ्रोपोसोफ़ी के केन्द्र गेटेनम में गयी। यूरीथमी निरन्तर गतिशील मूवमेंट्स का एक प्रवाह है जिसे मैंने अपनी नृत्य शैली में आत्मसात किया। एक कलाकार के रूप में मेरे नृत्य की भाषा में यह एक महत्त्वपूर्ण मोड़ था; मेरा अबाधित अंग संचालन जड़ित और कृत्रिम नहीं बल्कि गतिशील था। यूरीथमिया एक कलात्मक अभिव्यक्ति है

जिसका इस्तेमाल स्टैनर ने कुछ रोगों के लिए एक चिकित्सीय विधि के रूप में भी किया। यह शरीर की एक प्राकृतिक भाषा है और स्टैनर के सभी कार्यों के समान अत्यधिक आध्यात्मिक।

एन्थ्रोपोसोफ़िक दवा का मुझ पर हमेशा निर्णायक प्रभाव रहा है। इसकी मदद से मैंने भारत में हुए अमीबायसिस का भी इलाज किया, जैसा कि मैं आपको पहले ही बता चुकी हूँ।

स्टैनर पूरब के, भारत के और थियोसोफ़ी के भी बहुत क़रीब हैं। एन्थ्रोपोसोफ़ी इन दोनों दुनियाओं का मिलान कराता है, पूरब को पश्चिम से जोड़ता है। भारतीय संस्कृति का मेरा ज्ञान स्टैनर की पुस्तकों को पढ़ने के साथ शुरू हुआ।

आइए, थोड़ा पीछे लौट चलें–जब मैं गेटेनम के विशाल अलिंद में पहुँची तो मैंने पाया कि बहुत से लोग वहाँ इकट्ठे थे। सफ़ेद बालों वाली एक लम्बी कुलीन महिला मेरे पास आयी और बोली, "हमें आप जैसे कलाकारों की ज़रूरत है जो यूरीथमी की भाषा को जीवन्त कर सकें। यहाँ ऐसे शिक्षाविद् हैं जो स्टैनर के संकेतों को केवल संहिताबद्ध करने का प्रयास करते हैं।"

वह महिला नहीं जानती थी कि मैं कौन हूँ चूँकि मैंने अभी तक अपना परिचय नहीं दिया था, लेकिन मुझे लगा कि स्टैनर की तरह वह भी दिव्यद्रष्टा थी। वह यूरीथमिया विभाग की निदेशक और मिलान में ला स्काला की एक पूर्व इतालवी नर्तकी थी।

इस निमन्त्रण के विशेषाधिकार और सम्मान के बावजूद मेरा उस भाषा को पूरी तरह से अपनाने का मन नहीं किया, योग के विपरीत जिसके साथ मुझे अपनेपन का अहसास होता है। ऐसा ही साइबेरियाई तान्त्रिक योग के शामनों के साथ हुआ जिनसे मैं जर्मनी में मिली और जिन्होंने पहचाना कि मेरे पास उनके जैसी ही शक्तियाँ हैं। उन्होंने मुझे दुनिया में उनके मिशन में उनका अनुसरण करने के लिए कहा। पर उस मौक़े पर भी मेरा ऐसा करने का मन नहीं हुआ।

मैंने कैरोसी के साथ प्रतीकों का, संकेतों का और जीवन में जो कुछ होता है उसके अर्थ का विश्लेषण करके कर्म सिद्धान्त का अध्ययन किया है और वर्तमान को अतीत की हर उस चीज़ से जुड़ा पाया है जिसने वर्तमान को जन्म दिया है। प्रत्येक अस्वस्थता और पीड़ा, चाहे वह शारीरिक

हो या मानसिक, के आविर्भाव में एक भावनात्मक, अस्तित्वगत व कर्मिक कारण होता है। इसलिए मैंने भारत की अपनी खोज को भी आरम्भ कर दिया, जो पहले से ही मेरे अन्दर रचा-बसा था। तभी मुझे यह ज्ञात होने लगा कि उस भूमि की संस्कृति का शायद मेरे जीवन में एक दार्शनिक और आध्यात्मिक मूल्य था।

भारत की महान परम्परा मन और शरीर के ज्ञान पर आधारित है। प्राचीन भारतीय शास्त्रों में हम आज जिसे मनोविश्लेषण कहते हैं, उससे सम्बन्धित विचार भी पाये जाते हैं। पाँच हज़ार से अधिक वर्षों से भारत ने मन एवं अचेतन के रहस्यों को उजागर किया है।

ध्यान-योग एक दूसरी ही दुनिया है। यह योग सीधे स्व के आयाम में ले जाता है, जैसे मनोविश्लेषण व्यक्ति को अचेतन के रहस्य में ले जाता है। ध्यान-योग के अलावा मैंने न्यूयॉर्क और भारत दोनों में हठ योग का अध्ययन किया। मैं योग का तीस वर्षों से अभ्यास कर रही हूँ और मैं एक योग प्रशिक्षक भी हूँ। इस विद्या ने मुझे नृत्य तकनीक और खेल के कारण हुई शारीरिक क्षति को ठीक करने में सक्षम बनाया है।

हठ योग का अभ्यास करते हुए साँस के माध्यम से प्राणशक्ति शरीर की प्रत्येक कोशिका तक पहुँचती है और शरीर-मन के इस सचेतन मिलन के परिणामस्वरूप जो ऊर्जा प्रवाहित होती है वह व्यक्ति को हर प्रकार से स्वस्थ कर देती है। हज़ार साल पुरानी इस प्रथा में निहित ज्ञान को सीधे ब्रह्माण्डीय ऊर्जा से प्रेरणा के माध्यम से संचारित किया गया था, जिसके साथ मनुष्य उस समय सीधे सम्पर्क में था।

मैंने अपनी दोस्त रोज़ेना रिज्ज़ी सिल्वा के साथ हठ योग करना शुरू किया जो कि रोम के एप्पिया एंटिका मार्ग स्थित अपने अद्भुत विला में इसे सिखाती थीं। एप्पिया एंटिका दुनिया की सबसे खूबसूरत सड़कों में से एक है जहाँ रोमन जीवन शैली अभी भी बरकरार है। उस विला में निर्मित भाग के अलावा एक हिस्से में एक बहाल रेलगाड़ी का डिब्बा और लॉन के विस्तार पर एक स्विमिंग पूल था जो उस जगह को और भी आकर्षक बनाता था।

रोज़ेना ने मुझे अपनी योग कक्षाओं में शामिल होने के लिए आमन्त्रित किया। मैं कभी भी उस चीज़ को ना नहीं करती जो मेरी सहज जिज्ञासा और रोमांच की भावना को आकर्षित करती है। यद्यपि इस पाठ्यक्रम में ज़्यादातर महिलाएँ भाग लेती थीं और इसलिए यह बहुत प्राथमिक था,

मैंने अपने शरीर से जुड़ने का एक नया तरीक़ा सीखा–सक्रिय रवैये के बजाय (जो कि नृत्य करते समय होता है) निष्क्रिय रवैये के साथ।

भारत में मैंने आयंगर योग की शैली का अध्ययन किया, जिसमें (जैसे कि नृत्य में) शरीर के हर हिस्से के लिए सटीक विश्लेषणात्मक संकेतों के साथ मूवमेंट को मानसिक रूप से अनुभव किया जाता है और हमेशा सचेत रूप से साँस के साथ जोड़ा जाता है। कई साल बाद जब मैंने ख़ुद को अष्टांग योग को समर्पित किया, जिसके प्रस्तावक पट्टाभि जोइस थे, तो मैंने पाया कि उन्होंने और आयंगर ने योग की एक ही प्राचीन पद्धति से प्रशिक्षण लिया था। बाद में आयंगर ने योग की अपनी शैली विकसित की जिसने, मेरी राय में, अधिक तर्कसंगत रवैया अपना कर मुद्राओं के प्राकृतिक और सहज मूल को खो दिया है, जिसे अष्टांग योग ने बरकरार रखा है।

हठ योग पर मेरा निष्कर्ष यह है–हर योग शैली में आसन या शरीर की स्थिति समान होती हैं। फेरबदल होता है उस क्रम में जिसमें उन्हें अभ्यास करना होता है, योग मुद्रा की अवधि में और उस रवैये में जिसके साथ आसनों को महसूस करना है, जो यह निर्धारित करते हैं कि साधक इसे किस तरह अनुभव करता है। वे छवियाँ जो योगासन करते समय साधक अपने शरीर को प्रेषित करता है, यानि कि जो विचार आसनों को ओत-प्रोत करता है, वह विभिन्न योग शैलियों को और उनका अभ्यास करने वालों के ऊपर होने वाले प्रभावों को निर्धारित करता है।

न्यूयॉर्क में दशकों तक मैंने अनुस्वार योग का अध्ययन किया, जो कि मेरी पसन्दीदा शैलियों में से एक है। लंदन में भी मैंने शिक्षकों के लिए आयोजित एक अनुस्वार योग शिविर में भाग लिया, लेकिन पूरे पाठ्यक्रम के दौरान मैंने योग प्रशिक्षक की ओर से अपने प्रति एक तर्कहीन द्वेषभाव महसूस किया। वह बहुत लम्बा था और उसका शरीर लचकहीन। जब उसने मेरे शरीर की लोच देखी तो उसकी आँखें विस्मय से फैल गयीं। मेरे लिए यह भी स्पष्ट था कि उसे इस बात का द्वेष था कि मैं नृत्य में एक स्थापित कलाकार थी, एक ऐसी कला में जो शरीर का सर्वश्रेष्ठ उपयोग करती है।

वह मुझ पर अपनी सारी कुण्ठाओं को प्रक्षेपित कर रहा था और मुझसे प्रतिस्पर्धा करने लगा, जबकि मेरा रवैया शुद्ध और विनम्र था। वह वहाँ उस रिट्रीट में हठ योग में मेरे सबसे अनुभवी होने के बावजूद मुझे शिक्षक प्रमाणपत्र नहीं देना चाहता था–मैं उस रिट्रीट में प्रमाणपत्र पाने के उद्देश्य

से नहीं अपितु केवल अपने ज्ञान संवर्धन के लिए गयी थी। मेरे लिए हर योग कक्षा अभी भी सुधार का एक अवसर है। प्रत्येक योग गुरु योग की बारीकियों की अपनी समझ को सम्प्रेषित करता है। शरीर अनन्त है और व्यक्ति इसके बारे में कभी भी सब कुछ नहीं जान सकता है।

मैंने अपने जीवन और करियर को अपनी नैसर्गिक प्रतिभाओं पर आधारित किया और उन्हें निष्ठा के साथ जीवित रखा। मैंने कभी भी अपनी प्रतिभा की बेक़द्री नहीं की और उस पर रोज़ाना मेहनत की। एक कलाकार को अकादमिक मान्यता की आवश्यकता नहीं होती है। ज़रा सोचिए, मैंने डांस अकादमी से अपनी डिग्री तक नहीं उठाई क्योंकि मुझे समझ नहीं आया कि उसका करना क्या है!

योग में अपनी लम्बी यात्रा के दौरान मैं यूंगियन मनोचिकित्सा से भी गुज़री। यह यात्रा–जो सप्ताह में तीन सत्र के साथ दस साल तक चली–सपनों, प्रतीकों व संकेतों की व्याख्या से शुरू हुई और आगे जा कर मेरी मानसिक परेशानी व पीड़ा का इलाज करने में कामयाब हुई। मेरे मनोविश्लेषक लैंफरांको मार्रा नेपल्स के मूल निवासी थे। लैंफरांको एक समझदार व्यक्ति थे जिन्हें आत्मा के विचरण सम्बन्धी ज्ञान था। मनोविश्लेषक बनने से पहले वह एक वकील थे। हमारी पहली मुलाक़ात में उन्होंने मुझे समझाया कि कोई भी व्यक्ति बिना किसी मार्गदर्शक के नर्क के घेरे में यानि अपने अचेतन में दाखिल नहीं हो सकता। दांते को भी वर्जिल की ज़रूरत पड़ी थी।

मनोविश्लेषण स्वयं का एक संज्ञानात्मक अनुभव है। यह समस्या की जाँच और उसका विश्लेषण करता है और उससे अवगत कराता है। मेरे अच्छे कर्मों की बदौलत मेरे पास अपने न्यूरोसिस का सामना करने और इसे समझने के लिए आवश्यक विनम्रता थी। मेरे अनुभव में मनोविश्लेषण हमें समस्याओं के बारे में जानने और उन्हें प्रबन्धित करने की सम्भावना और क्षमता प्रदान करता है, लेकिन यह हमेशा उन्हें हल नहीं कर पाता है। यह मेरी समस्याओं की जड़ से मुझे अवगत कराने में मूल्यवान रहा। परन्तु समस्याओं को हल करने के लिए, मेरी राय में, आध्यात्मिक साधनों की ज़रूरत पड़ती है जो कि तर्कसंगत आयाम से परे होते हैं।

मनोविश्लेषण में मेरी यात्रा थका देने वाली रही है, लेकिन मैं कह सकती हूँ कि यह सबसे ख़ूबसूरत और रहस्यमयी यात्राओं में से एक थी। हालाँकि यह यात्रा मुझे अतिरंजित रूप से मानसिक आयाम में ले गयी जो कि मेरे

जैसी महिला (जो पहले से ही वहाँ मौजूद थी) के लिए आदर्श नहीं है। फिर भी अगर मैं उस मोड़ पर वापस जाती तो मैं फिर से ऐसा करती।

जब तर्कसंगतता अचेतन आयाम में, जहाँ दर्द का मूल स्रोत छुपा होता है, अनसुलझी समस्याओं की जाँच करती है तो यह एक अतिरंजित तरीक़े से सक्रिय होती है। एक कलाकार के रूप में अपनी प्राकृतिक प्रक्रिया में मैं हमेशा मानस से परे गयी हूँ, जैसे कि अपनी आध्यात्मिक साधनाओं में।

यह एक बहुत ही जटिल प्रक्रिया थी जो कभी-कभी मुझे इतनी तीव्र पीड़ा के चरणों में ले जाती थी जिससे उबरने में मुझे इतनी कठिनाई होती थी कि उस दौरान मैं सृजन करने में असमर्थ होती थी। तैंतीस और तैंतालीस साल की उम्र के बीच मैं अक्सर अपने भीतर के दुश्मनों का सामना करने के लिए अपनी गतिविधि को रोक देती थी। वे ऐसे वर्ष थे जिनमें मैंने रुक-रुक कर नृत्य किया। मैंने अपने आपको मनोविश्लेषण के माध्यम से दन्तेस्क रसातल में डुबा दिया। साथ ही मैं कई बार भारत के आश्रमों में गयी और वापस आयी। मेरा मानना है कि कलाकार एक दर्द विशेषज्ञ होता है, उन सभी लोगों की तरह जिनकी आत्मा अति संवेदनशील, अति ग्रहणशील और अति नाज़ुक होती है।

मुझे मनोविश्लेषण की ज़रूरत थी, हालाँकि अब मैं इसकी सीमाओं को समझती हूँ। कलाकार प्रतीकों और संकेतों का निर्माण करता है। मनोविश्लेषण ने निश्चित रूप से संकेतों और प्रतीकों की व्याख्या करने की मेरी क्षमता को परिष्कृत करने और दैनिक जीवन में उन्हें पहचानने में मेरी मदद की।

युंग सामूहिक अचेतन को समझ पाये थे। आध्यात्मिक रूप से हम ब्रह्माण्डीय ऊर्जा के साथ एक हैं। इस ब्रह्माण्ड (मैक्रोकोस्म) में हम पिण्ड (माइक्रोकोस्म) हैं।

हम दूसरों को केवल वही देते हैं जो हम पहले ख़ुद को देते हैं। हम दुनिया को अपनी आन्तरिक उपलब्धियाँ देते हैं। हम जो कुछ भी हैं उसे बाहर की दुनिया पर और दूसरों पर प्रक्षेपित करते हैं। हमारे ऊपर एक बड़ी ज़िम्मेदारी है, सबसे पहले ख़ुद के प्रति क्योंकि केवल तभी हम अपने भीतर प्राप्त होने वाले परिणामों के माध्यम से अपना योगदान दे सकते हैं। हमारी आन्तरिक उपलब्धियाँ ब्रह्माण्ड में प्रसारित होती हैं जहाँ से ये दुनिया में लौटती हैं।

यदि आप दूसरों को प्यार देना चाहते हैं तो आपको सबसे पहले ख़ुद से प्यार करने की पूरी ज़िम्मेदारी लेनी होगी। यह एक विरोधाभास लग सकता है लेकिन यह वास्तव में परोपकारिता है जो व्यक्ति के मादक अहमवाद की जगह लेती है, जिसमें व्यक्ति ख़ुद से भी प्यार नहीं करता है। व्यक्ति ऐसा करने का दिखावा करता है लेकिन बिना सोचे समझे सुन्दरता की उपस्थिति मात्र से बहल जाता है और वास्तव में गम्भीरता से जीवन का खेल नहीं खेलता है। व्यक्ति यह मानता है कि वह प्यार दे रहा है जबकि वास्तव में वह प्यार की माँग कर रहा होता है। अक्सर व्यक्ति दूसरे को बहुत अधिक देकर प्यार के अपने अनियन्त्रित अनुरोध को इस तरह छिपाता है कि यह दूसरे पर बोझ बन जाता है।

नारसिसस अपनी शारीरिक सुन्दरता की आत्मतुष्टि में पड़ जाता है। 'झूठे' कलाकार के साथ भी यही होता है–अपने आत्ममोह के चलते वह चीज़ों के गुप्त सार में प्रवेश कर उनके मर्म को समझने और इसे एक निरपेक्ष मूल्य के रूप में संचारित करने में और दर्शक में वही अनुभव जाग्रत करने में असमर्थ होता है। जब मानवीय रिश्तों में ऐसा होता है तो वे भी झूठे रिश्ते साबित होते हैं और उनका कोई भविष्य नहीं होता है। हम अपने आपको अपने छोटे से स्व में समेट लेते हैं और जो कुछ हमारे साथ होता है उसके लिए बाहरी परिस्थितियों और दूसरों को दोष देते हैं। आदर्श तरीक़ा यह होगा कि हम ख़ुद को प्यार करने की अपनी क्षमता को सक्रिय करके दर्द को समझें, ख़ुद को जैसे हम हैं वैसे ही स्वीकार करें और अपनी मानवीय सीमाओं के लिए ख़ुद को माफ़ करें और फिर दूसरों के साथ भी ऐसा ही करें। हम दूसरों को अपना सत्य, अपनी आन्तरिक सच्चाई देते हैं। जब हम मानते हैं कि हम प्यार दे रहे हैं लेकिन असल में हम अपने आत्ममोह के झूठ का प्रदर्शन कर रहे हैं तो हमारा अहं स्वयं को प्रकट कर रहा है, हमारा स्व नहीं।

प्रबुद्ध मनोविश्लेषक सी.जी. युंग ने भविष्यवाणी की थी कि आने वाले दशकों में मानवता के पास परिणाम प्राप्त करने के लिए आध्यात्मिक चिकित्सीय उपकरण होंगे, जो कि उस समय के लिए अकल्पनीय था।

दुनिया भर में अपनी यात्रा में मैंने जिन चिकित्सीय उपकरणों का अनुभव किया है, उनमें से सबसे प्रभावी इमोशनल फ़्रीडम तकनीक (भावनात्मक स्वतन्त्रता तकनीक) है, जिसे टैपिंग या ईएफ़टी के नाम से भी जाना जाता है।

मैं मनोविश्लेषण की तरफ़ इसलिए बढ़ी क्योंकि वर्षों से मैं रात को सोते समय अद्‌भुत सपनों का गहन उत्पादन करती आयी थी और मुझे एक ऐसे उपकरण की आवश्यकता महसूस हुई जो कि मेरे सपनों की व्याख्या करने की मेरी क्षमता को बढ़ाने में मेरी मदद करे। जहाँ तक ईएफ़टी का सवाल है, मैं विशेष रूप से इसे नहीं ढूँढ़ रही थी लेकिन मैं उस तक रेडिशा के माध्यम से पहुँची जिन्होनें इस चिकित्सीय तकनीक की ओर इशारा किया। जब मैंने पहली बार ईएफ़टी का अनुभव किया तब एक शारीरिक दर्द जो मुझे उस समय था तुरन्त ग़ायब हो गया। जिज्ञासावश मैंने इस तकनीक का अध्ययन उसी जुनून के साथ किया जिसके साथ मैं चीज़ों में ख़ुद को डुबो देती हूँ। मैं अमेरिका में ईएफ़टी के दिग्गजों में से एक कैरोल लुक के पास स्पेशलाइज़ेशन करने के लिए न्यूयॉर्क गयी। साल 2008 में मुझे ईएफ़टी प्रैक्टिशनर प्रमाणीकरण मिला।

मेरी राय में मनोविश्लेषण और ईएफ़टी एक-दूसरे के पूरक हैं। मैंने अपने जीवन में इन दोनों का उपयोग किया है और उन्हें स्टैनर एंथ्रोपोसोफ़ी के अपने इस्तेमाल के साथ एकीकृत किया है। मैं कहूँगी कि इनमें से प्रत्येक उपचारात्मक उपकरण की एक विशिष्ट और मौलिक भूमिका है। यूंगियन मनोविश्लेषण प्रतीकों व संकेतों की समझ को ईएफ़टी में जोड़ता है। 'प्रतीक' भावना की रहस्यमय अभिव्यक्ति से ज़्यादा कुछ नहीं है। वास्तव में, मनोविश्लेषकों, मनोवैज्ञानिकों और मनोचिकित्सकों द्वारा भी ईएफ़टी प्रयोग में लाया जाता है, मुख्यतः अमेरिका में।

ईएफ़टी अचेतन भावनात्मक ब्लॉक को हटाता है और आध्यात्मिक ऊर्जा की लपट को स्व तक पहुँचाता है। जब भावनात्मक रुकावटें हट जाती हैं तो व्यक्ति स्वयं की देखभाल करने लगता है। शरीर आत्मा के माध्यम से ख़ुद को ठीक करता है, ठीक वैसे ही जैसे की पीड़ित आत्मा ने शरीर को बीमार किया था। इस अर्थ में हम कह सकते हैं कि मनोदैहिक स्वास्थ्य कुछ जोड़कर कर नहीं बल्कि कुछ हटाकर (भावनात्मक ब्लॉक को हटाकर) प्राप्त किया जाता है।

यह मानस एवं शरीर के बीच सन्तुलन का खेल है।

अपने सार में हम परिपूर्ण हैं। दुर्भाग्य से हमारी यह पूर्णता प्यार की कमी के प्रति हमारी प्रतिक्रिया द्वारा निर्मित सीमित धारणाओं की वजह से धीरे-धीरे ढक जाती है। हम प्यार का अनुभव करने के लिए इस धरती पर आते हैं। जब हमें प्यार नहीं मिलता है तब हम अपने भय, क्रोध, अपराधबोध

और तिरस्कार को सक्रिय करके प्रतिक्रिया करते हैं। कुछ हटाने का मतलब है इन प्रतिक्रियाओं के दमघोंटू प्रभाव को ख़त्म करना और अपनी मूल पूर्णता को फिर से उभारना, जो कि आत्म-प्रेम और दूसरों के लिए प्यार में निहित है, जिसमें हम स्वाभाविक रूप से सक्षम हैं।

स्वेच्छा ही हमें अपने जीवन का लेखक बनाती है।

मन शरीर में विचारों को भेजता है और उनकी भावनात्मक व कम्पानिक गुणवत्ता के अनुसार व्यक्ति को स्वस्थ या बीमार बनाता है। जब मन पूरी तरह से अचेतन आयामों द्वारा नियन्त्रित होता है जो कि अभी तक संसाधित नहीं हुए हैं तो यह अपने आपको बीमारी के रूप में भी व्यक्त कर सकता है।

यह मन ही है जो बीमारी पैदा करता है और शुद्धि व आत्म-मोचन के माध्यम से इसका इलाज भी करता है। इस तरह से आप एक उच्च ऊर्जावान स्तर बनाये रख सकते हैं जिसमें सब कुछ सम्भव है।

इस तकनीक से हर भावनात्मक, शारीरिक और मनोवैज्ञानिक ब्लॉक को हल किया जा सकता है। मेरे लिए ईएफ़टी आज दुनिया का सबसे सूक्ष्म और शक्तिशाली चिकित्सीय उपकरण है।

ईएफ़टी में हम समस्या के बारे में बात करते हैं और हाथों, चेहरे एवं छाती की विशिष्ट बिन्दुओं पर अपनी उँगलियों से थपथपा (टैप) कर चीनी एक्यूपंक्चर मध्याह्न को स्व-उत्तेजित करते हैं। इन बिन्दुओं को उत्तेजित करके हम मानसिक आयाम से भावनात्मक आयाम की ओर बढ़ते हैं और इस प्रकार ऊर्जा प्रवाह चैनलों को अचेतन में प्रविष्ट कराते हैं। यह स्पष्ट है कि उत्तर मन से नहीं अपितु भावना से आते हैं। चूँकि शब्द मानसिक आयाम से नहीं बल्कि भावनात्मक आयाम से आते हैं, इसी वजह से ईएफ़टी भावावेश को एक लेज़र की तरह जला देता है। इस उत्तेजना (स्टिमुलेशन) की मदद से उस भावना को उभारना जिसने ब्लॉकेज पैदा की है, उसे हटाने की कुंजी है। योग के अनुसार विभिन्न चक्र ऊर्जा रिहाई के बिन्दु हैं जिनमें विभिन्न भावनाएँ निवास करती हैं। नाड़ियों के माध्यम से, जो कि ईएफ़टी में प्रयुक्त चीनी एक्यूपंक्चर मध्याह्न के अनुरूप हैं, पूरे शरीर में ऊर्जा व्याप्त हो जाती है।

उदाहरण के लिए, यदि आप विश्वासघात या परित्याग से पीड़ित हैं तो ईएफ़टी के साथ इस पीड़ा का सामना करते हुए आप गहरे और गहरे जाते हैं,

तब तक जब तक आपको पता नहीं चलता कि उस विश्वासघात या परित्याग का कारण आप में भी है, केवल दूसरे व्यक्ति में नहीं। हम उभरने वाली भावनाओं जैसे कि क्रोध, भय, अकेलापन आदि पर काम करना शुरू करते हैं और अपने बचपन की असुरक्षाओं व शंकाओं को फिर से सतह पर लाते हैं। हमारी ये भावनाएँ बचपन में अपने स्वयं के मूल्य की मान्यता की कमी से पैदा हुईं क्योंकि उस समय हम आत्म-प्रेम करने में असमर्थ थे और हमें बाहरी दुनिया से प्यार पाने की आवश्यकता थी।

क्रोध इस बात से नहीं आता है कि हमें धोखा दिया गया था लेकिन इस बात से कि हमें प्यार नहीं मिला और हम अब भी यह मानते हैं कि हम प्यार के लायक नहीं हैं। ईएफ़टी की मदद से क्रोध ग़ायब हो जाता है क्योंकि एक गहन भावनात्मक आयाम में इसका स्थान स्वयं के प्रति स्वीकृति, प्यार और क्षमा ले लेते हैं। मुझे यह कहना पसन्द है कि इस तरह वयस्कों के रूप में हम स्वयं के माता-पिता बन जाते हैं जो यह पहचानने में सक्षम हैं कि हम क्या हैं और किस चीज़ के हक़दार हैं।

मनोविश्लेषण भी इसी तरह से काम करता है। यह हमारा पुनः उसी रास्ते पर चलने के लिए मार्गदर्शन करता है लेकिन धीरे-धीरे उभरने वाली सभी भावनाओं को निपटाने में विफल रहता है, जैसा कि ईएफ़टी करता है। कोई भी घटना जो वयस्क जीवन में घटित होती है और ब्लॉक उत्पन्न करती है उसे ईएफ़टी की मदद से भंग किया जा सकता है, तर्कसंगत आयाम में नहीं अपितु अचेतन आयाम में जो कि उदर में वास करता है। हमारे भीतर जमी हुई भावनात्मक बाधाएँ ईएफ़टी की मदद से धीरे-धीरे पिघल जाती हैं।

ईएफ़टी की बदौलत दो व्यक्तियों के बीच की बाधाएँ आसानी से हट जाती हैं। यह प्रक्रिया नाज़ुक, सम्मानजनक और आसान है। एक अच्छा विशेषज्ञ उचित समय पर उचित शब्दों का इस्तेमाल करके उचित प्रश्न पूछना जानता है, जिसका कथार्टिक असर होता है। भावनात्मक आयाम सूक्ष्म होता है, इसलिए इससे जुड़ी समस्याओं को विशिष्ट शब्दों का उपयोग करके पहचानना और उनका निदान करना ज़रूरी होता है।

भारतीय संस्कृति हमें सिखाती है कि शब्द में बड़ी शक्ति होती है। मन्त्र की पुनरावृत्ति दोहराये जाने वाले विषय को ताकत देती है, इसे व्यक्ति के अन्दर कम्पित करती है और इसे मज़बूत करती है। मन्त्र को दोहराने से, जो कि ईश्वर के नाम की पुनरावृत्ति है, कल्याण होता है। मनोविश्लेषण 'शब्द' का उपयोग समस्या को, दर्द को समझने के लिए करता है;

लेकिन जहाँ एक ओर दर्द भरी कहानी की पुनरावृत्ति आत्मविश्लेषी जाँच में मदद करती है और दर्द के बारे में जागरूकता बढ़ाती है, वहीं दूसरी ओर दर्द को पुष्ट करती है और इसे बढ़ाती है।

दस साल तक यूंगियन मनोविश्लेषण से गुज़रने के बाद अब जब मैं ईएफ़टी के सेशंस करती हूँ तो मैं मानव आत्मा के रहस्यमय आयाम में हल्के और अमूर्त तरीक़े से प्रवेश करने की अपनी क्षमता पर भरोसा करती हूँ। इस प्रक्रिया में मन तर्कसंगत रूप से सक्रिय हुए बिना अवलोकन करता है। यह एक निष्पक्ष गवाह बन जाता है।

मेरे प्रत्येक ईएफ़टी सेशन में मुझे उन लोगों के दर्द को, जो मुझ पर भरोसा करते हैं, ग़ायब होता देखकर ख़ुशी महसूस होती है। मैं कह सकती हूँ किं मुझे वही सन्तुष्टि और आनन्द मिलता है जो कि मुझे नृत्य करते समय महसूस होता है क्योंकि नृत्य स्वयं को अपनी भावनाओं के हवाले कर देना और उन्हें उन्मुक्त करना है।

यहाँ मुझे अपने इस यक़ीन की पुष्टि होते हुए देखकर अतिरिक्त ख़ुशी मिलती है कि जीवन के हर पहलू में समाधान पाने के लिए पहला क़दम दूसरे पर विश्वास करना और अपने आपको उसे सौंपना है। नृत्य में और ईएफ़टी में 'प्यार' की आग में 'दर्द' पिघल जाता है। मुझे लगता है कि ये दोनों पेशे एक-दूसरे के साथ एकीकृत हैं, एक-दूसरे को समृद्ध करते हैं और रचनात्मक व मानवीय तत्त्वों को एक साथ बुनते हैं।

हमारे पिछले जन्मों के कर्म बीज इस जन्म में पाये जाते हैं, जन्म के क्षण से और हमारे पूरे अस्तित्व के दौरान। हमारे बचपन के परिवेश के बारे में सब कुछ–माता-पिता, बहन-भाई, रिश्तेदार, निवास का शहर और जिस तरह की दुनिया में हम समाविष्ट हैं–हमारे पिछले जीवन के सार से मेल खाता है। हमारे जीवन के छठे वर्ष के बाद ही हमारे सचेत स्व का निर्माण शुरू होता है। तब तक जो कुछ भी होता है उसे व्यक्ति केवल अचेतन आयाम में जीता है। इसी आयाम में पिछले जीवन के कर्म बीज निहित होते हैं। हमें अपनी समस्याओं को सुलझाने के लिए वहाँ जाना होगा, बचपन की उम्र में और विश्वस्त तरीक़े से उनकी जड़ों को तलाशना होगा। वर्तमान जीवन के मुद्दों को हल करते हुए पिछले जीवन के मुद्दे भी हल हो जाते हैं। यही कारण है कि मुझे लगता है कि अचेतन की जड़ों को शुद्ध करने के लिए सम्मोहन के माध्यम से पिछले जीवन के बारे में जानना आवश्यक नहीं है। यह इस बात की पुष्टि करता है कि हमारा आध्यात्मिक सार ऊर्ध्वाधर

सतह पर विकसित होता है और वास्तविकता में हमारा बोध क्षैतिजीय सतह पर होता है। मेरे विचार से अचेतन के जड़ों की शुद्धि हमारे अस्तित्व की भलाई के लिए और हमारे आत्मबोध के लिए सबसे महत्त्वपूर्ण पहलू है।

इस शुद्ध स्थिति में ही विपरीत तत्त्वों का यानि पुरुषत्व एवं नारीत्व का मिलन हो सकता है, हमारे अन्दर एक उभयलिंगी के रूप में और बाहर एक जोड़े के मिलन के रूप में। यदि आपके अचेतन की जड़ को शुद्ध नहीं किया गया है तो आपका महल ढह जायेगा।

हर पल हमारे द्वारा चुनी गयी क्रियाओं के माध्यम से विधाता हमें अपने जीवन का निर्माण करने के लिए स्वतन्त्र छोड़ देता है। हमें कारण और प्रभाव की अपनी श्रृंखला बनाने की अनुमति देकर ईश्वर हम जो चाहते हैं, वह करने की अनुमति देता है। यह स्वेच्छा का नियम है। हमने स्वयं अपने सुख-दुःख, अपनी सफ़लता व सन्तुष्टि के लिए परिस्थितियों का निर्माण किया है और इस जीवन में हम अपने कर्मों के परिणामों का सामना कर रहे हैं। यही वजह है कि हमारे साथ जो होता है, उसके लिए हम स्वयं ज़िम्मेदार हैं। साथ ही साथ हम भविष्य की घटनाओं के लिए परिस्थितियाँ बना रहे हैं। यही हमारा कर्म है।

एक युवक के साथ ईएफ़टी सेशन के बाद–जिसमें बचपन में उसके साथ हुई नाटकीय और अत्याचारपूर्ण घटनाएँ सामने आयी थीं–मैंने ख़ुद को उस दर्द से राहत दिलाने के लिए (जो मैंने उससे अवशोषित किया था) ध्यान लगाना शुरू किया। मैं इतनी व्याकुल थी कि जैसे ही मैंने अपनी आँखें बन्द कीं और गहरी साँसें लीं, ईश्वर के प्रति एक भारी गुस्सा मेरे भीतर उभर आया–"आप इतने दर्द की अनुमति कैसे दे सकते हैं? आपने ऐसी दुनिया क्यों बनायी जहाँ कोई इस तरह के अत्याचार सहता है? आपने जीवन का यह खेल क्यों रचाया जिसमें दर्द भी है?" उस क्षण में मुझे यह समझ प्राप्त हुई–"हम स्वयं ही अपने जीवन में होने वाली अच्छी या बुरी घटनाओं के लिए परिस्थितियों का निर्माण करते हैं।"

ईश्वर पर प्रगाढ़ विश्वास करने के लिए और उस पर अपने आपको पूरी तरह से छोड़ देने के लिए मुझे यह समझना ज़रूरी है कि उसने बुराई को अस्तित्व में क्यों आने दिया। हर चेतन और निर्जीव वस्तु उसकी इच्छा से मौजूद है। तो अस्तित्व के खेल में बुराई का तत्त्व और दुःख को शामिल करने के लिए वह क्यों प्रेरित हुआ? वह एक ऐसा खेल रच

सकता था जहाँ इतने दुःख या बुराई की ज़रूरत नहीं थी। उसने मानव में दिल के बजाय दिमाग़ से ज्ञान पाने और अनुभव कर समझने के बजाय सिर्फ़ किताबी ज्ञान के माध्यम से बुराई को व्यक्त करने की अनुमति दी। यह हमारा अहं ही है जो ह्रदय में बसने वाले ईश्वर के प्रेम में ख़ुद को खो देने का भय दिमाग़ में पैदा करता है।

क्या 'ज्ञान' भी ईश्वर के प्रेम की शक्ति से जनित हुआ है? निश्चित रूप से दिमाग़ से प्राप्त किया गया ज्ञान प्यार का शत्रु है पर फिर भी ईश्वर से पृथक नहीं है; हालाँकि ईश्वर व्यक्ति में पूर्ण आत्मसमर्पण के डर को मौजूद होने की अनुमति देता है। यह बात कि ईश्वर ने एक ऐसा खेल रचाया है जिसमें आदमी दर्द पैदा करने के लिए स्वतन्त्र है मुझमें उसके प्रति अविश्वास और डर पैदा करती है।

मुझे एक अलौकिक उदाहरण की ज़रूरत है जो मेरी आस्था को मज़बूत करे। आस्था क्या है? आस्था वह भरोसा है जिसमें अहं से पैदा होने वाला भय ह्रदय में विलीन हो जाता है।

संसार में कष्ट झेलने के कारण हम ईश्वर पर विश्वास खो सकते हैं। बचपन में मेरे साथ ऐसा ही हुआ और मैंने अनजाने में विश्वास व प्यार करने की अपनी क्षमता को विकसित करने के बजाय अपने दुःख के डर को ताक़त दी।

आख़िर में मैं अपने अहं के भय–स्वयं को ईश्वर के प्रेम के भरोसे छोड़ देने का भय–के मूल तक गयी। मैंने फिर से वह सब अनुभव किया जैसा कि सात साल की उम्र में किया था। मुझे समझ आया कि मैं ईश्वर पर इसलिए भरोसा नहीं करती थी क्योंकि उसने मुझे बचपन में एक गहन दर्द का अनुभव होने दिया था। मेरा मानना है कि ईश्वर के सम्बन्ध में यही असली समस्या है जिसे प्रत्येक मनुष्य को स्वयं हल करना होगा, दिमाग़ से नहीं बल्कि उन गहराइयों में उतर कर जहाँ इच्छाशक्ति निवास करती है।

मैंने हमेशा दुःख के उद्देश्य को और मनुष्य के विकास में इसके योगदान को समझा है। बुराई और पीड़ा का यह तत्त्व, जिसे भगवान ने अस्तित्व में आने दिया और ज़िन्दगी के खेल का हिस्सा बने रहने की अनुमति दी, कहाँ से आया है? स्वर्ग में अपने सेब से लुभाने वाला वह ज्ञान का वृक्ष क्यों मौजूद था? और हमारा यह मन क्यों दुःख पैदा करता है, दिल के विपरीत जहाँ आनन्द बसता है?

वर्तमान जीवन में हम उन सभी चुनौतियों से जूझने के लिए आते हैं जिनका हम पिछले जन्मों में सामना नहीं कर पाये थे। बच्चा जानता है कि दुःख क्या है क्योंकि वह इसे बिना किसी सुरक्षा और सन्दर्भ के पूर्ण रूप से जीता है चूँकि उसकी चेतना अभी तक पूरी तरह से गठित नहीं हुई है।

बचपन में मुझे यह सब सहज रूप से पता था। मेरा मानना है कि बचपन में हम अन्तर्ज्ञान और अचेतन के माध्यम से सब कुछ जानते हैं, लेकिन इसके बारे में जागरूक हुए बिना। मानो हमारे उदर में एक और मस्तिष्क है। मुझे पता था कि मुझे अपनी पीड़ा के समाधान के लिए अचेतन आयाम में जाना होगा। मेरे व्यक्तिगत अनुभव में सम्मोहन व्यक्ति के अचेतन को शुद्ध नहीं करता है।

मैंने सैंटा फ़े, न्यू मैक्सिको में क्रिस ग्रिकॉमसन के साथ तीन सम्मोहन (हिप्नोटिक) सेशंस किये। यह सामने आया कि किसी पिछले जन्म में मैं एक जागीरदारिणी थी और एक अमीर, शक्तिशाली और अच्छे व्यक्ति की पत्नी थी जो मुझे बहुत प्यार करता था। मैं बहुत उदार थी और अच्छे कामों में लगी रहती थी, ख़ासकर बच्चों के लिए। ईर्ष्यालु दुश्मनों ने मुझे कपड़ों में छिपी ज़हरीली सुइयों से मार दिया था। यह बात सच है या नहीं, ये प्रतीक निश्चित रूप से ऐसे हैं जो इस जीवन में मेरी वास्तविकता के अनुरूप हैं। मैं कभी भी ईर्ष्यालु लोगों से निपटने में सक्षम नहीं रही हूँ और अपने आपको उनसे बचाने के बजाय मैं बग़ावत कर देती हूँ और उन्हें उकसाती हूँ जिससे स्थिति और बिगड़ जाती है।

हमें स्वयं से अपनी रक्षा करनी चाहिए क्योंकि बाहरी दुनिया हमारी आन्तरिक दुनिया का प्रक्षेपण है। उन लोगों को जो हमसे प्यार करते हैं सबसे पहले अपने आन्तरिक शत्रुओं से बचने में हमारी मदद करनी चाहिए।

जानना और समझना मौलिक है लेकिन यह व्यक्ति के कर्म बीज को जलाने के लिए पर्याप्त नहीं है जो कि उसके पिछले जन्मों का सार हैं।

हमने जिन मुद्दों को अभी तक संसाधित नहीं किया है, वे हमें उन परिस्थितियों को पैदा करने के लिए उकसाते हैं जिनमें वे मुद्दे फिर से उभर कर आते हैं। इसका चिकित्सीय समाधान है भावनात्मक ब्लॉक्स को, जो कि हमारी सहज प्रतिक्रियाओं और भावनात्मक गतिकी का परिणाम हैं, अचेतन आयाम में ठीक करना।

मानव अचेतन सेंट पैट्रिक का कुआँ है जहाँ पिछले जन्मों के कर्म बीज अपने इतिहास के साथ मौजूद हैं। यह हमारा अहं ही है जो नर्क का निर्माण करता है। अपने व्यक्तिगत अनुभव में हर बार जब मैं दर्द के स्रोत को हटाती हूँ तो मैं अपने अन्दर प्यार के बीज को साँस लेने का अवसर देती हूँ। मैं नहीं मानती कि अचेतन की कुल शुद्धि के बिना पूर्ण आध्यात्मिक बोध सम्भव है।

यदि माँ ने अपने अचेतन को शुद्ध नहीं किया है तो वह अनिवार्य रूप से अपने बच्चे पर वे सब प्रक्षेपित करती है जो उसके स्वयं के भीतर कम्पित हो रहा है। अपनी रक्षा व संरक्षण का उस समय कोई उपाय नहीं होने के कारण बच्चा अनजाने में माता-पिता और अपने आस-पास के वयस्कों से उत्सर्जित हुए कम्पन (वाइब्रेशंस) को अवशोषित करता है। हमें अपने आप पर पीड़ा, चिन्ता, अपराधबोध, न्यूरोसिस और दर्द के नकारात्मक कम्पन से छुटकारा पाने के लिए काम करना है जिसे हमने बाहरी दुनिया से अवशोषित किया है।

पाश्चात्य संस्कृति हमें अचेतन मन में प्रवेश करना नहीं सिखाती है। इसमें एक ऐसे धर्म की कमी है जो कि हमें अपने जीवन के भावनात्मक आयाम को समझने में और हमारी भावनात्मक उथल-पुथल को दुरुस्त करने में हमारा मार्गदर्शन करे। इसके बजाय हमारा धर्म हमें केवल नियम और हठधर्मिता सिखा रहा है जो अक्सर शरीर, यौन ऊर्जा और आन्तरिक स्वतन्त्रता के बारे में पूर्वाग्रहों और वर्जनाओं को जन्म देने के सिवाय कुछ भी नहीं करते हैं। स्कूलों में 'हीलिंग' तकनीक सिखाई जानी चाहिए।

सामूहिक अचेतन में निहित दमन (रिप्रेशन) खुद को निरन्तर हिंसा के माध्यम से प्रकट कर रहा है। हम इसकी अभिव्यक्तियों को देख रहे हैं जो कि भूमिगत आग की तरह हैं जो राख के नीचे सुलगती है, अस्पष्ट तरीक़े से जलती है और एक असाध्य विनाश का कारण बनती है।

यदि दर्द को अन्दर बढ़ने के लिए छोड़ दिया जाये और इसे संसाधित नहीं किया जाये तो यह दमित हो जाता है और देर-सवेर यह शारीरिक या मानसिक बीमारी में बदल जाता है।

हीलिंग के बाद हल्केपन और आनन्द का अनुभव होता है। हीलिंग मनुष्य के असली स्वभाव को, जो कि आनन्द है, आन्तरिक पीड़ा के भारीपन से मुक्त करके प्रकाश में लाती है। यही हमारे जीवन का असली कार्य है।

जीवन के इस खेल के प्रति अपने क्रोध (क्योंकि इसमें दर्द भी शामिल है) से छुटकारा पाने के बाद अब मैं समझती हूँ—हालाँकि पूरी तरह से नहीं—कि दर्द का मूल कार्य व्यक्ति का विकास है। जीवन जैसा भी है उसे स्वीकारना चाहिए और उससे प्यार करना चाहिए। दर्द को आनन्द में परिणत करना, जैसा कि कला में होता है, एक चुनौती है। एक प्रकार का कीमिया परिवर्तन, स्वर्ण यानी मूल प्यार पाने के लिए।

प्राचीन काल में जब मनुष्य दिव्य सत्य के सीधे सम्पर्क में रहते थे तो वे इतनी बुराई के बीच नहीं रहते थे और इसलिए उन्हें इस शुद्धीकरण की प्रक्रिया की आवश्यकता नहीं होती थी। यदि हम शुद्ध जीवन जीते और परमात्मा के सीधे सम्पर्क में होते तो दर्द का अस्तित्व नहीं होता।

मन को तब तक शुद्ध करना ज़रूरी है जब तक कि जीवात्मा ब्रह्म में फिर से लीन न हो जाये, समुद्र में पानी की एक बूँद की तरह।

मेरे अनुभव में एक बार जब आध्यात्मिक ऊर्जा एक सच्चे गुरु की मदद से जाग्रत हो जाती है तो यह स्वयं हमारे भीतर शुद्धीकरण का काम करती है। जाग्रत ऊर्जा हमारा मार्गदर्शन करती है, हमें शुद्ध करती है। ईएफ़टी भावनात्मक, अचेतन ब्लॉक्स पर उसी तरह कार्य करती है जैसे की जाग्रत आध्यात्मिक ऊर्जा हमारे प्राचीन कर्म ब्लॉक्स को शुद्ध करती है।

अगर हम यह मानते हैं कि अचेतन व चन्द्रमा स्त्रीयेण हैं तो हमें यह भी मानना होगा कि स्त्री के पास अचेतन आयाम को प्रबन्धित करने की बेहतर क्षमता है। ईश्वर द्वारा उसे दी गयी शक्ति की प्रकृति के कारण वह दुनिया को स्वस्थ कर सकती है और बचा सकती है। आधुनिक महिलाएँ पुरुष की शक्ति के साथ प्रतिस्पर्धा करके, जिसका वे अनुकरण करती हैं, अपनी शक्ति का खण्डन कर रही हैं।

स्त्री सौन्दर्य और प्रेम है। उसे अपना आध्यात्मिक मूल्य हासिल करना होगा।

मैंने अपनी चिकित्सीय यात्रा के बारे में इस पुस्तक में वैसे ही लिखा है जैसा कि मैंने वास्तव में इसे जिया है—अपने जीवन की शुरुआती उथल-पुथल से कैसे मैं अपने रास्ते पर मिलने वाले सभी चिकित्सीय साधनों का उपयोग करते हुए धीरे-धीरे प्रकाश की ओर बढ़ी।

मैं उम्मीद करती हूँ कि मेरा यह अनुभव आपको सत्य के क़रीब लायेगा और उसकी ताल पर नृत्य करने में आपकी मदद करेगा।

अध्याय-12

मेरी गुरु

अब तक मैंने एक महिला और एक कलाकार के रूप में अपने रहस्य को उजागर किया है। मैंने आपको अपने शरीर, मन, अचेतन, भय, आन्तरिक घाव, रचनात्मक प्रक्रिया, सम्बन्धों, सफलताओं और विफलताओं, यात्राओं, विचार, समझ, लैंगिकता, कामुकता के बारे में सब कुछ बताया है। अब मेरी इससे भी बड़ी एक महत्त्वाकांक्षा है कि मैं आपको उस महान आत्मा के बारे में बताऊँ जिसने मुझे प्रेरित किया और मेरे जीवन का मार्गदर्शन किया।

मैंने शुरू में आपको यह बताया कि जब कलाकार सृजन करता है तब वह ध्यान की स्थिति में रहता है, लेकिन अब मैं आपको अपने साथ परम रहस्य के मूल तक ले जाना चाहती हूँ, सत्य के मन्दिर तक। इस रहस्य तक पहुँचने की कुंजी थी, है और हमेशा रहेगी एक शुद्ध हृदय जो कि दिव्य प्रेम की लालसा रखता है।

आगे की कहानी पढ़ने से पहले मैं आपको अपने हृदय की शुद्धता को सक्रिय करने के लिए आमन्त्रित करती हूँ ताकि आप जो पढ़ने वाले हैं उसे आप समझ सकें और अनुभव कर सकें।

मेरी आध्यात्मिक मार्गदर्शक एक ऐसी महिला हैं जो कि अपनी आन्तरिक सुन्दरता से दमकती हैं और उनके पास अपने से जुड़ने वाले में वैसी ही सुन्दरता को पुनः जाग्रत करने की शक्ति है। मानव होने के बावजूद वह दिव्य ऊर्जा के उत्सर्जन का एक साधन हैं। उनका ध्येय है कि मानव हृदय में दिव्य ज्योति जलती रहे, और जिस किसी में भी इस स्थिति को पाने की लालसा है उसमें वह इसे प्रज्ज्वलित कर सकती हैं। वह ऐसी रोशनी हैं जो दूसरे को रोशन करती है। वह एक जीवन्त आनन्द का

संचार करती हैं और इस बात का जीता जागता उदाहरण हैं कि व्यक्ति कैसे ख़ुश रह सकता है।

उनके क़रीब होने मात्र से इंसान उनकी शक्तिशाली ऊर्जा से ओत-प्रोत हो जाता है, जो कि उसका पोषण करती है और उसे शुद्ध करती है। ऐसी महान आत्मा से मुलाक़ात होना जीवन का सबसे बड़ा सौभाग्य और सबसे बड़ा पुण्य है। उनसे मिल कर इंसान का उद्धार हो जाता है और वह अज्ञान के अँधेरे से ज्ञान की रोशनी में आ जाता है। मैं यह नहीं कह रही हूँ कि ऐसी महान आत्मा से मिलने के बाद जीवन की यात्रा मुश्किल नहीं होती है। कदापि नहीं। लेकिन मैं आपसे यह कहना चाहती हूँ कि जब जीवन के खेल में हम अनिवार्य रूप से अँधेरे क्षणों से गुज़रते हैं तब हम दिव्य ज्योति से (जो कि उन्होंने हमारे भीतर जाग्रत की है) और हमारे जीवन में उनकी उपस्थिति से रक्षित महसूस करते हैं। यही अन्तर है! एक असाधारण घटना!

मेरे लिए उनकी महानता को समझना, उनकी आध्यात्मिक शक्ति को समझना जो कि उनके मानव होने के बावजूद दिव्य है आसान नहीं था और सच कहूँ तो आज भी नहीं है। मेरा मानना है कि यह तभी सम्भव है, जब हमने अपने आपमें आध्यात्मिक और भौतिक के बीच के मिलन को इस तरह से साधा हो कि दोनों आयामों में कोई अन्तर न बचा हो। महान आत्माएँ भी जब तक भौतिक शरीर में रहती हैं, तब तक भौतिकता के नियमों के अधीन होती हैं अर्थात् वे भी हम साधारण मनुष्यों की तरह बूढ़ी होती हैं और बीमार पड़ती हैं। फिर भी वे दिव्य हैं।

ऐसी दिव्य आत्मा किसी व्यक्ति के जीवन में कैसे आती है? मुझे लगता है कि गहरे स्तर पर गुरु माँ की आध्यात्मिक ऊर्जा ही आपको खींचती है और आपको उन तक पहुँचने की अनुमति देती है। व्यक्ति अपने आध्यात्मिक विकास और अपने कम्पन के आधार पर, जो कि गुरु माँ के कम्पन के अनुरूप होता है, उनके प्रति आकर्षित होता है। व्यक्ति उनकी ऊर्जा को उसी अनुपात में ग्रहण कर पाता है जितना कि उसका कम्पन क्षेत्र आकर्षण के उस बल को प्राप्त करने में सक्षम होता है।

मेरी आध्यात्मिक मार्गदर्शिका के पास यह शक्ति है; वह आध्यात्मिक ऊर्जा का एक ऐसा ट्रांसमीटर हैं।

मेरा मानना है कि सच्चे गुरु द्वारा दी गयी दीक्षा तभी सम्भव है, जब हम स्वयं में ऐसा करने की इच्छाशक्ति जगा चुके हों। यह स्व की गहराई में होने वाली एक अन्तरंग और लम्बी प्रक्रिया है जो कि अपने समय से होती है और जिसकी अवधि हममें से हर एक के लिए अलग होती है।

आध्यात्मिक ऊर्जा हमारे कर्म, हमारे क्रमिक विकास और हमारे प्रयास के आधार पर हमारा मार्गदर्शन करती है। इस जाग्रत ऊर्जा के साथ हम जो यात्रा करते हैं वह अद्वितीय व असाधारण होती है और हममें से हर एक के लिए अलग होती है।

हर एक की अपनी अनोखी कहानी होती है। मैं चाहूँगी कि हर व्यक्ति एक सच्चे गुरु से मिले जो उसमें इस ऊर्जा को जगा सके जो अनायास सक्रिय हो जाती है और जगाने वाले से मुक्त हो जाती है। व्यक्ति को यह ज्ञान हो जाता है कि अपने जीवन में होने वाली हर चीज़ का लेखक वह स्वयं है। अपने फ़ैसलों के लिए व्यक्ति स्वयं ज़िम्मेदार है चाहे वे दिव्य इच्छा के अनुरूप हों या न हों।

एक बार जब आध्यात्मिक जागृति हो जाती है तो यह हमारे ऊपर है कि हम मन, अचेतन व शरीर को गहरा और शुद्ध करने के लिए आध्यात्मिक साधना, व्यक्तिगत प्रतिबद्धता, आत्मनिरीक्षण, परमात्मा के लिए तड़प एवं आगे बढ़ने की इच्छा रूपी लकड़ी से इस आग को प्रज्ज्वलित रखें और लगातार अपने आपसे और दूसरों से सवाल करें। आध्यात्मिक मार्गदर्शक या गुरु हमारे अन्दर की आग को जलाता है लेकिन यह हमारे ऊपर है कि हम अनुशासन के साथ इसे जलाये रखें। मैं अपने आपसे, उस भगवान के रूप में जो मेरे भीतर वास करते हैं, प्रार्थना करती हूँ कि मैं हमेशा अपनी गुरु के साथ, जो कि मेरा अपना आन्तरिक स्व है, जुड़े रहने के योग्य रहूँ।

दिव्य ऊर्जा अर्थात् ईश्वर ब्रह्माण्ड के प्रत्येक कण में विद्यमान है और यह स्पष्ट है कि यदि हम हृदय के माध्यम से उस ऊर्जा के सम्पर्क में आते हैं तो हम इसके साथ एक हो जाते हैं।

मैं आपको यह समझाने की कोशिश करूँगी कि जब मैं 'दिल' से या 'दिमाग़' से सक्रिय होती हूँ तो क्या महसूस करती हूँ। जब मैं दिल से सक्रिय होती हूँ तो मुझे लगता है कि मैं सही निर्णय लेने में सक्षम हूँ।

मैं एक आन्तरिक मुस्कान का अनुभव करती हूँ जो मुझे आश्वस्त करती है। जब मैं सिर्फ़ दिमाग़ से सक्रिय होती हूँ तो मेरे विचार चिन्ता व अनिश्चितता की भावना से घिरे होते हैं और मैं अपने फ़ैसलों के बारे में दुविधा में होती हूँ। समय के साथ मैं दिल और दिमाग़ का आपसी सामंजस्य बिठाने में कामयाब हुई हूँ, यह सुनिश्चित करने के लिए कि मेरा दिमाग़ अपनी सभी शानदार क्षमताओं के साथ मेरे दिल से जुड़ा रहे।

भारत में रहने के बाद मैं कई बार मनन-चिन्तन के लम्बे दौर से गुज़री जिसमें मैंने रचना नहीं की। मैं तभी रचना करती जब उस कृति के अस्तित्व का कोई प्रयोजन होता। शुरू में मेरा मानना था कि भारत ने मेरे अस्तित्व को एक नयी रोशनी दी थी और मेरे अनुभवों का श्रेय उस भूमि को दिया जाना चाहिए जो अपनी आध्यात्मिकता के लिए प्रसिद्ध है। समय के साथ मैंने महसूस किया कि इन सबके साथ एक और सच्चाई थी–मेरे अन्दर मेरी गुरु की सक्रिय उपस्थिति जिनके बारे में मुझे तब तक जानकारी नहीं थी, जिन्हें मैंने बाद में अपने मार्गदर्शक के रूप में पहचाना।

भारत की अपनी पहली यात्रा में मैं अपनी गुरु से शारीरिक रूप से नहीं मिली, लेकिन जैसे ही मैं भारत पहुँची मेरे भीतर जो कुछ हो रहा था उसके जादू को मैंने महसूस किया। मुझे ऐसे लगा मानो मैं आध्यात्मिक ऊर्जा से ओत-प्रोत हूँ और इसकी स्थूलता में प्रविष्ट हुई हूँ, यह मूर्त है। मुझे यक़ीन है कि जैसे ही मैंने भारत की धरती को छुआ उन्होंने अपनी इच्छाशक्ति से मुझे आध्यात्मिक दीक्षा दी। शास्त्र कहते हैं कि गुरु चार तरह से दीक्षा देता है–इच्छाशक्ति से, टकटकी से, वचन से और स्पर्श से। सच्चा गुरु शिष्य की आध्यात्मिक ऊर्जा को जाग्रत करता है जो अन्यथा सुप्त रहती है और इस तरह से शिष्य को अज्ञान के अँधेरे (गु) से ज्ञान की रोशनी (रु) की ओर ले जाता है।

उन्होंने मुझे उस पुकार के साथ ख़ुद की ओर आकर्षित किया था जो कि मेरे अन्दर हमेशा से थी, ईश्वर के प्रेम की पुकार। उनकी उपस्थिति हमेशा से मुझमें रही है और तभी प्रकट हुई जब मैं इसके लिए तैयार थी। ईश्वर स्वयं को सही समय पर प्रकट करते हैं।

दो शब्द हैं जो वह हमेशा दोहराती हैं–सम्मान और प्यार। पश्चिम ने इन मूल्यों को शक्ति, वर्चस्व और प्रकृति के उत्पीड़न के साथ कुचल दिया है।

उस यात्रा के एक साल बाद कैसर्टा फ़ेस्टिवल *सेटेम्ब्रे अल बोर्गो* के पुनरुत्पादन में *स'एस्ट आइसी के ल'ऑन प्रेंड ले बाटो* का प्रदर्शन करने के दौरान मैं बहुत मानसिक पीड़ा के क्षणों से गुज़री। मुझे एक डांसर से प्यार हो गया था लेकिन मैं उस जुनून का अनुभव करने से डरती थी और पीछे हट गयी। उसे जानने से एक साल पहले मैंने उसके हाथों का सपना देखा था! मेरे सपने में जब वे हाथ पियानो बजा रहे थे तो मुझे वह प्यार महसूस हुआ जिसकी मुझे तलाश थी। कुछ महीनों बाद मैंने अपने सपने वाले उन हाथों को पहचान लिया जब वह सच में पियानो बजा रहे थे।

शो के बाद जब कम्पनी के लोग डिनर पर गये तो मैं कैसर्टा की ऊँचाई से रात में समुद्र को देखने के लिए अकेली गयी और जिस रिश्ते से मैं भाग रही थी उसके लिए अपने दिल में एक तीव्र पीड़ा लिए अँधेरे में बुरी तरह रोयी। उस पल में मुझे एक दिव्य दृष्टि का अनुभव हुआ—एक महिला, अनन्त की तरह विशाल, अपनी आँखें बन्द किये हुए पद्मासन में ध्यान करती हुई, काले बाल और भगवा वस्त्र पहने हुए। मुझे उसकी आवाज़ अपने अन्दर और बाहर गूँजती हुई सुनाई दी; उसने मुझसे अंग्रेज़ी में कहा—*इनफ़िनिट... डिटैचमेंट (असीम... अनासक्ति)*।

उस आवाज़ को सुन कर मुझे एक गहरी शान्ति महसूस हुई, वैसी ही जैसी मैंने तब तक सिर्फ़ नाचते हुए अनुभव की थी। मेरी पीड़ा ग़ायब हो गयी और मैं लौट कर अपनी कम्पनी के लोगों के साथ डिनर में शामिल हो गयी, जैसे कि कुछ भी नहीं हुआ था। मेरा व्यवहार उस व्यक्ति की तरह था जिसे नींद से जागने के बाद वास्तविकता के सम्पर्क में आने के बाद अपना सपना याद नहीं रहता है। मैंने सोचा तक नहीं कि क्या हुआ था या कि वह दिव्य दृष्टि क्या थी। हालाँकि तब से मुझे यह समझ में आने लगा कि मैं भावनाओं में बह जाती थी और यह मुझे पीड़ा के रसातल में ले जाता था। मुझे दूसरों के प्रति अपनी तीव्र भावनाओं को सँभालना सीखने की ज़रूरत थी और इन्हें अपनी आसक्ति पर विजय प्राप्त कर के शान्त करने की ज़रूरत थी। लेकिन वास्तविक जीवन में ऐसा कर पाना मेरी जैसी भावुक महिला के लिए आसान नहीं है, भले ही नृत्य करते समय जब शरीर गौण हो जाता है तो अनासक्ति उभरती है। मेरा यह भी मानना है कि हम अपनी कामनाओं को तभी पूरा कर सकते हैं जब हम

उनके प्रति अपनी आसक्ति को छोड़ दें। हम जो चाहते हैं उसे आकर्षित करने के लिए अनासक्ति जादू की कुँजी है।

मैंने यह राज जाना कि जब मेरी असुरक्षा की भावना और मैं जो चाहती हूँ उसे हासिल न कर पाने का मेरा डर विश्वास के आयाम में लुप्त हो जाते हैं केवल तभी मुझे अनासक्ति प्राप्त होती है। केवल तभी मुझे लगता है कि जैसी भी स्थिति सामने आ रही है, वह ठीक है। तब ही चमत्कार होता है और मेरी हर इच्छा सहज रूप से पूरी होती है।

यद्यपि यह एक शक्तिशाली अनुभव था, चौदह साल तक मैंने उस दिव्य दृष्टि के बारे में कभी बात नहीं की, ख़ुद से भी नहीं। मानव मन अविश्वसनीय तरीक़े से काम करता है। कभी-कभी यह ऐसे गहरे अनुभवों पर पर्दा डाल देता है, ताकि स्वयं की रक्षा कर सके। मैं गवाही दे सकती हूँ कि हृदय प्रकट करता है, जबकि मन ढकता है।

उस दिव्य दृष्टि के दस साल बाद मई, 1989 में मैं वास्तव में अपनी गुरु से मिली।

मुझे रोम में एक योग कार्यक्रम में आमन्त्रित किया गया था। उस समय मेरी सेक्रेटरी को बच्चा होने वाला था और उसकी जगह मेरे एक संगीतज्ञ की युवा बेटी ने ले ली थी। भ्रान्तिवश उसने मुझे टेलीफ़ोन पर मिले एक निमन्त्रण की जानकारी दी। मेरा सिर्फ़ इस बात पर ध्यान गया कि वह कार्यक्रम वाया औरेलिया के एक होटल में हो रहा था।

एक रविवार को, जैसा कि अक्सर होता था, मैं डीनो ऑरलैंडो के साथ लंच के लिए फ़्रीजीन गयी और लौटते समय हम होटल एरजीफ़े के सामने से गुज़रे। मुझे याद आया कि उस दिन वहाँ वह भारतीय कार्यक्रम होने वाला था जिसके बारे में मुझे ज़्यादा समझ नहीं थी। चूँकि हम वहाँ मौजूद थे तो डीनो और मैंने सोचा कि हम कार्यक्रम पर एक नज़र डालते चलें।

पोस्टर को देखते ही मैं समझ गयी कि कार्यक्रम भारत के किसी आध्यात्मिक गुरु के साथ था। चूँकि मैंने सोचा था कि यह एक भारतीय संगीत कार्यक्रम होगा, मेरी पहली प्रतिक्रिया झुँझलाहट की थी। अड़सठ के दौर की वामपन्थी होने के नाते मैंने एक कठोर संस्कृति, एक धर्म-विरोधी और सबसे बढ़कर एक गुरु-विरोधी रवैये को इस हद तक आत्मसात कर लिया था कि भारत में अपनी सभी यात्राओं के दौरान मैं हमेशा सभी आध्यात्मिक गुरुओं से पूरी तरह से दूर रही थी। लेकिन उस अवसर पर

जैसे ही मैंने कमरे में प्रवेश किया मुझे वहाँ मौजूद लोगों के सौन्दर्य और तेज, उनकी दयालुता और शिष्टता ने तुरन्त आकर्षित किया।

मेरी मुलाक़ात एंड्रिया बोनी से हुई जिन्होंने बड़ी गर्मज़ोशी के साथ मेरा स्वागत किया और उनके निमन्त्रण ने मेरे जीवन की दिशा को बदल दिया।

वहाँ मौज़ूद हज़ारों लोगों के बीच बेर्तोलुच्ची और एंटोनियोनी जैसे महत्त्वपूर्ण कलाकार भी थे। मेरे शुरुआती प्रतिरोध के बावजूद एंड्रिया ने मुझे प्रवेश करने के लिए राज़ी किया और मैंने ख़ुद को एक असाधारण आध्यात्मिक शक्ति और दिव्य उपस्थिति का अहसास दिलाने वाली महिला के सामने पाया। मैं उनकी गूढ़, गहरी आंखों की रोशनी के तेज से अभिभूत हो गयी, जो अनन्त के साथ फिर से जुड़ने से पहले मानो मुझे भेद रही थीं। उनके चेहरे पर एक दिव्य तेज व सौन्दर्य था–वह चेहरा मरियम (मैडोना) के समान था जैसा कि पवित्र चित्रों में दर्शाया गया है।

एंड्रिया के पिता चेज़ारे बोनी ने मुझे एक महान कलाकार करार देते हुए उनसे मेरा परिचय कराया और मेरे कहे बिना मेरे साथ एक निजी मुलाक़ात के लिए उनसे अनुरोध किया। वह मान गयीं पर एक अजीब अभिव्यक्ति के साथ मानो उन्हें इस बात पर सन्देह था कि मैं वाकई में ऐसा चाहती थी। मुझे समझाया गया कि उनके साथ एक निजी मुलाक़ात हो पाना बहुत ही मुश्किल था। प्रतिक्रियास्वरूप मैंने अपने अहं की कल्पना दस मीटर लम्बी छाया के रूप में की; यह मेरा डर था जिसके चलते मैंने उनसे मिलने का विचार छोड़ दिया। मैं उलझन में थी और नहीं जानती थी कि मैं उनसे क्या पूछूँगी, हालाँकि मेरे अन्दर अस्तित्व सम्बन्धी हज़ार प्रश्न थे जिनके जवाब मुझे तब तक नहीं मिले थे... मुझे यह भी नहीं पता था कि मैं वहाँ क्यों मौजूद थी, यह सिर्फ़ एक संयोग था... मैं वहाँ से भाग गयी!

शाम को मैं घर लौटी, टेलीविज़न चालू किया और उनके बारे में मीनो डमातो द्वारा प्रस्तुत एक कार्यक्रम देखा। तब जाकर मुझे अहसास हुआ कि उनमें कुछ ऐसा महान था जो मुझ पर गहराई से प्रभाव डाल रहा था। उनके हाव-भाव, उनकी हर एक नज़र और शरीर की हरक़त एक अनुग्रह और हल्कापन दर्शाती थी जो किसी भी महान नर्तक की तुलना में कहीं अधिक श्रेष्ठ था। मुझे उनसे प्यार हो गया।

कुछ महीनों बाद मैंने उनके साथ एक वीडियो कार्यक्रम में भाग लिया जिसमें मुझे गहरे आध्यात्मिक अनुभव हुए। अपने भीतर मैंने चमकदार रोशनी और ग्रहों से बने एक निशाचर ब्रह्माण्ड को देखा; मुझे ऐसा महसूस हुआ कि मेरे अन्दर और बाहर के बीच अब कोई सीमा नहीं थी। ध्यान करते समय मेरे शरीर ने, जो कि ज़मीन पर पद्मासन में बैठा था, एक ऐसा मूवमेंट किया जो मैं अपने दम पर कभी नहीं कर सकती थी। यह आध्यात्मिक ऊर्जा थी जिसने मुझसे एक असम्भव मुद्रा कराई–मेरी पीठ एक तरफ़ झुक गयी और फर्श को छूने लगी, मेरी रीढ़ की हड्डी पैंतालीस डिग्री झुकी और जल्दी से सीधी हो गयी, जबकि मेरे पैर पहले की तरह गतिहीन रहे। मुझे ऐसा लगा जैसे मेरी पीठ पर एक बिन्दु से जहाँ मुझे हमेशा दर्द महसूस होता था एक चाकू बाहर निकल आया है। मुझे उस पल के बाद से फिर कभी वहाँ दर्द नहीं हुआ।

एक महीने बाद मैं घर पर थी जब मुझे और भी अधिक अविश्वसनीय अनुभव हुआ। जैसे ही मैंने हठ योग का अभ्यास करने के लिए अपनी आँखें बन्द कीं, मुझे तिल के आकार में एक चकाचौंध रोशनी के दर्शन हुए। तुरन्त मैं अपार प्रेम की स्थिति में पहुँच गयी। मैंने उस प्रकाश को भेदने की, उसमें गोता लगाने के लिए एक मार्ग बनाने की तीव्र इच्छा महसूस की। लेकिन एक प्रगाढ़ भय ने मुझे पीछे खींच लिया और वह दिव्य दृष्टि ग़ायब हो गयी। मैंने जो देखा वह एक अवर्णनीय प्रकाश था, वही प्रकाश जिसका वर्णन मृत्यु की कगार से लौटने वाले व्यक्ति करते हैं, जिसकी तुलना हज़ारों सूर्यों से की जाती है। मुझे पता चला कि उस दिव्य दृष्टि में मुझे नीले बिन्दु के दर्शन हुए थे जो कि भारत के पवित्र ग्रन्थों में–जिनका मैंने बाद में अध्ययन किया–एक तिल के रूप में वर्णित है। यह एक ज़बरदस्त शक्ति का अनुभव था। मैं कुछ क्षणों तक उस प्रकाश में रही जो कि जीवन से परे है। मैं समझ गयी कि मुझे दिव्य प्रेम का अनुभव हुआ है और यह कि वह तिल का दाना मेरा अपना अमर स्व था। मैं ख़ुद को उस प्रकाश में डुबो सकती थी, जैसे महासागर में एक बूँद, लेकिन मैं ऐसा करने से डरती थी। मैं समझ गयी कि मेरे साथ जो हो रहा था वह रहस्यपूर्ण, चमत्कारिक और अवर्णनीय था। उस अनुभव ने मेरे जीवन को एक नया अर्थ दिया, मेरी आस्था को बल दिया। मुझे अब और कोई संशय नहीं था। जिसे हम ईश्वर कहते हैं, वह मौजूद है। ईश्वर प्रकाश है। ईश्वर प्यार है।

उस अनुभव के तुरन्त बाद मैंने भारत में उनके आश्रम जाने का फ़ैसला किया। आश्रम के एकान्त में, आध्यात्मिक साधनाओं द्वारा चिह्नित आश्रम के जीवन की लय में इंसान ख़ुद को फिर से पा लेता है। एक दिन ध्यान गुफा में साधना करते समय मेरे भीतर से, मेरे उदर से उनकी आवाज़ आयी जो मुझसे अंग्रेज़ी में कह रही थी–"डू नॉट गो बैक टू इटली। स्टे हियर एंड मैरी एन इंडियन मैन, योर ट्विन सोल।" (इटली वापस मत जाओ। यहीं रहो और एक भारतीय पुरुष से, अपने ट्विन सोल से शादी कर लो।) उन्होंने उस पुरुष का उसके पूरे नाम से उल्लेख किया।

इस सन्देश ने मुझे भ्रम की स्थिति में डाल दिया। उस रोमांटिक रिश्ते विशेष से सम्बन्धित मेरे सारे पुराने प्रतिरोध और आशंकाएँ फिर से उभर कर मेरे सामने आ गयीं।

जब मैं सालों बाद अपने ट्विन सोल से न्यूयॉर्क के कार्नेगी हॉल में उनके कॉन्सर्ट के दौरान मिली तो मैंने उन्हें उस सन्देश के बारे में बताया जो कि मुझे ध्यान करते समय मिला था। उन्होंने विस्मय से मेरी ओर देखा और एक विडम्बनापूर्ण अभिव्यक्ति के साथ आकाश की ओर इशारा कर मुस्कुराते हुए जवाब दिया–"मुझे तो कुछ और ही सन्देश मिला था", मानो मुझे उन सभी संघर्षों की याद दिलाने के लिए जिन्हें मैंने हमारे बीच सक्रिय किया था। फिर उन्होंने मेरी आँखों में आँखें डाल कर जिज्ञासावश, लगभग शिकायती अन्दाज़ में पूछा–"और फिर आपने क्या किया?" मैंने भी उन्हें थोड़ी विडम्बना के साथ जवाब दिया–"मैंने आपको फ़ोन किया था लेकिन आप कभी मिलते कहाँ हैं! मैं आपके लिए सन्देश भी किस तरह छोड़ती अगर फ़ोन उठाने वाला केवल हिन्दी जानता हो?" जैसा कि मैं आपको पहले ही बता चुकी हूँ, एक सपने में हम शादीशुदा थे। मेरे लिए सपने में होने वाले अनुभव वास्तविकता में होने वाले अनुभवों की तुलना में अधिक गहन होते हैं और इस तरह के मामलों में सन्तोषप्रद भी, इस हद तक कि उन्हें साकार करने की आवश्यकता महसूस नहीं होती है। जैसा कि आप देख सकते हैं मैं फिर से अपनी भावनाओं से दूर भाग रही हूँ! उफ़!

भारत का वह आश्रम एक स्वर्ग है जहाँ का कण-कण दैवीय ऊर्जा से ओत-प्रोत है। इस विशेष स्थान में सब कुछ उत्तम है। यहाँ हर व्यक्ति हर चीज़ का ध्यान रखने के लिए प्रेरित होता है।

जब भी मैं किसी आश्रम में जाने के लिए तैयार होती हूँ, मेरे भीतर कुछ अति सूक्ष्म होने लगता है। मुझे नयी ऊर्जा महसूस होती है लेकिन एक तरह की संचित थकान भी सतह पर आ जाती है। आश्रम शुद्धीकरण का स्थान है जहाँ तरोताज़ा होने के लिए जाया जाता है और जहाँ यह अनुभव होता है कि प्रत्येक क़ीमती पल दिव्य 'शक्ति'–जो कि सार्वभौमिक और रचनात्मक ऊर्जा है–की गहन लीला का ही हिस्सा है।

इस अद्वितीय जगह की दिनचर्या में आध्यात्मिक क्रियाओं का एक महत्त्वपूर्ण स्थान है। आप उन सभी का पालन करने के लिए बाध्य नहीं हैं लेकिन अगर आप ऐसा कर पाते हैं तो आपके अन्दर कुछ जादुई होता है। आप दिव्य ऊर्जा के साथ पूरा सामंजस्य स्थापित कर पाते हैं।

आश्रम में तानपुरा, हारमोनियम, तबला और कोरस के साथ लाइव संगीत पर भजन गाए जाते हैं। प्रत्येक भजन की अपनी संरचना होती है जो अलग-अलग भावनात्मक तारों को छूती है। यह साधना बहुत आनन्द व हल्कापन देती है और साधक को ख़ुश करती है।

मेरे लिए ध्यान करना सबसे अन्तरंग और गहन आध्यात्मिक साधना है। मैं अँधेरे में प्रवेश करती हूँ प्रकाश को खोजने के लिए और हर बार चमत्कार होता है। इस अर्थ में ध्यान करना मरने जैसा है चूँकि हर बार नव जीवन उत्प्रेरित होता है। यह परिपूर्णता और शून्यता का खेल है, ऊपर-नीचे जाने का खेल है और यह गतिशील शान्ति व ख़ामोशी का खेल है जो कि ध्वनि से अधिक कम्पन करता है।

ध्यान करने के बाद मैं न केवल शक्तिशाली और स्थिर, शान्त और आश्वस्त महसूस करती हूँ बल्कि मुझे वे उत्तर और वह अन्तर्दृष्टि भी प्राप्त होती है जिनकी मुझे उस समय ज़रूरत होती है। साँस और मन्त्र पर ध्यान केन्द्रित करना उनके लिए पर्याप्त है जो यह भरोसा रखते हैं कि गुरु की कृपा प्रधान है, हर चीज़ का मूल है, ताकि यह सब अनायास हो सके।

आध्यात्मिक ऊर्जा जाग्रत होने के बाद ध्यान गहरा पर स्वाभाविक रूप से और सरलता से होता है। सादगी तक पहुँचना सबसे कठिन काम है क्योंकि इसमें शुद्धता और विनम्रता की आवश्यकता होती है, इसलिए यह एक ऐसी प्रक्रिया है जिससे पूरी तरह से जुड़ना पड़ता है। शुरू में मेरा मन सन्देह और अनिश्चितता, डर और असुरक्षा पैदा करने लगता है, लेकिन फिर साँस पर ध्यान केन्द्रित करते हुए मैं शान्त हो जाती हूँ और

खुद को शान्ति व प्रकाश के विस्तार में डुबो देती हूँ। इस तरह मैं मूल स्रोत से जुड़ जाती हूँ–जैसे की तब जब मैं नृत्य करती हूँ।

मेरे लिए हमेशा से ध्यान करने का सबसे स्वाभाविक तरीक़ा, जैसा कि आप जानते हैं, सृजन करना रहा है। सृजन करते समय मन हार जाता है, समर्पण कर देता है। मन में कोई विचार नहीं होता है और यह होने वाली क्रिया का साक्षी मात्र बन जाता है। केवल जब मैं नाचती हूँ और ध्यान करती हूँ तब मैं डर से परे जाकर कुल समर्पण कर पाती हूँ।

जिस आध्यात्मिक साधना की महत्ता को मैंने वर्षों बाद जाकर उसके शुद्धीकरण प्रभाव के चलते समझा, वह थी 'सेवा', निःस्वार्थ सेवा।

जब मैं पहली बार आश्रम गयी तब मैं बहुत काम कर रही थी और बहुत थक गयी थी और मुझे आराम की ज़रूरत थी। ऐसे में मैं अपने नृत्य को बतौर सेवा पेश करने के विचार से बिल्कुल भी उत्साहित नहीं थी। मैंने हमेशा अपने पेशे को सेवा के रूप में जिया है और मैं अपनी हर रचना को इसी भाव से मानवता को पेश करती हूँ; परमात्मा के प्रति गहन भक्ति और कृतज्ञता की भावना के साथ, जो कि मेरे लिए अस्तित्व का परम रहस्य हैं।

मैंने सेवा रूपी साधना की उपेक्षा की और अन्य सभी आध्यात्मिक साधनाओं को करना पसन्द किया, लेकिन हर बार जब मैं इसमें शामिल हुई तो मैंने अपने प्रयास के बाद एक प्रकार का सुख महसूस किया। सेवा करना मेरे लिए एक चुनौती थी क्योंकि सेवा करते समय मुझे दूसरों के साथ लीडर के रूप में बातचीत करने के बजाय, जिसकी मुझे आदत थी, एक साधारण व्यक्ति के रूप में करनी पड़ती थी। इससे मुझे बहुत स्पष्ट रूप से समझ में आया कि दूसरों के साथ मेल-जोल करने में मेरी क्या कठिनाइयाँ थीं। मेरे लिए 'सेवा' शायद सबसे कठिन साधना है लेकिन मैं अपने अनुभव से कह सकती हूँ कि यह निश्चित रूप से तेज़ी से हमारी अशुद्धियों को जलाती है और हमें अपने उस प्राचीन बोझ से मुक्त करती है जिसके तले हम अन्यथा कुचले जाते हैं। ऐसा इसलिए होता है क्योंकि सेवा करते समय हम अपने काम को प्यार के साथ अर्पित करते हैं, कर्ता होने की भावना के बिना।

जब मैं सेवा करती हूँ तो मैं अपना आभार व्यक्त करती हूँ और सर्वश्रेष्ठ प्रदर्शन करने के मेरे प्रयास की तुलना में मुझे सौ गुना आध्यात्मिक लाभ मिलता है। यह एक ऐसा आदान-प्रदान है जिसमें प्रेम आपको सहज

बनाता है और आपको सभी से और भगवान से जोड़ता है। एक लौकिक घर में एक महान परिवार जिसमें आप और बाक़ी सभी सहजता से और उदारता से सर्वश्रेष्ठ सेवा करने का प्रयास करते हैं क्योंकि यह दिव्य खेल का सबसे ख़ूबसूरत हिस्सा है। यह वस्तुतः जीवन ही है जब आप इसे पूर्णरूप से जी पाते हैं।

पिछले कुछ वर्षों में बतौर सेवा मैंने सब कुछ किया है–इतालवी साधकों के लिए कुछ कार्यक्रमों, हठ योग कक्षाओं और यहाँ तक कि गुरु के प्रवचनों का अनुवाद, मेज़ों की सफ़ाई, गुरुओं की तस्वीरों को लैमिनेट करना, कमरों को व्यवस्थित करना, सब्ज़ियाँ काटना, दूर देशों से आये मेहमानों का स्वागत करना, नृत्य करना, विशेष अवसरों के लिए नृत्य कोरियोग्राफ़ करना, नृत्य सिखाना। इससे कोई फ़र्क़ नहीं पड़ता कि इन आध्यात्मिक स्थानों में आप बतौर सेवा क्या करते हैं। आप जो भी करते हैं, उसे किस भाव से करते हैं, बस यही मायने रखता है। मुझे जो कुछ भी करने का सम्मान मिला उसे मैंने ऐसे जिया मानो वह नृत्य हो और ख़ुद को उस ऊर्जा से प्रेरित होने दिया।

आश्रम की एक और प्रथा जो समझने में आसान नहीं थी, वह थी आभार की अभिव्यक्ति के रूप में रुपये का चढ़ावा। केवल समय के साथ मैंने आध्यात्मिक मार्ग पर दान-दक्षिणा की प्रथा की शुद्धता को समझा। रुपये का चढ़ावा आपके जीवन को सहारा देने वाली आध्यात्मिकता के लिए आभार स्वरूप भौतिक वस्तु का त्याग करने के समान है।

कभी-कभी दान के लिए किया गया प्रयास कई गुना फल देता है। इस सम्बन्ध में आपको बताने के लिए मेरे पास एक क़िस्सा है–मैं आश्रम से इटली लौट रही थी और हवाई अड्डे जाने से पहले मुझे लक्ष्मी देवी के दर्शन करने की अभिलाषा हुई। हिन्दू धर्म में लक्ष्मी समृद्धि और ऐश्वर्य का दैवीय प्रतीक हैं। मेरे पास हवाई अड्डे तक टैक्सी से जाने के लिए आवश्यकता से दोगुना राशि थी इसलिए आभारवश मैंने शेष राशि लक्ष्मी को चढ़ा दी। इसके तुरन्त बाद मैं टैक्सी बुलाने के लिए रिसेप्शन पर गयी। वहाँ मुझे कुछ लोग मिले जो हवाई अड्डे जा रहे थे और उन्होंने मुझे साथ ले जाने की पेशकश की जिसे मैंने ख़ुशी के साथ लक्ष्मी देवी के आशीर्वाद और अपने लिए एक संकेत के रूप में स्वीकार किया। ज़ाहिर है कि ये दिव्य संकेत तभी मिलते हैं जब दान शुद्ध मन से किया गया हो न कि

बदले में कुछ पाने की उम्मीद से क्योंकि दिव्य चेतना सब कुछ जानती है। सूक्ष्म ऊर्जा सब कुछ चालित करती है और हमें सब कुछ उपलब्ध कराती है। यह हमारे ऊपर है कि हम इस ऊर्जा के प्रति ग्रहणशील हों और इसका स्वागत करें।

भारत के आश्रम में मुझे बगीचे में घूमना बहुत पसन्द है, जो कि प्रकृति की सुन्दरता का साम्राज्य है। वहाँ पर हिन्दू देवी-देवताओं की, इतिहास के महान गुरुओं की और यहाँ तक कि ईसाई सेंट्स की भी भव्य सफ़ेद मूर्तियाँ हैं। मेरी पसन्दीदा मूर्ति श्री गणेश की है जो कि गजानन एवं विघ्नहर्ता हैं और अक्सर ध्यान करते समय आन्तरिक प्रकाश उनकी आँखों व उनके चेहरे का आकार ले लेता है। इस अनमोल जगह पर दिल से निकलने वाला हर विचार साकार होता है। इसकी शक्तिशाली ऊर्जा आपको परम रहस्य के सम्पर्क में लाती है। इन पवित्र स्थानों में जो कोई भी विचार या भावना मन में उठती है, सकारात्मक या नकारात्मक, वह आपके सम्पूर्ण अस्तित्व को शुद्ध करने का कार्य करती है।

सच्चाई सुन्दर होती है या यों कहें पवित्रता हर चीज़ को सुन्दर बना देती है।

1993 में अमेरिका के पूर्वी तट के आश्रम में मेरे एक प्रवास के दौरान देर रात कमरे में प्रवेश करते समय मैंने अपनी गुरु की एक तस्वीर देखी जिसमें वह ध्यानमग्न थीं। तब जाकर चौदह वर्षों के बाद कैसर्टा में प्राप्त हुई दिव्य दृष्टि की स्मृति फिर से मेरे मानस-पटल पर उभरी और पहली बार मुझे अहसास हुआ कि वह वास्तव में वही थीं जो मुझे तब दिखाई दी थीं और मैंने उन्हें पहचान लिया। मैं गहरे ध्यान में चली गयी।

गुरु द्वारा दी गयी आध्यात्मिक जागृति हमें अपने सार यानी अपने स्व के सम्पर्क में लाती है। अहं और स्व के बीच का सम्बन्ध कितना रोमांचक होता है!

अहं—हमारा वह हिस्सा जो हमारे क्षुद्र स्व या व्यक्तित्व में अपनी पहचान ढूँढ़ता है—मन का वह तत्त्व है जो व्यक्ति में भय पैदा करता है, ईश्वर का भय, दिव्य प्रेम के आगे समर्पण करने का भय। दुःख अहं से उत्पन्न होता है, स्व से कभी नहीं। यह एक विरोधाभास लग सकता है लेकिन अहं जितना बड़ा होता है आनुपातिक रूप से हम इस पर विजय पाने की उतनी ही क्षमता रखते हैं। मैं मरने से नहीं डरती लेकिन मैं अपने अहं की मौत से,

अपनी विशिष्ठ पहचान को खोने से डरती हूँ। सभी आशंकाओं में से इस डर पर विजय पाना सबसे मुश्किल है।

मेरी आध्यात्मिक मार्गदर्शक ने कई साल पहले प्रवचन दिये थे जिनमें उन्होंने अहं को, उसकी चाल और उसके जाल को, उन हथकण्डों को जिनका वह शक्ति बनाये रखने के लिए इस्तेमाल करता है पहचानना सिखाया था। उनकी बातें सुनकर मैं घण्टों मुग्ध रहती थी। उनकी मादक मृदुल आवाज़ के साथी होते हैं हाव-भाव दिखाते उनके सुन्दर हाथ। उनकी आँखें और हाथों की लम्बी व पतली उँगलियाँ तक उनके निःस्वार्थ प्यार की विशालता को दर्शाती हैं।

उन वर्षों में मैं अपनी मनोविश्लेषणात्मक यात्रा के बीच में थी और उनके प्रवचनों ने मुझे नयी समझ व अन्तर्दृष्टि के साथ समृद्ध किया।

जब कभी भी मुझे अपने स्व के शक्तिशाली अनुभव हुए तो मुझे ऐसा लगा कि मानो मेरे अहं ने मुझे वापस खींच लिया, एक गर्भनाल की तरह जो मुझे दुनिया से जोड़े रखता है। मुझे समझ में आया कि ख़ुद को स्व के हवाले करने का डर ख़ुद को उसमें पाने की निश्चितता के विपरीत है।

मेरे लिए यह स्पष्ट है कि मृत्यु स्वप्न के समान है। मृत्यु के बाद आत्मा शरीर से निकल जाती है। अहं जीवात्मा के साथ बना रहता है बीते जीवन के अनुभवों के प्रभावों (सूक्ष्म संस्कार) के रूप में, जो बाद के जन्मों में उपयुक्त वातावरण पा कर सक्रिय होते रहेंगे।

अहं पर केवल तभी विजय प्राप्त की जा सकती है जब आध्यात्मिक ऊर्जा की आग, जिसे हम अपने प्रयास से पोषित करते हैं, हमें अहं की जकड़ से मुक्त करती है जो कि हमें संकुचित अवस्था में रखता है। जब आध्यात्मिक ऊर्जा प्रवाह के सभी चैनलों को विशुद्ध करती है तभी हमारे भीतर चमत्कार होता है और हम प्रेम से सराबोर हो जाते हैं। ईश्वर के सामने नग्न खड़े होने की आत्मा की लाज सब से आख़िर में भंग होती है। यह संयोग नहीं था कि आदम और हव्वा की पहली प्रतिक्रिया शर्मिंदगी थी।

चौदह साल तक मेरे अहं ने मेरे जीवन में जो घटित हुआ था उसकी महानता पर पर्दा डाले रखा, उस दिव्य दृष्टि पर–"असीम... अनासक्ति"! सच्ची अनासक्ति तब हासिल होती है जब अहं आत्मा से पृथक हो जाता है; तभी हमारा अहं मरता है।

आश्रम में मेरे एक और लम्बे प्रवास में मेरा मेनिस्कस टूट गया और मेरी गुरु ने असीम करुणा के साथ मुझे बुलाया। मैं एक व्हीलचेयर में उनसे मिली और उन्होंने तुरन्त मुझसे कहा–"मैं देख रही हूँ कि इन सब के बावजूद तुम मुस्करा रही हो!" प्यार से उन्होंने मेरा ध्यान वापस मेरे भीतर के स्व पर केन्द्रित किया और मैं समझ गयी कि बाहरी दुनिया में जो कुछ भी हो, मेरे पास ताक़त का केन्द्र, मुस्कुराने की क्षमता और जीने की ख़ुशी है।

एक अन्य अवसर पर, दो सप्ताह के रिट्रीट के अन्त में–जहाँ हम सुबह तीन बजे से शाम नौ बजे तक कुल मौन में और सफ़ेद वस्त्रों में ध्यान व मन्त्र जाप करते थे–वह प्रवचन देने आयीं। हम क़रीब एक हज़ार लोग रहे होंगे। हम उन साधनाओं से बहुत शुद्ध हो चुके थे जिनकी बदौलत हम अपने हृदय केन्द्र में प्रवेश कर पाते हैं। जब वह बोल रही थीं तब मेरी आँखों से आँसू झर रहे थे। तब उन्होंने सीधे मेरी आँखों में देखा और कहा–"यही आँसू हैं जो दुनिया के दुःख को धोते हैं।"

मैं सूक्ष्म जगत और स्थूल जगत, आन्तरिक और बाहरी दुनिया के बीच की सीमा को समझती हूँ और जानती हूँ कि इस सीमा को कैसे लाँघा जा सकता है, लेकिन मैं कभी-कभार ही ऐसा कर पाती थी। मैं समझती हूँ कि जब दिल रोता है तो भावना से जो ऊर्जा उत्सर्जित होती है वह वास्तव में दुनिया के दुःख दर्द को मिटाने की शक्ति रखती है। ये प्यार के आँसू होते हैं जो करुणावश निकलते हैं। साधारण आँसू अहं के आँसू होते हैं जो केवल अपने निजी दर्द के कारण बहते हैं।

एक बार ध्यान करने के दौरान मेरी गुरु ने वहाँ मौजूद श्रद्धालुओं में आध्यात्मिक ऊर्जा संचारित करने के लिए सभी को स्पर्श किया, पर हर एक को अलग तरीक़े से। उन्होंने मेरे गाल को अपनी शीतल, मुलायम उँगलियों से धीरे से सहलाया, फिर कोमल दबाव के साथ दूसरे हाथ से मेरी गर्दन को पीछे से पकड़ते हुए मेरे भौंहों के बीच ज़ोर से दबाया। मेरा हृदय केन्द्र जाग्रत हो गया और मेरा सारा प्रतिरोध ढह गया। मैं भाव-विभोर हो उठी और मेरी आँखों से आँसू की अविरल धारा बहने लगी। मैंने गहन शान्ति महसूस की, जैसा कि मैं नृत्य करते समय महसूस करती हूँ; बस उस समय मैं रोती नहीं हूँ। मैं पूरे दो दिनों तक इस स्थिति में रही। मुझे किसी चीज़ की ज़रूरत महसूस नहीं हुई, न खाने की और न ही सोने की,

सिवाय भावविव्हल हो कर रोने की जिसने कृतज्ञता की मेरी गहरी भावना को नवीनीकृत किया। मैं समझती हूँ कि कृतज्ञता की भावना हमेशा 'प्यार' से जुड़ी होती है, जो कि परम सुख की स्थिति है।

साल 2013 में एक दिन मेरी गुरु ने मेरा दाहिना हाथ अपने हाथ में लिया और अपने दूसरे हाथ से मेरी बाँह को दबाते हुए मुझसे कुछ दिन और रुकने के लिए और उनके लिए नृत्य करने के लिए कहा। हम एक भीड़ भरे हॉल में थे और मुझे लगा कि अपने हाथों से वह अपनी ऊर्जा संचारित कर रही थीं, मुझे रिचार्ज करने के लिए। उस समय मैंने नृत्य करना बन्द कर दिया था इस यक़ीन के साथ कि मैं नृत्य की दुनिया में कभी नहीं लौटूँगी और अब जब मेरी इच्छा नहीं थी तो वे मुझे ऐसा करने के लिए कह रही थीं। "क्या तुम मेरे लिए नृत्य कर सकती हो?" उनके इस अनुरोध पर मेरा मुँह आश्चर्य से खुला रह गया। उन्होंने थोड़ी विडम्बना के साथ आगे कहा–"क्या तुम नृत्य करने के लिए कुछ दिन और रुक सकती हो?" मुझे अहसास हुआ कि वह जानती थीं कि हर बार जब मैं उनके आश्रमों में रहती थी तो मुझे वहाँ से जाने की इच्छा नहीं होती थी और मैं महीनों तक अपना प्रवास बढ़ा देती थी। वर्षों पहले उनके सामने नृत्य पेश करने के लिए मैं सोना-चाँदी लुटा देती, लेकिन मेरी गुरु जो सार्वभौमिक चेतना के साथ एक हैं सब जानती हैं। बाद में मुझे समझ में आया कि उस पल में उन्होंने मुझे उनके लिए नृत्य करने का सम्मान देकर इतना प्यार क्यों दिया। उन्हें पता था कि कुछ महीने बाद मैं ग्वीडो को और अपनी माँ को खो दूँगी और वह मुझे उन निकटस्थ घटनाओं से गुज़रने की ताक़त दे रही थीं।

मैंने उत्साह और बहुत सहजता के साथ उत्तर दिया–"हाँ... लेकिन क्या आप भी मेरे साथ नृत्य करेंगी?" मैं उनके चेहरे की वह विनम्र और सौम्य अभिव्यक्ति कभी नहीं भूलूँगी जिसके साथ उन्होंने कहा, "अरे नहीं, नहीं, लेकिन मैं एक उत्कृष्ट दर्शक बनूँगी।" मैंने ज़ोर देकर कहा–"मेरा साथ दीजिए ना। मैंने आप जैसी महान नर्तकी नहीं देखी।"

वह फिर एनरिको बिसेंटे की ओर बढ़ीं, जो मेरे क़रीब खड़ा था और उससे पूछा–"क्या तुम भी एक नर्तक हो?" एनरिको ने इशारा करते हुए उत्तर दिया–"नहीं, मैं एक नेत्र चिकित्सक हूँ!" उन्होंने उससे पूछा कि उसने अपने आईडी कार्ड की तस्वीर क्यों बदल दी है।

एनरिको ने उन्हें चौदह साल पुरानी तस्वीर दिखाई जो उसके चेहरे में गत वर्षों में आये आश्चर्यजनक बदलाव को दिखा रही थी। वह हँसीं। एनरिको इस बात से थोड़ा शर्मिन्दा था, इसलिए उन्होंने आगे कहा–"लेकिन अब तुम्हारी आँखें ज़्यादा ख़ूबसूरत हैं! वे उमर शरीफ की आँखों के समान सुन्दर हैं!" कुछ क़दम दूर जाने के बाद वह अप्रत्याशित रूप से मुड़ीं और फिर कहा–"बाय-बाय उमर शरीफ़!" बचपन से एनरिको की माँ सब से कहती थीं कि उमर शरीफ़ की आँखें उनके बेटे की तरह थीं। एनरिको ने मुझे गोपनीय रूप से बताया कि उस समय उसे गुरु का असीम प्यार महसूस हुआ, एक माँ का सा प्यार। आज एनरिको मेरे साथ नृत्य कर रहा है, इस पुस्तक के अन्तिम मसौदे में अपने अनमोल सहयोग के रूप में। यह भी वह पहले से ही जानती थीं।

उसी अवसर पर उन्होंने एक जर्मन लड़की को उसके साँप का भय (फ़ोबिया) दूर करने के लिए मेरे साथ टैपिंग करने के लिए कहा। बिना किसी के बताये मेरी गुरु जानती थीं कि मैं ईएफ़टी थेरेपी करती हूँ, जिसे टैपिंग भी कहा जाता है। ऐसी महान आत्माएँ सार्वभौमिक चेतना के साथ एक होती हैं और यही कारण है कि वे सब कुछ जानती हैं। यही कारण है कि उनके प्रत्येक शब्द और क्रिया का एकमात्र उद्देश्य साधकों के आध्यात्मिक विकास में मार्गदर्शन करना होता है। हममें से प्रत्येक के लिए वह एक दर्पण हैं जो हर बार हमारे विभिन्न पहलुओं और बारीक़ियों को क़ैद करते हुए हमें वह दिखाता है जो कि हम हैं। वह हमारे आत्मा रूपी हीरे को तराशने में और आत्मबोध पाने में हमारी मदद करती हैं।

वह हमें अपनी आध्यात्मिक साधनाओं में अनुशासित रहने के लिए कहती हैं। समय के साथ मैं देख पायी हूँ कि आध्यात्मिक मार्ग पर चल रहे मेरे सभी दोस्तों ने उनसे अपने काम में विवरणों का ध्यान रखना और अपने सहयोगियों का बहुत सम्मान करना सीखा है; वे लोग वास्तव में उच्चतम गुणवत्ता के पेशेवर हैं।

उनके लिए और आश्रम में उपस्थित सभी लोगों के लिए नृत्य तैयार करना मेरे लिए बहुत सम्मान की बात थी और एक महान अनुभूति थी। यह ऐसा था कि मानो उन्होंने एक महिला और एक कलाकार के रूप में मेरे अस्तित्व के सभी आनन्द और दर्द को एक ब्लेंडर में डाल कर मिश्रित कर दिया था, मुझे एक शक्तिशाली अनुभव की मदद से ऊपर उठाने के लिए। यह अनुभव अविश्वसनीय रूप से तीव्र था।

प्रदर्शन से एक दिन पहले डिनर के समय जब हर कोई मौजूद था, वह आयीं, दूर से अपनी खनकती हँसी से अपने आगमन का ऐलान करती हुई। उनकी हँसी अमृत समान है जो पोषित करती है और आनन्द देती है। जब वह उस मेज़ के पास आयीं जहाँ मैं अन्य दोस्तों के साथ डिनर कर रही थी तो उन्होंने ज़ोर से कहा, मानो मेगाफ़ोन में–"पैट्रीज़िया! क्या तुम कल नृत्य करने के लिए तैयार हो?" "ज़रूर!" मैंने बराबर जोश के साथ उत्तर दिया। असाधारण प्रचार! अगले दिन हॉल को खचाखच भरा देख मुझे कोई आश्चर्य नहीं हुआ।

मैंने हाथों के एकल नृत्य *टेंड्रिल्स* की प्रस्तुति की, जिसका निर्माण मैंने 1979 में भारत की अपनी पहली यात्रा के दौरान किया था, और ऐसा करने की प्रेरणा स्वयं उन्होंने मुझे दी। मैंने *स'एस्ट आइसी...* के विषय की भी अपने नृत्य में व्याख्या की। मेरे लिए यह सम्मान की बात थी कि पियानो पर आशुरचना करते हुए मेरा साथ दिया केन्नी वर्नर ने जो कि अमेरिका के सबसे भावुक जैज़ संगीतकारों में से एक थे।

प्रदर्शन के अन्त में तालियों की गड़गड़ाहट के बीच संगीतकारों को गले लगाने के बाद मैं एक छोटी लड़की की सहजता के साथ उन्हें भी गले लगाने के लिए दौड़ पड़ी। कुछ दर्शकों ने बाद में मुझे बताया कि मैंने वह करने की हिम्मत की थी जो हर कोई करना चाहता था लेकिन कर नहीं सकता था–उन्हें गले से लगाना!

जब उन्होंने दर्शकों को उस प्रदर्शन के बारे में अपने विचारों को साझा करने के लिए आमन्त्रित किया तो दस वर्षीय एक लड़की ने कहा–"मैं बहुत प्रभावित हुई, विशेष रूप से नृत्यांगना के तकनीकी कौशल और मूवमेंट्स की सटीकता से। पैट्रीज़िया को नृत्य करना जारी रखना चाहिए। उनको कभी भी नृत्य करना बन्द नहीं करना चाहिए।" मेरी गुरु ने कहा–"पैट्रीज़िया एक उदाहरण है अनुशासन का और इस बात का कि कैसे आपको कुछ भी करना चाहिए। बेशक, उसे नृत्य भी जारी रखना चाहिए। अपने नृत्य में पैट्रीज़िया ने पहले के कुछ क्षणों में उदासी व्यक्त की, फिर उसे खुशी में बदल दिया क्योंकि वह जानती है कि भावनाओं से कैसे निपटना है और उन्हें कैसे परिणत करना है। जब हम पैट्रीज़िया को नाचते हुए देखते हैं तो ऐसा लगता है जैसे पूरा ब्रह्माण्ड उसके साथ नृत्य कर रहा है।"

यह सच है। अनुशासन ही मेरी ताक़त है। ऊर्जा को समाहित करने का यह सबसे अच्छा तरीक़ा है, अन्यथा जीवन की अनर्थकता में बिखर कर यह अक्षम रूप से नष्ट हो जायेगी। अनुशासन जीवन को समृद्ध करता है क्योंकि यह आपकी ऊर्जा को व्यर्थ किये बिना इसका पूर्ण उपयोग करता है, इसे वहाँ लगाता है जहाँ इसकी आवश्यकता होती है, ताकि आप अपना बेहतरीन प्रदर्शन कर सकें। मन ही मन में हममें से प्रत्येक व्यक्ति अनुशासित होना चाहता है क्योंकि यह सन्तुष्टि प्राप्त करने का और ख़ुश होने का एकमात्र तरीक़ा है।

वह शब्द जिसे मेरी गुरु ने उच्चारित किया था–'भी'–उसने मेरे लिए नए क्षितिज खोले हैं। ऐसे गुरु के शब्द की शक्ति आपके भीतर गुँजायमान होती है और वह वो सब प्राप्त करने में आपका मार्गदर्शन करती है जो कि ईश्वरीय योजना के अनुरूप आपके भाग्य में है। मुझे केवल नृत्य ही नहीं करना है बल्कि जीवन के अन्य सभी पहलुओं को भी जीना है।

कार्यक्रम के बाद लंच के समय वह उस मेज़ पर आयीं जहाँ हम बैठे थे, वे सभी कलाकार और तकनीशियन जिन्होंने शो बनाने में सहयोग किया था। उन्होंने राजसी अंदाज़ में खड़े हुए कहा कि मेरे नृत्य ने उन्हें अपने आश्रम में शारीरिक अभिव्यक्ति के लिए समर्पित गतिविधियों को शुरू करने के लिए प्रेरित किया और उन्होंने यह वैसे ही सब के साथ हाथ पकड़ कर कहा जैसे कि मेरी उस कोरियोग्राफ़ी के अन्तिम भाग में होता है। मैं समझ गयी कि जैसे ईश्वर हमें प्रेरित करता है, हम भी ईश्वर को प्रेरित करते हैं। कितना अद्‌भुत है यह!

वह यह चाहती थीं कि हठ योग विभाग के प्रमुख मेरी नृत्य कक्षाएँ आयोजित करें। मुझे दस-दस मिनट के पाँच नृत्य सत्र बनाने के लिए आमन्त्रित किया गया जो कि सभी आश्रमवासियों के लिए अनिवार्य थे। ऐसे सत्र जो कि अभिव्यंजक, रचनात्मक, लयबद्ध, सुखद व रुचिकर हों और किसी के लिए भी करने में आसान, चाहे वह एक बच्चा हो या नब्बे साल का बुजुर्ग। यह मेरे लिए एक बड़ी चुनौती थी–मेरे लिए यह एक पेशेवर नर्तक के लिए कोरियोग्राफ़ी करने से कहीं अधिक कठिन था! लेकिन मेरा यह प्रयास सफल हुआ। नृत्य सत्र के बाद हर कोई बहुत ख़ुश और उत्साहित दिख रहा था।

मुझे याद है एक अन्य अवसर पर बाक़ी सभी को लंच के लिए भेजने के बाद, उन लोगों को छोड़ कर जो उसी दिन वापस जा रहे थे, मुझे कमरे में उस जगह पर बैठाया गया जहाँ से गुरु माँ गुज़रने वाली थीं, हालाँकि मेरे वहाँ कुछ दिन और रहने की उम्मीद थी। जैसे ही वह क़रीब आयीं मैं खड़ी हो गयी और सम्मान व प्यार की भावना के साथ–जो उनको देखने वालों में हमेशा पैदा होती है–उनकी गहरी आँखों में खो गयी। आगे बढ़ते हुए, जैसे कि कुछ भी नहीं हुआ था, उन्होंने मुझसे कहा–"तुम अभी भी यहाँ हो? तुम इतालवी टेबल पर खाने नहीं गयी?" मैंने दृढ़ता से, साहसपूर्वक, बिना किसी शर्म के सब के सामने ऊँची आवाज़ में जवाब दिया–"मुझे आप के साथ रहना पसन्द है!" जब मैं उस ख़ुशमिज़ाज तेजस्विनी को आगे बढ़ते हुए देख रही थी तो मुझे ऐसा लगा कि मैंने जो घोषित किया था उससे वह प्रसन्न थीं।

मैं आपको इस घटना के बारे में इसलिए बता रही हूँ कि आप उन विचारों का हिस्सा बन जायें जो उनके शब्दों ने मुझ में जगाये थे। उस दिन उन्होंने मुझे रुकने के लिए प्रेरित किया था ताकि ऐसी स्थिति बने जिसमें उनके प्रश्न का उत्तर देकर मैं ख़ुद को बता सकूँ कि मैं वास्तव में क्या चाहती थी। इसके अलावा, जिस मेज़ का उन्होंने उल्लेख किया था वह अमीर और फ़ैशनेबल इतालवियों की थी, जहाँ मुझे उनके बीच एक पी.आर की भूमिका निभानी पड़ती। शुरू में मुझे लगा कि वह चाहती थीं कि मैं अपनी शंका का समाधान करूँ कि मुझे इटली छोड़ना है या नहीं। मैं अभी भी अपने देश के साथ अपनी गर्भनाल को नहीं काट सकती हूँ, हालाँकि मैं वहाँ से बाहर जाने का कोई भी मौका नहीं छोड़ती हूँ। पहली और आख़िरी बार जब मैंने उनसे पूछा कि क्या मुझे वापस इटली जाना चाहिए या उनके साथ रहना चाहिए तो उन्होंने बिना मेरी ओर देखे अपना सिर फेर कर जवाब दिया–"...अगर यह तुम्हारे लिए सुविधाजनक है!" बाद में मुझे अहसास हुआ कि आप चाहे जहाँ भी हों, गुरु के साथ होने का अर्थ है विचारों में, सपनों में व भावनाओं में उनके साथ सम्बन्ध बनाए रखना और साधनाओं के माध्यम से अपने आनन्द को बढ़ाना।

मैं उन सभी बातों पर चिन्तन करती हूँ जो उन्होंने मुझसे कई वर्षों में कही हैं और जो उत्तर उभर कर आते हैं वे शिक्षाप्रद हैं। मुझे यह भी पता है कि मैं उनके सन्देशों को पूरी तरह से कभी नहीं समझ पाऊँगी

क्योंकि उनमें भी प्रतीकों की तरह सत्य निहित है जो समय-समय पर प्रकट होता रहेगा।

दोस्त, ऐसे आध्यात्मिक गुरु की बातों का बहुत गहरा मतलब होता है। जब वह आपसे कोई सवाल पूछती हैं तो उसका अपेक्षित उत्तर आपको गूढ़ आध्यात्मिक चिन्तन करने के लिए प्रेरित करता है। उनका मिशन हमारा मार्गदर्शन करने के लिए वह सब कुछ करना है जो कि आवश्यक है ताकि हम अपने भीतर ही अपने प्रश्नों के उत्तर पा सकें।

मेरी गुरु हमेशा मेरे भीतर विद्यमान रहती हैं और मुझे यक़ीन है कि उनकी लाभदायक और चिकित्सीय ऊर्जा मेरे माध्यम से उन सभी तक पहुँचती है जिनसे मैं मिलती हूँ। मैं ख़ुद को उन आत्माओं में से एक मानती हूँ जो उनकी आत्मीय हैं। उन्होंने मुझे नया जीवन दिया। उन्होंने मुझे आनन्द की स्थिति और अनासक्ति के हल्केपन का अहसास कराया। मैं धीरे-धीरे परम आनन्द की ओर बढ़ रही हूँ। मैं इसके लिए उनकी आभारी हूँ और मुझे उम्मीद है कि हमेशा रहूँगी। कृतज्ञता की स्थिति में ही हम स्वयं को पूरी तरह से सत्य को समर्पित और ईश्वर के सम्मुख नग्न पाते हैं।

ऐसी महान आत्मा की उपस्थिति में व्यक्ति उनके शर्तरहित प्यार से ओत-प्रोत होता है और समझता है कि प्रेम एक भावना नहीं है, यह एक अवस्था है।

मेरी गुरु का मिलना मेरा सबसे बड़ा सौभाग्य था, मेरे इस जीवन का सबसे अच्छा उपहार। क्या मैं आप तक ईश्वर की महानता का, जो कि मेरे जीवन में मेरी गुरु की उपस्थिति के माध्यम से उजागर हुई, संचार करने में सफल हुई?

मेरे साथ नृत्य करने की चाह के लिए धन्यवाद।

लव, पैट।

आभारोक्ति

चेज़ारे पेरिस को जिन्होंने साक्षात्कार एकत्र किये और मुझे अपनी प्रतिक्रिया भी दी।

लुइगी ट्रोइआनि को जिन्होंने मुझे इस पुस्तक को लिखने के लिए प्रोत्साहित किया और शीर्षक लिखने में मेरी मदद की।

रोज़ी वैलोरानी को जिन्होंने पाठ्य सामग्री को धैर्यपूर्वक कई बार मेरे साथ पढ़ा।

ऐलेना रोमियो को जो पाठ्य सामग्री से जुड़ीं और मनोविश्लेषण के विशेषज्ञ के रूप में अपनी अन्तर्दृष्टि साझा की।

लियोनार्डो रूसो को जिन्होंने अपनी विशेष टिप्पणियों के साथ पाठ्य सामग्री में योगदान दिया।

मरीना मैंजीओने को जिन्होंने मुझे इस पुस्तक में उपयोग किये गये कुछ उद्धरण सुझाये।

एनरिको बिसांटे को जो एक पाठक के रूप में अपनी संवेदनशीलता के साथ पाठ्य सामग्री से गहराई से जुड़े, पुस्तक की एक बेहतर संरचना का सुझाव दिया और विषयों की गहराई में जाने में मदद की।

पैट्रीज़िया मैकाग्नो को जो कि इस पुस्तक को लिखने में मेरी सहायक और मित्र थीं, जैसे कि वह मेरे नृत्य कॅरियर में और मेरी ईएफ़टी कार्यशालाओं में भी रही हैं।

फ़्रांसेस्का फ़ऑरो को जो कि मेरी सचिव और त्रुटिहीन व्यवस्थापक हैं।

सुकृता पॉल कुमार को इस पुस्तक को पढ़े बिना इसमें विश्वास करने के लिए। उन्होंने एक कलाकार एवं एक महिला के रूप में मुझ पर सहज विश्वास कर के इस पुस्तक का समर्थन किया और इसके अंग्रेज़ी संस्करण का सम्पादन करते हुए इसमें अपना काव्यात्मक स्पर्श भी जोड़ा।

कीर्ति रामचन्द्र को व्याख्या करने के उनके जुनून और प्रतिभा के लिए और बतौर अनुवादक अपनी संवेदनशीलता एवं अपने अन्तर्ज्ञान से अंग्रेज़ी संस्करण को समृद्ध करने के लिए।

राजिका बसु को अपने पति जूसेप्पे की मदद से पुस्तक का अंग्रेज़ी में अनुवाद करने और अंग्रेज़ी अनुवाद का पहला मसौदा उपलब्ध कराने के लिए।

स्मिता मिश्रा चतुर्वेदी को उनकी उत्साहपूर्ण प्रतिक्रिया और भावनात्मक और बौद्धिक प्रतिबद्धता के लिए जिसके साथ उन्होंने पुस्तक का हिन्दी में अनुवाद किया।

❑❑

पैट्रीज़िया सेर्रोनी अन्तरराष्ट्रीय स्तर पर प्रसिद्ध नृत्यांगना, कोरियोग्राफ़र व निर्देशक हैं। वह पैंतालीस से अधिक वर्षों तक अन्तरराष्ट्रीय नृत्य मंच पर सक्रिय रही हैं। उन्होंने बहुत कम उम्र में स्वयं की नृत्य शैली विकसित की जिसे अन्तरराष्ट्रीय आलोचकों द्वारा "पूरी तरह से मूल" करार दिया गया। एक अद्वितीय व रचनात्मक कलाकार, पैट्रीज़िया जीवन शक्ति, कामुकता और आध्यात्मिकता का संलयन करती हैं। पैट्रीज़िया ने 1974 में अपनी ऐतिहासिक इतालवी समकालीन नृत्य कम्पनी *पैट्रीज़िया सेर्रोनी एंड इ डेंज़ाटोरि स्काल्ज़ी* (द बेयरफ़ुट डांसर्स) की स्थापना की और दुनिया भर में प्रदर्शन किया, जिसमें इटली में 2,000 प्रदर्शन, 28 विश्व टूर और 25 यूरोपीय टूर शामिल हैं।

प्रतिष्ठित अन्तरराष्ट्रीय थिएटर्स ने उनके लिए अपने दरवाज़े खोले और उन्हें प्रसिद्ध कला उत्सवों (सियोल ओलंपिक आर्ट फ़ेस्टिवल, न्यूयॉर्क में इटैलियन गाला, ताओरमिना आर्ट फ़ेस्टिवल, स्पोलेटो फ़ेस्टिवल इत्यादि) में प्रदर्शन करने के लिए आमंत्रित किया गया। अपनी विलक्षण कलात्मक गतिविधि के दौरान उन्होंने चालीस नृत्य उत्पादन किये और ज़ाकिर हुसैन, चार्ल्स मिंगस एवं जाचिंतो शेल्सी जैसे प्रसिद्ध कलाकारों के संगीत को कोरियोग्राफ़ किया। आई.सी.सी.आर ने उन्हें भारत के पन्द्रह शहरों में प्रदर्शन करने के लिए प्रायोजित किया।

तीन सौ से अधिक नर्तक और बीस कोरियोग्राफ़र उनसे प्रशिक्षण ले चुके हैं। उन्हें कई प्रतिष्ठित अन्तरराष्ट्रीय पुरस्कार एवं सम्मान से भी नवाज़ा जा चुका है जिनमें अपोलोन मुसगाते, डोना चिरचे, कापो चिरचिओ, नेल्लो फ़्लोरा व सिटी ऑफ़ अग्रीजेन्तो पुरस्कार, गोल्डन सीगल अकादमी अवार्ड फ़ॉर म्यूज़िकल, अन्तरराष्ट्रीय पुरस्कार "पियाज़ा डेल पॉपोलो" व गोल्डन ब्रूम इंटरनेशनल अवार्ड शामिल हैं। उन्हें भारत सरकार द्वारा चंडीगढ़ पुरस्कार से सम्मानित किया गया और इतालवी राष्ट्रपति द्वारा युवा प्रशिक्षण के लिए उनकी प्रतिबद्धता एवं दुनिया में इतालवी नृत्य की परम्परा का प्रसार करने के लिए "सिल्वर प्लेट" से सम्मानित किया गया।

पैट्रीज़िया योग और ईएफ़टी की मास्टर भी हैं। वर्ष 2013 से वह इटली, अमेरिका और भारत में ईएफ़टी एवं योग की व्यक्तिगत व सामूहिक "पैट्रीज़िया'स वेल" कार्यशालाएँ आयोजित कर रही हैं। उन्होनें न्यूयॉर्क में विभिन्न नृत्य कार्यशालाएँ भी की हैं। पैट्रीज़िया विश्व में एक प्रकार से इतालवी नृत्य की सांस्कृतिक राजदूत हैं।

***

स्मिता मिश्रा चतुर्वेदी एक स्वतन्त्र सम्पादक और अनुवादक हैं। वह एक पत्रकार, अंग्रेज़ी की व्याख्याता, लेखक और सम्पादक के रूप में काम कर चुकी हैं। वह अधिकतर हिन्दी और उर्दू से अंग्रेज़ी में अनुवाद करती हैं। स्मिता फ़िक्शन और नॉन-फ़िक्शन अंग्रेज़ी पुस्तकों का सम्पादन भी करती हैं। उन्होंने अंग्रेज़ी में अनुवादित कई पुस्तकों का सम्पादन किया है, जिनमें महादेवी वर्मा की कृति *शृंखला की कड़ियाँ*, अलका सरावगी का उपन्यास *शेष कादम्बरी*, उदय प्रकाश की कहानियों का एक संग्रह और जोगिंदर पॉल द्वारा चयनित कहानियों का एक संग्रह शामिल हैं। स्मिता आध्यात्मिक एवं गूढ़ मामलों में गहरी रुचि रखती हैं। उन्हें किताबें पढ़ना और यात्रा करना बेहद पसन्द है।